Peter Paret
Die Berliner Secession

Peter Paret

Die Berliner Secession

Moderne Kunst
und ihre Feinde
im Kaiserlichen
Deutschland

Severin
und Siedler

Für Aimée
und Monty

Inhalt

Vorwort zur deutschen Ausgabe

Selbst zu einer Zeit, der es wichtig erscheint, die Geschichtsschreibung den exakten Wissenschaften anzunähern, beeinflußt der Leser, an den sich der Historiker wendet, Ton und Interpretation des Werkes. Dieses Buch, ursprünglich für amerikanische und englische Leser geschrieben, wäre in mancher Hinsicht anders ausgefallen, wenn es sich von Anfang an an ein deutsches Publikum gewendet hätte. Was eine Kultur als selbstverständlich voraussetzt, muß in einer anderen erklärt und bewiesen werden. Es kann aber auch geschehen, daß diese Selbstverständlichkeit Einsichten verdeckt, die dem Außenstehenden leichter zugänglich sind.

Die deutsche Übersetzung hat nicht versucht, den Text für einen anderen Leserkreis umzuschreiben. Einige erläuternde Stellen wurden gekürzt, mehrere Zitate verlängert, da die ursprüngliche Sprache bezeichnende Nuancen enthält, die man nicht missen möchte; auch nahm der Verfasser die Gelegenheit wahr, einige Fehler, die ihm unterlaufen waren, zu korrigieren. In jeder anderen Hinsicht hält sich die deutsche Fassung eng an das Original, das im Oktober 1980 bei der Harvard University Press erschien.

Für Prüfung und Überarbeitung der Übersetzung ist der Verfasser Herrn Peter Hahlbrock, Lektor des Severin und Siedler Verlags, zu aufrichtigem Dank verpflichtet. Herr Hahlbrock hat außerdem die Illustrationen für die deutsche Ausgabe zusammengestellt, die nicht nur die Gegensätze moderner und akademischer Kunst veranschaulichen, sondern auch, besonders in den vielen Karikaturen, eine wichtige Bereicherung der Dokumentation der Berliner Secession darstellen.

Peter Paret
Stanford, Kalifornien
Februar 1981

Einleitung

Im letzten Jahrzehnt des vorigen Jahrhunderts brach in Deutschland einer der immer wiederkehrenden Konflikte zwischen Tradition und Moderne aus, die für die Kunstgeschichte bezeichnend sind. Unter den neuen Gruppen, zu denen sich Künstler zusammenschlossen, um sich von den Zwängen der Akademie und des jährlichen Salons freizumachen, zeichnete sich die Berliner Secession schon bald als die kämpferischste und weltoffenste vor allen anderen aus; so augenfällig, daß ihre zahlreichen Kritiker sie nicht selten als undeutsch verurteilten.

Eineinhalb Jahrzehnte lang stellte sie eine bedeutende kulturelle Kraft in Deutschland dar, die den Provinzialismus und Konformismus unterminierte, der die deutsche Bildhauerkunst, in noch höherem Maße jedoch die Malerei, seit Generationen plagte, und konfrontierte die Deutschen mit dem breiten Spektrum einheimischer und ausländischer Avantgarde-Kunst.

Die Secession wurde der institutionelle Mittelpunkt des deutschen Impressionismus, blieb aber dennoch flexibel genug, um dem Expressionismus den Weg zu bereiten: Viele seiner führenden Persönlichkeiten stellten in den Anfängen ihrer Karriere unter der Schirmherrschaft der Secession aus. Die Bedeutung der Gruppe geht jedoch über diese Rolle bei der Entwicklung der deutschen Kunst hinaus. Die Secession als Institution und ihre Kämpfe mit dem Kaiser und seinen Verbündeten in der Bürokratie, in den etablierten Kunstorganisationen und innerhalb eines Publikums, das jeglichem Experimentieren weitgehend ablehnend gegenüberstand, sind auch ein aufschlußreiches Phänomen der politischen Geschichte des späten Wilhelminischen Reiches. Nur wenige der Künstler, die die Secession gründeten oder ihr später beitraten, beschäftigten sich ernsthaft mit Politik, und selten hat ihr Werk Bezug auf Themen, die soziale oder politische Veränderungen ansprechen. Aber die Bildende Kunst in Preußen war in so vielen Dingen von der Regierung und der Gunst des Kaisers abhängig, daß schon die Mitgliedschaft in einer Vereinigung, die sich der Ausstellung und dem Verkauf unpolitischer Kunst verschrieben hatte, zum Politikum werden konnte.

Der Widerstand, der der Avantgarde von denen entgegengebracht wurde, die für die staatliche Förderung zuständig waren

GIGANTOMACHIE. (PERGAMON IN BERLIN). DA ERHOB SICH GEWALTIGER KAMPF DER TROTZIGEN RIESEN GEGEN DEN DONNERER SELB-GEFOLGSCHAFT.

Gigantomachie. Darstellung des Kampfes zwischen den Protagonisten der Modernen Kunst und den Akademikern nach dem Muster des Kampfes zwischen Göttern und Giganten, wie man diesen an dem Sockel des jüngst nach Berlin versetzten Zeus-Altars von Pergamon geschildert sah. *Lustige Blätter,* Bd 17, Heft 4, 1902

und die die wichtigsten Ausstellungen des Landes kontrollierten, machte bereits die Gründung der Secession zu einem politischen Akt. Die Anstrengungen der Gruppe, für ihre Mitglieder eine gleiche Behandlung beim Zugang zu Ausstellungen, bei Auszeichnungen und staatlichen Ankäufen zu erreichen, führte unvermeidlich zu Konflikten, in denen das ideologische Element der Opposition gegen den Staat immer präsent war, wenn auch nur deshalb, weil die andere Seite das Problem in diesem Licht zu sehen neigte.

Während die Secession die Regierung zu einer gerechteren Behandlung der Künste drängte, kollidierte sie mit anderen Kräften – mit völkischen, extrem konservativen und antisemitischen Gruppen der deutschen Gesellschaft, die fremde kulturelle Einflüsse zurückgedrängt sehen wollten – zugunsten einer bodenständigen Kunst, von der sich einige Enthusiasten die Erneuerung der Nation versprachen. Die Seccesion als Werkzeug eines gefährlichen kosmopolitischen Modernismus gehörte bald zu den mit besonderer Vorliebe beschworenen Schreckgespenstern der

radikalen Rechten, die die einfache Unterscheidung zwischen traditioneller und moderner Kunst in eine Konfrontation von gesunden und zersetzenden Ideologien verwandelte.

Damals endeten die Konflikte der Berliner Secession mit den Patrioten und Propheten des Deutschtums auf der einen und dem Kaiser, den preußischen Behörden und den Reichsbehörden auf der anderen Seite, meistens im politischen Bereich. Drei Generationen später scheint der Aufstieg und Niedergang der Secession auch einige allgemeine Wesenszüge des deutschen öffentlichen Lebens vor dem ersten Weltkrieg zu illustrieren: z. B. die rücksichtslose Politisierung von an sich unpolitischen Angelegenheiten oder daß man sich unnötig Gruppen zu Gegnern machte, die sonst den Status quo hätten stärken können – eine Intoleranz, die schließlich der eigenen Sache schadete. Aus heutiger Sicht erscheinen gewisse Ereignisse in der Geschichte der Secession bezeichnend für das gesellschaftliche und politische Klima des Wilhelminischen Deutschland. Wenn meine These richtig ist, daß die Secession nicht nur als Vereinigung von Bildhauern und Malern Aufmerksamkeit verdient, sondern auch wegen der politischen Aspekte und Implikationen ihrer Existenz, dann mag es seltsam erscheinen, daß noch nicht mehr darüber geschrieben worden ist. Natürlich ist die Rolle bekannt, die die Secession in der Entwicklung der modernen Kunst in Deutschland gespielt hat, aber eine detaillierte Geschichte der Gruppe gibt es bisher nicht einmal unter rein kunsthistorischen Gesichtspunkten.[1] Ein Grund für dieses Versäumnis war bis vor kurzem ein relativer Mangel an Quellen. Erst in den letzten Jahren erhielten Forscher Zugang zu wichtigen Dokumenten über die Secession und die Regierungspolitik gegenüber der Gruppe; dasselbe gilt für die privaten Unterlagen ihres entschiedensten Gegners unter den deutschen Künstlern, des Direktors der Königlichen Hochschule für Bildende Künste in Berlin, Anton von Werner.

Ein weiterer Grund hängt mit der Art von Kunst zusammen, die die Secession in erster Linie vertrat. Trotz seiner Vielfalt erreichte der deutsche Impressionismus niemals den Grad von Originalität, der nötig gewesen wäre, um den internationalen Geschmack bleibend zu beeinflussen. Seine besten Werke waren zweifellos gut, auch nach strengsten Maßstäben gemessen, aber das Neue, das diese Arbeiten der nicht-deutschen Welt zu bieten hatten, konnte leicht übersehen oder mißverstanden werden als provinzielle Abwandlung etwa französischer Muster. Zwei Mitglieder der Secession, die an der Grenze zum Expressionismus standen, Lovis Corinth und Ernst Barlach, haben Anerkennung und Ruhm weit über Mitteleuropa hinaus gefunden, aber das Interesse an ihrer Arbeit erstreckt sich selten auf die Organisation, die eine bedeutende Rolle in ihrem künstlerischen Leben spielte – vielleicht weil sie bei vielen späteren Beobachtern den Eindruck erweckten, sie seien untypisch für die Gruppe gewesen. So gesehen war es ungünstig für die Berliner Secession, daß sie fast zehn Jahre vor dem Zeitpunkt gegründet wurde, zu dem der Expressionismus über die westliche Welt hereinbrach und die moderne deutsche Kunst zu einer Kraft machte, die von Kritikern und Öffentlichkeit zur Kenntnis genommen werden mußte. Aus gutem Grund ist viel mehr über expressionistische Vereinigungen wie ›Die Brücke‹ geschrieben worden als über die Secession. Aber als politische Institution übertraf die Secession die spätere Gruppe bei weitem; und selbst in ästhetischer Hinsicht ist die intensive Beschäftigung mit den Brücke-Malern auf Kosten ihrer Zeitgenossen in der Secession nicht immer gerechtfertigt.[2]

Es ist nicht Ziel dieses Buches, die Arbeit, die politischen Neigungen und die wirtschaftlichen Verhältnisse der mehr als zweihundert ordentlichen und außerordentlichen Mitglieder der

Secession detailliert zu untersuchen. Auch beabsichtige ich nicht, alle wichtigen ästhetischen, institutionellen, sozialen und politischen Elemente der deutschen Kunst zu erörtern, mit denen die Secession in Berührung kam; obgleich vieles davon in der Literatur noch nicht gründlich behandelt worden ist. Die Geschichte der Wilhelminischen Kultur, von der die Geschichte der Berliner Secession nur ein kleiner Teil ist, muß noch geschrieben werden. Statt dessen möchte ich die besondere Situation der Bildenden Kunst in Berlin und Deutschland umreißen, aus der heraus die Secession entstand, und mich dann den Hauptereignissen ihrer Geschichte zuwenden. Jede dieser Episoden scheint mir auch allgemeinere kulturelle und politische Aspekte des Wilhelminischen Deutschland zu erhellen. Zwar werde ich die Triebkräfte und Entwicklungen untersuchen, die diese Episoden verbinden; doch bin ich dabei nicht vor einer ungleichgewichtigen Behandlung zurückgeschreckt, um Vorfälle und Vorgänge hervorzuheben, die ich für besonders bedeutsam halte. Es wird dem Leser nicht entgehen, daß die Maler und Bildhauer, die auf den folgenden Seiten erörtert werden, mich nicht nur als Propagandisten und Kulturpolitiker interessieren, sondern auch als Künstler, und es mag sein, daß ich das Werk einiger von ihnen höher werte, als viele Kunsthistoriker und Kritiker es heute tun. Doch es wäre ebenso sinnlos wie müßig, in jenen wenigen Passagen, die diese Kunst nicht als Gegenstand propagandistischer Bemühungen oder kritischer Erörterungen, sondern an sich behandeln, meine Vorlieben und Abneigungen zu leugnen.

Ein weiteres, möglicherweise subjektives Element in diesem Buch sollte erwähnt werden: einer der Führer der Secession, der Kunsthändler und Verleger Paul Cassirer, war mein Großvater mütterlicherseits. Er starb, als ich noch nicht zwei Jahre alt war; ich habe es nicht als schwierig empfunden, objektiv zu bleiben, auch wenn es nicht an mir ist zu beurteilen, ob diese Verwandtschaft meine Interpretation in unzulässiger Weise beeinflußt hat. Persönliche Betroffenheit mag zwar unter Umständen dem Historiker das Bild seines Gegenstands verzerren; sie kann ihm aber auch die Augen dafür öffnen.

Als ich ein kleiner Junge war, Anfang der Dreißiger Jahre, hatte die Secession schon lange aufgehört zu bestehen; viele ihrer schöpferischsten Mitglieder arbeiteten jedoch noch, sogar in sehr hohem Alter – so z. B. Max Liebermann, der 1847 geboren wurde und sein erstes Bild ein Jahr nach Gründung des deutschen Kaiserreiches verkaufte. Diese Männer in ihren Ateliers zu besuchen oder zu beobachten, wie sie eine Ausstellung hängten, konnte sogar einem Kind ein starkes Gefühl für ihre Ideale und ihren persönlichen Stil vermitteln, eine Verbindung von Eigenschaften und Geisteshaltungen, die selten und unmodern wurde und die heute schon einer fernen Vergangenheit angehört.

Die Geschichte der Berliner Secession gehört in die Geschichte der Begegnung Deutschlands mit der Moderne, der Revolution, die ganz Europa erfaßte und die, nach Peter Gays Worten, »die Kultur in all ihren Zweigen umformte... und die westliche Zivilisation zwang, ihren Blickwinkel zu ändern und eine neue ästhetische Sensibilität, einen neuen philosophischen Stil, ein neues Verständnis des gesellschaftlichen Lebens und der menschlichen Natur anzunehmen.«[3] Der Grad des politischen Interesses derer, die diese Revolution bewirkten, unterschied sich von Land zu Land; bei den Deutschen war er um die Jahrhundertwende noch sehr gering. Doch die politischen und gesellschaftlichen Reaktionen auf die Moderne waren in Deutschland ungewöhnlich heftig. Vor dem Krieg strebten ihre deutschen Kritiker konsequenter und erfolgreicher als in anderen Ländern danach, das Kunstwerk in eine ideologische Kraft zu verwandeln. Völkische und Antisemiten trieben den alten deutschen Traum vom unpolitischen Denker und Künstler ins andere Extrem, indem sie behaupteten, daß jede Kunst, gleich welchen Themas oder Stils, ideologisch sei und eine politische Reaktion erfordere. Die Unsicherheit und Abwehrhaltung der politischen Führungsschichten des Landes, angefangen beim Kaiser, machten sie für diese Botschaft empfänglich, wenn sie auch damals noch einige der radikaleren Züge als übertrieben oder geschmacklos ablehnten. Nicht nur die Künstler der Secession, sondern auch die Reaktionen, die sie hervorriefen, und die Bedeutung dieser Reaktionen für die deutsche Geschichte sind Gegenstand dieser Untersuchung.

I Umwelt und Ursprünge

1. Staat und Kunst im Berlin der Kaiserzeit

Zu Beginn der Regierungszeit Wilhelms II. beherrschten zwei Organisationen die Welt der Berliner Maler, Bildhauer und Architekten: die Königliche Akademie der Künste und eine private Künstlervereinigung, der Verein Berliner Künstler. Beide waren eng miteinander verbunden. Erfolg führte einen Künstler in der Regel in die Akademie; mitunter auch in den Verein. Dennoch unterschieden sich die Interessen der beiden Einrichtungen in mancher Hinsicht; so war der Verein schon lange unzufrieden mit der größeren Autorität, die die Akademie in Dingen wie der Ausrichtung der jährlichen Kunstausstellungen in Berlin besaß. Ende der achtziger Jahre drängte der Verein auf eine Neuordnung der Beziehungen. Er hätte seinen Charakter als nicht-offizielle Körperschaft betonen können, mehr Unabhängigkeit von staatlichen Organisationen zu erlangen und sich stärker als Vertreter des einzelnen Künstlers zu behaupten trachten können. Aber die Bewunderung für den Staat und die wirtschaftliche Bedeutung von staatlicher Förderung in Form von Stipendien, Aufträgen und Lehrämtern trieben den Verein Berliner Künstler in die entgegengesetzte Richtung. Er bemühte sich, durch eine engere Verbindung mit dem Staat seinen Einfluß zu vergrößern. Die Bedeutung dieses Schrittes wird nicht geringer durch die Tatsache, daß damals kein Mitglied des Vereins den Verlust der Eigenständigkeit für ein Problem hielt, das öffentlich zur Sprache gebracht werden müßte.

Die Akademie wurde 1696 von Kurfürst Friedrich III. nach dem Vorbild der Akademien in Paris und Rom gegründet, um hervorragende künstlerische Leistungen in Brandenburg zu fördern und zu pflegen. Nach 1833 wurde sie in eine Abteilung für Musik und eine Abteilung für die bildenden Künste geteilt; eine Abteilung für Literatur kam erst in der Weimarer Republik hinzu.[1] Anwärter für die Mitgliedschaft wurden von der Regierung oder von den Akademiemitgliedern selbst nominiert und auf Lebenszeit von den Angehörigen der entsprechenden Sektion gewählt, die auch einen Senat und einen Vorsitzenden wählten. Einige höhere Beamte, wie die Direktoren der staatlichen Museen, waren Mitglieder ex officio, und zu den Ehrenmitgliedern

Reinhold Begas, Reiterstandbild Wilhelms I. für das 1897 eingeweihte Kaiser-Wilhelm-Nationaldenkmal zu Berlin

gehörten die Kaiserin und Prinzregent Luitpold von Bayern. Die Senatoren beider Abteilungen berieten unter dem Vorsitz eines Präsidenten, der von allen Mitgliedern gewählt wurde, gemeinsam Angelegenheiten von allgemeinem Interesse.

Nachdem sich in Preußen Fachministerien gebildet hatten, war die Akademie dem Ministerium der geistlichen, Unterrichts-

und Medizinalangelegenheiten unterstellt – kurz dem Kultusministerium –, das für staatliche Kunstpflege verantwortlich war.[2] Der Senat fungierte als künstlerischer Beirat des Kultusministers. Dieser genehmigte das Budget der Akademie und ihre Zielsetzungen; er unterbreitete die Wahlergebnisse der Akademie zusammen mit seiner Befürwortung oder Ablehnung dem Kaiser, der als König von Preußen die letzte und keineswegs nur rein formale Instanz für die Belange der Akademie war.[3]

In den neunziger Jahren waren die annähernd 50 ordentlichen Mitglieder der Abteilung für die bildenden Künste Männer, deren Arbeit nach allgemeinem Urteil das Beste darstellte, was Preußen auf diesem Gebiet leisten konnte. Zu ihren Vorgängern gehörten Karl Friedrich Schinkel und Gottfried von Schadow, und seit den sechziger Jahren war Adolph von Menzel einer der ihren; aber in Preußen, wie anderswo, waren der Akademie in der Hauptsache Künstler willkommen, deren Arbeit traditionelle ästhetische Begriffe so gefällig exemplifizierte, daß sie den Zeitgenossen ohne weiteres einleuchteten. Die Akademie war eines der Instrumente, mit denen der Staat das verwirklichen konnte, was er für seine kulturelle Verpflichtung gegenüber der Gesellschaft hielt. In ihre Reihen aufgenommen zu werden, war ein wichtiges Zeichen für die offizielle Anerkennung der künstlerischen Leistung und konnte Vorstufe zu der noch größeren Ehre sein, mit der »Friedensklasse« des Pour le mérite ausgezeichnet zu werden, dessen eine Untergruppe für die Akademie der Künste bestimmt war, die andere für die Akademie der Wissenschaften.[4] Dafür legte die Akademie die ästhetischen Maßstäbe der Gesellschaft fest und half, sie durchzusetzen. Als Sachverständige in Preisgerichten, Stipendienkommissionen und in der Landeskunstkommission berieten ihre Mitglieder Regierungsstellen bei der Vergabe von Steuergeldern für Museumsankäufe, bei der Planung und Ausführung von Denkmälern und öffentlichen Gebäuden und bei den zahlreichen anderen Gelegenheiten, wo Kunst das öffentliche Interesse berührte.

Die didaktische Autorität der Akademie und ihre Verbindung mit der Bürokratie wurde dadurch verstärkt, daß ihre beiden Abteilungen mit zwei Lehranstalten verknüpft waren: die Abteilung für Musik mit der Königlichen Hochschule für Musik und die Abteilung für die bildenden Künste mit der Königlichen Akademischen Hochschule für die bildenden Künste. Wie alle deutschen

Lehrer waren die Direktoren und Ausbilder dieser Hochschulen Beamte, vom Staat ernannt und bezahlt.

Viele der Professoren waren Mitglieder der Akademie; einige von ihnen standen Meisterateliers vor und saßen im Senat der Akademie.

Der Präsident der Akademie und die Vorsitzenden ihrer zwei Abteilungen andererseits hatten gewöhnlich auch Professuren an den Hochschulen.[5] Akademie und Hochschulen blieben getrennt, und viele Akademiemitglieder waren ausgesprochen unabhängige Geister; aber unter den gegebenen Umständen mußte die Zusammenarbeit eng sein. Der freie Künstler, dessen Verdienst mit der Wahl in die Akademie anerkannt wurde, die Professoren und Studierenden der Hochschule für die bildenden Künste garantierten gemeinsam hohe künstlerische Leistungen und sicherten deren Verbreitung im ganzen Land.[6] Man konnte das natürlich auch anders sehen. 1893 berichtete Alfred Lichtwark, der Direktor der Hamburger Kunsthalle, den Kuratoren seines Museums über seinen Besuch beim jährlichen Berliner Salon. Er schrieb, daß die große Augusthitze seine Toleranz gegenüber einer Jury beeinträchtigt haben könnte, die eine so große Anzahl von Arbeiten angenommen hatte. Dennoch fühlte er sich gezwungen zu fragen:

»Mit welchem Recht stellen Lehrlinge und Bönhasen (das seltene Wort, dessen Lichtwark sich hier bedient, bedeutet ›Pfuscher‹) auf Staatskosten in dem teuren Ausstellungspalast aus? Wenn es ein Privatunternehmen wäre und Platzmiete berechnet werden müßte, so würden bei dem Werth des Bodens und der Gebäude, sowie in Rücksicht auf die verlorenen Wintermonate die Preise der Plätze die der allermeisten Bilder übertreffen. Hört nun aber die Arithmetik auf, wenn es sich um die Verwendung von Staatsmitteln handelt? Und haben die Malergesellen ein besonderes Anrecht darauf, daß ihnen der Staat den Markt bereitet?

»Ich weiß wohl, daß irgend eine Änderung des Systems von der allergrößten Schwierigkeit ist und wüßte auch keine Vorschläge zu machen, solange es Akademien und ein staatlich anerkanntes, weil vom Staat geschaffenes Kunstproletariat giebt. Akademie und Ausstellung, das ist der circulus vitiosus, in dem sich unsere künstlerischen Begabungen drehen wie das Thier auf dürrer Haide.

»Ich will Sie nicht mit einem eingehenden Ausstellungsbericht elenden. Das Ergebnis erscheint mir diesmal kläglicher als je. In Berlin sitzt eine brutale Variante des Akademismus auf dem Thron, dess Farben ordinärer als die Wirklichkeit, und dessen Menschen gemeiner sind als die Natur.«[7]

Lichtwarks preußisches »Kunstproletariat«, beständig aufgefüllt durch die Abschlußklassen der Hochschule für bildende Künste, bestand aus zwei Gruppen: Da gab es einerseits Künstler, die sich als Privatlehrer oder Reklamemaler kümmerlich durchschlugen oder für einen Unternehmer arbeiteten, der die Bilder stapelweise verkaufte; andererseits solche, die einen gewissen Erfolg errungen hatten und einer der privaten Maler- und Bildhauervereinigungen angehörten, deren größte und einflußreichste in Preußen der Verein Berliner Künstler war.

Der Verein begann 1841 als gesellschaftliche und berufliche Vereinigung Berliner Künstler.[8] Nachdem 1856 eine Hauptvereinigung deutscher und österreichischer Künstler gegründet worden war – die Allgemeine Deutsche Kunstgenossenschaft – traten fast alle Mitglieder der Berliner Gruppe auch der örtlichen Sektion der Kunstgenossenschaft bei.[9] 1867 erhielt der Verein ein königliches Privileg, was bedeutete, daß jetzt königliche und ministerielle Zustimmung erforderlich war bei Fragen wie der Änderung der Vereinssatzungen und der Annahme von Vermächtnissen. Um die Kosten von Ausstellungen und Veröffentlichungen tragen zu können, erhielt der Verein in den folgenden Jahrzehnten gelegentlich Subventionen von der Regierung oder aus der Privatschatulle der Krone. Zu Beginn der Regierungszeit von Wilhelm II. hatte der Verein 18 Ehrenmitglieder (darunter Größen des Staates wie Moltke) und 584 ordentliche und korrespondierende Mitglieder.[10] In den Gründerjahren, als Berlin sich aus einer Garnisons- und Beamtenstadt in eine Industriestadt verwandelte, war der Verein hauptsächlich ein Ort geselligen Beisammenseins. Die Mitglieder trafen sich dienstags und samstags in ihren Klubräumen in der Kommandantenstraße, um Karten zu spielen oder Vorlesungen und Konzerte zu besuchen. Ihre alle zwei Jahre stattfindenden Diners und Kostümbälle wurden ein fester Bestandteil der Berliner Saison.

Bei einem solchen Ball, mit dem die Berliner Künstler bemüht waren »durch schönheitliche Pracht die Kunst in der Hauptstadt zu vertreten«, wie das *Berliner Tageblatt* schrieb, gab es eine Folge von *tableaux vivants,* bei denen der 16jährige Richard

Kaiser-Saal der vom Verein Berliner Künstler anläßlich seines fünfzigjährigen Bestehens 1891 im Ausstellungspark zwischen der Straße Alt-Moabit und der Invalidenstraße zu Berlin N. W. veranstalteten Internationalen Kunstausstellung

R.IFFARTH ph BERLIN.W

Strauss die weibliche Figur des »Friedens« verkörperte, der dem »Krieg« gegenübersteht. Zwei Jahre später, während der jährlichen Sommerausstellung, gab der Verein sein prächtigstes Fest. Dreizehnhundert kostümierte Mitglieder und Gäste feierten die kürzlich erfolgte Ausgrabung von Pergamon mit einer triumphalen Prozession, mit Opfern an Zeus und einem griechisch-römischen Markt; das Festkomitee hatte sogar für einen Charon gesorgt, der neugierige Besucher über den Styx setzte. Geistliche, namentlich auch der Führer der antisemitischen Christlich-Sozialen Partei, Adolf Stoecker, verurteilten das *Pergamonfest* anschließend als unmoralisch, zum großen Vergnügen so prominenter Vereinsmitglieder wie des Historienmalers Anton von Werner. Dieser sah darin im Gegenteil den unschuldigen Versuch, im Industriezeitalter, »vermittels der Vorführung vergangener Zeiten voll malerischen Reizes... den Sinn für Schönheit zu pflegen.«[11]

Werner war bereits Direktor der Hochschule für die bildenden Künste, als er 1887 zum Vorsitzenden des Vereins und zum Vorsitzenden der Kunstgenossenschaft gewählt wurde, in zwei Ämter, die er während der kommenden zwei Jahrzehnte noch mehrmals innehaben sollte. Die damit verbundene ungewöhnliche Machtfülle und die Unterstützung durch die königliche Familie ermöglichten es Werner, die Berliner Kunstszene neu zu gestalten. Er vergrößerte die finanziellen Mittel des Vereins durch Modernisierung seines Ausstellungs- und Verkaufsprogramms und begann mit Verhandlungen, die zehn Jahre später zum Bau eines neuen, imposanten Hauses für den Verein in der Bellevuestraße führten, nahe dem Brandenburger Tor und inmitten von Ministerien und Botschaften.[12] Je professioneller der Verein wurde, um so mehr drängte er auf eine stärkere Präsenz in offiziellen Kommissionen und Ausschüssen. Das konnte nur auf Kosten der Akademie geschehen, aber Werner erkannte, daß ihre überkommene Stellung als Werkzeug einer absolutistischen Regierung unhaltbar geworden war in einer Zeit, in der der Mittelstand, politische Parteien und eine tatkräftige Presse zunehmend an Bedeutung gewannen. Die Akademie mußte einen Teil ihrer Macht abtreten, um sich die Künstler nicht ganz zu entfremden. Auch der Kaiser unterstützte dahin gehende Bestrebungen. Ursprünglich scheint Wilhelm II. sogar gewünscht zu haben, dem Verein eine dominierende Rolle beim jährlichen Berliner Salon zu übertragen, der in der staatlichen Ausstellungshalle in der Lehrter Straße stattfand. Der Berli-

Anton von Werner, Selbstporträt. Als Werner das Bild auf der Jubiläumsausstellung der Kgl. Akademie der Künste zu Berlin 1886 zeigte, schrieb Ludwig Pietsch: »Wie wir ihn dort in seiner Werkstatt dastehen sehen, in dieser auf äußere Representation völlig verzichtenden, aber desto aufrechteren und streitbareren Haltung, dem Beschauer das Vollgesicht zuwendend, aus dessen Augen und Mienen die Klarheit, Entschiedenheit und Entschlossenheit des Willens, mit einem Wort die ›Schneidigkeit‹ spricht, welche sich... in seiner ganzen Lebensführung offenbart, so ist er wirklich...«

ner Salon war die bedeutendste Kunstausstellung des Landes und deshalb für viele weniger bekannte Maler und Bildhauer das Ereignis, auf das sie angewiesen waren, um verkaufen zu können, Aufträge zu bekommen und im Gespräch zu bleiben. 1891 organisierte der Verein eine kommerziell erfolgreiche internationale Kunstausstellung und bewies seine Fähigkeit, große Unternehmungen auszurichten. Ein Skandal um die Ausstellung der Bilder Edvard Munchs 1892 zeigte indessen die Gefahr, einer privaten Organisation zu viel Macht einzuräumen.[13] Auch trat Werner dafür ein, das Mitspracherecht der Akademie fortbestehen zu lassen. Hauptsächlich durch seine Vermittlung zwischen Kaiser, Kultusminister und den eigenen Kollegen in Akademie und Verein wurde 1892 ein Kompromiß erzielt. Der Verein wurde gleichberechtigter Partner bei der Veranstaltung des jährlichen Salons und erhielt mehr Zugang zu Regierungskommissionen und Ausschüssen. Gleichzeitig wurde der Verein stärker unter die Kontrolle der Regierung gebracht, der er auch wegen der erhöhten finanziellen Unterstützung verpflichtet war. Es war Werner gelungen, die Elite der Akademie, das Fußvolk und sogar das Proletariat der Berliner Künstlerschaft zu einer gemeinsamen Front zu vereinen.[14]

Die Kräfte, denen diese Front zu widerstehen hatte, waren einstweilen noch nicht eindeutig identifizierbar, obwohl die Munch-Episode und das gelegentliche Auftauchen französischer Impressionisten in deutschen Galerien darauf schließen ließen, daß Anschläge auf traditionelle Werte zu erwarten waren. Ebenso beunruhigend war es, daß Künstlervereinigungen in ganz Deutschland Zeichen von Uneinigkeit zeigten; zwar spielten dabei wahrscheinlich persönliche Rivalitäten und die Konkurrenz der Institutionen untereinander eine wichtigere Rolle als gegensätzliche ästhetische Prinzipien; doch stärkte auch dieser, wie immer verursachte Unfrieden das Gefühl, daß Veränderungen fällig waren. Dieser Atmosphäre der Unsicherheit setzte Werner ein Programm entgegen, das er in Berlin durchzuführen versuchte: Es beabsichtigte eine Zusammenarbeit der Künstler untereinander und zwischen Künstlern, Gesellschaft und Staat im Dienste einer Ästhetik, die einen Realismus bevorzugte, der erheben oder unterhalten, erzählerische oder didaktische Elemente nicht scheuen, aber niemals schockieren sollte. Ein wichtiger Aspekt seiner Kulturpolitik war, daß er die Erfahrung und Loyalität eines höheren preußischen Verwaltungsbeamten mit echter Sympathie für die

Deutschlands Einigung. Holzschnitt nach einem Entwurf Anton von Werners.
Moderne Kunst, Bd 11, Heft 8, 1897

breite Masse der Künstler und für ihre wirtschaftlichen und beruflichen Belange verband, die er selbst in seinen jungen Jahren kennengelernt hatte.

Werner wurde 1843 in Frankfurt an der Oder geboren. Einer seiner Vorfahren war um 1720 geadelt worden, aber nach einigen Generationen verschlechterte sich die soziale Lage der Familie. Sein Großvater, ein pensionierter Leutnant, verdiente seinen Lebensunterhalt als subalterner Zollbeamter; sein Vater war Tischler, er selbst machte eine Anstreicherlehre. Im Alter von sechzehn Jahren gewann er ein Stipendium an der Hochschule für die bildenden Künste in Berlin, die er drei Jahre besuchte, bevor er nach Baden ging, um sein Studium an der Karlsruher Akademie abzuschließen. Es gelang ihm, die Protektion des Großherzogs zu gewinnen, die ihm während des deutsch-französischen Krieges Porträtaufträge im deutschen Hauptquartier verschaffte. Hier erregte er die Aufmerksamkeit Wilhelms I., des Kronprinzen, Moltkes und Bismarcks; dieser äußerte später einmal, daß Werner, wenn er nicht Künstler wäre, großen Erfolg im Außenministerium gehabt hätte.

Nachdem Werner sich in Berlin niedergelassen hatte, wurde er bald bei Hofe zum beliebtesten Maler von Szenen der neueren und neuesten preußischen und deutschen Geschichte. Aber er hielt an der gemäßigten, liberalen Gesinnung fest, die er sich vor 1870 in Karlsruhe angeeignet hatte. Er bewegte sich leicht bei Hofe und in offiziellen Kreisen und war fast ein Vertrauter des Kronprinzen Friedrich und seiner Gemahlin, deren ältesten Sohn, den späteren Wilhelm II., er im Zeichnen und Malen unterrichtete. Aber ebenso wie den Hochadel schätzte er die gebildete Mittelklasse und wollte die kulturelle Vielfalt Deutschlands und die partikularistischen Wurzeln des Kaiserreichs durch ›Die Einigung der Deutschen Stämme‹ nicht aufgehoben wissen. In seinem Haus brachte er Mitglieder der militärischen und bürokratischen Führungsschicht mit Künstlern, Wissenschaftlern, Geschäftsleuten und Zeitungsbesitzern wie Rudolf Mosse zusammen.[15] Kunst war für ihn ein Beruf mindestens so sehr wie eine Berufung, und er meinte, daß der Künstler der Gesellschaft Dienste leiste, die denen durchaus vergleichbar seien, für die sie sich dem Arzt oder Rechtsanwalt verpflichtet wußte. Werners Interesse galt nicht den großen Talenten, sondern der breiten Masse von Malern und Bildhauern, deren Lage er durch Preisausschreiben, Stipendien und Aufträge zu verbessern suchte und auch durch andere Maßnahmen, wie die Ausarbeitung von Versicherungs- und Versorgungsplänen für die Mitglieder der allgemeinen Deutschen Kunstgenossenschaft. Als Vorsitzender des Deutschen Künstlerbundes und des Vereins Berliner Künstler war er bewußt gegen die Bildung einer Elite. Er glaubte, daß die Mehrheit der Künstler den Ton angeben sollte, denn er war überzeugt, daß deren gesundes Urteil – wie das des deutschen Volkes überhaupt – zwar in Einzelfällen irren mochte, sich aber schließlich immer wieder behaupten würde.

Die Hochschule für die bildenden Künste dagegen regierte er mit fester Hand. Er war ein ausgezeichneter Administrator und Propagandist und nahm die pädagogische Arbeit der Hochschule ernst; er selbst unterrichtete Klassen in Komposition und im Zeichnen nach der Natur. Wie Leiter anderer Akademien behauptete er nicht, die Menschen lehren zu können, wie man Künstler wird; die Hochschule konnte den Studenten lediglich das technische Rüstzeug ihres Handwerks geben, z. B. die Kenntnis der Perspektive, der anatomischen Richtigkeit, die systematische Vorbereitung von Leinwand und Farbe. Diese Fähigkeiten waren Voraussetzung der Kunst, an die er glaubte, und die Geringschätzung derselben hielt er für den fatalen Mangel des Impressionismus und anderer moderner Bewegungen.

Werners jährliche Abschlußreden wurden berühmt wegen ihrer offenen Angriffe auf die moderne Kunst und wegen der ebenso ungeschminkten Kritik an den Studenten selbst. »Ich muß Jahr für Jahr«, so sagte er der versammelten Studentenschaft 1895, »aber in den letzten Jahren mehr denn früher die Erfahrung machen, daß Ihre Darstellungsweise bei Kompositionen und Ihren Privatstudien vielfach eine so unbeholfene ist, daß Ihnen das Entwerfen von Kompositionen und Skizzen ja gar keine Freude bereiten kann.«[16] Außerplanmäßige Veranstaltungen, die wie Bälle, Konzerte oder Ausflüge ein Gemeinschaftsgefühl unter den Studenten förderten, fanden seinen Beifall; Versuche aber, die Hochschule für Zwecke zu benutzen, die nichts mit dem Kunststudium zu tun hatten, duldete er nicht. Als einige Studenten eine antisemitische Petition in Umlauf brachten, versammelte er Professoren und Studenten und verbot die weitere Verteilung solcher Schriften; dabei drohte er bei Ungehorsam jedem Studenten mit sofortiger Verweisung von der Schule.[17] Seine Ablehnung von

Anton von Werner, Der Reichskanzler während der Kaiserproklamation in Versailles. Zeichnung, 1885

Stoeckers antisemitischer »Berliner Bewegung«, die er »widerlich, schmutzig und traurig« nannte und gegen die er die jüdischen Professoren schützte, folgte konsequent aus den liberalen Prinzipien, die er sich in der Jugend angeeignet hatte; und die (leider) um 1890 schon etwas altmodisch wirkten. Daß sie aufrichtig waren, beweist die Tatsache, daß Werner, selbst als er zu einem der führenden Männer im Kampf gegen den deutschen Impressionismus wurde, im Unterschied zu manchen seiner Parteigänger niemals Zuflucht zum Antisemitismus nahm, um die Künstler zu schmähen, deren Werke er ablehnte und fürchtete; Werners herrisches Wesen wurde bestärkt durch seine offizielle Stellung, die ihm größere Unabhängigkeit gab als die meisten höheren Beamten genossen. Als man Werner 1875 zum erstenmal die Leitung der Hochschule für Bildende Kunst antrug, unterstrich er seine Unabhängigkeit dadurch, daß er auf einem Fünfjahresvertrag bestand statt der üblichen Ernennung auf Lebenszeit. Als erfolgreicher Maler und Illustrator war er auf eine Beamtenlaufbahn nicht angewiesen. Weder diese Forderung noch seine automatisch alle fünf Jahre erfolgende Wiederernennung hinderten ihn, in einer späteren Krisensituation zu behaupten, daß er schlecht behandelt worden wäre; er scheute sich nicht, als Ausgleich dafür ein erhöhtes Budget und höhere Gehälter für die Hochschullehrer zu verlangen.[18]

Werner zögerte nicht, Gebrauch von seinen Kontakten zum Kaiser oder zum Minister zu machen, um seinen Willen auch bei kleineren Streitfragen durchzusetzen. Seine streitsüchtige Persönlichkeit und seine Intoleranz in beruflichen Dingen brachten ihn zwar häufig um den Lohn seiner Mühen. Aber zu seinen besten Zeiten waren seine politischen Fähigkeiten beachtlich. Schon um mit so verschiedenen Männern wie Wilhelm I., Friedrich III. und Wilhelm II. auf vertrautem Fuße umzugehen, bedurfte es großer Feinfühligkeit und Selbstkontrolle.

Werners Memoiren deuten an, daß er sich Friedrich III. und seiner englischen Frau am meisten verbunden fühlte, deren Geschmack dem seinen am ehesten entsprach und von deren Herrschaft er sich ein Aufblühen der deutschen Kunst erhoffte. Aber als der Kaiser nach nur sehr kurzer Regierungszeit starb, hatte Werner keine große Schwierigkeit, sich seinem Sohn zu empfehlen, dessen einflußreichster künstlerischer Berater er wurde und jahrelang blieb. Werner war kein so schlechter Künstler, wie man

Anton von Werner, Der Berliner Kongreß 1878. Gemälde, ehemals im Festsaale des Rathauses in Berlin. Vollendet 1884

ihm nachsagt. Er hatte einen energischen, flüssigen Stil, seine Porträts waren wirklichkeitsgetreu, und seine besseren Gruppenbilder, *Die Krönung Friedrichs I.*, z. B., oder die kleinere Version der *Kaiserproklamation in Versailles,* zeigen Sinn für die Theatralik der Situation. Eine delikatere Farbgebung hätte diese und ähnliche Werke zu eindrucksvollen Beispielen einer Wilhelminischen Historienmalerei gemacht. Doch seine Vorstellungskraft und sein Verständnis drangen selten unter die Oberfläche. Er sah seine Gegenstände so scharf wie ein photographisches Objektiv; doch auch so kalt. Die Frauen und Männer auf seiner Leinwand wirken leblos, und die Themen, die ihn am meisten interessierten, sind ästhetisch wenig ergiebig: *Bismarcks Zusammentreffen mit Napoleon, Der Berliner Kongreß 1878, Wilhelm II. gratuliert Moltke zu seinem 90. Geburtstag;* auch weniger offizielle Bilder, so seine Darstellung eines preußischen Reservisten, der in einem beschlagnahmten französischen Salon Schubert-Lieder singt, oder das Bild des Kronprinzen und seines Stabes, einem toten französischen General die letzten Ehren erweisend, während der kleine Hund des Toten die Männer in den fremden Uniformen anbellt – keines dieser Bilder, so sorgfältig arrangiert und genau im Detail sie sind, scheint imstande, dem heutigen Betrachter anderes und mehr mitzuteilen als etwa Einblicke in die Kostümgeschichte. Es ist bezeichnend, daß Werners Technik und Komposition sich bis ins Alter kaum geändert haben, seit er mit Ende zwanzig seine ersten Erfolge hatte. Seine wohl besten Arbeiten sind einige frühe Gemälde aus dem bürgerlichen Alltag und später Öl- und Aquarellstudien von Köpfen und Einzelpersonen; diese Skizzen fingen eine Impression oder eine schnelle Bewegung ein, die im späteren Gemälde unvermeidlich zu puppenhafter Leere erstarrten, fixiert in der glatten Ausführung, die für das Hauptmerkmal guter akademischer Kunst gehalten wurde. Obwohl er selbst das niemals eingesehen hätte: Werners gesamtes Werk widerlegt das Credo, mit dem er eine seiner Abschlußreden enden ließ: »Meine Herren... über den wohlbekannten Satz: Viele sind berufen – wenige auserwählt, vergessen Sie nicht jenen anderen: Der Fleiß ist die bessere Hälfte des Genies!«[19] Selbst wer Werners patriotischen Realismus zu schätzen wußte, konnte sich der Einsicht kaum entziehen, daß der Mann als Maler weniger bedeutend war denn als Administrator, als Fürsprecher der Kunst bei der Regierung, als Kulturpolitiker. In Vorträgen und Artikeln versuchte er, Kunst und Künstler zu entmythologisieren. Er unternahm die Neuorganisation der Beziehungen zwischen Kunst und Regierung in Berlin in der Überzeugung, daß die Künstler eine verantwortliche Kraft

Anton von Werner, Studie für die Mittelgruppe des Kongreß-Bildes

seien, mit der der Staat und die gebildeten Gesellschaftsschichten zur Erreichung gemeinsamer Ziele zusammenarbeiten könnten; und diese Überzeugung kennzeichnet das neue System. 1889 forderte der Kultusminister den Verein auf, drei Kandidaten für die Mitgliedschaft in der Landeskunstkommission zu benennen, von denen er einen wählen würde. Im selben Jahr erklärte sich die Akademie bereit, dem Verein fünf Plätze im Planungskomitee der jährlichen Berliner Kunstausstellung zu überlassen sowie drei Plätze in der Hängekommission. Das war der erste Schritt in Richtung auf die endgültige Regelung, die dann 1892 vorsah, daß Akademie und Verein zu gleichen Teilen die Mitglieder sämtlicher Ausstellungskomitees stellen und der Erlös aus dem Verkauf von Kunstwerken unter beide aufgeteilt werden sollte. Gleichzeitig vergrößerte man den Umfang des Salons, der jetzt – nach den Worten der Kabinettsverordnung über die neuen Bestimmungen – alle Künstler in Preußen umfassen sollte. Das zweite Zentrum organisierten Kunstlebens in Preußen, Düsseldorf, erhielt daher auch »angemessene Repräsentation«.[20]

Der Staat stellte kostenlos die neue Ausstellungshalle in der Lehrter Straße, die mehrere tausend Gemälde und Plastiken fassen konnte, zur Verfügung; und der Salon wurde weiterhin mit Subventionen vom Staat und der Stadtverwaltung unterstützt. Dafür mußten die Satzungen und Programme des Salons von der Regierung genehmigt werden. Im November 1892 schrieb der neue Kultusminister, Robert Bosse, an Wilhelm II., daß die Pläne, die man nach Werners Vorschlägen entwickelt hatte, dem Salon eine neue und unabhängigere Position einräumten, auch wenn die Akademie ein starkes Mitspracherecht bei seiner Leitung behielt. Er fuhr fort:

»Immerhin wird sich die Staatsregierung einer gewissen Einwirkung und Fürsorge nicht entschlagen können. Wenn vom Staate Grund und Boden und die Gebäude dargeliehen und dadurch die Ausstellungen überhaupt ermöglicht werden, so erwächst vor allem die Verpflichtung dafür zu sorgen, daß sie mit ihren Vortheilen nicht einzelnen Gruppen oder Richtungen sondern der gesammten Künstlerschaft Preußens möglichst gleichmäßig zu Gute kommen, und daß sie dem Publikum wirklich das leisten, was es zu finden erwarten darf: eine Übersicht über die gesammte preußische und womöglich deutsche Produktion der Gegenwart.«[21]

Anton von Werner, Fürst Bismarck im amtlichen Verkehr. Zeichnung

In der Frage der Kunstförderung durch die Regierung hielt sich Bosse an das klassische Konzept, daß ein Beamter verpflichtet sei, über dem Streit unterschiedlicher Meinungen zu stehen und gleiche Behandlung für alle sicherzustellen, sofern die übergeordneten Staatsinteressen das zuließen. Wilhelm II. hatte eine andere Auffassung seiner Verpflichtungen gegenüber der deutschen Kunst und der deutschen Gesellschaft.

Als König von Preußen hatte er – wenn er sie ausüben wollte – eine maßgebende Rolle bei der Leitung des Berliner Salons: mittelbar durch sein Recht, den Kultusminister zu ernennen, Berufungen in die Akademie auszusprechen, und durch seine Protektion und finanzielle Unterstützung des Vereins; unmittelbar durch die Preise, die er persönlich stiftete und die in jedem Jahr in seinem Namen und mit seiner Billigung verliehen wurden. Jeden Winter ersuchte das Planungskomitee für den Salon den Kaiser, die notwendigen Medaillen zu stiften.

In einem Allerhöchsten Erlaß, dessen Wortlaut jedes Jahr gleich blieb, erklärte der Kaiser seine »Geneigtheit, an solche Künstler, welche sich auf der diesjährigen Großen Berliner Kunstausstellung besonders hervorthun, drei große und sechs kleine goldene Medaillen für Kunst zu verleihen, und will den betreffenden Vorschlägen seiner Zeit entgegensehen.«[22]

Die Jury war also eine beratende Körperschaft, deren Votum ministerieller und kaiserlicher Zustimmung bedurfte. Fast immer wurde ihrem Urteil entsprochen, aber die Möglichkeit zur Kontrolle und Ablehnung wurde ernst genommen; was nicht bedeutete, daß Künstler, die dem Kaiser mißfielen, in jedem Falle abgelehnt wurden. 1897 reichte der Kultusminister die Empfehlung der Jury weiter, Max Liebermann, den prominentesten deutschen Impressionisten, mit einer großen Goldmedaille auszuzeichnen, und der Kaiser stimmte ohne Kommentar zu.[23] Als jedoch im nächsten Jahr die Jury, zu der nun auch Liebermann gehörte, Käthe Kollwitz für eine kleine Goldmedaille vorschlug, brachte der Minister in seinem Bericht an den Kaiser Gegenargumente zum Ausdruck:

»Zu Bedenken gibt mir der Vorschlag der Radiererin Käthe Kollwitz in Berlin Veranlassung. Diese hat einen Cyclus von ziemlich kleinen Radierungen und Lithographien ausgestellt, welche sie ›Weberaufstand‹ nennt. Es wird in demselben das Elend der Weberfamilien, ... der Auszug zum Aufstande, der Angriff auf ein

Max Koner,
Wilhelm II., Studie, 1891

eisernes Gartentor und Aufreißen des Straßenpflasters, schließlich ein Zimmer mit einzelnen Leichen von Arbeitern zur Anschauung gebracht in einer Reihe von Darstellungen, zu denen die Anregung aus Gerhard Hauptmanns Drama ›Die Weber‹ entnommen zu sein scheint. Die technische Kunstfertigkeit in dem Werk, sowie die Kraft und Energie des Ausdrucks mögen das Urteil der Jury vom rein künstlerischen Standpunkt aus gerechtfertigt erscheinen lassen. Bei dem Gegenstand der Darstellung und der naturalistischen Durchführung des Werkes, welchem ein milderndes oder versöhnendes Element gänzlich fehlt, glaube ich aber nicht, dasselbe zu einer ausdrücklichen staatlichen Anerkennung vorschlagen zu dürfen...«[24]

Bosse ersuchte den Kaiser um die Genehmigung, Kollwitz' Namen aus der Liste der Preisgewinner zu streichen, warnte aber gleichzeitig, daß dieser Schritt unangenehme Pressekommentare nach sich ziehen würde. Daraufhin verwarf Wilhelm II. die Empfehlung der Jury. Bald darauf konnte Kollwitz' Zyklus mit Liebermanns Unterstützung eine Medaille bei der jährlichen Dresdener Ausstellung gewinnen, wo der Erlaß des preußischen Königs keine Geltung hatte – ein nicht ungewöhnliches Ergebnis der föderativen Struktur des Reiches, die es zuweilen möglich machte, die preußische Dominanz zu umgehen.[25] Es wird manchmal behauptet, daß das Interesse Wilhelms II. an der Kunst – wie an vielen anderen Dingen – nur vorgetäuscht war, und daß die ästhetischen Urteile, die er in seinen Ansprachen und Anordnungen vertrat, von Anton von Werner stammten.[26] Zweifellos liebte es der Kaiser, den Kunstkenner, Gönner und künstlerisch begabten Amateur zu spielen – Rollen, in denen er nicht unbedingt kompetent war. Aber seine Aktennotizen, Randbemerkungen und Memoranden mehr noch als seine öffentlichen Erklärungen zeigen, daß er der Kunst keineswegs gleichgültig gegenüberstand. Er hatte kategorische Neigungen und Abneigungen und war überzeugt, daß die deutsche Kunst seine Führung brauchte, wenn sie erfüllen sollte was er als ihre ›Mission‹ verstand. Zuweilen ging er künstlerischen Fragen bis in Einzelheiten nach. Die Akten des kaiserlichen Civil-Cabinets belegen, daß er sich über die Eröffnung und das Ende von Ausstellungen unterrichten ließ, über Besucherzahlen, Verkaufspreise und Ergebnisse von Wettbewerben für staatliche und städtische Projekte. Vorschläge für offizielle Ehrungen, sogar für die unteren Stufen des Roten Adlerordens oder des Kronenordens erwog er persönlich. Die wichtigeren Angelegenheiten der Akademie, der Hochschule für die bildenden Künste und der Museen kamen routinemäßig auf seinen Schreibtisch.[27]

Besonders in den ersten Jahren seiner Regierung liebte es der Kaiser, die von ihm bevorzugten Maler und Bildhauer zu besuchen; so überraschte er Anton von Werner in seiner Villa am Wannsee oder besichtigte die neuesten Arbeiten von Max Koner oder Walter Schott in deren Ateliers.[28] Mit Schott, einem Bildhauer, der zwar auch an der Siegesallee mitarbeitete, seinen Ruhm aber ansprechenden Mädchengestalten wie der seinerzeit sehr beliebten und häufig reproduzierten ›Kugelspielerin‹ verdankte, verkehrte der Kaiser noch nach seiner Abdankung. Man darf sich übrigens nicht vorstellen, daß sich Wilhelm II. nur von sich aus und kraft seiner Autorität in die Belange der Künstler eingemischt hätte: Oft ergriffen auch die Künstler selbst die Initiative und traten an ihn heran mit Projekten, Bitten um finanzielle Unterstüt-

Hinweis auf die geplante Ausschmückung der Siegesallee. Leipziger *Illustrirte Zeitung*, 4. Juli 1896

zung und Beschwerden über ungünstige Jury-Entscheidungen.[29] Als der Verein Berliner Künstler Gelder für sein neues Haus sammelte, zauderte man nicht, einen Beitrag von ihm zu erbitten. Der Kultusminister schlug eine Spende aus der Privatschatulle in Höhe von 5000 Mark vor – der Kaiser verdoppelte die Summe.[30] »Nur unter dem Schutze der Monarchie und dem Schutz der Fürsten gedeiht die Kunst, ohne ihre fördernde Hand verkümmert sie. Doorn 1925«, dekretierte noch der Zeuge der ersten deutschen Republik, als er einem Künstler, der die Wiederkehr der kaiserlichen Zeit ersehnte, dem Bildhauer Walter Schott, eine Portraitphotographie widmete. Der persönliche Geschmack Wilhelms II. verstärkte seine Meinung über die Rolle der Kunst in der deut-

Mundwasser-Reklame nach dem Muster der ausgeschmückten Siegesallee. *Jugend*, Heft 7, 1903

schen Gesellschaft. Er glaubte an genau bestimmte, absolute ästhetische Wahrheiten. In seiner wichtigsten Rede zu diesem Thema, der Festansprache anläßlich der Vollendung der Doppelreihe von Skulpturen, die die Siegesallee säumten, verglich er die Kunst mit der Natur: »und diese, die Natur, trotz ihrer großen, scheinbar ungebundenen, grenzenlosen Freiheit, bewegt sich doch nach den ewigen Gesetzen, die der Schöpfer sich selbst gesetzt hat, und die nie ohne Gefahr für die Entwicklung der Welt überschritten oder durchbrochen werden können.

Ebenso ist's in der Kunst; und beim Anblick der herrlichen Überreste aus der alten klassischen Zeit überkommt einem auch wieder dasselbe Gefühl; hier herrscht auch ein ewiges, sich gleich bleibendes Gesetz; das Gesetz der Schönheit und Harmonie, der Ästhetik. Dieses Gesetz ist durch die Alten in einer so überraschenden und überwältigenden Weise, in einer so vollendeten Form zum Ausdruck gebracht worden, daß wir in allen modernen Empfindungen und allem unseren Können stolz darauf sind, wenn gesagt wird bei einer besonders guten Leistung: ›Das ist beinahe so gut, wie es vor 1900 Jahren gemacht worden ist.‹«[31]

Der tiefe, fast hoffnungslose Konservatismus dieser Feststellung ist beachtenswert, genauso auffällig wie das Mißverständnis der künstlerischen Leistungen der Klassik. Was mochte der Kaiser in griechischen und römischen Statuen gesehen haben, daß er eine Ähnlichkeit feststellen konnte zwischen ihnen und der Reihe von Marmorpuppen, seine Vorfahren bis zum zweiten Kreuzzug darstellend, die jetzt den Tiergarten schmückten? Wahrscheinlich war es der idealisierte Realismus klassischer Skulpturen, der ihn beeindruckte; auf dieses realistische Element gründeten sich seine Ansichten über die didaktische und ideologische Rolle der Kunst. Die Verherrlichung der Hohenzollern, in deren Dienst er namentlich die Kunst stellen wollte, erschien ihm als patriotische Pflicht, zumal er geflissentlich davon absah, daß sich die Geschichte des deutschen Volkes nicht in der Geschichte Preußens oder gar nur seiner Dynastie erschöpfte.

Die Siegesallee mit den idealisierten Porträts von Herrschern, ihren Soldaten und Ministern, ist ein charakteristischer Ausdruck dieser Überzeugung, ebenso wie das sogenannte Nationaldenkmal, ein Reiterstandbild Wilhelms I., das die Einigung des deutschen Reiches unter preußischer Führung verherrlicht. Dieses Denkmal hatte zwar das Reich finanziert, doch Wilhelm II. übernahm es als eigenes Projekt.[32] Durch seinen Einfluß wurde das Nationaldenkmal nicht zu einer Apotheose der Nation, sondern zu einer Verherrlichung seines Großvaters.

Gemäß den Ansichten des Kaisers mußten Kunstwerke, die in irgendeiner Hinsicht von politischer Bedeutung waren – vor allem Denkmäler, historische Gemälde, der plastische Schmuck und die Fassaden öffentlicher Gebäude – eine Botschaft von eindeutiger Staatstreue, von Stolz, Kraft und positivem Selbstvertrauen ausstrahlen. Die deutschen Künstler lernten bald, diesen Anforderungen zu entsprechen (die auch für Preußen neu waren); obwohl, wie Thomas Nipperdey kürzlich nachgewiesen hat, die Denkmäler der späteren Kaiserzeit bei aller Pracht zunehmend ein Gefühl der Unsicherheit ausdrückten, die schicksalsergebene Nibelungen-Überzeugung, von einer Welt von Feinden umgeben zu sein.[33] Aber Wilhelm II. erkannte, daß sogar die Kunst, die nicht unmittelbar politisch war, durchaus eine politische Bedeutung haben konnte. »Die Kunst soll mithelfen, erzieherisch auf das Volk einzuwirken«, erklärte er bei der Eröffnung der Siegesallee.

»Sie soll auch den unteren Ständen nach harter Mühe und Arbeit die Möglichkeit geben, sich an den Idealen wieder aufzurichten. Uns, dem deutschen Volke, sind die großen Ideale zu dauernden Gütern geworden, während sie anderen Völkern mehr oder weniger verlorengegangen sind. Es bleibt nur das deutsche Volk übrig, das an erster Stelle berufen ist, die großen Ideen zu hüten, zu pflegen, fortzusetzen, und zu diesen Idealen gehört, daß wir den arbeitenden, sich abmühenden Klassen die Möglichkeit geben, sich an dem Schönen zu erheben und sich aus ihren sonstigen Gedankenkreisen heraus- und emporzuarbeiten.

Wenn nun die Kunst, wie es jetzt vielfach geschieht, weiter nichts tut, als das Elend noch scheußlicher hinzustellen, wie es schon ist, dann versündigt sie sich damit am deutschen Volke. Die Pflege der Ideale ist zugleich die größte Kulturarbeit, und wenn wir hierin den anderen Völkern ein Muster sein und bleiben wollen, so muß das ganze Volk daran mitarbeiten, und soll die Kultur ihre Aufgabe voll erfüllen, dann muß sie bis in die untersten Schichten des Volkes hindurchgedrungen sein. Das kann sie nur, wenn die Kunst die Hand dazu bietet, wenn sie erhebt statt daß sie in den Rinnstein niedersteigt.«[34]

Das sagte er 1901, kurz nachdem die Gründung der Berliner Secession den Konflikt zwischen akademischer und moderner

Kriegerdenkmal für das Schlachtfeld von St. Privat, nach einem Entwurf Wilhelms II. ausgeführt von Walter Schott. »Ich habe da eine kleine Skizze gemacht«, sagte, wie sich dieser später erinnerte, der Kaiser: »Sehen Sie mal zu, was Sie daraus machen können.«

Kunst in Deutschland verschärft hatte. Aber schon zehn Jahre früher hatte er dieselben Vorstellungen. Sie waren Ausdruck eines engen, schwerfälligen Kunstbegriffs, der von politischen und ethi-

Das Nationaldenkmal für Kaiser Wilhelm I., Zeichnung nach dem Modell Reinhold Begas' von J. Ukermark. Leipziger *Illustrirte Zeitung*, 31. August 1895

schen Interessen geprägt war und jeder Neuerung mißtraute. In Gemälden und Skulpturen für den Privatbesitz ebenso wie in der Kunst, die öffentliche Gebäude, Straßen und Plätze schmückte, sah er Symbole des Zusammenhalts, die die Deutschen ermutigen und ihre ausländischen Nachbarn und Gegner beeindrucken sollten. Der Kaiser dürfte die kämpferischen und dynastischen Züge in der Kunst höher geschätzt haben als die meisten seiner Untertanen, und er machte sich nicht jede Schwärmerei des staatstreuen Bürgertums zu eigen. So scheint er beispielsweise der Kunst Arnold Böcklins ziemlich gleichgültig gegenübergestanden zu haben, dessen phantastische und symbolische Bilder mit Themen wie *Krieg* oder *Vita somnium breve* in den neunziger Jahren ungeheuer populär wurden. Aber seine Vorliebe für unkomplizierte, idealisierte Akte, realistisch ausgeführte Landschaften und aufrüttelnde Historienbilder entsprach dem Geschmack weiter Kreise des Mittelstands wie der Oberschicht und bedeutete gleichzeitig seine feierliche Anerkennung.

»Niemand zu liebe, Niemand zu leide!« Eigenhändige Entwürfe Wilhelms II. für das von Hermann Knackfuß ausgeführte Kunstblatt, 18. April 1895

Bei genauerem Zusehen weist der Geschmack des Kaisers einen bemerkenswerten Zwiespalt auf. Er sah nichts Bedenkliches in Werken, die seine Person und das Leben seiner Ahnen mit übertriebenem Prunk und einem Byzantinismus feierten, den sogar überzeugte Monarchisten absurd fanden. Doch er hatte auch einen Instinkt für die Kunst, die dem einfachen Mann gefiel. Nicht nur aus politischen Gründen, sondern auch aus ästhetischer Überzeugung wollte Wilhelm II. eine Kunst für alle. Einer der interessantesten Aspekte der bevorstehenden Auseinandersetzung mit der Berliner Secession sollte sein, daß die neue Bewegung sich selbst der Tatsache bewußt war, eine kleine Elite von Künstlern und Kunstkennern zu vertreten, während der Kaiser stets einen untrüglichen Sinn für den Geschmack des breiten Publikums hatte und sich ihm verpflichtet fühlte. Hier ergibt sich eine Parallele zu Anton von Werners Eintreten für die Werke und Fähigkeiten des guten Handwerkers, des Malergesellen. Die Folge war ein politisches Paradoxon. Wilhelm II. und die preußische Kunstbüro-

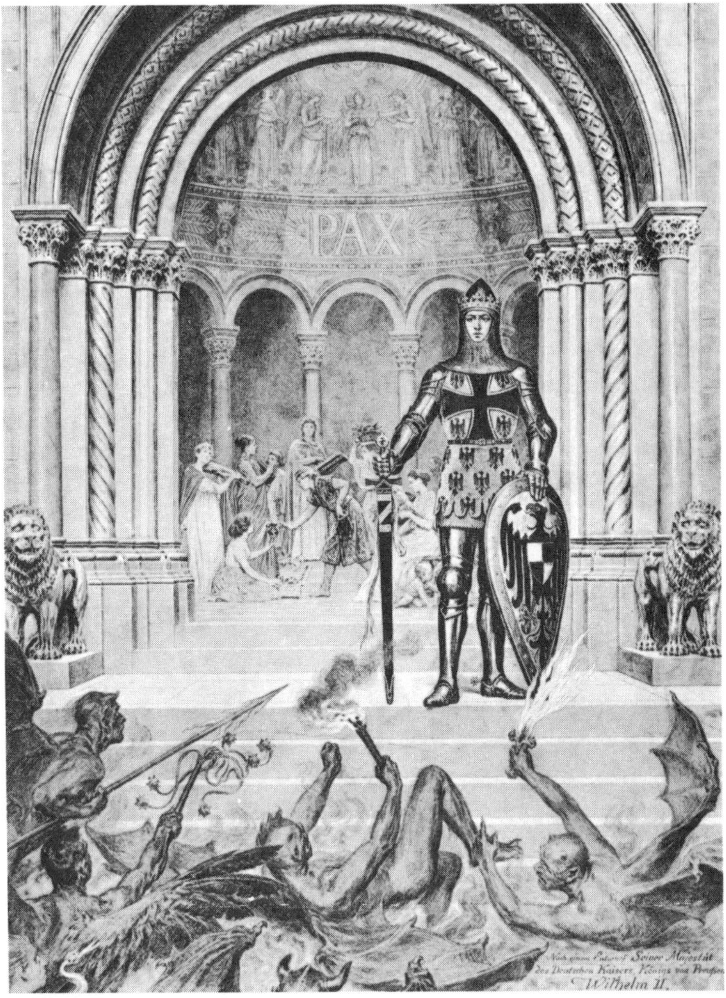

»Niemand zu liebe, Niemand zu leide!« – » Die von dem Monarchen selbst entwickelte Composition ist von Professor Knackfuss' Hand vergrössert und die Zeichnung durch Herrn Professor Roese in der Reichsdruckerei heliographisch nachgebildet. (...) Das gross und ernst berührende Blatt ist in allen Buch- und Kunsthandlungen zu erwerben. Alle Überschüsse sind für einen wohltätigen Zweck bestimmt«, meldete die *Moderne Kunst.* Die Darstellung sollte des Kaisers Zuversicht, »dass auch wie bisher der deutsche Michael, in gold'ner Wehr strahlend, vor dem Throne des Friedenstempels der Welt stehend, dafür sorgen wird, dass niemals böse Geister...« usw., bekunden.

kratie setzten sich nicht nur für die ästhetischen Interessen des Herrscherhauses ein, wie er sie verstand, sondern auch für den Geschmack und die Werte der Mehrheit; die Künstler der Secession, denen Einzelleistungen alles bedeuteten und denen die ästhetische Erziehung des deutschen Volkes von geringerer Wichtigkeit war, erhielten sofort die Unterstützung linker Kreise, wenn schon diese Unterstützung nie ganz rückhaltlos gegeben wurde.

Bei mehreren Gelegenheiten mischte sich Wilhelm II. in die Auseinandersetzung. Niemals überschritt er die Grenzen seiner verfassungsmäßigen Befugnisse, die ihm in Preußen, wie man gesehen hat, beachtlichen Einfluß in künstlerischen Belangen gestatteten. Aber seine offene Parteinahme für die akademische Kunst setzte ihn der Kritik aus und erwies sich als politisch unklug. Zweifellos war er aufrichtig; man könnte sagen, daß er nicht anders handeln konnte, sich nicht beherrschen konnte; aber seine Parteilichkeit führte zu einer unnötig starren Politik und ließ in der Kunst ideologische Gegensätze aufkommen, die schließlich die deutsche Gesellschaft und das kaiserliche System eher schwächten als stärkten.

2. Deutsche Secessionen und die Elf

I

Im Frühjahr des Jahres 1892 verließen 106 Maler und Bildhauer die Münchener Gruppe der Allgemeinen Deutschen Kunstgenossenschaft, um den Verein bildender Künstler Münchens zu gründen, die Münchener Secession. Die Secession zerfiel schnell in weitere Splittergruppen; andere separatistische Bewegungen erfolgten in Düsseldorf, Weimar, Dresden und Karlsruhe, und gegen 1895 hatten sich die Künstlervereinigungen in jedem größeren Kulturzentrum Deutschlands außer in Berlin in zwei oder mehr Gruppen gespalten. 1897 wurde die Wiener Secession gegründet. Ein Proteststurm gegen die provinzielle Enge der deutschen Kunst, gegen offiziell geförderten Traditionalismus und gegen die Akademien schien über Mitteleuropa hinwegzufegen. Doch die ästhetischen Motive, die die Unzufriedenen bewegten, gingen einher mit anderen Interessen und wurden manchmal von diesen überschattet. Probleme entstanden durch die stark angewachsenen Mitgliederzahlen der Kunstvereinigungen; die Veränderung der Ausstellungs- und Förderungskonzepte gab damit nicht selten den Anstoß zum Auszug eines Teils der Mitglieder, zur Secession. Weder diese Zustände noch die Reaktionen darauf waren auf Deutschland beschränkt: Beide gehörten zu einem europäischen Phänomen.

Der Markt für zeitgenössische Malerei und Skulptur hatte sich im Laufe des 19. Jahrhunderts gewandelt. Der Staat war weiterhin von überragender Bedeutung als Käufer und als Quelle von Projekten und Aufträgen, aber diese Funktionen wurden systematisiert und bürokratischer gehandhabt als unter dem Ancien Régime; die Bedeutung des einzelnen fürstlichen oder adeligen Gönners wurde geringer (wenn es ihn auch weiterhin gab). Der Mittelstand begann mehr Kunst zu kaufen. Um 1890 hatte sich die Bildende Kunst, neben Literatur und Musik, zu einem wesentlichen Bestandteil der höheren Bildung entwickelt. Möglicherweise bestärkten diese Verschiebungen bei Malern und Bildhauern die Tendenz, in kleinem Format zu arbeiten; sicher aber beeinflußten sie den Charakter der Ausstellungen. Zu Anfang des Jahrhunderts fanden alle paar Jahre relativ kleine Ausstellungen statt, die gewöhnlich von der örtlichen Akademie veranstaltet und finanziert

Ludwig Knaus, Der Förster. Gemälde. Ausgestellt auf der Jubiläumsausstellung der Kgl. Akademie der Künste in Berlin, 1886

wurden; diese machten die Bewohner der größeren Städte vertraut mit der Arbeit zeitgenössischer Künstler. Bald jedoch wurden sie jährlich veranstaltet und gewannen beträchtlich an Umfang. Seit 1830 fand der Pariser Salon fast alljährlich statt. 1840 wurden dort von 4300 eingereichten Arbeiten 1900 gezeigt; der Katalog des Salons von 1848, der einige Wochen nach der Proklamation der Republik eröffnet wurde, enthält 5180 Nummern.[1] In anderen Ländern folgten Wachstum und Einrichtung der Kunstausstellungen dem Pariser Muster.

Außer im Revolutionsjahr 1848 dominierten die Akademien weiterhin in Organisationsausschüssen und Jurys: Auf diese Weise hatten die jährlichen Salons ihren Platz in dem Aufgebot von Kunst, die durch staatliche Institutionen gemeinsam mit staatlichen Ausbildungsstätten wie der französischen Ecole des Beaux-Arts oder der preußischen Königlichen Akademischen Hochschule und durch Reisezuschüsse, Stipendien, Aufträge und Bilderankäufe gefördert und überwacht wurde. Einige Künstler hatten sich von jeher der Auferlegung offizieller Maßstäbe widersetzt, aber auch die Mehrheit, die akademische Doktrinen gerne gelten ließ, konnte mit der Kontrolle, die die Akademie über die

Auswahlverfahren für den Salon ausübte, nicht einverstanden sein. Ihr Unmut regte einerseits Bestrebungen an, der breiten Mehrheit der Künstler eine angemessene Vertretung in den Jurys zu gewährleisten; andererseits zusätzliche Ausstellungen, die entweder von den Künstlern selbst, welche sich zu diesem Zwecke vorübergehend oder längerfristig zu Gruppen zusammenschlossen, oder von der ständig wachsenden Zahl der Kunsthändler veranstaltet wurden. Das Aufkommen von »Internationalen« oder »Welt«-Ausstellungen seit der Jahrhundertmitte beschränkte gleichfalls das Recht der Akademien, zu bestimmen, was gezeigt werden durfte und was nicht. Da diese internationalen Ausstellungen die Vielfalt der Arbeit von Industrie, Wissenschaft, der schönen und der angewandten Künste widerzuspiegeln versuchten, mußten sie sich unvermeidlich über die traditionellen Kategorien hinwegsetzen. Organisationen, die die Gelegenheit ergriffen, wie im Jahre 1891 der Verein Berliner Künstler, wurden zu eigenständigen Mächten, mit denen die Akademie sich auseinandersetzen mußte. Die Gebäude, die für stark angewachsene Ausstellungen errichtet wurden, oft nach dem Vorbild des Kristallpalastes in London, wurden selbst zu Faktoren in der Entwicklung der Kunst und Ökonomie. Alfred Lichtwark vermutete sogar, daß der Münchener Kunstmarkt in der zweiten Hälfte des 19. Jahrhunderts niemals seine dominierende Stellung in Mitteleuropa hätte erreichen können, hätte die Stadt nicht als erste in Deutschland über große Ausstellungshallen verfügt. Er dachte dabei an die beiden dort vom König gestifteten Gebäude, die gewissermaßen den Anfang einer neuen Form staatlicher Kunstförderung dokumentierten: das 1845 errichtete Kunstausstellungsgebäude und den Glaspalast, der 1854 eröffnet wurde, zweiunddreißig Jahre ehe der preußische Staat das Ausstellungsgebäude in der Lehrter Straße in Berlin errichtete.[2]

Die wirtschaftliche Bedeutung der jährlichen Ausstellungen wird deutlich bei der Münchener Internationalen Kunstausstellung von 1888, die Verkäufe von 1 070 000 Mark verzeichnete, wobei die Hälfte der Gesamtsumme für die Arbeiten deutscher Maler und Bildhauer ausgegeben wurde.[3]

Die Erweiterung des offiziellen Ausstellungssystems entsprach den Bedürfnissen der Künstler ebenso wie ihrer gestiegenen Anzahl, aber um 1870 war auch das keine befriedigende Lösung mehr. Wie überall, stellte auch in Deutschland die wachsende

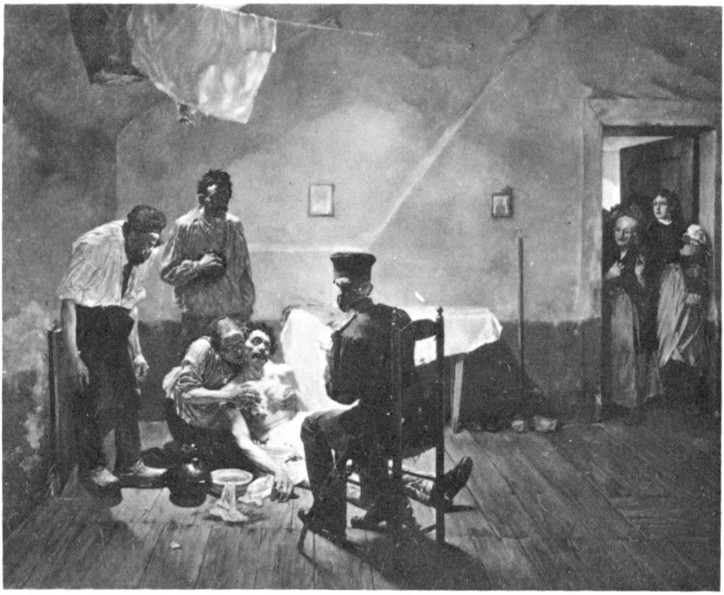

Arthur Kampf, Die letzte Aussage. Gemälde, 1885. Ausgestellt auf der Jubiläumsausstellung der Kgl. Akademie der Künste zu Berlin, 1886. »Das moderne pessimistische und naturalistische Evangelium hat unter den deutschen Malern keinen begabteren und keinen mutigeren Bekenner als den Urheber dieses Bildes«, meinte Ludwig Pietsch damals. »In gänzlich ungemildeter Krassheit und nackter, nüchterner Wahrheit ist die triste Szene geschildert.«

Anzahl der Künstler die Organisationen vor Probleme, die ebenso schwer zu bewältigen waren wie die immer wiederkehrenden Konflikte zwischen konventionellen Künstlern und anderen, die mit mehr oder weniger Berechtigung ihren eigenen Weg zu gehen versuchten. Die Leiter der Akademien und der Kunstgenossenschaft waren sich einig, daß schon die Menge der Künstler, die ihre Arbeiten zeigen mußten um leben zu können, den Salon beinahe undurchführbar machten. Es überrascht nicht, daß die Kunstgenossenschaft die Schuld daran ihren alten Rivalen gab, den Akademien, in deren »Massenerziehung zur Kunst« sie den Grund für das wachsende berufliche und soziale Elend sah, dem der moderne Künstler ausgeliefert war.[4] Die Kunstgenossenschaft hätte es bevorzugt, wenn die Ortsgruppen ihre Mitgliederzahl beschränkt und als Zünfte gearbeitet hätten; statt dessen waren diese aber gezwungen, wie Gewerkschaften in einem freien Wirtschaftssystem

Emil Neide, Die Lebensmüden. Gemälde, 1886. Ausgestellt auf der Jubiläumsausstellung der Kgl. Akademie der Künste zu Berlin 1886. Käthe Kollwitz, die als junges Mädchen in Königsberg Privatunterricht bei Neide genommen hatte, erinnerte sich 1941: »Waren ›Die Lebensmüden‹ ein großes, virtuos gemaltes Sensationsbild, das seinen Namen bis nach Amerika brachte, so waren seine späteren Entwürfe aus dieser Sphäre künstlerisch viel schwächer, einige kitschig.«

(die sich ja nicht leisten können, allzu exklusiv zu sein) sozusagen Hinz und Kunz als Genossen anzuerkennen. Die Verpflichtung, neben den Arbeiten der geladenen Gäste aus anderen Städten und Ländern auch Arbeiten jedes einigermaßen fähigen ortsansässigen Mitglieds der Genossenschaft auszustellen, zwang die Jurys der jährlich stattfindenden Ausstellungen, den verfügbaren Platz bis aufs letzte zu nutzen. Die Gemälde wurden in Reihen bis hoch unter die Decke gehängt wie Briefmarken in einem Album; die kleinsten häufig, kaum noch auszumachen, ganz oben. Es war eine schlechte Art, Kunstwerke zu zeigen, gleichzeitig ermüdend und verwirrend, die den Besuchern nur ein zweifelhaftes Vergnügen gewähren konnte. »Waren Sie schon im diesjährigen Salon?« »Um Himmels willen, nein! Ich habe ihn schon im letzten Jahr gesehen!« lautete ein Münchener Witz. Eine neue Kategorie von Gemälden entstand, das ›gute Ausstellungsbild‹ – unter dieser Bezeichnung begriff man Werke, die dank ihrer spektakulären Ausführung oder wegen ihres überraschenden Themas an den überfüllten Wänden nicht übersehen werden konnten. Bei den zahlreichen Reformvorschlägen, die in den siebziger und achtziger Jahren gemacht wurden, wechselten die Forderungen nach Ausschluß der »sensationellen« Gemälde – oft bezeichnet als Produkte von »Neuerern« oder »Splittergruppen« – mit dem Verlangen, Fremde nicht mehr einzuladen, damit den ortsansässigen Künstlern mehr Platz zur Verfügung stünde. Fragen des guten Geschmacks und des gesunden Menschenverstandes wurden durch den Existenzkampf zum Schweigen gebracht. Künstler, die nicht zu der kompakten Mehrheit gehörten, entweder weil sie erfolgreich waren oder weil sie eine unabhängige Linie verfolgten, waren gleichermaßen unzufrieden mit dem Salon. Auch sie waren gegen die Überfülle und verlangten strengere Jurys; aber ihre Lösung sah eine Beschränkung des Ausstellungsumfangs und den Ausschluß der Massen von konventionellen und schwachen Arbeiten vor, in denen ihre eigenen Werke untergingen; Vorschläge, die die Kunstgenossenschaft nicht akzeptieren konnte. Nachdem sich die wahrscheinlich unvermeidliche Spaltung in München ereignet hatte, waren sich beide Parteien einig über das zugrundeliegende Problem: Das Interesse der Mehrheit war in Widerstreit zu demjenigen einer selbsternannten Elite geraten; und das zeigte sich nirgends deutlicher als im alljährlichen Salon. Zwanzig Jahre später schrieb Heinrich Deiters, der Historiker der Kunstgenos-

Albert Keller, Hexenschlaf. Gemälde, 1888. »Welch ein romantischer Apparat«, meinte Hans Rosenhagen 1912 in seiner dem Maler gewidmeten Monographie, »um in dem Antlitz eines schönen Weibes den Glückszustand zum Ausdruck zu bringen, den der Wille des Hypnotiseurs bei einem Menschen erzeugen kann!«

senschaft, daß trotz aller persönlichen Rivalitäten und anderer Unstimmigkeiten in München »die Spaltung wegen Ausstellungsangelegenheiten erfolgte, und daß diese den Anfang bildeten zu weiteren Spaltungen in anderen Genossenschaften, wo der Ehrgeiz des Einzelnen es vergessen ließ, *daß in jeder nicht autoritativ gebildeten Gemeinschaft die Majorität den Ausschlag geben muß«* (Hervorhebung im Original).[5]

Die Münchener Secession wurde aus Protest gegen den Massenbetrieb der Salons gegründet; sie kämpfte weder für eine bestimmte Richtung noch war sie sich irgendeiner Gegnerschaft zur akademischen Kunst an sich bewußt. München galt in der zweiten Hälfte des vergangenen Jahrhunderts als Hauptstadt der akademischen Kunst in Deutschland; zugleich war München die Heimat einiger der besten deutschen Maler jener Zeit. Leibl, den Courbet sehr bewunderte, Trübner und die »deutsch-römischen« Maler Feuerbach und Marées waren weit mehr als nur beachtliche Talente; ihr Einfluß zeigt sich in der neuen Bewegung ebenso wie der Einfluß der Akademie. Die Vielgestaltigkeit der Secession wird einem bewußt, wenn man sich vor Augen führt, daß unter den Mitgliedern ihres Vorstands und sogar ihren Präsidenten so verschiedene Leute waren wie die Maler Fritz von Uhde und Albert von Keller.

Uhde war der Sohn und Enkel von höheren Beamten; ein Großonkel war preußischer Justizminister gewesen, und Uhde selbst hatte zehn Jahre in der sächsischen Gardekavallerie gedient. Er gehörte zu den ersten Pleinairisten oder Freiluftmalern in Deutschland. Lange beschäftigte ihn das Problem, das Evangelium in zeitgemäßer Form darzustellen. Er zeigte Maria als ein armes Bauernmädchen, gegen einen verschneiten Zaun gelehnt, wie sie auf Joseph wartet; oder Jesus, der sich bei einer armen Handwerkerfamilie zum Essen niedergelassen hat. Wahrscheinlich hat Peter Selz recht mit seiner Behauptung, daß Uhdes »religiöse Gemälde weder konventionell genug waren, um den Beifall der Kirche zu finden, noch als künstlerische Aussagen hinreichend überzeugten.«[6]

Doch Uhdes Bemühen, in seinen religiösen Arbeiten die schmucklose Wirklichkeit zu erfassen, half ihm, psychologisch weniger problematische Themen überzeugender zu lösen. Trommler, die in einer entfernten Ecke des Paradeplatzes üben, ein Kinderzimmer, in dem Kinder, Spielzeug und Möbel unordentlich vor dem Betrachter ausgebreitet sind, Studien einfacher Leute bei der Arbeit oder die Darstellung der eigenen Tochter, die ihrem Hund beim Fressen zuschaut – all diese Werke verbinden das Streben nach Realismus mit impressionistischer Technik und geben anrührende Bilder aus dem Alltag.

Keller andererseits legte es in der Wahl sowohl seiner künstlerischen Vorbilder als auch namentlich seiner Bildgegenstände auf leichten Erfolg beim großen Publikum an. Seine farbenfreudigen, aber harmlosen Porträts eleganter Damen, die nachempfundenen Rokoko-Genre-Szenen und Akte in römischen Villen verkauften sich gut; am bekanntesten wurde er durch seine symbolischen und spiritistischen Arbeiten, die zumeist das Erotische mit dem Makabren vereinten: junge Hexen auf dem Scheiterhaufen, die Totenwache einer jungen Nonne und mehrere Versionen der Geschichte von des Jairi Töchterlein (das Christus von den Toten erweckte). Keller beendete seine Karriere als ein gefragter Gesellschaftsmaler, mit der Verleihung des bayerischen Adels erfuhr sein Ruhm auch offizielle Bestätigung.

Keller hatte keinen bleibenden Einfluß auf die Künstler seiner Generation, da er nur deutlicher und mit lebhafteren Farben das wiederholte, was schon Hunderte vor ihm gemacht hatten; Uhdes Einfluß war dagegen zeitweise sehr beachtlich. Aber auf

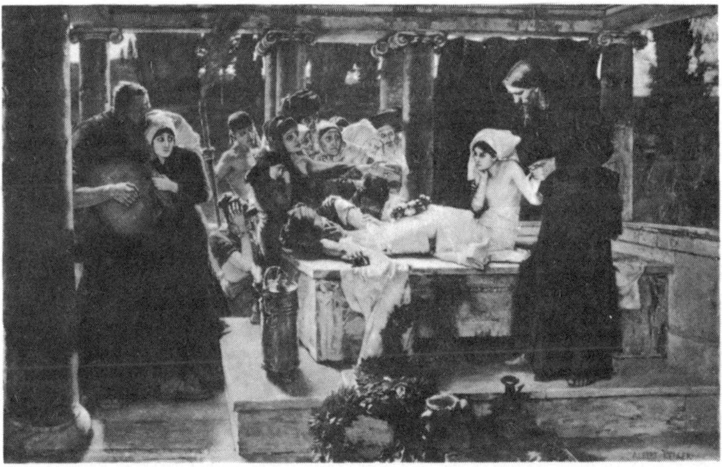

Albert Keller, Auferweckung einer Toten. Gemälde, 1885. Ausgestellt auf der Jubiläumsausstellung der Kgl. Akademie der Künste zu Berlin, 1886

dem Weg aus den Salons und romantischen Dörfern der Akademiemalerei in die moderne Welt folgten ihm die meisten Mitglieder der Secession nicht weit. Was die Secessionisten von der Mehrzahl der Münchener Künstler unterschied, war nicht so sehr Originalität als vielmehr größeres technisches Können und ästhetisches Verständnis. Im allgemeinen blieben sie der Konvention verhaftet; als Gruppe jedoch zeigten sie eine gewisse Bereitschaft zu Experimenten, und sie duldeten wenigstens andere Wege in der Malerei.

Am stärksten unterschied sich die Secession vom Salon durch ihre Ausstellungspolitik, die bald auch von anderen deutschen Secessionen übernommen werden sollte. Kein Stil, kein Thema wurde ausgeschlossen. Ausländische Künstler waren weiterhin willkommen; ihre Präsenz bezeugte das Bestehen einer internationalen Elite, der sich die Münchener Secession zugehörig fühlte. Die Jurys waren strenger: Wesentlich weniger Arbeiten wurden angenommen als im Salon, und die ausgewählten Werke hingen in Räumen, die würdevoll und schlicht waren, ohne überfüllt zu sein. Man glaubte, die Secession ginge ein hohes Risiko ein, da sie relativ wenige Gemälde ausstellte, dafür aber den stolzen Eintrittspreis von einer Mark verlangte; das Publikum war gewohnt, für denselben Betrag oder sogar weniger weitaus mehr zu sehen.

Dennoch war die erste Ausstellung ein kritischer und kommerzieller Erfolg. In ganz Deutschland rief sie Interesse hervor, so daß die Secession in den folgenden Jahren Wanderausstellungen ihrer Mitglieder nach Wien, Berlin und anderen deutschen Städten schicken konnte. Als Albert von Keller Wilhelm II. durch die Ausstellung in Berlin führte, kritisierte der Kaiser eines der wenigen zaghaft impressionistischen Gemälde, weil es keine klaren, eindeutigen Umrißlinien zeigte. Keller wies darauf hin, daß sich das scheinbare Durcheinander auflösen würde zu Klarheit und Schönheit, wenn man es von der anderen Seite des Raumes aus betrachtete. Der Kaiser mochte nicht zustimmen.[7] »Wer hat so große Räume, um die Bilder alle aus so riesiger Entfernung zu betrachten? Und ist das eigentlich das Richtige, daß ein Bild erst auf zehn Schritt etwas wert ist?« Trotzdem fand er vieles nach seinem Geschmack und besuchte die Ausstellungen der Secession in den folgenden Jahren wieder. Schon kurz nach ihrer Gründung war die Secession anerkannt. Ihre Mitglieder zogen wirtschaftlichen Nutzen aus der Tatsache, Herr im eigenen Haus geworden zu sein. Die bayerische Regierung hatte zwar zunächst versucht, das Ausscheiden der Münchener Sektion aus der Kunstgenossenschaft zu verhindern, doch gewöhnte sie sich schnell daran, die neue Gruppe als bleibendes Element im kulturellen Leben des Landes anzuerkennen, mit einem Anspruch auf finanzielle Unterstützung durch den Staat und dem Recht, in Regierungsgremien und Ausschüssen, die sich mit Kunst befaßten, vertreten zu sein.

Die Münchener Secession, die indirekt den Anstoß zu der weit wichtigeren Abspaltung gab, die fünf Jahre später in Berlin stattfand, kann nicht als Muster der europäischen Secessionen (oder Sezessionen – die verschiedenen Splittergruppen wichen auch in der Orthographie dieser von allen beanspruchten Bezeichnung voneinander ab) angesehen werden. Jede dieser Bewegungen entwickelte sich, beeinflußt durch örtliche Gegebenheiten, nach eigenen Gesetzen; während ihres Bestehens nahm jede Gruppe eigentümliche ästhetische, soziale und politische Züge an. Wie aber der Ablauf der Münchener Ereignisse lehrt, hatten die neuen Bewegungen auch vieles gemeinsam.

Ehe wir uns der Berliner Secession zuwenden, mag es daher nützlich sein, kurz auf diese Ähnlichkeiten einzugehen und dabei auf gewisse charakteristische Unterschiede zwischen verschiedenen Secessionen (oder Sezessionen) hinzuweisen.

Im neunzehnten Jahrhundert waren die Secessionen zunächst Manöver im Kampf um die Kontrolle der großen Ausstellungen, die eine entscheidende Rolle im Leben der Künstler spielten. Selbst wenn die Salons Bilder der Avantgarde annahmen, zogen es die tüchtigeren Künstler – und zwar untadelige Akademiker ebensowohl wie umstürzlerische Neuerer – im allgemeinen vor, einigen Abstand zur breiten Masse der Kollegen zu wahren.

Splittergruppen, ob sie sich Société anonyme coopérative des artistes nannten oder Salon du Champ de Mars oder Münchener, Wiener oder Berliner Secession, taten sich zusammen, um sich ein eigenes Forum zu schaffen und ihre eigenen Veröffentlichungen zu lancieren. Sie versuchten, das Publikum zu unterrichten, Interesse für ihre Arbeit zu erwecken, endlich auch die der öffentlichen Kunstpflege zugrunde liegenden Prinzipien, die in ganz Europa mehr oder weniger vollständig in das Ermessen von Staatsbeamten gestellt waren, zu verändern. Oft stellten die Secessionsmitglieder nicht nur als Gruppe gemeinsam aus, sondern

Anton von Werner, Eisläufer. Gemälde, 1871

arbeiteten auch zusammen und teilten bestimmte ästhetische Vorlieben. Die Secession, die sich unter einem bestimmten Programm zusammenfand, war jedoch keine allgemeine Erscheinung, und wo Einmütigkeit herrschte, war sie selten von Dauer.

Von den Zeitgenossen wurde der Konflikt zwischen Secession und Salon gewöhnlich als Wettstreit zwischen Jung und Alt gedeutet, als Ringen des schöpferischen Talents mit dem akademischen Stil und den Zwängen staatlicher Protektion. Wo stilistische Fragen eine wichtige Rolle spielten, was in München nicht der Fall war, standen neue und traditionelle Konzepte tatsächlich gegeneinander; aber selbst dann war der Unterschied zwischen den Generationen nicht mehr bedeutsam. Als die Münchener Secession gegründet wurde, war Uhde Mitte vierzig; Liebermann war einundfünfzig, als er erster Vorsitzender der Berliner Secession wurde, nur vier Jahre jünger als sein großer akademischer Gegenspieler, Anton von Werner. Andererseits waren viele junge Leute mit den Salons und Akademien verbunden. Es ist kaum nötig hinzuzufügen, daß die politischen Sympathien der Mitglieder der Secessionen – sogar die der ausgesprochensten Neuerer unter ihnen – nicht immer, nicht einmal gewöhnlich links lagen. Opposition zur Akademie und gegenüber anderen Maßnahmen, mit denen der Staat versuchte, die Kunst zu leiten, konnte mit reformerischen oder sogar revolutionären Ansichten einhergehen oder dazu führen. Doch für jeden Daumier oder Courbet gab es einen Théodore Rousseau oder einen Cézanne oder einen Millet, dessen *Steineklopfer* Proudhon als das erste sozialistische Gemälde bezeichnete und dessen *Drescher* und *Ährenleser* als kommunistische Propaganda angegriffen wurden, der aber selbst weit davon entfernt war, sich als Klassenkämpfer einzuschätzen.

Auch waren die Modernen nicht zwangsläufig bessere Maler und Bildhauer als die akademischen Künstler. Künstlerorganisationen setzen sich in der Hauptsache aus mittelmäßigen Talenten zusammen. Auch in den detailliertesten Kunstgeschichten überlebt kaum ein halbes Dutzend von den über hundert Künstlern und Künstlerinnen, die die Münchener Secession gründeten. Wenn wir statt einzelner Künstler die Gruppe betrachten, erkennen wir das Phänomen dieser Abspaltungen als von dem Bestreben motiviert, beim Publikum und auf dem Kunstmarkt eine Art von Mittelmäßigkeit durch eine andere zu ersetzen; einige wenige echte Talente ragten aus dieser allgemeinen Bewegung heraus – sie experimentierten, lehrten, beeinflußten, aber vor allem konzentrierten sie sich natürlich auf die eigene Arbeit. Schließlich ist es auffallend, wie oft die Unabhängigen in die offiziellen Institu-

Max Liebermann, Eisläufer. Radierung, 1923

tionen zurückkehrten, sobald diese sich durch ihr Einwirken ein wenig geändert hatten.

Tatsächlich wollte die Münchener Secession die Allgemeine Deutsche Kunstgenossenschaft niemals verlassen: Sobald sie ihre Lebensfähigkeit bewiesen hatte, bot die Regierung ihr Unterstützung an, welche die Mitglieder gerne annahmen. Auch die Wiener Secession genoß offizielle Förderung beinahe vom Tag ihrer Gründung an, eine Unterstützung, auf die die Berliner Secession in den ersten zwölf Jahren ihres Bestehens verzichten mußte.

In ihren Beziehungen zum Staat, in ihrer Umwelt und in ihren ästhetischen Eigenheiten unterscheiden sich die Wiener und die Berliner Secession, die beiden Avantgarde-Bewegungen, die um die Jahrhundertwende den größten Einfluß auf die deutsche Kunst hatten, sehr gründlich. Die Hofburg und die österreichische Regierung mögen Veränderungen in der Kunst, die für sich in Anspruch nahmen, revolutionär zu sein, nicht unbedingt begrüßt haben, aber sie behandelten sie selten als politische Gefahren. In Berlin dagegen stand die Secession einer Hierarchie offizieller Mächte gegenüber, die ihr unmißverständlich Feindschaft bekundeten; so existierte die Berliner Secession in einer Atmosphäre, in der ästhetischer Prinzipienstreit fast zwangsläufig zu politischen und ideologischen Konfrontationen führte.

Die Feindschaft, die der Berliner Secession entgegengebracht wurde, wirkte auf sie als Institution ein; aber wie man sehen wird, hatte diese Gegnerschaft keinen Einfluß auf die von der Secession vertretene Kunst, in der politische Rücksichten oder Absichten nie zur Geltung kamen. In einem offiziellen Klima, das für Neuerungen und Experimente weniger günstig war als Wien, bewahrte sich die Berliner Secession eine bemerkenswerte Vielfalt. Die relative stilistische Einheit, die man bei der Wiener Secession findet, die Verbindlichkeit eines Stils – *Jugendstil* oder *art nouveau* – für alle Angehörigen der Gruppe würde man in Berlin vergebens suchen. Den Berlinern fehlte auch das Interesse der Wiener an der Verbesserung der Form der Gegenstände des täglichen Gebrauchs – der öffentlichen Gebäude, Plakate, Möbel und so fort. Den Führern der Berliner Secession und, mit wenigen Ausnahmen, ihren Mitgliedern war es hauptsächlich um hervorragende persönliche Leistungen zu tun. Den missionarischen und didaktischen Zug der Wiener, ihr Bemühen nicht allein um künstlerische Qualität, sondern auch um eine soziale Aufgabe, die

Künstler und Nichtkünstler zu einer Gemeinschaft verbinden sollte, blieb in Berlin fast ganz auf Bemühungen, das gebildete Publikum mit den besten Leistungen einheimischer und ausländischer Kunst vertraut zu machen, beschränkt. In den Werken der führenden Berliner Secessionisten spielten dekorative Elemente eine geringere Rolle als bei den Wienern; die Berliner Secession war realistischer, doch in ihren Anschauungen die Kunst und das Verhältnis des Künstlers zur Gesellschaft betreffend auch elitärer.

II

Das Übereinkommen, das Anton von Werner in den frühen neunziger Jahren zwischen der Akademie und dem Verein Berliner Künstler ausgehandelt hatte, verhinderte einen Konflikt, der beiden Institutionen geschadet hätte. Die Teilung der Juryaufgaben und die gemeinsame Leitung des jährlichen Salons lösten das Problem des Massenandrangs nicht; tatsächlich sah sich der Verein zu dieser Zeit genötigt, für die Bedürfnisse und Rechte der großen Anzahl Berliner Künstler einzutreten. Doch erschien eine Spaltung, ähnlich wie die in München, noch unwahrscheinlich, wenn auch nur deshalb, weil die nötigen Führer noch nicht vorhanden waren. Zwei Ereignisse im Jahre 1892 deuten dennoch die Möglichkeit eines Bruches an, der besonders schwierig zu kitten gewesen wäre, weil die Differenzen, um die es ging, nicht in den Institutionen begründet lagen, sondern ästhetischer Natur waren. Im Februar, zur selben Zeit, als sich die Münchener Secession formierte, kündeten elf Maler die Bildung einer Gruppe an, die einzeln ausstellen wollte, obgleich ihre Mitglieder nicht aus dem Verein Berliner Künstler ausschieden und – mit einer Ausnahme – ihre Arbeiten weiterhin beim jährlichen Salon einreichen wollten. Einige Monate später, teilweise aufgrund der Empfehlung durch Fritz von Uhde aus München, entschloß sich der Verein, eine seiner regelmäßigen Einzelausstellungen von Künstlern anderer deutscher Staaten oder des Auslandes dem norwegischen Maler Edvard Munch zu widmen, dessen Werk in Deutschland nahezu unbekannt war. Die Munch-Ausstellung wurde im November eröffnet, und der nachfolgende Skandal richtete den Verein fast zugrunde.

Die Gruppe der Elf entstand, als einige Berliner Künstler, die sich eines gewissen lokal begrenzten Ruhms erfreuten, ver-

Anton von Werner als Beschützer der Jury. »Ich muß immer an die prächtige Gruppe der Thonwarenfabrik von M(arch in Charlottenburg) denken: ›Der Krieg den Frieden beschützend‹, ein Werk, das die gedrückte Stellung der Jury unter dem Schutz, den ihr Anton mit eingestecktem Degen zu Theil werden läßt, am deutlichsten zum Ausdruck bringt.« *Kladderadatsch,* 16. Juli 1893

suchten, außerhalb des Salons die Aufmerksamkeit des Publikums auf sich zu lenken. Sie beschlossen, sich zu einer »freien Vereinigung zur Veranstaltung von künstlerischen Ausstellungen« zusammenzutun; da sie glaubten, das Risiko nicht allein tragen zu können, luden sie zwei bereits weithin angesehene Maler, Franz Skarbina und Max Liebermann, ein, sich ihnen anzuschließen.[8]

Ihre Interessen waren verschiedenartig, aber jeder experimentierte mit neuen Methoden, und im Berlin der frühen neunziger Jahre galten sie als Repräsentanten der modernen Kunst. Obwohl die erste Ausstellung in der Galerie Schulte, sonst ein konservatives Unternehmen, von der Presse unterschiedlich beurteilt wurde, zogen die Zeitungsberichte viele Besucher an, und genügend Bilder wurden verkauft, um das Arrangement mit Schulte in den folgenden Jahren fortzusetzen. Es wurde Mode, die Gruppenausstellungen der Elf zu besuchen, die so ganz anders waren als der Salon: Sie waren klein, zeigten nur wenige Arbeiten von jedem Mitglied und gelegentlich von einem Gast und fanden in weiten, vornehm eingerichteten Räumen statt. 1896 konnte ein wohlwollender Kritiker schreiben: »Die Elf sind, wie verschieden sie sich auch an Talent erweisen, die erfolgreichsten Vertreter der

Max Klinger, Skizze zu dem 1885 begonnenen, 1887 vollendeten Gemälde ›Das Urteil des Paris‹

modernen Richtung in Berlin. Ihre Ausstellungen haben mehr für die Moderne gewirkt, als alles, was sonst an der Spree zu ihrer Einbürgerung geschehen ist. Das ist kein schmales Verdienst, wo soviel Unverstand und träge Gewohnheit sich gegen alles wehren, was unvermittelt mit frischer, junger Kraft in Erscheinung tritt. In den fünf Jahren, während denen sie ausstellen, hat sich für die moderne Richtung eine starke Partei gebildet...«[9] Inzwischen hatte die Gruppe viel von ihrem Elan verloren, und 1897 löste sie sich auf.

Die Mitglieder der Elf waren nicht durchweg Originalgenies. Einer, der Landschaftsmaler Konrad Müller-Kurzwelly, schied bald aus; sein Platz wurde von Max Klinger eingenommen, der damals an der Schwelle zu seinem erstaunlichen Ruhm bei Lebzeiten stand. Klingers naturalistische, übertrieben theatralische Gemälde und Statuen – sein monumentales Beethovendenkmal mit dem Adler etwa, für das die Wiener Secession eine besondere Ausstellungshalle entwarf – werden heute als fragwürdige Sackgasse auf der Suche nach dem Gesamtkunstwerk angesehen. Doch Klinger war ein begabter Zeichner und Radierer und ein interessanter Theoretiker, von dessen Ideen Künstler wie Käthe Kollwitz profitieren konnten. Von den anderen Angehörigen der Gruppe waren Fritz Stahl, später besser bekannt als Kunstschriftsteller, George Mosson und Ludwig von Hofmann gefällige, aber kleine Talente, die sich alle der Secession anschließen sollten. Zwei, Hugo Vogel und Franz Skarbina, lehrten an der Hochschule für die bildenden Künste. Skarbina, der wohl begabtere von bei-

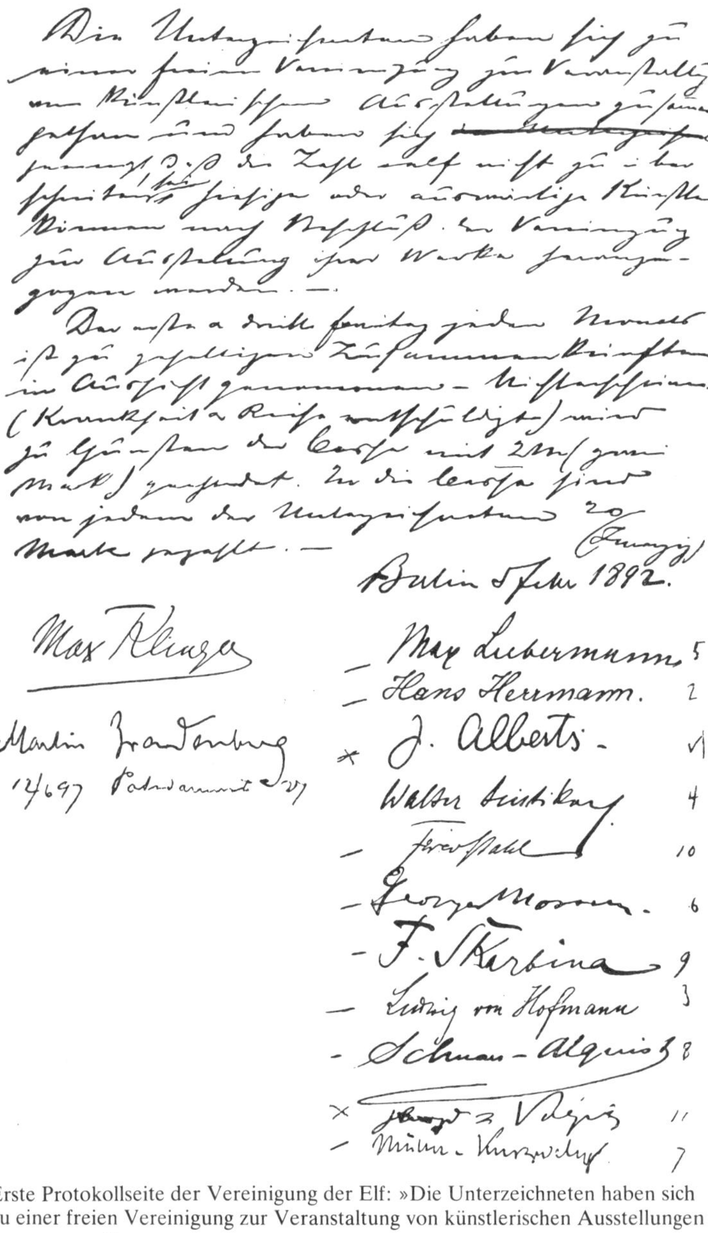

Berlin 5 Febr 1892.

Max Klinger

Martin Brandenburg

Max Liebermann 5

Hans Herrmann. 2

J. Alberts 1

Walter Leistikow 4

Friedrich Stahl 10

George Mosson 6

F. Skarbina 9

Ludwig von Hofmann 3

Schnars-Alquist 8

Müller-Kurzwelly 7

Erste Protokollseite der Vereinigung der Elf: »Die Unterzeichneten haben sich zu einer freien Vereinigung zur Veranstaltung von künstlerischen Ausstellungen zusammengethan…«

Franz Skarbina, Schreibendes Mädchen. Zeichnung. Abgebildet im Katalog der Dritten Kunstausstellung der Berliner Secession, 1901

den, begann mit konventionellen, aber energischen Studien von Soldaten und Berliner Straßenszenen. Unter dem Einfluß der frühen französischen Impressionisten entwickelte er sich zu einem kultivierten Interpreten von Betriebsamkeit und Farbigkeit der modernen Stadt. Während der neunziger Jahre war er ein ausgesprochener Verfechter der modernen Kunst und verlor, zusammen mit seinem Kollegen Vogel, seine Professur als Folge der Munch-Affäre. Er gehörte zu den Gründern der Berliner Secession; nach einiger Zeit schied er wieder aus und verlegte sich in seinen letzten Jahren auf eine anekdotische Genremalerei, die mit seinen früheren Interessen und Anlagen kaum harmonierte.

Ein der Secession nahestehender Kritiker schrieb nach seinem Tod: »Er arbeitete fürs Feuilleton, höchstens für die Kulturgeschichte; seine Malerei bedeutete für die Hauptentwicklung sehr wenig, sein guter Beobachtungseifer für die Sittenhistorie und die Topographie der werdenden Weltstadt Berlin recht viel.«[10]

Die einzigen Mitglieder der Elf, deren Talent die Zeit überdauerte, waren Walter Leistikow und Max Liebermann. Leistikow, der Jüngste der Gruppe, wurde 1865 als Sohn eines westpreußischen Kaufmanns geboren. 1883 immatrikulierte er sich an der Berliner Hochschule für die Bildenden Künste, damals schon unter der Leitung Anton von Werners, mußte sie aber nach einem

Semester wegen unzureichender Begabung verlassen. »Interessant ist aber«, schrieb sein Freund und Biograph Lovis Corinth, »wie diese akademische ›Entgleisung‹ durch sein ganzes Leben als roter Faden durchgegangen ist, denn immer wieder suchte dieser absolut ehrliche Künstler, der frei von jeder Titelherrlichkeit war, mit der Akademie anzubinden, um später akademische Titelschmückungen als Beweise früherer Unzulänglichkeit in Beurteilung seines Könnens seitens der Lehrer vorführen zu können. Deshalb freute es ihn, als er Kgl. pr. Professor wurde und deshalb empfand er es als schmerzlich, daß er es nie erreichen konnte, Mitglied derselben Akademie zu werden, die ihn verworfen hatte. Auch sein späterer Federkrieg gegen Anton von Werner ist wohl darauf zurückzuleiten. Bis in die letzten Jahre sah er in ihm den mit viel Macht und viel List aufgerüsteten Antichrist, ›auf Erd ist nicht seinsgleichen‹.«[11]

Nach dem Rückschlag an der Akademie setzte Leistikow sein Studium an Privatschulen fort und entwickelte sich zu einem tüchtigen und schließlich sehr schöpferischen Maler. Jahrlang ver-

Walter Leistikow, Wald. Gemälde. Abgebildet im Katalog (Nr. 109) der Deutschen Kunstausstellung der Berliner Secession, 1899

Leistikow, Gothischer Wald. Galleria Lusticana, Parodien aus beiden Berliner Kunstausstellungen, Gratisbeilage zu No. 26 der *Lustigen Blätter,* 1899

wandte er einen Teil seiner Zeit für den Entwurf von Teppichen, Tapeten und Möbeln, dekorative Arbeiten, in denen sich skandinavische Motive mit Elementen des *art nouveau* vereinten. Einige seiner Gemälde zeigen ebenfalls den Einfluß dieses Stils, von dem er sich allmählich frei machte. Mitte der Neunziger Jahre waren seine Landschaften bei Sammlern und Museen endlich sehr begehrt; nach Jahren der Genügsamkeit »watete er jetzt im Geld«, wie er an Corinth schrieb. Als eine kulturelle Wochenzeitung ihre Leser bat, ihren Lieblingsmaler zu nennen, errang Leistikow den zweiten Platz hinter Adolph von Menzel, der im fortgeschrittenen Alter zu einer Art Volksheld in Preußen geworden war.

Doch der Erfolg änderte nichts an Leistikows Überzeugung, daß echte Kunst in Berlin nur gedeihen konnte, wenn die Akademie und der Verein ihre Politik änderten. Die Gruppe der Elf war mehr für ihn als nur ein persönliches Forum. Er hoffte, die

Gruppe möchte imstande sein, die Institutionen zu größerer Toleranz auch gegenüber Kunstrichtungen, auf die sie nicht eingerichtet waren, zu bewegen. Seine Angriffe gegen Anton von Werner während der Auseinandersetzungen über die Munch-Ausstellung (von denen noch ausführlicher zu reden sein wird) zeigen, daß Leistikow ein harter Gegner sein konnte; sein Talent, sich in flüssiger, einfallsreicher Prosa auszudrücken – eine Fähigkeit, die er mit einer beachtlichen Zahl von Künstlern seiner Generation teilte – verließ ihn im Zorn und er wurde schrill und beleidigend. Doch Leistikows Widerwille dagegen, in wichtigeren Fragen einen Kompromiß zu schließen, wurde gewöhnlich gemildert durch seine persönliche Freundlichkeit und sein Verständnis für die Gefühle anderer; das erklärt auch die vielen Freunde, die er im konservativen Lager behielt. Ohne seine Beliebtheit und seinen politischen Instinkt wäre die Secession wahrscheinlich nie entstanden, oder hätte niemals ihre Anfangsschwierigkeiten überstanden. Er starb 1908 an Krebs, zu der Zeit, als die Gruppe am erfolgreichsten war. Vielleicht bedingt durch seinen frühen Tod und sein relativ kleines Werk wurde Leistikow nie außerhalb Deutschlands bekannt, und auch hier hinterließ er keinen über Berlin und Preußen hinausreichenden, bleibenden Einfluß. Doch selbst wenn er länger gelebt und sich weiter entwickelt hätte, ist es unwahrscheinlich, daß seine Arbeiten im übrigen Europa starkes Interesse geweckt hätten. Wie jeder andere deutsche Künstler, den man in großen Zügen entweder zu den Realisten oder zu den Impressionisten rechnet, scheint Leistikow dem internationalen Publikum wenig bieten zu können. Leistikow und andere, ihm gleichgestellte Künstler, waren noch durch die provinzielle Beschränktheit eingeengt, die ein Charakteristikum der deutschen Kunst in der zweiten Hälfte des neunzehnten Jahrhunderts war – und durch die derselben korrespondierende Provinzialität der außerdeutschen Kunstmetropolen dieser Zeit. Leistikows mangelnde Anziehungskraft für ein französisches oder englisches Publikum läßt ihn nicht von vornherein weniger bedeutend sein als seinen Zeitgenossen Corinth oder als die nächste Generation der Brücke-Maler und anderer Expressionisten, deren Arbeit als bedeutsame Neuerung in Westeuropa begrüßt wurde. Auch kann man ihn nicht abtun als einen Deutschen, der ganz ordentlich in einer bekannten, inzwischen allseits akzeptierten europäischen Manier malte, die sich jedoch nicht genügend vom französischen

Impressionismus unterschied, um auch für ein internationales Publikum interessant zu sein. Ganz im Gegenteil: Der reife Leistikow malte anders als irgend jemand sonst. In dieser Hinsicht ähnelt seine Stellung der des früheren und größeren Landschaftsmalers Caspar David Friedrich, dessen Ansehen in Deutschland schon lange, ehe die übrige Welt ihn entdeckte, unbestritten war.

Friedrichs Mystizismus und Sinn für das Tragische fehlen Leistikow, dessen Gemälde nüchterner, weniger leuchtend, und dessen Themen begrenzter sind. Doch trotz der Beschränktheit seiner Thematik gibt es bei Leistikow kaum Wiederholungen. Seine besten Arbeiten zeigen eine ungewöhnliche Mischung von realistischem Detail und großen geometrischen Formen: der einzelne Zweig und Baum werden Teil eines Waldes, der keilförmig zwischen ähnlich differenzierten und doch kompakten Flächen von Himmel und Wiese steht. Die Szene ist, ohne verzerrt zu sein, in höchstem Maße vereinfacht und ruft so den Eindruck zeitloser, unpersönlicher Ruhe hervor. Niemand, so scheint es, hätte solche Gemälde schwer verständlich finden sollen; ihre realistischen Elemente, obgleich an der Grenze zur Abstraktion, bleiben deutlich genug auch für den naiven Betrachter. Für die Berliner Gesellschaft wurde Leistikow der Maler, der besser als jeder andere die

Walter Leistikow, Landschaft. Zeichnung. Abgebildet in Lovis Corinths ›Leben Walter Leistikows‹, 1910

Max Liebermann, Abend. Zeichnung. Abgebildet in *Pan,* Bd 4, Heft 3, 1899

melancholische Stimmung der Kiefern, Seen und Felder Brandenburgs einfing. Doch als Hugo von Tschudi Wilhelm II. eine Leistikow-Landschaft zeigte, einen Sonnenuntergang über den schwarz-grünen Kiefern des Grunewalds, stritt der Kaiser ungnädig jegliche Naturwahrheit ab: »Er kenne den Grunewald und außerdem wäre Er Jäger.«[12]

Wie Leistikow erlangte auch Max Liebermann niemals internationalen Ruhm. Aber er hatte ein reicheres Talent, und im Laufe seines sehr langen Lebens – er starb 1935 im Alter von siebenundachtzig Jahren – stellte er sich eine Vielzahl von Problemen und meisterte sie. Einige Teile seines Werks, so die Reihe der Selbstporträts, die sich, in den neunziger Jahren beginnend, bis 1934 erstreckt, oder die Pastelle, die er als Fünfzig- und Sechzigjähriger malte und in denen sich Strände, Gärten und Tiere in Bewegung und Farbe auflösen, sind beachtliche Leistungen der Kunst des 20. Jahrhunderts. Liebermann entstammte einer wohlhabenden jüdischen Familie von Kattunfabrikanten, die sich 1824 in Berlin niederließ und moderne Produktionsmethoden nutzte, um die englische Vormachtstellung auf dem deutschen Markt für bedruckte Kattune zu brechen. Einer bekannten Anekdote zufolge identifizierte sich sein Großvater, als er Friedrich Wilhelm III. vorgestellt wurde, in jiddisch-gefärbtem Deutsch: »Majestät, ich bin derjenige, welcher die Engländer vom Kontinent vertrieben hat.« Einer seiner Söhne wurde geadelt; zwei andere, darunter Liebermanns Vater, führten den Betrieb weiter. Liebermanns Mutter kam aus einer Juweliersfamilie, die im siebzehnten Jahrhundert aus Wien nach Berlin eingewandert war. Einer ihrer Onkel wurde zum Bürgermeister von Hamburg gewählt, nachdem er zum Christentum konvertiert war; Walther Rathenau, Vorsitzender der Allgemeinen Elektrizitäts-Gesellschaft und Deutschlands Außenminister nach dem Zusammenbruch des Reiches, war ihr Neffe. Liebermann war stolz auf seine Herkunft, obwohl er sich über die Kränkungen und Nachteile ärgerte, die sie mit sich brachte. »Es werde ihm häufig gesagt, erzählte er einem Bekannten, ›wenn alle Juden so wären wie Sie, dann gäbe es keinen Antisemitismus.‹ Darauf antwortete er stets: ›Nein, wenn alle Christen so wären wie ich, dann gäbe es keinen Antisemitismus. – Im übrigen bin ich glücklich, daß ich so aussehe, daß jeder gleich sieht, daß ich Jude bin, da brauche ich es ihnen nicht erst zu sagen.‹«[13]

Aber er fühlte sich als Deutscher und Preuße nach Erziehung, Arbeitsgewohnheiten und Lebensstil. Seine Eltern hatten ihren jüdischen Glauben behalten, aber waren geachtete Berliner geworden, und erst in seinen letzten Lebensjahren, nach der Machtübernahme Hitlers, erklärte der Sohn, daß die Assimilation nur ein schöner Traum gewesen sei.[14]

Liebermann studierte Zeichen und Malen in Berlin und Weimar. 1871, im Alter von vierundzwanzig Jahren, erregte er zum ersten Mal Aufmerksamkeit mit einem großen Bild, das eine Gruppe älterer Frauen beim Gänserupfen in einem dunklen Raum darstellte. Obwohl die Figuren zu offensichtlich arrangiert waren und der Kontrast zwischen den weißen Gänsen und der dämmrigen Bauernstube sehr gekünstelt wirkte, drückte das Gemälde doch ein Gefühl für die nüchterne Realität aus. Der Künstler wollte weder die Armut romantisieren noch sozialkritisch wirken. Die ästhetische Verwirrung der damaligen Zeit, welche viele dazu führte, die Schönheit eines Gemäldes im dargestellten Thema zu suchen, offenbarte ein Kritiker, der schrieb: »Liebermanns Bild, worin die abschreckendste Häßlichkeit in unverhülltester Abscheulichkeit thront, kann durch die virtuose Technik nicht für die gänzlich unberücksichtigt gebliebene, nicht durch den leisesten Anflug von Humor vertretene Ästhetik entschädigen.«[15]

Schon als Anfänger eignete sich Liebermann den sachlichen Blick auf Dinge und Menschen an, der für sein Verhältnis zu den Gegenständen seiner Malerei charakteristisch ist. Während der folgenden zwanzig Jahre malte er zahlreiche Szenen aus der Welt einfacher Leute – Schuster und Bauern, Frauen in der Konservenfabrik oder beim Netzeflicken, die Insassen von Waisenhäusern und Altersheimen – ohne zu predigen; er behielt diese Zurückhaltung bei, als er sich stärker für Szenen aus dem Leben der mittleren und oberen Gesellschaftsschicht zu interessieren begann: Paare in Parks und Restaurants, Polo- und Tennisspieler, Reiter am Strand. Was ihn faszinierte, war die Oberfläche der Dinge und wie Licht und Schatten darauf wirkten – wie die Menschen aussahen und nicht, was sie vielleicht verkörperten. Der Kritiker Karl Scheffler, der Liebermanns Entwicklung ein halbes Jahrhundert lang verfolgte und ihn gut kannte, sagte über ihn: »Er war kein teilnehmender Mensch.«[16] Das stimmte nur zum Teil, denn schließlich wählte auch Liebermann sich seine Themen nicht einzig ihrer pittoresken Qualitäten wegen. Sachlichkeit schließt Mitgefühl nicht aus, mag es unter Umständen sogar einladen. Richtig ist aber, daß Liebermann im wesentlichen ein intensiver, energischer Beobachter war, der alles Anekdotische und die kleinste Spur von Pathos verachtete.

Nach einigen Jahren in Paris, wo sein karger Naturalismus den Reiz des Ungewohnten hatte, zog Liebermann nach München. Bis zum ersten Weltkrieg reiste er fast jedes Jahr nach Holland; hier erweiterte er seine städtischen und ländlichen Motive und konnte das Werk des Frans Hals studieren, eines Künstlers, dem er sich verwandt fühlte. 1879 vollendete er ein Gemälde, das die in Holland gewonnenen Erfahrungen mit anderen wichtigen psychologischen und künstlerischen Bereichen seines Lebens verband: *Christus im Tempel* ist eines jener nicht sehr zahlreichen Werke Liebermanns, die durch ihr vorgebliches Thema den Anspruch zu erheben scheinen, zur Gattung der Historienmalerei gerechnet zu werden. Das Bild zeigt den jungen Jesus im Gespräch mit den Schriftgelehrten, in einem nach dem Vorbild der portugiesischen Synagoge in Amsterdam gemalten Innenraum. Die Figuren sind noch in realistischem Detail gestellt und ausgeführt, aber ihr Gesichtsausdruck und ihre Gestik verleihen dem Ganzen eine außerordentliche Bewegtheit. Das Bild war eine Sensation, als es im Münchener Salon ausgestellt wurde. Leibl, Uhde und andere Maler waren beeindruckt von seiner Originalität und Kühnheit, doch die meisten Kritiker mißbilligten es; Adolf Stoecker schloß sich von Berlin aus den Angriffen auf Liebermann an und beschuldigte ihn der Gotteslästerung. In der Sitzung vom 15. Januar 1880 debattierte das Bayerische Parlament über das Bild: Dabei wurde es als blasphemisch und ein Bild, vor dem man »sich die Nase zuzuhalten geneigt wäre« bezeichnet; der Ortsgruppe der Kunstgenossenschaft, die für die Ausstellung verantwortlich war, drohte man mit dem Entzug von Regierungssubventionen.[17] Ehe Uhde begann, religiöse Bilder zu malen, war eine derartig realistische Behandlung einer Episode aus dem Leben Christi noch ungewöhnlich und beunruhigend. Man hob hervor, daß die Figur Jesu nicht einmal einen Nimbus habe. Aber viele Leute waren über etwas anderes schockiert. In *Christus im Tempel* behandelt Liebermann Erscheinungen, die im Deutschland dieser Zeit als abstoßend und peinlich angesehen wurden, rein sachlich. Er zeigt, wie die Schriftgelehrten mit Grimassen und anderen Zeichen großer Erregung auf den Zwölfjährigen reagieren, der – weit entfernt davon, die übliche reine Figur zu sein – nach den Worten eines Kritikers »der häßlichste... naseweiseste... Judenjunge, den man sich denken kann« – zudem ein Bengel ist, der seine Argumente mit lebhaften orientalischen Handbewegungen unterstreicht. Züge und Gesten, die schon seit langer Zeit Bestandteil antisemitischer Karikaturen waren, sah man hier als durchaus achtenswert vorgestellt. Anstatt die Abwehrhaltung hinsichtlich solcher Züge einzunehmen, die die Deutschen gewöhnt waren, von Juden zu erwarten, zeigte Liebermanns Gemälde Juden, darunter den jungen Jesus, als völlig verschieden von den Deutschen, aber deshalb keineswegs minderwertig. Es war eine schockierende Aussage, und die Heftigkeit der Reaktion scheint Liebermann selbst überrascht zu haben. Als der Salon schloß, zog er das Bild vom Verkauf zurück und tauschte es gegen ein Gemälde Uhdes ein, aus dessen Nachlaß es die Hamburger Kunsthalle dreißig Jahre später für die beträchtliche Summe von 60000 Mark erwarb.

Als Liebermann 1884 nach Berlin zurückkehrte, war er einer der bekanntesten jungen deutschen Maler. Seine Kritiker beschuldigten ihn, ein Apostel der Häßlichkeit zu sein, aber seine technische Kompetenz war kaum zu bestreiten; seine Arbeit

Max Liebermann, Bauernhaus. Zeichnung. Abgebildet in *Pan*, Bd 4, Heft 3, 1899

wurde von anerkannten Meistern wie Leibl und Menzel gelobt, und die Ehrungen, die er bei ausländischen Ausstellungen gewann, waren nicht zu ignorieren. Falls er, wie zu erwarten war, mit zunehmendem Alter auch konventioneller würde, war nicht einzusehen, warum er nicht einer der führenden Männer in der Berliner Kunstwelt werden sollte. Werner zögerte nicht, seine Aufnahme in den Verein Berliner Künstler zu befürworten, und im Salon des Jahres 1888 wurde Liebermann eine kleine Goldmedaille verliehen. Aus zwei Gründen indessen kam Liebermanns Aufstieg zu offizieller Anerkennung zum Stehen: zufällig geriet er in einen die auswärtigen Angelegenheiten berührenden Zwischenfall, und er fuhr fort, in seiner Arbeit neue Wege zu suchen.

1889 veranstaltete Frankreich eine Weltausstellung aus Anlaß des hundertsten Jahrestages der französischen Revolution.[18] Mehrere europäische Regierungen wollten daran offiziell nicht teilnehmen, unterstützten aber privat organisierte Ausstellungen, und man nahm in Paris an, daß auch Deutschland eine inoffizielle Abordnung schicken würde. Als von deutscher Seite nichts unternommen wurde, wandte sich der französische Kultusminister Antonin Proust an Liebermann, der einen kleinen Ausschuß bildete, Künstler und Sammler aufforderte, Bilder zu schikken, und der das Unternehmen aus Mitteln bezahlte, die mit stillschweigender Billigung des preußischen Kultusministeriums aufgebracht wurden. Zu diesem Zeitpunkt veröffentlichte die chauvinistische Wochenzeitung *La France* einen Angriff auf Deutschlands Teilnahme an der Ausstellung während in milderer Form *Le Figaro* die deutsche Regierung tadelte, weil sie es abgelehnt hatte, offiziell teilzunehmen. Deutsche Zeitungen antworteten im gleichen Ton, wobei einige Liebermann mangelnden Patriotismus vorwarfen, während Bismarck, den die Unhöflichkeit der französischen Presse irritierte, versuchte, Künstler mit staatlichen Ämtern zur Rücknahme ihrer Bilder zu veranlassen – was ihm nicht in allen Fällen gelang.[19] Die deutsche Ausstellung wurde gut aufgenommen. Liebermann und Uhde erhielten *Medailles d'Honneur* und wurden in die neue Societé Nationale des Beaux-Arts gewählt. Liebermann bekam auch den Orden der Ehrenlegion, dessen Annahme die preußische Regierung ihm aus übertriebener Kleinlichkeit verwehrte. Als er bei einem offiziellen Essen auf die »grandeur de l'art et la confraternité artistique« trank, was die *Kreuzzeitung*, das Organ des extremen preußischen Konservatismus, falsch mit »die Kunst und das brüderliche Einvernehmen aller Nationen« übersetzte, folgten weitere Angriffe.[20]

Eben zu der Zeit, als die Umstände ihn zwangen, sich gegen seine Regierung zu stellen und den Zorn seiner fremdenfeindlichen Landsleute auf sich zu ziehen, nahm Liebermanns Kunst eine verwirrende Wende. Schon seit mehreren Jahren war seine Pinselführung breiter geworden; er benutzte häufiger den Spachtel, und seine früher sorgfältige Behandlung von Einzelheiten wich Andeutungen. In den Interieurs und zahlreichen holländischen Straßenszenen, Dächern und Hausfassaden, die er während dieser Periode malte, sieht man senkrechte und waagerechte Linien nur mehr ungefähr angegeben: Fenster verloren hier ihre präzise Rechtwinkligkeit. Zugleich begann er, hellere Farben zu verwenden, die er dicker auftrug, ohne eine glatte Oberfläche anzustreben.

Vorwiegend beschäftigte ihn das Problem des Sonnenlichts, besonders die Wirkung der durch Blattwerk scheinenden Sonne. Schrittweise ließ er den Naturalismus hinter sich – einen Stil, der noch allgemein verstanden wurde trotz der schockierenden Ehrlichkeit, mit der er ihn handhabte – und näherte sich den französischen Impressionisten, auch wenn er in seinen Ölgemälden die Linie und andere Merkmale graphischer Kunst weiterhin stärker betonte als diese. Er schuf einen norddeutschen Impressionismus, sollte Karl Scheffler schreiben, »als man in der Folge dann aber genau hinsah, war es im Grunde gar kein Impressionismus«.[21] Ehe er noch weit in der neuen Richtung vorgestoßen war, malte Liebermann einige Bilder, die Höhepunkte seiner besonderen Art von Naturalismus sind. Eines dieser Gemälde, *Alte Frau mit Ziegen,* wurde 1891 mit der großen Goldmedaille des Münchener Salons ausgezeichnet und von der Neuen Pinakothek erworben – Zeichen offizieller Anerkennung, die nicht ohne Wirkung auf die öffentliche Meinung blieben, sogar in Berlin, wenn auch das Werk keineswegs allgemein bewundert wurde. Das Bild ist ziemlich groß, 127 cm × 172 cm, und stellt eine alte Frau von hinten dar, die über öde Dünen stapft und dabei eine Ziege hinter sich herzieht, während eine zweite neben ihr trottet. Die Farben sind gedämpft, beinahe monoton – grün, braun, grau, die Ziegen schwarz mit weißen Flecken; Komposition und Zeichnung sind sehr fest. Stellenweise ist die Farbe dick aufgetragen, so daß am Horizont grauweiße Himmelsstreifen über die Dünen quellen – Antithese der glatten Oberfläche, die die Akademie so liebte. Obwohl Frau und Ziegen sich bewegen und in ihren Bewegungen etwas von der dürftigen Routine ihres Lebens übermitteln, so ist die Gesamtwirkung von ruhiger Monumentalität. Die Frau, die beinahe in Farbe modelliert zu sein scheint, zeigt eine Ähnlichkeit mit Statuen von Rodin, wenn auch ohne ihre Dramatik und Vulgarität. Aber trotz seiner großen Qualitäten leidet das Gemälde an den Schwächen des Naturalismus, von denen es auch Liebermanns Drang nicht befreien konnte, Komposition und Farbe auf das Wesentliche zu reduzieren. Für seine Zeitgenossen, die gelernt hatten, ihr ästhetisches Gefühl mit dem Vokabular des Naturalismus auszudrükken, war ein anderer Aspekt verwirrender: die Beziehung zwischen dem Thema des Bildes und den angewandten Methoden. Die Weigerung des Künstlers, die abgearbeitete Frau zu idealisieren, war für einige Betrachter ebenso störend wie für andere seine ernste, ungeschönte Darstellung von Tieren und einer Bäuerin.

Liebermanns künstlerische Unabhängigkeit schloß einen starken Ehrgeiz nicht aus. Er spottete über Jurys, die, nach seinen Worten, ihre Beschlüsse wie Viehhändler aushandelten. Trotzdem waren ihm Medaillen und offizielle oder halboffizielle Ämter wichtig. Sie halfen, die Stellung in der Gesellschaft zu identifizieren, die er als die ihm zukommende ansah. Besonders wichtig war ihm dies in seiner Heimatstadt, wo schon seine Eltern und Großel-

Max Liebermann, In den Dünen. Zeichnung. Abgebildet in *Pan,* Bd 4, Heft 3, 1899

tern die Achtung ihrer Mitbürger verdient hatten und genossen. In einem autobiographischen Essay schrieb er: »Ich bin in meinen Lebensgewohnheiten der vollkommenste Bourgeois: ich esse, trinke, schlafe, gehe spazieren und arbeite mit der Regelmäßigkeit einer Turmuhr. Ich wohne in dem Hause meiner Eltern, wo ich meine Kindheit verlebt habe, und es würde mir schwer werden, wenn ich woanders wohnen sollte.« Seine politischen und sozialen Ansichten, schrieb er im selben Essay, waren die der Generation von 1848: »Obgleich ich oft genug leider vom Gegenteil überzeugt wurde, bilde ich mir ein, daß – wie es in der Verfassung heißt – jeder Staatsbürger vor dem Gesetze gleich ist.«[22] Er war ein Liberaler, dessen Ansichten von der Frühphase des Industriezeitalters geprägt waren; er glaubte nicht an absolute Gleichheit, aber an den Schutz des Gesetzes und an frei zugängliche Möglichkeiten des Aufstiegs ebenso wie an eine Elite, die sich auf Können, Erziehung und Leistung gründete.

Für einen solchen Mann war es besonders ärgerlich zu sehen, daß der Staat Künstler bevorzugte, die ihm unterlegen waren – so wurde, zum Beispiel, Anton von Werner noch vor seinem 30.

Geburtstag Mitglied der Akademie, während Liebermann mit Mitte vierzig noch nicht aufgenommen war. Er erkannte die Doppelbelastung, Jude zu sein und zugleich ein unkonventioneller Maler; aber anstatt offizielle Anerkennung als irrelevant abzulehnen, verlangte er weiter danach, allerdings zu seinen eigenen Bedingungen. Daß andere Künstler in ihm einen möglichen Führer sahen, eine Entwicklung, die er begrüßte, bestärkte ihn in dem Streben nach Ämtern und Ehrungen. Er wollte den Staat mit der modernen Kunst aussöhnen und für die neuen Richtungen, ebenso wie für sich selbst, einen angemessenen Platz in Akademien, Ausschüssen und Museen gewinnen. Als Leistikow und seine Freunde ihn einluden, sich der Gruppe anzuschließen, die sie gerade bildeten, begrüßte Liebermann die Möglichkeit, der modernen Kunst einen organisatorischen Zusammenhalt zu geben und ihr Gedeihen in Berlin zu fördern; nach Corinths Worten wurde er »der heimliche Führer der anarchischen Elfer.«[23]

Zur Eröffnungsausstellung der Elf steuerte Liebermann sein Bild *Alte Frau mit Ziegen* bei und, zum ersten Mal in seiner Laufbahn, drei Porträts, ein Genre, dessen Möglichkeit er damals zu erproben begann. Unter den Porträts war auch sein erster bedeutender öffentlicher Auftrag, ein Bild des Ersten Bürgermeisters von Hamburg für die dortige Kunsthalle; es mißfiel dem Dargestellten jedoch so sehr, daß er und seine Nachkommen die Hängung des Porträts in der Galerie bis 1902 verhinderten. Die Meinung der Kritiker über die Ausstellung war geteilt; insbesondere wurde die *Alte Frau mit Ziegen* abfällig beurteilt, weil das Bild ein bescheidenes Thema so monumental behandelte. Andere Kommentare waren freundlich. Franz Servaes, ein viel gelesener Kritiker, der der Sache der Moderne positiv gegenüberstand, schrieb sogar, daß neben Liebermann die anderen Gruppenmitglieder zur Bedeutungslosigkeit verblaßten: »Es ist schwer, sich Schweigen aufzuerlegen, wenn man einmal angefangen hat, von Liebermann zu sprechen. Denn je länger ich in dieser Ausstellung verweile, desto mehr löschen die Liebermannschen Bilder durch ihre unbedingte künstlerische Wahrheit die übrigen Bilder vor mir aus, so daß zum Schluß sie ganz allein zu existieren scheinen.«[24] Es schien möglich, daß die Elf, empfohlen durch Liebermanns wachsendes Ansehen, einen Weg finden könnten, der modernen Kunst in Berlin mehr Anerkennung zu verschaffen, ohne die Konflikte zwischen Künstlervereinigungen zu provozieren, die in anderen deutschen Städten durch solche Bemühungen gewöhnlich ausbrachen.

Die Chancen einer friedlichen Entwicklung wurden jedoch durch den Streit über die Munch-Ausstellung zerstört; der bewies, daß die Traditionalisten und die Organisationen, die sie kontrollierten, sich weigerten, den neuen Kräften auch nur die geringste Konzession zu machen. Im September 1892 lud die Ausstellungskommission des Vereins Berliner Künstler Edvard Munch ein und stellte ihm die Rotunde, den Ehrensaal des Vereinshauses, zur Verfügung. Munch, damals 29 Jahre alt, hatte schon einige wichtige Bilder gemalt, darunter *Drei Mädchen auf einer Brücke, Eifersucht,* die erste Fassung von *Der Kuß* und das lebensgroße Porträt seiner Schwester. In Berlin war er kaum mehr als ein Name; doch ein Mitglied der Kommission, der norwegische Maler Adelsten Normann, kannte seine Bilder; Berichte über seine Ausstellungen in Oslo waren in der deutschen Presse erschienen, und Uhdes Empfehlung tat ein übriges. Anfang November traf Munch in Berlin ein mit 55 Gemälden und Zeichnungen, die er selber hängte. Erst dann erkannte der Verein, welche Ausstellung er da unterstützte. Leistikows sarkastischem Bericht zufolge waren seriöse und konservative Mitglieder entsetzt über Munchs Gemälde; »Das soll Kunst sein!« so läßt er sie ausrufen, »O Elend, Elend! Das war ja anders als wir es malen, das war neu, fremd, abstoßend, häßlich, gemein! Hinaus mit den Bildern, raus, raus!«[25] Einige Kollegen baten Werner, den Vorsitzenden des Vereins, die Ausstellung zu schließen; als man entdeckte, daß die Satzungen einen solchen Alleingang des Vorsitzenden nicht zuließen, folgte ein zweiter Antrag, der eine Generalversammlung forderte, »zwecks Maßregelung der kunstschändenden Kommission.«

Am Sonnabend, dem 12. November, trafen sich annähernd 250 Mitglieder zu einer Sondersitzung. Es war Werner (wie Leistikow schreibt), der die Debatte über die Kompetenzen und den Geschmack der Kommission auf eine mögliche Schließung der Ausstellung lenkte: »Ihm vor allem muß man die Schuld zuschreiben an dem Ausgange. Er nur allein hat an jenem Abende die Frage aufgeworfen: ist die Ausstellung zu schließen oder nicht?« Zeitungsberichte behaupten, daß der Antrag statt dessen von dem Marinemaler Hans Eschke gestellt wurde, einem langjährigen Freunde Werners. Eschke, der nach dem Debakel an der Akademie Leistikows Lehrer gewesen war und ihn ermutigt hatte, seine

Hugo Vogel, Industrie. Wandgemälde, »das eine Vorhalle des von Ende und Böckmann am Schinkelplatz in Berlin errichteten Prachtbaus der Bank für Handel und Industrie schmückt.« *Moderne Kunst,* Bd 15, Heft 15, 1896

eigenen Ideen zu verfolgen, fand Munchs Bilder stümperhaft gemalt und völlig unbegreiflich. Er schlug vor, die Ausstellung sofort zu schließen und die Kommission, die Munch eingeladen hatte, abzulösen.[26] Einige Mitglieder, die Eschkes Abneigung gegen Munchs Bilder teilten, waren dennoch gegen den Antrag, da man einen einmal eingeladenen Gast nicht hinauswerfen könne. Ein Diskussionsredner erklärte, »daß es sich hier weniger um die Person und den besonderen Fall des Malers Munch handle, als darum, ob jeder Kunstrichtung volle Bewegungsfreiheit innerhalb des Vereins gewährleistet sei. Das sei bei Annahme des Antrages Eschke nicht mehr der Fall.« Ein anderer Sprecher, August von Heyden, der wahrlich nicht zur Avantgarde gehörte, an der Hochschule für die bildenden Künste lehrte und die germanische Mythologie in Riesenfresken verherrlichte, warnte die Versammlung davor, die Dinge auf die Spitze zu treiben, weil das zum völligen Auseinanderbrechen des Vereins führen könne. Dennoch

August von Heyden, Franz Skarbina und Hugo Vogel als die alttestamentarischen ›Männer im feurigen Ofen‹. *Kladderadatsch*, 15. Januar 1893

stimmte eine knappe Mehrheit von 120 gegen 103 oder 105 – die Berichte schwanken – für eine Schließung der Ausstellung und für eine Ablösung der Mehrheit der Ausstellungskommission.[27] »In großer Aufregung« verließen etwa siebzig Mitglieder protestierend die Halle; auf einer Versammlung beschloß dieser kümmerliche Rest, eine »freie Künstlervereinigung« zu gründen, ohne aus dem Verein auszuscheiden.

Diese »Secession«, wie sie von Berliner Zeitungen genannt wurde, dauerte nur kurze Zeit. Führung und Organisation hätten die Elf liefern können; doch ihr Konzept, kleine Ausstellungen mit den Werken weniger Künstler zu zeigen, wäre durch die Größe der neuen Gruppe gesprengt worden, deren Mitglieder außerdem für Liebermann und seine Kollegen zu heterogen waren. Leistikow riet ihnen, im Verein zu bleiben und zu versuchen, so viele von dessen Mitgliedern wie möglich umzustimmen. Mehr sei im Augenblick nicht möglich: »Will man die Kunst hier haben, so muß man Gutes zeigen, also gute künstlerische Ausstellungen veranstalten. Die aber sind ohne Kapital nicht durchführbar. Dies fehlt der Secession, der Künstlerverein aber hat es.«[28] Wenige Wochen später hört man nichts mehr von der neuen Gruppe; aber sie ging nicht auseinander, ohne dem Gegner noch einen Schlag zu verset-

Franz Skarbina, Stelzenläufer. Zeichnung. Abgebildet im Katalog der Dritten Kunstausstellung der Berliner Secession, 1901

zen. Am 21. November veröffentlichten 48 Künstler, darunter Liebermann, Skarbina, Vogel und Heyden, die folgende Erklärung in der *Vossischen Zeitung:* »Die Unterzeichneten gehören der Minorität von 103 Vereinsmitgliedern an, die am 12. November d. J. in der außerordentlichen Hauptversammlung des Vereins Berliner Künstler *gegen* den Antrag gestimmt haben, der sofortige Schließung der Munchschen Ausstellung verlangte. Wir wurden bei unserer Stimmabgabe von dem Gedanken geleitet, daß Herr Munch, von einer durch den Verein Berliner Künstler frei gewählten Kommission zur Ausstellung eingeladen, als vom Verein *selbst* eingeladen betrachtet werden muß, und deshalb verurteilen wir, ohne zu der in den Munchschen Bildern ausgesprochenen Kunstrichtung irgend wie Stellung nehmen zu wollen, die Schließung der Ausstellung, als eine dem üblichen Anstand zuwiderlaufende Maßnahme. Uns liegt daran mit möglichst großem Nachdruck dies vor der Öffentlichkeit zu bekennen, falls es nöthig sein sollte.«[29]

Diese Erklärung trennte mit aller wünschenswerten Deutlichkeit zwischen ideologischer Politik und den Gepflogenheiten des guten Tons, gab aber Werner eine neue Gelegenheit, seine Vorstellungen von Kunst gegenüber Andersdenkenden zu verteidigen. Am 21. November schickte er einen Bericht über die Munch-Affäre an den Kultusminister, in dem er sich auf die Er-

Zur Schlußfeier auf der Berliner Kunstakademie.

Anton von Werner hat der modernen Malerei den Krieg erklärt und daher zur Empfehlung eines neuen Akademielehrers hervorgehoben, daß dieser Landwehroffizier sei, der noch heute jährlich seine Uebung mitmache, was gewiß für die Tüchtigkeit des Mannes bürge. Verschiedene Militäreffecten-Handlungen sehen freudig der neuen Kunstära entgegen.

Anton von Werner sperrt Skarbina aus der Hochschule für die Bildenden Künste. *Kladderadatsch*, 19. August 1894

klärung in der *Vossischen Zeitung* bezog und auf ihren Vorwurf, daß Munchs Gegner gegen die guten Sitten verstoßen hätten. Werner fügte hinzu:

»Da zu den so Beschuldigten eine Anzahl des Lehrer-Collegiums der Hochschule und der Direktor derselben, dessen Stellungnahme in dieser Angelegenheit keinem Zweifel unterliegen dürfte, angehören, so entsteht meines Erachtens die Frage: ist von diesem öffentlichen Vorgehen eines Theiles des Lehrer-Collegiums gegen den Direktor und den anderen Theil des Lehrer-Collegiums jener Körperschaft officiell Kenntnis zu nehmen und dasselbe zu billigen oder zu mißbilligen?«

Das Verhalten Skarbinas, Vogels und anderer erschien ihm im höchsten Maße unkollegial; folglich lenkte er die Aufmerksamkeit des Ministers darauf.[30]

Während dieser Tage ließ er im Verein verlauten, daß er Wilhelm II. über die »Differenzen innerhalb der Berliner Künstlerschaft« berichtet hätte. Das wiederum veranlaßte Heyden, dem Kultusminister zu schreiben, daß »Herrn von Werners Darstellung nicht ganz den Kern der Sache treffe« und eine Minderheit

Berliner Künstler beleidige, »die jetzt fast zu einer unterdrückten Majorität angewachsen ist.« Heyden bat um eine Audienz beim Kaiser, diesem seine Auffassung der Sache darzulegen; seiner Bitte wurde stattgegeben.[31]

Das unmittelbare Ergebnis des Protestes war, daß Heyden, Skarbina und Vogel gezwungen wurden, ihre Professur an der Hochschule für die bildenden Künste niederzulegen.[32] Werner, der einerseits von seinen Beziehungen zum Kaiser und zur Bürokratie profitierte und andererseits aus seinem verständnisvollen Einsatz für die breite Masse Berliner Künstler Nutzen zog, hatte nochmals die Vorherrschaft der Tradition sichergestellt, wenigstens in der offiziellen Kunstwelt.

Für Leistikow war die Demonstration der Macht, die eine mobilisierte Mehrheit erzeugen kann, der wichtigste Aspekt dieser Episode. Die Unfähigen, die seiner Meinung nach die Mehrheit der Berliner Künstler darstellten, hatten gesiegt, weil man ihnen nicht in ihrer Gesamtheit widerstehen konnte, obgleich jeder für sich genommen unbedeutend war. Bei seiner Analyse der Situation, die durch die Niederlage bei der Munch-Ausstellung entstanden war, entlieh er – bewußt oder unbewußt – bei Goethe den Ausdruck *Nummern* als abschätzige Definition der Macht, die man in Zukunft besiegen müsse: »Das sozialistische Prinzip ist ein treffliches Schutz- und Trutzmittel für die Nummern. Daher ist es wertvoll für alle Vereine. In jedem Verein ist die Herde groß, wenige nur stehen abseits, der eigenen Kraft trauend.

Jetzt weiß auch jedermann, wie gut der Sozialismus für den Künstlerverein ist.

Schon früher hörte man oft das Wort: ›Sozialisten‹ drüben im Künstlerhause, die es aber aussprachen, das waren die Nummern, mit dem Wort meinten sie die wenigen Einzelnen, die Jungen, Kräftigen, die an sich selber glauben konnten.

Es ist dies aber eine Lüge und Verdrehung der Wahrheit. Wenn man überhaupt schon das unpassende Wort brauchen will, dann muß man sagen, gerade die Alten, die sich selbst so konservativ glaubten, die in blinder Wut rebellierten gegen die Munchsche Ausstellung, sie vertraten das sozialistische Element in der Künstlerschaft. Nur allein Dank diesem Prinzipe der Gleichheit und Brüderlichkeit konnte es dahin kommen, daß die Nummern die Künstler vergewaltigten und siegten.«[33]

Leistikow war noch nicht bereit, das elitäre Programm der

Elf aufzugeben. Fünf Jahre später, als er die Berliner Secession mitbegründete, war er zu der Überzeugung gelangt, daß auch talentierte Künstler nicht immer ohne die Unterstützung einer breiteren Basis auskommen könnten. Die Secession mußte das Prinzip von Gleichheit und Brüderlichkeit genauso anerkennen wie der Verein; aber Leistikow setzte sich erfolgreich für einen starken Vorstand ein. Indem er einen Vorstand vorsah, der zwar gewählt, aber mit großen Vollmachten ausgestattet war, versuchte er, die Wertmaßstäbe einiger weniger mit den Interessen jener Mehrheit in Einklang zu bringen, der es vielleicht an wahrem Talent fehlte, die aber immerhin kraft ihrer Ziele und Einsichten dem Kunstproletariat in Werners Lager überlegen war; schließlich kämpfte auch jene Mehrheit für das Recht des individuellen Ausdrucks. Corinth meinte – fast zwanzig Jahre nach der Munch-Affäre –, daß alle Parteien von ihr profitiert hätten: »Die Nummern oder Alten hatten einen Pyrrhussieg zu verzeichnen, indem sie das Ärgernis hinauswarfen und einstweilen weiterwurschteln konnten; die Jungen konnten ihren Haß gegen die Reaktion verstärken und sich in ein noch helleres Licht als Märtyrer der Kunst setzen, und das Karnickel, um den die ganze Balgerei ging, Eduard Munch, hatte den allergrößten Vorteil: er war urplötzlich der berühmteste Mann im ganzen Deutschen Reich: die Kollektion ging sofort nach München und von da in die andern großen Städte Deutschlands; von da ab hat dieser ausländische Künstler bis auf den heutigen Tag die meisten seiner Bilder hier an deutsche Mäcene verkauft.«[34]

Weder die Akademie noch der Verein wurden während der nächsten Jahre liberaler, und da die neue »freie Vereinigung« nicht überlebte, behielt der Konservativismus seine Macht in Berlin.[35]

Dennoch nahm die Empfänglichkeit für moderne Malerei und Plastik langsam zu. Noch war die Moderne in der Literatur stärker als in der bildenden Kunst; die modernen Dichter sprachen das Publikum unmittelbarer an als die Maler. Der Vergleich eines Kritikers zwischen dem Entstehen der Elf und dem neuen avantgardistischen Literaturjournal *Freie Bühne* gilt auch für die allgemeinen Zustände der beiden Gebiete: »Wohl bestand ein feiner Zusammenhang zwischen der *Freien Bühne* und dieser Künstlerschöpfung (der Elf); beide haben das Zeichen einer neuen Zeit in ein Brachland gepflanzt. Aber die Thätigkeit der *Freien Bühne* war auf ihrem Gebiete weit entscheidender, durchgreifender, erfolgkräftiger als der mit stilleren Mitteln geführte Malerkampf der ›Elf‹.«[36]

Im allgemeinen waren Schriftsteller und Künstler auch mit unterschiedlichen Problemen beschäftigt; Käthe Kollwitz und einige andere, die sich in anklagender oder satirischer Form mit sozialen Themen auseinandersetzten, waren Ausnahmen in der Avantgarde – nicht die Regel. Dennoch beeinflußten einander natürlich moderne bildende Kunst und Literatur wechselseitig. 1895 gründete der junge Kunsthistoriker und Kritiker Julius Meier-Graefe zusammen mit dem Dichter Richard Dehmel und anderen Schriftstellern und Künstlern eine neue Zeitschrift, *Pan,* deren avantgardistischer Inhalt, luxuriöse Ausstattung und Druck nicht nur die Überzeugung seiner Förderer vom »exklusiven Charakter der Kunst« ausdrückten, sondern auch dazu dienten, die Künstler, deren Werke reproduziert und diskutiert wurden, der guten Gesellschaft näherzubringen.[37] Eine Kunstzeitschrift im engeren Sinne, *Das Atelier,* herausgegeben von Hans Rosenhagen, griff wiederholt Anton von Werners Druck auf die Kunstverhältnisse der Hauptstadt an.

Hans Baluschek, Müll-Idyll. Zeichnung, 1894

Der wirtschaftliche Aufschwung des Landes Mitte des Jahrzehnts förderte den Verkauf von Kunst, und die Mitglieder der Elf fanden einen wachsenden Markt für ihre Werke. 1896 wurde Hugo von Tschudi zum Direktor der Nationalgalerie ernannt; er zeigte sich bald als erklärter und geschickter Vorkämpfer der modernen Kunst, den die wachsende Feindschaft Werners und des Kaisers nicht beirrte.[38] Im selben Jahr wurde Uhde in die Akademie gewählt, und die preußische Regierung erlaubte Liebermann, die französische *Légion d'Honneur* anzunehmen, die ihm zum zweiten Mal verliehen worden war. Liebermanns Ruf, der sich von Künstlern und Sammlern dem breiteren Publikum mitgeteilt hatte, sprach schon an sich überzeugend für die moderne Kunst. Seit 1892 hatte Liebermann sich geweigert, im jährlichen Salon auszustellen. Die Abwesenheit des Mannes, der jetzt allgemein – außer durch das offizielle Berlin – zu den bedeutendsten Malern in Deutschland gezählt wurde, war fast peinlich geworden. Als Folge des Salons von 1896, der als einer der langweiligsten seit Jahren kritisiert wurde, wurde eine Ausstellungskommission mit gemäßigteren Anschauungen gewählt, deren Mitglieder darangingen, Liebermann zu versöhnen. Sie boten ihm einen ganzen Raum im nächsten Salon; sowie Unabhängigkeit von der Jury, was sonst nur Inhabern der großen Goldmedaille zugestanden wurde. Die dreißig Gemälde und Pastelle und einunddreißig Graphiken, die er zeigte, waren die Sensation unter den 2172 Kunstwerken des Salons von 1897.[39] Schließlich erhielt Liebermann die große Goldmedaille, mit der er im selben Jahr auch in Dresden ausgezeichnet wurde; er wurde in die Akademie gewählt und zum Professor ernannt. Modelle und Diener, so hatte er wenige Jahre vorher geschrieben, redeten ihn schon immer als »Professor« an, weil es in Berlin undenkbar war, daß ein anständiger Künstler keinen akademischen Titel hatte.[40] Es wurde vermutet, daß die Zeichen der Anerkennung, die Liebermann, Uhde und andere erhielten, zum Teil in der Hoffnung vergeben wurden, die Avantgarde von ihrer natürlichen Führung zu trennen; trotzdem schien es, als ob Leistikows Rat, die bestehenden Einrichtungen von innen heraus zu verändern, Früchte tragen würde. Im folgenden Frühjahr zeigte sich, daß die Skeptiker recht hatten. Leistikow reichte für den Salon 1898 eine große Landschaft ein – es war derselbe Sonnenuntergang über dem Grunewald, der einige Jahre später den Zorn des Kaisers erregte – und die Jury wies das Bild

Professor von Lenbach in seinem Atelier.

Professor von Lenbach in seinem Atelier: Serienfabrikation eines erfolgreichen Musters. *Kladderadatsch,* 26. Februar 1893

zurück. Die Entrüstung, ein Bild abgelehnt zu sehen, das den tausend angenommenen unmöglich unterlegen sein konnte, trieb Leistikow zu dem Schritt, den zu tun er sich 1892 noch gescheut hatte. Er riet seinen Freunden, den Verein zu verlassen. Liebermann war ebenfalls der Meinung, die offensichtlich von Vorurteil bestimmte Entscheidung der Jury müsse angefochten werden; er glaubte aber, daß es für die moderne Bewegung noch möglich sei, Autonomie und Anerkennung innerhalb des bestehenden institutionellen Rahmens zu erlangen.

Einem außerhalb Berlins wohnenden Maler schrieb er Anfang Mai:

»Grade jetzt rumort es hier ganz gräulich und was lange in der Luft bereits liegt, scheint sich zum Faktum verdichten zu wollen: die Berliner Secession. Anlaß dazu gab neuerdings die Jury, die allerdings besonders einseitig zu Werke gegangen ist.« Als Preis für ihr Verbleiben im Verein, fuhr er fort, verlangten er und seine Kollegen ihre eigenen Räume und eigene Jury beim jährlichen Salon.[41] Die Erfüllung dieser Forderungen hätte den Dissidenten alles gegeben, was sie wollten, ohne die Last, ganz eigene Ausstellungen organisieren und finanzieren zu müssen. Die Vorteile für die Gegenseite waren weniger offensichtlich. Dennoch begannen Verhandlungen zwischen Liebermanns Gruppe und Vertretern von Akademie und Verein, mit dem Ziel, den völligen

Bruch zu verhindern, und diese Gespräche wurden monatelang fortgesetzt. Aber ob nun schon *de jure* oder nur *de facto* unabhängig: Im Sommer 1898 war die Berliner Secession Realität.

Max Liebermann, Wäscheleinen. Zeichnung. Abgebildet in *Pan,* Bd 4, Heft 3, 1899

II Die Berliner Secession

3. Die Anfänge der Secession

I

In einer Reihe von Zusammenkünften wurde die Secession im Mai 1898 ins Leben gerufen, der 2. Mai wird gewöhnlich als Gründungsdatum genannt. Die neue Gruppe bestand aus etwa fünfundsechzig Männern und Frauen; im Gegensatz zum Verein nahm die Secession auch Frauen als ordentliche Mitglieder auf.[1] Mit der Leitung der Gruppe betraute die erste Hauptversammlung einen Präsidenten und einen Vorstand, die an eine Satzung gebunden waren, welche die Qualifikation für die Mitgliedschaft und die Rechte der Mitglieder festlegte und nur durch eine Dreiviertelmehrheit geändert werden konnte. Dennoch war die Macht des Vorstandes ziemlich groß; er zögerte beispielsweise nicht, Aufnahmebewerbungen einseitig abzulehnen.[2] Max Liebermann wurde zum Präsidenten gewählt und Walter Leistikow zum Ersten Sekretär. Die anderen Vorstandsmitglieder waren die Maler Ludwig Dettmann, Otto Engel, Oscar Frenzel und Curt Hermann sowie der Bildhauer Fritz Klimsch. Dettmann trat Anfang 1900 aus der Secession aus, da seine Kollegen es als Verrat an der Bewegung ansahen, daß er das Gelöbnis jedes Mitglieds gebrochen hatte, nicht im Salon auszustellen. Sein Platz im Vorstand wurde von Franz Skarbina übernommen, der sich der Secession mehr aus Verärgerung über Anton von Werners Verhalten denn aus künstlerischen Gründen angeschlossen hatte.

Engel, der Zweite Sekretär und Protokollführer, und Frenzel repräsentierten das konservative Element in der Leitung. Nach drei Jahren schieden sie zusammen mit vierzehn anderen aus der Secession aus; Engel spielte später eine wichtige Rolle im Verein und leitete den Salon von 1908.[3]

Damals gab Hermann, einer von den beiden anderen Vorstandsmitgliedern, den konventionellen, wenn auch farbigen Realismus auf, in dem er seit zwanzig Jahren gearbeitet hatte; er wurde von van Gogh beeinflußt und begann, pointillistische Landschaften und Stilleben zu malen. Er gehörte zu den ersten deutschen Neoimpressionisten, ohne jedoch jemals zu einem eigenen, unverwechselbaren Stil zu kommen. Klimsch, 1870 geboren, war schon bekannt. Was an seinem Werk am meisten interessiert, ist die psychologische Ausdruckskraft, die einige seiner Skulpturen zeigen. Seine *Salome,* entstanden 1902, behandelt ein Lieblingsthema der damaligen Zeit als Polarität von Unschuld und Verderbtheit, Jugend und Alter, geistiger Gesundheit und Melancholie. Sein Entwurf für ein Denkmal des Wissenschaftlers und liberalen Politikers Rudolf Virchow wurde aufgrund von ungünstigen Berichten ungesehen durch Wilhelm II. verworfen; als Klimsch sich weigerte, seinen Entwurf zu ändern und dem Kaiser die Skizzen vorgelegt wurden, änderte dieser seine Meinung.[4] Klimsch, der bis 1960 lebte, sollte einige seiner besten Arbeiten in der Weimarer Zeit ausführen, obgleich er inzwischen etwas veraltet und zahm erschien, verglichen mit Ernst Barlach, Wilhelm Lehmbruck und anderen Bildhauern der Secession.

Die treibende Kraft der Secession war unstreitig Leistikow, der »Schöpfer und das tätigste Mitglied« der Gruppe.[5] Liebermann schätzte den jüngeren Mann und ließ sich von ihm beeinflussen, obwohl die beiden durchaus nicht immer einer Meinung waren. Leistikow war in viel stärkerem Maße als Liebermann mit dem Herzen bei der Secession; ihr Erfolg bedeutete ihm mehr, wenigstens in den ersten Jahren, und Werner, den Liebermann mit ironischer Geduld behandeln konnte, haßte er.

Leistikows Haltung bei den Unterhandlungen zwischen der Secession und den Institutionen ist nicht eindeutig belegt, aber es gibt Anzeichen, daß er, im Gegensatz zu Liebermann, für einen offenen, totalen Bruch war. Beide Seiten hatten seit Gründung der Secession in ihren Verhandlungen mit dem Verein Zeit zu gewinnen gesucht. Eine Lösung des Konflikts konnte jedoch nicht auf unbestimmte Zeit verschoben werden, denn die Vorbereitungen für den nächsten Salon, der planmäßig im Mai 1899 eröffnen sollte, mußten getroffen werden. Wie in jedem Jahr, seit das Verhältnis zwischen Akademie und Verein 1892 neu gestaltet worden war, wurde im November ein gemeinsamer Ausschuß gebildet, um die Ausstellung des nächsten Jahres vorzubereiten – die Geschäftsführende Kommission der Großen Berliner Kunstausstellung, kurz Ausstellungskommission. Die Gruppe bestand aus einem Regierungsvertreter oder Regierungskommissar (Erich Müller, Leiter der Unterabteilung für Schöne Künste im Kultusministerium, der direkt dem Minister unterstand), mehreren Delegierten von der Düsseldorfer Sektion der Allgemeinen Deutschen Kunstgenossenschaft und je sechs Mitgliedern des Vereins und der Akademie.[6] Den Vorsitz des Komitees hatte der Porträtmaler

Max Koner, Professor an der Hochschule für die bildenden Künste, der bei Hofe in Ungnade gefallen war, weniger aus stilistischen Gründen – er malte wie ein preußischer John Singer Sargent –, sondern wegen seiner eigenwilligen Haltung.[7] Koner war wie Müller erpicht darauf, den Bruch zwischen den Berliner Künstlern zu kitten.[8] Liebermann wurde, neben mehreren Konservativen, von der Akademie in das Komitee gewählt – eine Wahl, die nicht so überraschend ist, wie sie zunächst erscheinen mag.[9] Die Secessionsbewegung, die er leitete, existierte fürs erste fast nur dem Namen nach; ihr Weiterbestehen war durchaus nicht gesichert. Auch sahen viele Mitglieder der Akademie keinen Grund, Liebermanns Bedeutung zu bagatellisieren, die durch seine jüngsten Erfolge in staatlichen Ausstellungen und durch seine Wahl zum Vorsitzenden der Secession offenkundig genug war. Liebermanns Sitz in der Ausstellungskommission ermöglichte es ihm, die zentrale Frage der Teilnahme der Secession am Salon direkt in der Körperschaft zu stellen, die, von ministerieller Billigung abgesehen, die Politik der Ausstellung bestimmte.

Am 20. November unterbreitete Liebermann der Ausstellungskommission namens des Vorstandes der Secession einen Antrag, im Salon von 1899 als Gruppe auszustellen, »in eigenen günstigen Räumen mit eigener Jury und Anordnungs-Kommission«. Hinzugefügt war, »die Mitglieder der Gruppe haben sich gegenseitig verpflichtet, bei Nichtbewilligung der Bitte die Ausstellung nicht zu beschicken«. Ein zweites Memorandum gleichen Datums verwies auf die besonderen Rechte der Düsseldorfer Maler, welche, so hieß es etwas übertrieben, einen Präzedenzfall für den Antrag der Secession darstellten.[10]

Einige Wochen später beriet das Komitee über diesen Antrag, der inzwischen dahin ergänzt worden war, daß nun acht Räume gefordert wurden. In der Diskussion wurde darauf hingewiesen, daß die Secession, gemessen an ihrer geringen Mitgliederzahl, zuviel Platz und auch zuviel Autonomie verlangte; keines der beiden Ansuchen konnte bewilligt werden. Nun beschränkte Liebermann seine Forderungen auf die Konditionen, zu denen die Düsseldorfer ausstellten: Eine Vorjury aus Mitgliedern der Secession, die der Hauptjury Vorschläge unterbreitete, dazu separate Räume und eine eigenverantwortliche Hängekommission. Der Kompromiß wurde mit neun zu sechs Stimmen angenommen; Müller, der Regierungsvertreter, stimmte für die Annahme unter zwei Bedingungen: Die Räume, die der neuen Gruppe zugeteilt wurden, sollten nicht als »Secessions-Säle« bezeichnet werden, und die allgemeine Hängekommission »müsse das Recht behalten auch ihren Einfluß auf die Berliner Secessions-Säle auszuüben, so daß sie sich dem Gesamtcharakter einordnen« – Vorschläge, welche einstimmig angenommen wurden. Dem Kultusminister berichtete Müller, daß Liebermann der anderen Seite auf halbem Weg entgegengekommen sei. Auch hielt er die Leitung des vorigen Salons für nicht unanfechtbar; Liebermann hätte vernünftig gehandelt, und die Mitglieder der Secession wären »zweifellos ausstellungsfähig.«[11] Er empfahl Zustimmung zu dem Kompromiß.

Eine Jury mit begrenzter Vollmacht hätte Leistikow nur widerwillig angenommen und dasselbe galt zweifellos auch für andere Mitglieder der Secession; aber der Kompromiß war von vornherein aussichtslos, weil Anton von Werner ihn ablehnte. Eine separatistische Bewegung offiziell anzuerkennen, erschien ihm verderblich, besonders da in den Reihen der Secession ausgesprochene Gegner des akademischen Stils standen. In Briefen, die in preußischen Zeitungen erschienen, erklärte Werner, daß das Angebot der Secession für die Mehrheit der Berliner eine Ungerechtigkeit darstellte, die der Kaiser niemals dulden würde. Er fragte, aus welchen Gründen Regierung, Akademie und Verein die bevorzugte Behandlung einer Minderheit rechtfertigen könnten. Der Düsseldorfer Verein und die Secession wären nicht zu vergleichen. Einer räumlich entfernten Gruppe sei das Vorrecht einer Vorauswahl wohl zuzugestehen. Die Secession dagegen sei nur ein Teil der Berliner Gruppe, verlange aber dennoch Extrarechte. Der Gewinn einiger prominenter Künstler, die derart ihre Arbeiten in separaten Ausstellungen unter eigener Regie zeigen könnten, rechtfertige die Aufsplitterung der preußischen Künstlerschaft jedenfalls nicht. Sollte es zum Bruch kommen, hätten diejenigen, die es mit der neuen Gruppe hielten, nicht das Recht, Mitglied im Verein oder der Akademie zu bleiben. Werner fragte wiederholt nach den Motiven für den Bruch. Er leugnete, daß der Verein oder der Salon Maler benachteiligt hätte, die zum Impressionismus tendierten, und verwies auf Liebermanns Medaillen und andere Auszeichnungen als Beweis für die Bereitschaft des Staates, gute Arbeit gleich welchen Stils zu ehren. Seine Erklärungen befaßten sich nicht klar und ehrlich mit ästhetischen Problemen, teilweise deshalb, weil er weiterhin vom überlegenen Wert des akademischen Realismus überzeugt blieb. Kaum anfechtbar war aber seine Behauptung, daß nicht jedes Mitglied der Secession von Natur aus anderen Künstlern überlegen sei, und sein Festhalten am demokratischen oder – wie Leistikow es genannt hätte – sozialistischen Prinzip der absoluten Gleichheit zwischen den Mitgliedern von Kunstorganisationen machte seine Argumente für die Öffentlichkeit noch wirkungsvoller.[12]

Werners Behauptungen, die seine Haltung während der monatelangen Verhandlungen und Parteienbildungen erkennen ließen, zeigten deutlich, daß er nur die bedingungslose Kapitulation akzeptieren würde. Sicher erkannte er den Vorteil, die Secession bei der Stange zu halten und so die überkommene Einheit der Berliner Künstler zu gewährleisten, die er selbst mühsam zustande gebracht hatte. Aber seine ästhetischen und politischen Überzeugungen zwangen ihn, Konzessionen an die neue Gruppe abzulehnen; mit Unterstützung des Kaisers setzte er sich über den Wunsch des Kultusministeriums nach einer Einigung hinweg. Das Resultat war, daß die Mitglieder der Secession geschlossen den Verein verließen. Als einige Jahre später der Deutsche Künstlerbund gegründet wurde, schrieb Leistikow: »Die Gründung der Berliner Secession..., und nun heute die Schaffung des Deutschen Künstlerbundes in Weimar haben, wenn man der Sache auf den Grund geht, denselben Schöpfer. Es ist dies der Berliner Akademiedirektor Anton von Werner. Es scheint, als wenn ohne diesen Herrn kein rechter Fortschritt, keine rechte Bewegung im Deutschen Kunstleben möglich ist. Ob er es aus eigener Kraft ermöglicht hat? Wohl schwerlich. – Der bekannte Geist, der stets das Schlechte will und stets das Gute schafft, hat ihm jedenfalls, – gerufen oder nicht, mag dahingestellt sein – mit Rat und Tat geholfen.«[13] Die Regierung zog noch einen weiteren unbeabsichtigten Vorteil aus dem Abzug der Secessionisten. Seit dem Beginn der internationalen Kunstausstellung von 1891 hatten einige konservative Verbände sowie Organisationen, die um die öffentliche Moral besorgt waren, Kritik am jährlichen Salon geübt wegen seiner internationalen Strömungen und wegen der Nachsichtigkeit gegenüber sittlich bedenklicher Kunst. Der Berliner Männerbund zur Bekämpfung der Unsittlichkeit hatte erst kürzlich an Kultusminister Bosse appelliert, schlüpfrige Kunstwerke wenigstens in bestimmte abgelegene Räume zu verbannen, wenn sie schon nicht gänzlich aus dem Salon ausgeschlossen werden konnten, ein Gesuch, welches das Kultusministerium mit bemerkenswerter Höflichkeit zurückgewiesen hatte.[14] Politisch ernster zu nehmen war der Vorwurf, daß einheimische Künstler benachteiligt würden durch die Anwesenheit ausländischer Aussteller, die von Jurys und Hängekommissionen ungerechte Bevorzugung genossen. Dieser Vorwurf verband die bekannte völkische Klage des unbedeutenden Künstlers, der sich seinen Marktanteil erkämpfen mußte, mit einem in bürgerlichen Kreisen immer deutlicher werdenden Mißtrauen gegenüber ausländischem Wettbewerb und verderblichen moralischen Einflüssen. Bald wurde »Französischer Impressionismus« zum Etikett für jedwede unerwünschte ausländische Kunst, die zumeist mit Impressionismus gar nichts zu tun hatte, und seit Mitte der neunziger Jahre wurde dieser Terminus gebraucht, um öffentlichen Widerstand gegen moderne Bestrebungen zu mobilisieren.

Von zahlreichen, manchmal unerwarteten Seiten kam Widerstand gegen »moderne« und »ausländische« Kunst. So veröffentlichte z. B. Maximilian Hardens *Zukunft* einen viel beachteten Angriff auf den Impressionismus und auf internationale Kunstausstellungen in Deutschland; die deutlichsten Zeugnisse dieser Geisteshaltung kamen in den neunziger Jahren jedoch von konservativen und katholischen Gruppen.[15]

»Diese lächerliche Ausländerei«, erklärte der konservative *Reichsbote* 1897, führe nur dazu, die deutsche Kunst und den deutschen Kunstmarkt zu verderben. Die Zeitung geißelte internationale Ausstellungen, die vielen Preise, die an Ausländer fielen, und die Duldung zollfreier Kunstimporte durch die Regierung; sie schloß: »Unsere deutschen reichen gebildeten Kreise müssen es noch viel mehr lernen, daß es für sie eine vaterländische Ehrenpflicht ist, der deutschen Kunst die nötige Gunst zu erwerben, um sie zu großen Leistungen anzuspornen.«[16]

Weder der Kaiser noch das Kultusministerium lehnten ausländische Kunst derart grundsätzlich ab, und der Salon fuhr fort, ausländische Künstler zu Ausstellungen einzuladen; aber die Abweisung der Secession, die die Öffentlichkeit seit ihrer Gründung mit dem Impressionismus gleichsetzte, konnte genutzt werden, um das Interesse der Regierung an dem Wohl der deutschen Kunst zu demonstrieren.

Wenige Monate nachdem sich die Secession aus dem Salon zurückgezogen hatte, demonstrierte ein bürokratischer Epilog den Grad, in welchem sie jetzt von staatlichen Kunstveranstaltungen ausgeschlossen war; er enthüllt auch, wie nachdrücklich der Kaiser und Werner darauf bestanden, den Bruch so scharf wie möglich zu gestalten. Drei Mitglieder der Secession – Liebermann, Frenzel und der Maler Richard Friese – waren Inhaber der großen Goldmedaille und gehörten damit zur Jury des jährlichen Salons. Am 3. März 1899 antwortete Bosse auf eine Anfrage des Chefs des Civil-Cabinetts, Hermann von Lucanus, daß »Vorschläge der Preisjury zu Auszeichnungen von Künstlern, welche der neueren secessionistischen Richtung angehören, nicht zu erwarten« seien, da die Secession sich nicht an der diesjährigen Großen Berliner Kunstausstellung beteiligen werde.[17] Nichtsdestoweniger hätten die drei secessionistischen Träger der großen Goldmedaille weiter der Jury angehören können.

Lucanus konsultierte Werner, der antwortete, daß es unter den gegebenen Umständen folgerichtig wäre, »daß die Inhaber der großen goldenen Medaille unter den Secessionisten... auch nicht berufen sein können, bei der Vertheilung der Medaillen für die Gr. Berliner Kunstausstellung als Preisrichter mitzuwirken. Da die Medaillenertheilung Seiner Majestät des Kaisers Allerhöchsteigener Entschließung vorbehalten ist, so unterliegt auch die Zusammensetzung des Preisgerichts der Allerhöchsten Entscheidung...« – ein Zusammenhang, auf den er Lucanus aufmerksam machen wollte.[18]

Drei Tage später erwiderte Lucanus, daß der Kaiser, nachdem er über die jüngsten Entwicklungen informiert worden war, Werners Ansicht teilte.[19] Das veranlaßte Bosse, dem Kaiser eine etwas defensive Erklärung zu schicken: Er habe den Ausschluß Liebermanns, Frenzels und Frieses nicht vorgeschlagen, da er glaubte, sie würden selbst die Unmöglichkeit erkennen, weiter als Juroren zu wirken. Auch er teilte Werners Ansicht, daß es für sie inkonsequent wäre, in der Jury zu bleiben, aber er bezweifelte, daß es klug wäre, die drei Männer durch eine kaiserliche Verfügung aus der Jury zu entfernen. »In einem großen Theile der Berliner Künstlerschaft herrscht... die Überzeugung, daß die Trennung der Secessionisten von der großen Ausstellung nicht lange dauern würde«; es wäre also geraten, nichts zu tun, um den Konflikt zu verlängern und zu verschärfen. »Ich zweifle nicht, daß wenn durch eine Entscheidung Eurer Majestät der Ausschluß der zur Secession gehörigen Künstler von der Jury... ausdrücklich angeordnet wird, eine solche Maßregel bei den Betheiligten die größte Erregung hervorrufen und sowohl in Künstlerkreisen wie in der Presse viel Staub aufwirbeln würde. Man könnte in der förmlichen Entziehung... dieses Rechtes eine Art persönlicher Degradation ohne die Grundlage unwürdigen Verhaltens finden.« Bosse schloß, daß selbst bei einem Verbleiben in der Jury Liebermann und seine Kollegen immer in der Minderheit wären.[20] Tatsächlich hatten sie nicht die Absicht, an der Jury teilzunehmen, aber der Kaiser ergriff die Gelegenheit, die durch die Spaltung geschaffen worden war, und entfernte sie offiziell, da, wie Lucanus Bosse erklärte, »die der Secession angehörigen drei Inhaber der großen goldenen Medaille nach Allerhöchsteigener Auffassung durch ihre gegensätzliche Stellung zur großen Berliner Kunstausstellung sich selbst von jeglicher Theilname... [an der Jury] ausgeschlossen hätten.«[21]

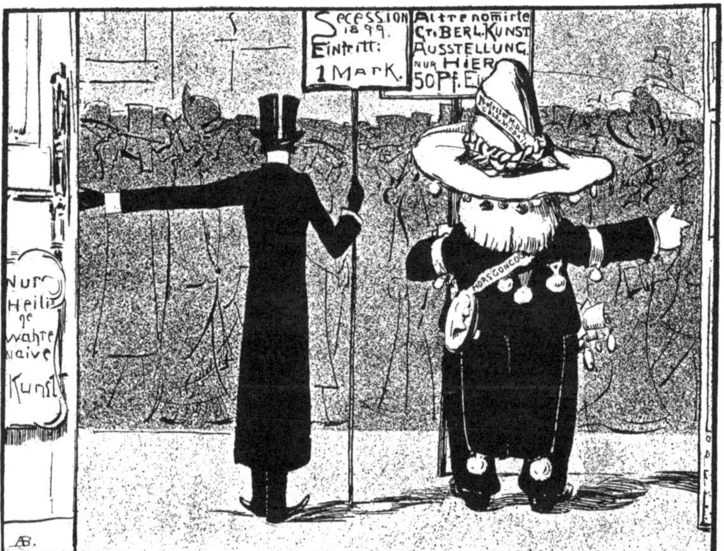

»Die Konkurrenz in der Kunst: Zwei grosse Kunstausstellungen in Berlin zu gleicher Zeit – da wird wohl etwas für die Reklame gethan werden müssen.« *Lustige Blätter,* Bd 14, Heft 18, 1899

II

Nachdem die Verhandlungen zwischen der Secession und dem Salon gegen Ende des Jahres 1898 abbrachen, war es das erste Anliegen Liebermanns und seiner Kollegen im Vorstand, eine eigene Ausstellung zu organisieren. Die Zukunft der Secession hing von einer erfolgreichen Ausstellung ab, und es blieben nur wenige Monate, um sie zustande zu bringen; denn diese Ausstellung mußte wenigstens ungefähr gleichzeitig mit dem den Mitgliedern der Secession verschlossenen Salon stattfinden: »Wenn wir nicht... versuchen, jetzt gleich in diesem Sommer eine Ausstellung zu machen«, erklärte Frenzel auf einer Vorstandssitzung im Februar, *»dann sind wir künstlerisch pleite«* – eine Feststellung, die im Protokoll unterstrichen ist.[22]

Der Vorstand war sich des eigenen Gefolges nicht sicher. Auf derselben Sitzung wurde die Frage gestellt, ob das finanzielle Risiko, eine Galerie zu bauen, tragbar wäre, »wo man doch nicht gewiß ist, ob die Mitglieder der Secession bei der Stange bleiben«.

Die Bemühungen des Vorstandes, die Ausstellung zustande zu bringen, welche zeigen, wie die neue Gruppe lernte, sich auf gemeinsame Unternehmungen einzustellen, sind es wert, im einzelnen verfolgt zu werden.

Von Anfang an glaubte der Vorstand, die Secession könne nicht auf eigenen Füßen stehen, sondern brauche Unterstützung von außen. Er forderte andere Organisationen auf, sich seinem Boykott des Salons anzuschließen; dabei gewann er einen seiner Ansicht nach bedeutenden Sieg: Die Luitpold-Gruppe, eine der Splittergruppen, in die sich die Münchner Secession aufgespalten hatte, wies eine Einladung der Berliner Ausstellungskommission zurück und beschloß, statt dessen bei der Secession auszustellen.[23] Die Solidarität mit anderen Bewegungen schien dem Vorstand so wichtig, daß er Künstlern in Karlsruhe und Dresden Platz in der einstweilen noch gar nicht existierenden Galerie versprach, obgleich das auf Kosten der eigenen Mitglieder ging.[24] Am 10. März schloß sich die Berliner Secession dem Protest der Münchener Gruppe der Kunstgenossenschaft und zwei secessionistischer Gruppen in München an, der sich gegen die Angriffe auf den Architekten Paul Wallot in der Reichstagssitzung vom 1. März richtete.[25]

Wallots Zeichnungen und Dekorationen im Reichstagsgebäude hatten einige Reichstagsmitglieder zu der Forderung veranlaßt, ihn durch einen anderen Architekten zu ersetzen. Es war dies die erste einer ganzen Reihe von Gelegenheiten, bei denen sich die Berliner Secession nicht gegen Kaiser und Bürokratie stellte, sondern gegen die Kunstvorstellungen des Volkes und seiner gewählten oder selbsternannten Stellvertreter.

Zu der Zeit jedoch überschattete das Problem der dringend benötigten Galerie alles andere. Um Zeit und Geld zu sparen, hoffte der Vorstand, geeignete Räume mieten oder ein Gebäude umbauen zu können. Als die Suche nach einer Galerie oder möglichen Galerie von ausreichender Größe und Eignung erfolglos blieb, beschloß man widerwillig zu bauen. Die nötigen Geldmittel aufzutreiben wurde zeitweilig zur Hauptaufgabe des Vorstands. Liebermann, der wohlhabendste Angehörige desselben, drohte, überhaupt kein Geld zu geben, wenn nicht jeder in der Secession wenigstens eine kleine Summe beitrüge; er wollte den Vorwurf vermeiden, die Secession zu seinem persönlichen Spielzeug zu machen.[26] Man beschloß, die Mitglieder um Unterstützung anzugehen, aber auch außenstehende Geldgeber für auf fünf Jahre befristete Anleihen zu gewinnen. Am 16. Februar waren 10000 Mark von Liebermann, Leistikow und einigen Freunden als Sicherheit hinterlegt worden. Einen Monat später hatte sich die Summe auf 57000 Mark erhöht, etwa zwei Drittel der geschätzten Kosten für den Bau und die Ausstattung einer Galerie, die groß genug wäre, um mehrere hundert Werke auszustellen.[27] Schließlich zeigte sich, daß die Kosten bei annähernd 120000 Mark lagen, welche bis Mitte des Jahres aufgebracht wurden. Eine vollständige Liste der Stifter ist nicht erhalten, aber zu ihnen gehörten Walther Rathenau, Richard Israel und die Bankiers Julius Stern und Carl Fürstenberg, und es kann jedenfalls angenommen werden, daß die jüdische Beteiligung bedeutend war. Hugo von Tschudi, der Direktor der Nationalgalerie, half, reiche Förderer für das Projekt zu interessieren, und mag selbst Geld gegeben haben; wodurch er Wilhelm II. noch mehr gegen sich aufbrachte.[28]

Der Vorstand fand eine günstig gelegene Gartenparzelle neben einem Theater in der Kantstraße, dem sich entwickelnden Gebiet nördlich des Kurfürstendamms. Der Besitzer des Theaters hatte den Garten gepachtet, und eine Zeitlang schien er bereit, eine Partnerschaft mit der Secession einzugehen, um die Galerie zu bauen und zu leiten, aber eine Vereinbarung kam nicht zustande. Die Möglichkeit, daß die Secession die Galerie in eigener

Regie bauen und leiten könnte, wurde erwogen und wieder verworfen, weil »ein eigenes Unternehmen für uns zuviel Verwaltungskosten verursacht... Es wird noch konstatiert«, schließt der Sitzungsbericht, »daß falls unser Hausbau nicht zustande kommt, große Gefahr vorhanden ist, daß sich die Secession auflöst. Denn die Idealisten unter den Mitgliedern, welche... dann im nächsten Jahre wacker weiterkämpfen würden, sind gering genug an der Zahl.«[29]

In der letzten Februarwoche war die Angelegenheit zum Stillstand gekommen. Am 25. besuchte der Vorstand, auf Anregung von Liebermann und Leistikow, die Vettern Bruno und Paul Cassirer in ihrer kürzlich eröffneten Galerie, um sich über etwa mögliche Grundstücke für das Gebäude zu informieren. Im Verlauf der Unterhaltung deuteten die Vettern an, daß sie bereit sein könnten, die Verwaltung der Secession zu übernehmen. Nachdem diese Schwierigkeit anscheinend gelöst war, stimmte der Vorstand bei einem zweiten Treffen mit den Cassirers Liebermanns Vorschlag zu, nicht länger nach einem finanziellen Partner zu suchen, sondern einen Verwalter zu ernennen, der die Ausstellungen und Verkäufe leitete, und selbst die Galerie zu bauen, wenn möglich auf dem Gelände in der Kantstraße.[30] Das Abkommen mit den Cassirers brachte die Secession in Verbindung mit zwei Männern, von denen jeder auf seine Art die Bewegung während ihres Bestehens beeinflussen sollte. Die Cassirers gehörten zu einer jüdischen Familie aus Breslau, die nach den Emanzipationsedikten zu Beginn des neunzehnten Jahrhunderts schnell assimiliert worden war. Die Cassirers waren durch Holzhandel, durch Maschinenbau und durch die Herstellung von Kupfer- und Stahlkabeln wohlhabend geworden. Einige Familienmitglieder hatten Christen geheiratet; insgesamt aber zeichnete sich die Familie eher durch eine ungewöhnlich große Zahl von Verbindungen zwischen ihren verschiedenen Zweigen aus.

Bruno Cassirer heiratete seine Cousine ersten Grades, die Schwester von Paul Cassirer. Ein anderer Vetter, der Philosoph Ernst Cassirer, heiratete seine eigene Cousine ersten Grades, genauso wie Paul Cassirers Bruder, der Neurologe Richard Cassirer; Ernst Cassirers Eltern waren selbst Vetter und Cousine ersten Grades gewesen. Diese und ähnliche Verbindungen gaben der Generation, die in den neunziger Jahren in die Kunstwelt und in akademische Berufe eintrat, einen ausgeprägten Familienstil, der, einem Beobachter zufolge, aus einer Mischung von intellektueller Unabhängigkeit und exzentrischem Eigensinn bestand, wozu auch die Verachtung für bourgeoise Dünkel und Ängste gehörte, die sie vor allem in der Person des Kaisers verkörpert sahen.

Bruno Cassirer wurde 1872 geboren. Nach dem Besuch von Kunstschulen und dem Studium der Kunstgeschichte in Berlin und München eröffnete er 1898 eine Galerie und einen Verlag zusammen mit seinem etwas älteren Vetter Paul.[31] Die Galerie, in der Viktoriastraße an der Südgrenze des Tiergartens gelegen, wurde von Henry van de Velde als seine erste Auftragsarbeit in Berlin eingerichtet und möbliert. In seiner ziemlich überschwenglichen Besprechung der frühen Ausstellungen der Galerie lobte der junge Rainer Maria Rilke die ungewöhnliche Atmosphäre. Das Lesezimmer, schrieb er, enthält nichts Lautes: »Alles will Hintergrund einer guten ruhigen Stunde sein... Wenn man an dem langen Lesetisch lehnt, über das Böcklinwerk geneigt oder einen Band Goncourt in den Händen, empfindet man, wunschlos, das Wohltun dieses wohnlichen Ortes und nimmt es an, ohne hinzudenken und fast ohne Dank.« Die erste Ausstellung der Galerie zeigte Werke von Degas, Meunier und Liebermann, je in einem Raum. »Neben diesem blindvertrauenden Malergefühl Degas'«, bemerkt Rilke, »sah Max Liebermann fast wie ein Versuchender aus. Er scheint über die elegante Nachlässigkeit seiner Meisterskizzen hinauszuwachsen, zu einem glänzenden, sehr wörtlich gefaßten Impressionismus hin, der sich flächenhaft in der verschwenderischen Farbe entfaltet.«[32] Andere Ausstellungen von modernen deutschen und ausländischen Künstlern folgten, immer mit ungewöhnlicher Sorgfalt zusammengestellt und angeordnet. Ihr Erfolg bewies, daß die Galerie eine Lücke füllte, obwohl sie nicht die einzige in Berlin war, wo man moderne Kunst sehen und kaufen konnte. Fritz Gurlitt, aus einer Familie, die seit Generationen eine Rolle im deutschen Kunstleben spielte, bot Werke von deutschen Malern wie Arnold Böcklin, Anselm Feuerbach und Wilhelm Leibl an; gelegentlich hatte er auch einen französischen Impressionisten in seiner Galerie in der Potsdamer Straße. In derselben Straße lag gegenüber die Galerie Keller und Reiner; sie war dem Beispiel der Cassirers gefolgt und hatte im Herbst 1898 van de Velde mit dem Entwurf eines ihrer Räume beauftragt. Keller und Reiner zeigten Gemälde von Leistikow und anderen Secessionsmitgliedern, und im November brachten sie eine Ausstellung

Die Berliner Kunst-Salons. Oben rechts der Salon Cassirer. »Devise: Durch Manet und Monet zu money.« *Lustige Blätter,* Bd 14, Heft 12, 1899

Titel der Zeitschrift *Moderne Kunst*, 1897

der Neoimpressionisten. Ein Freund von Liebermann, Hermann Pächter, bot hin und wieder einige Bilder französischer Impressionisten zum Verkauf an. Die Galerie Schulte, bis vor kurzem die Heimat der Elf, zeigte auch weiterhin einige moderne Arbeiten,

Titel der Zeitschrift *Kunst und Künstler,* 1902

obglcich sie im allgemeinen konservativ blieb. Wenn die Cassirers eine direktere und bleibendere Wirkung hatten, so vielleicht, weil sie jede Ausstellung als ein einheitliches Ganzes planten, in welchem sie thematische, psychologische und historische Bezüge zwischen den Arbeiten verschiedener Künstler und Schulen aufzuzeigen versuchten, anstatt nur ein paar moderne Gemälde einzeln zwischen konventionelle und leicht verkäufliche Bilder zu verteilen.[33] Die Freundschaft mit Leistikow und Liebermann förderte ihr Konzept; beide Künstler halfen bei der Ausstellungsplanung und liehen ihnen Werke, die etwa zur Abrundung einer Ausstellung gebraucht wurden. Die Verbindung der Galerie mit einem Verlag war ein weiterer Grund für den Erfolg. 1901 hatten die Cassirers Bücher von drei der einflußreichsten Museumsdirektoren in Deutschland herausgegeben: Wilhelm Bode, Alfred Lichtwark und Hugo von Tschudi. Unter den anderen Büchern befanden sich eine Broschüre über Degas von Liebermann sowie van de Veldes programmatische Studie über die moderne Renaissance der Innendekoration. Schließlich gab den Vettern ihre Verbindung mit der Secession eine Schlüsselstellung in der Bewegung der modernen Kunst in Berlin.

Die Kenntnisse und Beziehungen, die aus diesen miteinander verflochtenen Tätigkeiten den Cassirers zuwuchsen, gingen weit hinaus über diejenigen, die man bei einem Kunsthändler der herkömmlichen Art, der sich mehr als Geschäftsmann mit kulturellen Neigungen denn als Vorkämpfer für ein ästhetisches Programm sah, voraussetzen durfte. Obgleich ihr Unternehmen ein kultureller, wenn auch kein finanzieller Erfolg war, waren die Vettern doch zu eigensinnig, um lange Zeit zusammenzuarbeiten. Im August 1901 lösten sie ihre Partnerschaft. Der Verlag wurde Bruno Cassirers alleiniges Eigentum; sein Cousin übernahm die Galerie, verpflichtete sich, für sieben Jahre nicht ins Verlagswesen zurückzukehren, und blieb der einzige Geschäftsführer der Secession. Damit endete Bruno Cassirers direkte Verbindung mit der Secession, doch unterstützte er sie weiterhin, am wirksamsten wohl durch die 1902 von ihm gegründete Zeitschrift *Kunst und Künstler,* einer sorgfältiger edierten und besser gestalteten Nachfolgerin des *Pan*; zunächst unter Emil Heilbuts Schriftleitung, dann unter Karl Scheffler, entwickelte *Kunst und Künstler* sich bald zu Deutschlands führender Kunstzeitschrift und blieb eine stets freundliche, wenn auch nicht unkritische Beobachterin der Secession.[34]

Der von Jahr zu Jahr gewichtiger werdende Katalog der Firmen Bruno Cassirers enthielt viele der bedeutendsten Bücher, die in jenen Jahren zur Kunst, Kunstgeschichte und Ästhetik veröffentlicht wurden. Ein weiteres besonderes Interesse des Verlages galt dem illustrierten Buch, das Künstlern von Slevogt bis Grosz vielfältige Möglichkeiten bot. Der Verlag war ein Pionier der modernen Buchgestaltung, ein Gebiet, das Cassirer sehr wichtig war. Wir müssen das Vorurteil überwinden, schrieb er in einer charakteristischen Textstelle, »als ob nur der an englischer Tradition geschulte Buchgewerbe-Künstler zur Mitarbeit am (illustrierten) Buch berufen sei. Die tödliche Sterilität dieser Leistungen« (die Rede ist von denjenigen des William Morris und seiner Schule) »hätte schon an sich bedenklich stimmen müssen. Wo legt man sonst an Kunstleistungen den Maßstab der Korrektheit, Sauberkeit, des gut sich Einfügens an!«[35]

Er faßte die Buchkunst als Kunst auf. Die ideale Buchgestaltung brachte ihm zufolge die Integration von Bild und Wort durch Illustrationen, Typographie und andere Gestaltungselemente zustande, die dem Text nicht diskret untergeordnet waren, sondern gleichbedeutend in ihrem Anspruch. Diese Vorstellung beeinflußte das Erscheinungsbild aller Werke, die in seinem Verlag erschienen: Die Kant-Edition seines Cousins Ernst Cassirer, die er zwischen 1912 und 1918 gestaltete und veröffentlichte, gehört sicher zu den schönsten Büchern der Wilhelminischen Ära, obwohl der Verleger, wie Ernst Cassirer später bemerkte, der Philosophie niemals ganz ihre selbstgenügsame Unabhängigkeit von Illustrationen verzeihen könne.[36]

Nach dem ersten Weltkrieg nahm der Anteil an Literatur in Cassirers Katalog zu, während der Anteil der Kunstbücher zurückging. Der Wechsel war teilweise bedingt durch seine mangelnde Begeisterung für den Expressionismus und andere Stilrichtungen, die dem Impressionismus folgten, eine Haltung, die er mit seinem engsten künstlerischen Berater, Karl Scheffler, teilte. In den zwanziger Jahren wurde *Kunst und Künstler* zunehmend konservativ; trotz einiger unternehmender Titel noch in seinen letzten Katalogen nahm auch der Verlag in den letzten fünfzehn Jahren seines Bestehens – Cassirer emigrierte 1938 nach England – einen vornehmen, aber etwas altmodischen, der Tradition verpflichteten Charakter an. Cassirer war beunruhigt durch den verstärkten Gegensatz zwischen kulturellen Werten und dem modernen Leben, und einige der Bücher, die er Ende der zwanziger und Anfang der dreißiger Jahre veröffentlichte, beschäftigten sich mit dem sozialen und psychologischen Elend der Zeit. Aber er hatte keinen Instinkt für Politik, und so war dieser Teil seines Programms ziellos

Titel von Lovis Corinths ›Legenden aus dem Künstlerleben‹, 1908

und nicht überzeugend: Er war weder Revolutionär noch Reformer, sondern ein Neuerer auf einem beschränkten Gebiet der hohen Kultur, stets angewiesen auf das gebildete Großbürgertum, dem er sich nach Herkunft und Neigung bei aller Eigenwilligkeit so eng verbunden fühlte, daß ihm das Ausmaß des Niedergangs dieser Schicht lange verborgen blieb. Er bewirtschaftete erfolgreich das Gut in der Mark, das er von seinem Vater geerbt hatte, und jahrelang war er Präsident der Deutschen Trabrenn-Vereinigung; sein Stall gewann achtmal das deutsche Derby.

In diesen Eigenschaften wie auch in den meisten anderen unterschied er sich von seinem Vetter Paul. Beide teilten die Liebe zu Kunst und Literatur, der sie sich mit ihrem an internationalen Vorbildern geschulten Geschmack näherten, und sie besaßen die gleiche Zähigkeit. Aber Bruno Cassirer blieb weit eher der deutsche Verleger als sein früherer Partner, der lange Zeit im Ausland verbrachte und der die sozialen und ideologischen Entwicklungen im Kaiserreich mit beträchtlicher Skepsis beobachtete.

Ihre Persönlichkeiten waren ebenso gegensätzlich. Bruno Cassirer war reserviert, pragmatisch, konnte sich schwer entscheiden und, wenn er es einmal getan hatte, »hatte er nicht die Gabe, etwas laufen zu lassen«; sein Cousin war impulsiv, »immer bewegt und bewegend«, bekannt für seine brillante Beredsamkeit, mit einem spekulativen Verstand begabt, der niemals seinen spielerischen experimentellen Charakter verlor.[37] Scheffler, der ihn nicht mochte, aber seine Begabungen anerkannte, nannte Paul Cassirer »einen der verwegensten Vorurteilslosen der Zeit«. Paul Cassirer wiederum spottete über Scheffler als den Parzival des Impressionismus, der seine Tugend von jedem Maler nach 1900 bedroht glaubte.[38] Wie sein Vetter Bruno war auch Paul Cassirer in seiner Jugend ein Amateurmaler, aber er wandte sich schon früh der Literatur zu. Im Alter von 23 Jahren, 1894, veröffentlichte er seine ersten Schriften, ein Prosagedicht in Stefan Georges Zeitschrift *Blätter für die Kunst* und ein naturalistisches Drama, *Fritz Reiner,* dessen Held ein begabter Maler ist, der aber als Mensch scheitert.[39] Im folgenden Jahr erschien die Novelle *Josef Geiger,* eine Studie über Künstler und Mitläufer der Münchener Bohème, die er als »seltsame Mischung von Bierphilistern und Dekadents« beschreibt.[40] Der Verleger der Novelle war Albert Langen, der gerade das satirische Journal *Simplicissimus* gegründet hatte, das Cassirer mitedierte.

Cassirers Novelle und Drama stehen beide über dem bei der literarischen Behandlung von Kunst und Künstlern damals gewöhnlich erreichten Niveau. Unzulänglich mutet die darin gebotene Interpretation psychologischer Motive an; aber der Leser findet genügend präzise Angaben in deren Zusammensetzung, um selbst bei ihrer Analyse weitergehen zu können als der Autor. Sie sind das Werk eines genauen Beobachters, der Ideen und Verhaltensweisen mit einem dramatischen Realismus schildert, den weder Sentimentalität noch modische Vermutungen mildern. Die zentrale Figur in *Fritz Reiner* ist ein Impressionist, aber er wird uns nicht als kulturelle Heldenfigur präsentiert. Im Gegenteil, er fragt sich, ob der Impressionismus »die wahre echte Kunst (...) die einzige Kunst« darstellt, und er erwägt die Möglichkeit, daß auch er sich eines Tages wieder der Darstellung von Kostümstücken und Historienbildern zuwenden könnte: »Als Cornelius auftrat, da trompeteten sie auch ›das Heil ist da, das Heil, das Heil, das Heil ist da.‹ ... Und jetzt? Wir halten es für eine Verirrung, für einen Rückschritt. Der Impressionismus ist vielleicht auch ein Rückschritt.« Indem er Reiner als Sprachrohr benutzt, verspottet der Autor den messianischen Anspruch einiger Künstler, bemerkt, wie seltsam es ist, daß »wir Künstler immer das Glück haben, so interessante Menschen kennenzulernen«, macht die Vergabe von Medaillen und akademischen Titeln an Künstler lächerlich und lästert die Begierde der Künstler nach diesen Auszeichnungen. »Uns macht man zum Professor, (mit Haß) um uns zu ehren. – Wenn man uns ehren will, stellt man uns den Gelehrten gleich – die heißen auch Professor, und wir lassen uns das gefallen ... Menschenskind, siehst du denn das nicht ein, was darin für eine Beleidigung liegt! Wir sind doch keine Gelehrten, wir sind doch Künstler. Denk dir bloß mal Professor Michel-Angelo.«[41]

Novelle und Drama konnten ihren Autor nicht zufriedenstellen. Er sah sich nach einer anderen Tätigkeit um, die sowohl seinem Interesse für Kunst wie auch für Literatur entsprach, und schien seine Berufung als Kunsthändler und Verleger gefunden zu haben. Später wurde deutlich, daß ihm die Rolle eines Mittelsmannes nie ganz entsprochen hatte. In seinen Erinnerungen meint Scheffler, daß Cassirers Talente ihn zu einem zweiten Lichtwark oder Tschudi bestimmt hätten; und tatsächlich hätte die Position eines Museumsdirektors mit genügend Muße zum Schreiben von wissenschaftlichen und kritischen Artikeln am besten zu ihm gepaßt. Doch sein Temperament und die Natur der preußischen Bürokratie hätten es ihm niemals erlaubt, eine höhere Stellung in der Museumsbürokratie zu erreichen. Deshalb war seine »ungewöhnliche Energie« nach Schefflers Worten »verdammt, nur mittelbar schöpferisch zu sein, Paul Cassirer konnte bestenfalls wirken wie

(Im Tone Alfred Momberts)

Es geht ein Mohr in der sengenden Sonne
Mit seinen Gedanken allein und seinem Schirm
Er schreitet vorbei schwarz, ganz schwarz
An Blumen, Blumen, ganz bunten Blumen
Was

Aus dem ›Secessionistischen Struwelpeter‹ von W. A. Wellner. *Lustige Blätter.* Bd 16, Heft 16, 1901

ein Galerieleiter, wie ein Verleger oder ein Theaterdirektor: durch die Begabung anderer.«[42]

Cassirer begnügte sich niemals ganz mit Schefflers mittelbarer Kreativität. Obwohl er seinen literarischen Ehrgeiz aufgab, fuhr er fort, sich gelegentlich literarisch zu äußern – so verfaßte er eine Rede über Ruisdael (für eine Arbeitsgemeinschaft, die mit seiner Galerie verbunden war), einige im Privatdruck erschienene Kurzgeschichten, und, in späteren Jahren, wirkungsvolle Artikel zur Verteidigung moderner Kunst.[43] Doch der Schwerpunkt seiner Aktivitäten lag jetzt anderswo, in seiner Galerie, und als er sich 1908 gemäß seiner Abmachung mit Bruno Cassirer diesem Gebiet wieder zuwenden konnte, auch in seinem Verlag. Zu den ersten Autoren des neuen Paul-Cassirer-Verlages gehörten Kunsthistoriker und Kritiker ebenso wie die avantgardistischen Schriftsteller Heinrich Mann und René Schickele. Bald darauf gründete er eine eigene Presse für Grafik und Luxusausgaben, die er *Pan Presse* nannte, ein Unternehmen, das jahrelang mit Verlust betrieben wurde, dessen Bücher und Mappen jedoch dem hohen Standard entsprachen, den der Verlag seines Vetters, der Bruno-Cassirer-Verlag, gesetzt hatte. Auch das Verlagshaus und die *Pan Presse* gingen schließlich eine enge, wenn auch nie rechtlich festgelegte Verbindung mit der Berliner Secession ein.[44]

In Anbetracht ihrer Persönlichkeiten und Neigungen überrascht es nicht, daß Bruno und Paul Cassirer mehr als ein gewöhnliches Geschäftsverhältnis beabsichtigen, als sie sich im Februar 1899 erboten, Manager der Secession zu werden. Kunstorganisationen, ob etabliert oder secessionistisch, pflegten einen Geschäftsmann zu beauftragen, Miete und Steuern zu zahlen, die Bücher zu führen und mit Kunden zu verhandeln; er war im wesentlichen ein Angestellter, auch wenn sein Gehalt gänzlich aus seinem Anteil am Verkaufserlös von Kunstwerken, Katalogen und Eintrittskarten bestehen konnte. Die Münchner Secession hatte ihrem Geschäftsführer, einem bekannten Rechtsanwalt, auch eine beratende Funktion bei ihrer Führung zugestanden; er nahm an der Ausstellungsplanung und ähnlichen Dingen teil. Als die Berliner Secession gegründet wurde, boten mehrere Vorstandsmitglieder Georg Malkowsky, dem Verleger der Kunstzeitschrift *Deutsche Kunst,* unklugerweise den Posten des Geschäftsführers an. Als Vergütung verlangte er eine beträchtliche Provision von allen Verkäufen, einen Vertrag über den Druck der

Ausstellungskataloge und andere Rechte – darunter auch das Recht, *Deutsche Kunst* zum offiziellen Journal der Bewegung zu machen und alle anderen Publikationen – außer *Deutsche Kunst* und den Katalog – vom Verkauf in der Secessionsgalerie auszuschließen. Monatelange Verhandlungen waren erforderlich, um die Secession von einer Vereinbarung freizumachen, die sie zum Anhängsel einer unbedeutenden Zeitschrift gemacht hätte und die Malkowsky weitaus größere finanzielle Vorteile gebracht hätte als den Mitgliedern.[45] Bruno und Paul Cassirer erwarteten dagegen von der Secession keine wirtschaftliche Unterstützung. Ihre einzige finanzielle Forderung war eine fünfprozentige Verkaufsprovision zur Deckung ihrer Auslagen, die auch das Gehalt eines Buchhalters und einer Sekretärin einschlossen. Statt den Verkauf von Publikationen einzuschränken, drängten sie die Secession, so viele gute deutsche und ausländische Kunstzeitschriften wie möglich auszulegen, und sie waren einverstanden, den Druck des Katalogs anderen zu überlassen (sogar Malkowsky), obwohl er schließlich »im Auftrage der Berliner Secession« in ihrem Verlag erschien.[46] Was sie wollten, war, an der Leitung beteiligt zu werden. Sie verlangten Sitze im Vorstand, ohne Stimmrecht, aber mit dem Recht, in allen Angelegenheiten beratend mitzuwirken, auch bei der Auswahl von Gemälden.

Etwas zurückhaltend willigte der Vorstand ein, den Cassirers eine derjenigen des Hofrats Adolf Paulus in München vergleichbare Autorität zuzubilligen, die nicht näher bestimmt war, sie jedoch nicht berechtigte, an den Entscheidungen der Jury mitzuwirken und sie von den Abstimmungen des Vorstands ausschloß.[47]

Dieses Angebot befriedigte die Cassirers nicht. Nach einer Beratung mit Liebermann und Leistikow, ihren stärksten Anhängern, erhöhten sie ihre Forderungen: Mitgliedschaft im Vorstand, mit einer Stimme für beide; den Titel »Sekretär der Berliner Secession« – unterschieden von Leistikows Titel »Schriftführer« – in welcher Eigenschaft sie offizielle Korrespondenz gegenzeichnen würden. Weiter »wollten sie auf das Recht zu jurieren keineswegs verzichten«; andererseits waren sie willens, bei Verkäufen unter 50000 Mark, zugunsten einer kleinen, regelmäßigen Zahlung für laufende Kosten, auf ihre Provision zu verzichten.[48]

Das Protokoll der Sitzung vom 6. März faßt die »lebhafte Debatte« des Vorstandes über diese Forderungen zusammen:

»Leistikow erklärt ganz entschieden, daß er absolut für Annahme dieser Bedingungen ist. Liebermann sagt, daß er alles versucht hat, die Herren in ihren Forderungen bescheidener zu machen; da sie nicht davon abgingen, sei er auch für die Annahme. Dagegen betonen Frenzel, Engel, Hermann u. Klimsch, daß es zwar sehr gut wäre, wenn Cassirers Geschäftsführer würden, daß diese Forderungen jedoch vom Vorstand allein nicht bewilligt werden können, weil sie gegen die Satzungen verstießen (welche Stimmrecht und Jurymitgliedschaft den ordentlichen Mitgliedern vorbehielten, die ausnahmslos Künstler waren).« Der Vorstand erklärte sich bereit, eine Generalversammlung einzuberufen und allen Mitgliedern die Anträge zu unterbreiten; Leistikows Vorschlag, daß der Vorstand zurücktreten solle, falls die Mitglieder gegen seine Empfehlung stimmten, wurde abgelehnt.[49]

Sobald sich der Vorstand vertagt hatte, trafen sich seine beiden konservativen Mitglieder, Frenzel und Engel, mit einem stellvertretenden Vorstandsmitglied, dem Maler Willi Döring, der die Secession einige Jahre später verließ. Die drei beschlossen, daß die Forderung der Vettern – praktisch wie Künstler und ordentliche Mitglieder behandelt zu werden – unannehmbar wäre und der Vollversammlung nicht vorgelegt werden sollte; sie glaubten, daß durch diese Forderung »eine Spaltung eintreten kann, welche jetzt unendlich störend wäre. Welch ein Schaden würde es für uns sein, wenn der Bau (der Galerie) beginnt, und durch Austrittserklärungen usw. der Credit der Secession, der Glauben an ihre Haltbarkeit und Solidarität verlorengeht.«[50]

Infolgedessen schwächten die Vettern ihre Forderung ab, und ein Kompromiß wurde erzielt. Am 10. März bot man Bruno und Paul Cassirer an, »Sekretäre der Berliner Secession« zu werden, »mit den Rechten wie sie Hofrat Paulus in der Münchner Secession innehat: Sitz und berathende Stimme in den Versammlungen der Berliner Secession und den Sitzungen des Vorstands«[51]; dieses Angebot wurde angenommen. Tatsächlich erhielten die Sekretäre weit mehr Rechte. Die Protokolle verzeichnen neben anderen Rechten auch: »Der Name der Herren Cassirer wird z. B. auf der Einladung zur Beschickung der Ausstellung in der Reihe der Namen der Ausstellungsleitung stehen«; von Anfang an wiesen die Kataloge sie als Mitglieder des Ausstellungsausschusses aus, was für ihren Münchener Kollegen nicht zutraf. Sie nahmen auch bei der Auswahl und Hängung der Bilder teil, was es bei den

Ausstellungs-Leitung:

Max Liebermann
I. Vorsitzender

Ludwig von Hofmann
II. Vorsitzender

Walter Leistikow
I. Schriftführer

Louis Corinth
II. Schriftführer

Max Slevogt

Fritz Klimsch

August Gaul

Paul Cassirer
Sekretär.

Eintrittspreise:

1. **Tageskarten** für einmaligen Besuch . . . M. 1.—
   Sonntags . . . . „ 0,50

2. **Dauerkarten**, giltig für die Dauer der Ausstellung (auf Namen lautend, nicht übertragbar) . . . . „ 3,—

Die Ausstellung ist täglich geöffnet von **9—7 Uhr**, Sonntags von **10—7 Uhr.**

Ausstellungsleitung der Fünften Kunstausstellung der ›Berliner Secession‹, 1902

Jurys der Akademie, des Vereins Berliner Künstler und dem jährlichen Salon nicht gegeben hatte. Die offiziellen und inoffiziellen Vereinbarungen brachten die zwei Männer in die Spitze einer Bewegung, die bis auf sie selbst nur aus ausübenden Künstlern bestand; zugleich bildeten sie die Grundlage für Paul Cassirers Wahl zum Präsidenten der Secession, die zehn Jahre später erfolgte.

Die erste Aufgabe der Cassirers war es, den Bau der Galerie voranzutreiben. Der Platz in der Kantstraße war dafür sehr günstig gelegen, und der Pächter bot ihn zu mäßigen Bedingungen an; ein Teil des Geländes gehörte jedoch der Stadt Charlottenburg, einer der acht Städte, die sich bald zu Groß-Berlin vereinigen sollten. Charlottenburg beabsichtigte, das in Privatbesitz befindliche Gelände zu kaufen, wenn die Pacht 1906 ausliefe; man wollte es mit städtischem Land zu einem öffentlichen Platz zusammenlegen. Bis dahin war die Stadt höchstens zur Erteilung einer Baugenehmigung für ein provisorisches Gebäude bereit, und der Stadtbevollmächtigte fürchtete, daß selbst dieser Schritt die Kosten für die Stadt erhöhen würde, wenn sie das Land durch Enteignung erwürbe. Am 13. März wurde der Vorstand davon unterrichtet, daß Bürgermeister und Syndikus den Bau der Galerie nicht erlauben würden.[52] Durch einen glücklichen Zufall war ein Onkel der Cassirers, Max Cassirer, Mitglied des Stadtrates; seine Neffen interessierten ihn für den Plan der Secession, und bei einer Ratsversammlung am 16. März konnte er die Entscheidung rückgängig machen. Wenn man mit dem Bau sofort begann, konnte die Galerie noch Mitte Mai fertiggestellt sein und zur selben Zeit wie der Salon öffnen, doch neue Hindernisse tauchten auf. Die Baupolizei weigerte sich, selbst eine provisorische Genehmigung vor dem 30. März als frühestmöglichem Termin zu erteilen, und verwies auf »prinzipielle Schwierigkeiten... welche darauf schließen lassen, daß von gewisser Seite gegen unser Unternehmen agiert wird.«[53] Max Cassirer intervenierte noch einmal, und gemeinsam mit anderen liberalen Ratsmitgliedern veranlaßte er den Inspektor, die Baugenehmigung zu erteilen.[54] Um den Baumbestand des Platzes vorteilhaft zu nutzen, entwarf der Architekt Hans Griesebach eine asymmetrische weiße Stuckkonstruktion, einen gedrungenen Turm für die Verwaltungsräume und sechs Säle, die 330 Gemälde, Zeichnungen und Lithografien sowie 50 Plastiken aufnehmen konnten. Lovis Corinth nannte es ein »possierliches kleines Haus, das allen Vorübergehenden ein komisches Lächeln abgewann.« Der Bauunternehmer war mit seiner Arbeit am 19. Mai fertig; einen Tag später öffnete die Galerie für das Publikum; die Wände waren noch so feucht, daß die Bilder »jeden Abend abgehängt und jeden Morgen neu aufgehängt werden mußten.«[55]

Grundriß des Ausstellungshauses der ›Berliner Secession‹ in der Kantstraße

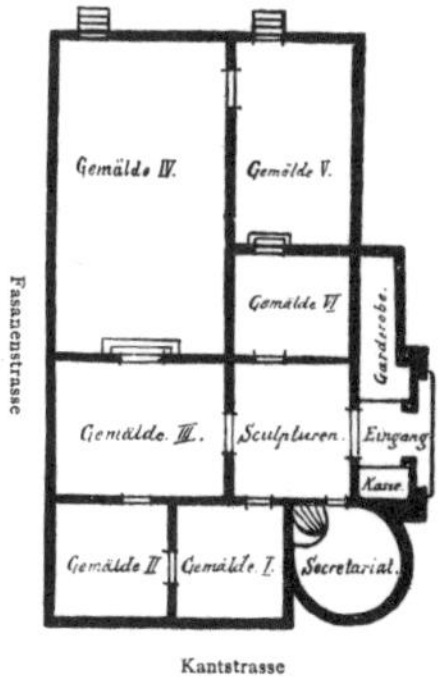

Ausstellungshaus der »Berliner Secession«
Kantstrasse 12.

III

Die erste Ausstellung der Berliner Secession war ein unverkennbarer gesellschaftlicher und politischer Erfolg. Fast zweitausend geladene Gäste erschienen – die meisten Herren, so berichtete die *Vossische Zeitung,* im Frack, wie in der Einladung gebeten. Unter den Gästen war Max Koner, der Vorsitzende des Salons, der die Hoffnung nicht aufgegeben hatte, den Bruch zwischen den Berliner Künstlern zu kitten; unerwartet fand sich auch der Präsident der Akademie ein, der einzig anwesende höhere Beamte neben dem Oberbürgermeister von Charlottenburg. Nach einer Ansprache Liebermanns, die, wie ein Reporter berichtet, »so versöhnlich wie selbstsicher war« und nach einer kurzen Rede des Bürgermeisters, der deutsche Kunst »ohne Ansehen der Person und der künstlerischen Richtung« in der Stadt begrüßte, wurde die Galerie eröffnet. Ein Festmahl für die Künstler, ihre Familien und Freunde beschloß ein Ereignis, das – abgesehen von seinem Anspruch auf Unabhängigkeit von kaiserlicher und bürokratischer Bevormundung – kaum respektabler hätte ausgefallen sein können.[56]

Die nämliche Mäßigung und Zurückhaltung kennzeichnete auch die Ausstellung, die den Glanz und die schockierende Wirkung späterer Ausstellungen noch kaum ahnen ließ. Sie bot einen ausgewogenen Überblick über secessionistische Malerei und Plastik in ganz Deutschland. Die großen Namen – Liebermann und Leistikow unter den Berliner Künstlern, bei den Gästen aus München und anderen Orten Leibl, Böcklin, Uhde und Thoma – brachten wenig Neues; statt dessen zeigten sie überwiegend Ar-

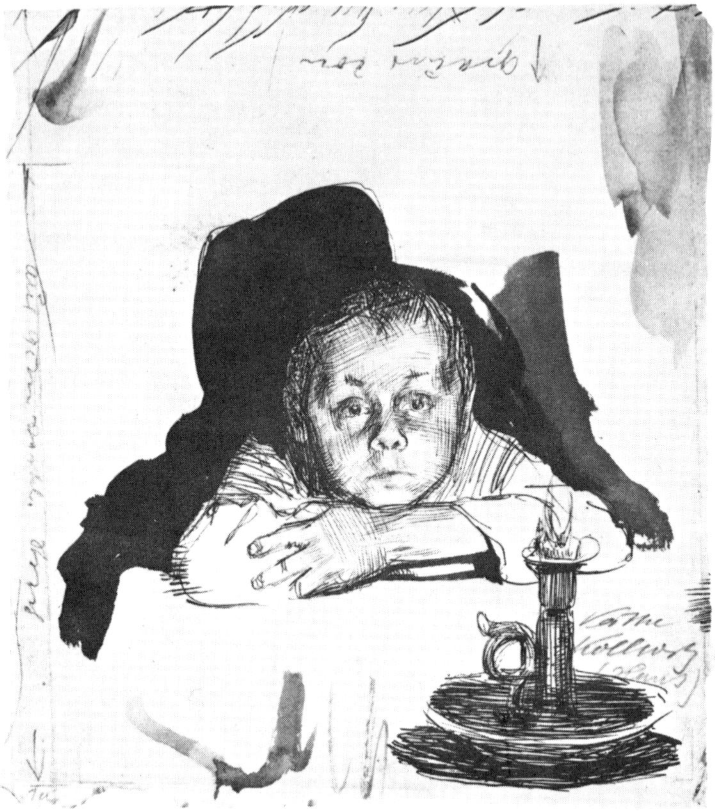

Käthe Kollwitz, Hans vor Kerze. Zeichnung, 1897

beiten in bekannter Manier, von denen einige schon zehn oder zwanzig Jahre früher gemalt worden waren. Unter den Jüngeren zeichneten sich nur wenige vor der Mehrzahl der Durchschnittsbegabungen aus, die kaum Neues, geschweige denn Revolutionäres boten. Daß die Secession trotz dieses Mangels ein breites Publikum beeindruckte und nicht nur einige Kenner, und daß die Presse ausführlich über sie berichtete, zeigt Berlins Empfänglichkeit für eine Bewegung, die sich von traditioneller und offizieller Kunst fernhielt; zugleich wird deutlich, wie schwach der Salon als künstlerische Institution geworden war.[57]

Der Glaspalast zog weit mehr Besucher an als das kleine Gebäude in der Kantstraße, sowohl 1899 als auch in den kommenden Jahren; doch es war im allgemeinen eine passive Mehrheit, die sich hauptsächlich aus dem Kleinbürgertum und Teilen der wohlhabenden Bourgeoisie rekrutierte und deren kulturelle Ansprüche vor ausländischen Ideen, Büchern und Kunst haltmachten. Für die kleinere Gruppe des Publikums, die mehr in der Kunst sah als nur gehobene Entspannung für einige Stunden, stellte die Secession den Salon bald in den Schatten. In späteren Jahren wurden soziale Unterschiede zwischen den Besuchern der Secession und denen des Salons oft erwähnt, wenn auch nie systematisch untersucht. Eine der differenziertesten Bewertungen erschien 1911 in einem Artikel von Julius Bab, einem Kritiker, der für sozialdemokratische Zeitungen schrieb und regelmäßig Artikel über kulturelle Themen in liberalen bürgerlichen Zeitungen in Deutschland und Österreich-Ungarn veröffentlichte: »Das westliche Berlin, die Hochfinanz, das bessere Bürgertum, speziell auch die hier sehr mächtigen jüdischen Elemente, aber auch die höheren akademischen Kreise, soweit sie nicht eben einen offiziellen Charakter haben, die gehen in der Regel nach dem Kurfürstendamm [wohin die Secession 1905 umgezogen war] statt nach Moabit; die höhere Tochter, der westliche Backfisch, der bildungsbeflissene Student und der überbildete, kaffeehausbevölkernde Lebejüngling, sie bilden hier ein im Grunde ebenso gläubiges und urteilsloses Publikum wie das Offizierstöchterchen, die Tante vom Lande, der Kommis und das Ladenfräulein in Moabit – auch wenn sie ihrer Natur nach sich etwas kritischer und absprechender gebärden... Wobei es charakteristisch und bedeutsam ist, daß die Spitzen der Arbeiterschaft... mit der Secession und nicht mit Moabit in Fühlung stehen.«[58]

Unter denjenigen, die sich ernsthaft mit Kunst beschäftigten, fanden nicht nur die Befürworter der Moderne, sondern auch ihre Gegner die Secession fürs erste wichtiger als den Salon. Für beide Seiten war die Leistung des einzelnen Künstlers, der in der Secession ausstellte, weniger wichtig als das Zusammentreffen von Künstlern, deren technische Kompetenz gewöhnlich selbst von den Kritikern anerkannt wurde, die der akademischen Kunst nahestanden; nichtsdestoweniger lehnten diese Künstler die traditionellen, staatlich unterstützten Ausstellungen ab und erklärten statt dessen, daß sie sich lieber auf sich selbst verließen. Insoweit das kulturelle Leben der Hauptstadt und des Landes insgesamt politische und ideologische Seiten hatte, kann man die Eröff-

Kindliches Spiel

(Zeichnung von Th. Th. Heine)

Der kleine Willy spielt Berlin.

›Kindliches Spiel‹. Verunglimpfung des Geistes der Siegesallee durch Th. Th. Heine, *Simplicissimus,* Bd 6, Heft 30, 1902

nungsausstellung der Secession mit einem frühen Wahlsieg vergleichen, erzielt von einer neuen politischen Partei, die allein schon durch ihre Existenz starke positive und negative Reaktionen hervorruft.

Ein mehr oberflächlicher Umstand verstärkte die Wirkung der Secession: Ihre Neuheit und Apartheit empfahlen sie dem

Snobismus. Die allgemein bekannte Mißbilligung des Kaisers hielt Angehörige seiner engeren Umgebung und höhere Beamte nicht davon ab, die Galerie zu besuchen. Nur wenige Tage nach der Eröffnung erschien der Reichskanzler, Fürst Hohenlohe, in der Kantstraße und äußerte sich lobend über die Ausstellung. Als der Berliner Stadtkommandant in einem Anfall von Übereifer seinen Offizieren verbot, die Galerie in Uniform zu betreten (womit er die Secession mit Etablissements von zweifelhaftem Ruf gleichsetzte), wurde dadurch die Anziehungskraft der Secession auf Neugierige wie auch auf diejenigen, die ihre Opposition gegen eine Kunstauffassung, die die Siegesallee hervorgebracht hatte, demonstrieren wollten, nur gesteigert. Die Öffnungszeiten mußten erweitert werden, und der Katalog verkaufte sich so gut, daß er neu aufgelegt wurde.[59] Bilder und Skulpturen für insgesamt 33 000 Mark wurden verkauft, und der Vorstand konnte mit der Rückzahlung des Geldes beginnen, das man zur Finanzierung der Galerie aufgenommen hatte. 1902 hatte die Secession ihre Schulden zu Dreivierteln getilgt.[60]

Der Katalog enthielt eine kurze Einführung, die man aus Liebermanns Eröffnungsansprache übernommen hatte; ihre zentralen Abschnitte verkünden das Programm der neuen Gruppe: »Nicht sowohl durch das, was wir bringen – denn Meisterwerke lassen sich nicht aus der Erde stampfen –, als vielmehr durch das, was wir nicht bringen, wird sich unsere Ausstellung von den sonst üblichen unterscheiden.

Wir führen nur eine kleine Anzahl von Werken dem Beschauer vor, und nur solche, die von deutschen Künstlern herrühren. Denn wir sind der Überzeugung, daß die massenhafte Anhäufung von Kunst ebenso sehr gegen das Interesse des Publikums wie das der Kunst selbst verstößt. Das Auge des Beschauers wird nur zu leicht durch die lange Flucht der mit Bildern angefüllten Säle ermüdet, und die wahrhaft guten Werke, deren es natürlich nur wenige giebt, werden durch den Wust der Mittelmäßigkeit erdrückt.

Daß wir uns bei dieser ersten Ausstellung auf dic nationale Kunst beschränkten, hat nicht etwa in engherziger Kirchthurmspolitik seinen Grund: Wir wollen zuerst einen Überblick über den augenblicklichen Stand der deutschen Kunst geben. Jedoch in künftigen Jahren, wenn ausländische Künstler uns ihre Werke anvertrauen wollen, werden wir ihnen mit Freuden gastliche Unter-

Ludwig von Hofmann, Reigen. Zeichnung. Abgebildet in *Pan*, Bd 4, Heft 4, 1899

kunft gewähren ... Aber unsere etwaigen Schwächen durch Anleihen beim Auslande zu verdecken, schien uns der deutschen Kunst nicht würdig.

Bei der Auswahl der Werke, welche unsere Ausstellung schmücken, war nur das Talent, in welcher Richtung es sich auch offenbarte, ausschlaggebend ... Für uns giebt es keine allein seligmachende Richtung in der Kunst, sondern als Kunstwerk erscheint uns jedes Werk – welcher Richtung es angehören möge –, in dem sich eine aufrichtige Empfindung verkörpert. Nur die gewerbsmäßige Routine und die oberflächliche Mache derer, die in der Kunst nur die milchende Kuh sehen, bleiben grundsätzlich ausgeschlossen.«[61]

Der Kern von Liebermanns Aufsatz ist die Ablehnung der Vorherrschaft jedweden spezifischen Stils, jeder Kunstrichtung, ein Leitprinzip, das die Führer der Secession während ihres Bestehens immer wieder betonen sollten. Das Eingeständnis, daß selbst in einer kleinen Ausstellung nicht jedes Werk von hoher Qualität sein konnte – eine für Ausstellungskataloge seltene Offenheit – wurde ein weiterer fester Bestandteil der secessionistischen Literatur. Interessant ist auch die Erklärung für das Fehlen ausländischer Künstler und das Versprechen, daß sie bei späteren Ausstellungen nicht fehlen würden – ein Sieg der Gruppe um Liebermann und Leistikow. Dennoch war es der Secession ernst mit ihrem Bestreben, einen Überblick über die moderne deutsche Kunst zu geben, was übrigens andere secessionistische Gruppen enger an die gemeinsame Sache band. Bei der Gesamtzahl von 187 Ausstellern waren die Berliner Künstler eine Minderheit. 46 Maler kamen aus Berlin, dagegen 57 aus München – unter ihnen Corinth und Slevogt, die sich bald in Berlin niederlassen und der Secession anschließen sollten – und neun aus Dresden. Andere Gäste kamen aus Karlsruhe, Frankfurt und Stuttgart; vier Maler repräsentierten die Künstlerkolonie Worpswede; auch zwei Schweizer nahmen teil, Arnold Böcklin und Ferdinand Hodler, die aber als eigentlich Deutsche angesehen wurden.[62] Der Raum war daher sehr knapp, und einige Secessionsmitglieder stellten gar nicht aus, entweder weil sie nichts einreichten oder weil ihre Arbeiten zurückgewiesen wurden. Die meisten Aussteller zeigten zwischen einer und vier Arbeiten, von den Vorstandsmitgliedern überschritt nur Liebermann diese Zahl mit vier Gemälden und vier Pastellen und Zeichnungen. Dagegen waren Werke der bedeutendsten deutschen Maler der älteren Generation, deren Anwesenheit für die Secession politisch wichtig war, zahlreicher zu sehen; Leibl war mit 15 Gemälden und Zeichnungen vertreten, Böcklin mit zehn Gemälden.[63]

In der Stilvielfalt der Ausstellung dominierten deutlich die verschiedenen Spielarten des Naturalismus. Arbeiten, die mehr oder weniger stark von Impressionismus oder *art nouveau* beeinflußt waren, waren in der Minderheit. Die behandelten Themen waren ebenso konventionell: Landschaften, Porträts, einige Allegorien mit klassischen oder germanischen Bezügen. Nur wenige Ausstellungsstücke konnten als sozialkritisch angesehen werden: eine Radierung und zwei Zeichnungen von Käthe Kollwitz und mehrere Arbeiten von Hans Baluschek, darunter ein Gemälde mit dem Titel »Singknaben«: Eine Gruppe Halbwüchsiger, aggressiv sachlich und wenig ansprechend in der für ihr Alter charakteristischen halb teilnahmslosen, halb rebellischen Haltung gegeben; dahinter in einigem Abstand ihr bürgerlicher Lehrer, im Hintergrund Mietskasernen. Nicht ganz so düster, aber nicht weniger unbequem waren Zeichnungen von zwei regelmäßigen Mitarbeitern des »Simplicissimus«: Ferdinand Recniceks Studien aus dem »High Life« und Eduard Thönys Karikaturen preußischer Offiziere, auf denen man die geistlose Brutalität des Wilhelminischen

Hans Baluschek, Dirne und Zuhälter. Zeichnung. 1891

Militarismus zu monumentaler Qualität gesteigert sieht. Unter den annähernd 380 Ausstellungsstücken fiel dieses Dutzend jedoch kaum ins Gewicht.

Dasselbe galt für die wenigen Gemälde und Plastiken, die man als erotisch ansehen konnte: je ein »Bacchanal« von Franz Stuck und Lovis Corinth, dessen derbe und üppige Theatralik einigen Besuchern unzweifelhaft anstößig erschien; vielleicht auch eine Allegorie von Franz Stassen, »Im Elysium«, in der ein nacktes Paar bekleidete Neuankömmlinge begrüßt; und ein gemäßigt impressionistischer Frauenakt von Erich Hancke, Liebermanns späterem Biographen. Doch jede akademische Ausstellung hätte Werke wie diese in der offenen oder versteckten Behandlung sexueller Motive übertroffen.

Das allgemeine Fehlen gesellschaftlich oder sexuell anstößiger Themen läßt noch einmal die Frage aufkommen, warum die Secession so stark angefeindet wurde. Ich habe bereits angedeutet, daß allein die Existenz der Gruppe, unabhängig von ihrem Programm, auf viele beunruhigend gewirkt haben mochte. Anton von Werner war nicht der einzige, der die Folgen eines Bruches bei den Kunstvereinen und die Ausbildung konkurrierender Märkte fürchtete. Die Secession erregte auch Feindseligkeit, weil sie sich freiwillig aus einer Organisation wie dem jährlichen Salon zurückgezogen hatte, der von offiziellen Körperschaften unterstützt wurde, staatliche Subventionen erhielt und dessen Schirmherr der Kaiser war.

In Preußen galt für gewöhnlich das Gegenteil. Der Anschluß an den Staat wurde gewünscht; es war selten, daß eine Gruppe aus einer so vorteilhaften Verbindung ausbrach. Selbstverständlich hatte die Secession nichts gegen offizielle Förderung; ihre Mitglieder hatten den Salon lediglich verlassen, um sich von einer Jury zu befreien, in der die Vertreter des Alten dominierten, und sie glaubten nicht, daß dieser Schritt sie irgendwie in Konflikt mit dem Staat bringen könnte. Aber Menschen, deren Haltung in öffentlichen Fragen vom Prinzip der Staatstreue geprägt war, konnten die Sache in einem anderen Licht sehen. Und doch waren Überlegungen dieser Art nur eine Quelle der Feindschaft gegenüber der Secession. Andere und vermutlich wichtigere Motive hatten mit den thematischen und stilistischen Merkmalen der Secession zu tun, auch wenn daran wenig aufdringlich-modern war.

Obwohl man in der Ausstellung kaum Kunstwerke fand, die

als politisch umstürzlerisch hätten gelten können, bestand doch eine geistige Verwandtschaft zwischen den Themen, die Uhde, Liebermann und ihre Nachfolger aus der Welt der Arbeiterklasse entlehnten, und den Themen und Milieus in den Dramen von Schriftstellern wie Gerhart Hauptmann, oder um ein etwas früheres Werk zu nennen, Fontanes *Irrungen, Wirrungen,* dessen Schilderung eines Verhältnisses zwischen einem Gardeoffizier und einer Wäscherin manchen preußischen Konservativen aufgebracht hatte. Diese Parallelen provozierten selten direkte Übertragungen – Käthe Kollwitz' Darstellung der »Weber« nach dem Drama von Hauptmann ist die große Ausnahme. Definitive politische Standpunkte, die über ein allgemein menschliches Mitgefühl mit den Armen hinausgingen, waren noch seltener. Aber in der Ablehnung ihrer idealistischen oder romantischen Vorgänger ebenso wie in ihrem Interesse für die ungeschminkte Welt der Armen fanden sich die naturalistischen Schriftsteller und die naturalistischen und impressionistischen Maler doch in einer ähnlichen historischen Lage. Überdies bildeten die Leser der Novellen und Dramen, die das Leben der Entwurzelten zeigten oder bürgerliche Normen zergliederten, auch das Publikum für die secessionistischen Bewegungen in ganz Deutschland. Einige Mitglieder der Berliner Secession hatten enge persönliche Beziehungen zu modernen Autoren; Leistikow und Hauptmann waren enge Freunde.[64] Es war kaum überraschend, daß Leute, die über die Sozialkritik in der modernen Literatur verärgert waren, die Secession in dasselbe politisch und moralisch gefährliche Lager zu verweisen geneigt waren, trotz der Tatsache, daß mit dem Wechsel vom Naturalismus zum Impressionismus erkennbar politische Züge aus der Kunst fast gänzlich verschwanden.

Aber im Wilhelminischen Deutschland konnte sogar das Fehlen offener Kritik in Bildern von Bauern, Fischern und Altersheiminsassen verwirrend wirken. Liebermann hatte inzwischen seinen frühen Naturalismus aufgegeben; doch die Arbeiten seiner Anfangszeit – wie das Bild *Freistunde im Amsterdamer Waisenhaus,* das in der Ausstellung gezeigt wurde – strebten ebenso wie die Gemälde vieler Secessionsmitglieder, die in seiner Art gearbeitet hatten oder noch arbeiteten, nach einem Realismus ohne die sentimentalen anekdotischen Attribute, die Motive aus dem Leben der armen Leute für die traditionelle Genremalerei akzeptabel gemacht hatten.

Mit der Forderung, die Kunst solle erhebend wirken, entweder durch das Abbilden idealer Schönheit oder durch das Erwecken patriotischer und anderer edler Gefühle, war Wilhelm II. in Übereinstimmung mit der Allgemeinheit seiner Untertanen. Eine heitere Behandlung war allenfalls bei bestimmten Gegenständen angebracht, wie sie Bauernhochzeiten, spielende Kinder, alte, im Park dösende und von Liebespaaren umgebene Veteranen darstellten.

Der Naturalismus der Berliner Secession war nicht von dieser Art. Zwei Seiten des Ausstellungskataloges machen den Unterschied deutlich. Der Bildhauer Walter Schott, der der Secession nicht angehörte, war gebeten worden, für die Ausstellung eine seiner Büsten Kaiser Wilhelms II. auszuleihen; ihre Photographie stand am Anfang der Illustrationen, offenbar um darzulegen, daß die auf den folgenden Seiten abgebildeten Gemälde, Zeichnungen und Plastiken die Art von deutscher Kunst waren, die der Kaiser fördern sollte. Schotts Büste gehörte zur schlechtesten offiziellen Kunst: der Kaiser in der Uniform der Gardes du Corps, leblos bis auf den pathetischen Ausdruck absoluter Autorität, umrahmt von dem dramatisch gefalteten Kavalleriemantel. Die unmittelbar

Max Liebermann, Zeichner. Zeichnung. Abgebildet im Katalog der Sechzehnten Ausstellung der Berliner Secession, Zeichnende Künste, Dezember 1908

darauffolgende Abbildung veranschaulicht jene ganz andere Art von Kunst, die die Secession schätzte: Eine Skizze von Leibl, die einen (nicht einmal sonderlich pittoresk gewandeten) Bauern zeigt, der auf einem Stuhl sitzt und eine kleine Pfeife stopft: nichts weiter als einen Mann, der nach der Arbeit ausruht, und die räumliche Beziehung seines Körpers zu Wand, Fenster, Stuhl. Gerade Leibls Unaufdringlichkeit ist eine deutliche Absage an den erhebenden oder unterhaltenden Auftrag der Kunst.[65]

Dieselbe Absage wurde von anderen ständig wiederholt, am eindrucksvollsten von Liebermann, nicht nur in seinen Gemälden, sondern auch in Aufsätzen und Vorträgen, die einen starken Einfluß auf viele jüngere Künstler ausübten. Liebermann erklärte, die zeitgenössische deutsche Kunst habe keine Geschichten zu erzählen – nicht weil er meinte, daß die Kunst unter keinen Umständen erzählerisch sein sollte, sondern weil er überzeugt war, daß die deutsche Kunst nur auf diese Weise den Akademismus ihrer jüngsten Vergangenheit überwinden könne.

Der Gegenstand eines Bildes war bedeutungslos oder, besser, es war nur insofern von Wichtigkeit, als er Phantasie und Gefühl des Künstlers anregte: »Die gutgemalte Rübe ist ebenso gut wie die gutgemalte Madonna.«[66] Offensichtlich ließ das Prinzip, daß das Thema nebensächlich sei, der Sozialkritik nicht viel Raum; genauso aber stand dieses Prinzip den sozialen und politischen Standpunkten entgegen, die Kaiser, protestantische Kirche oder Bund der Landwirte guthießen. In den Augen des radikalen Konservatismus, der sich in Preußen damals von seinen alten Überzeugungen abwandte, hin zu einer lebensfähigeren modernen Ideologie, die einen rassisch bestimmten deutschen Nationalismus vertrat, war die Gleichgültigkeit des Gegenstandes in der Kunst tatsächlich hochpolitisch. Einer Weltanschauung, welche die Rettung vor inneren und äußeren Gefahren in einer disziplinierten und gehorsamen Gesellschaft suchte, die von einer Politik nationaler Einheit gelenkt würde, konnte die apolitische Haltung der Secession leicht als ein Symptom, wenn nicht sogar als Quelle der Verseuchung erscheinen.

Wenn manche Deutsche sich verletzt fühlten durch die Gleichgültigkeit, mit der sie auf den Bildern der ersten Ausstellung der Berliner Secession das Sujet behandelt sahen, nahmen sie nicht weniger Anstoß an bestimmten stilistischen Tendenzen.

Durch die Abkehr von der naturalistischen Illusion der

Realität in den Werken Liebermanns, Uhdes und anderer seit den achtziger Jahren und die Hinwendung zu einem mehr subjektiven Naturalismus, später zu einem modifizierten Impressionismus, wurden dem deutschen Kunstpublikum neue Probleme der Würdigung und des Verständnisses gestellt.

Der Impressionismus war in der ersten Ausstellung der Secession nicht dominierend, doch er trat genügend in Erscheinung, um dem Ganzen seinen Stempel aufzudrücken. Es ist nicht verwunderlich, daß die impressionistischen Werke der Secession mißverstanden und verlacht wurden. Erst vor wenigen Jahren hatten französische Sammler und ein größerer Teil des französischen Publikums nach Jahrzehnten des Widerstandes und der Interesselosigkeit die eigenen Impressionisten akzeptiert. 1899 war der Impressionismus in Deutschland, ob einheimisch oder ausländisch, noch eine relative Neuheit. Als Bilder Manets, Pissaros, Degas' und Renoirs häufiger in deutschen Ausstellungen und Galerien erschienen, wurden sie schneller als in Frankreich anerkannt, nicht zuletzt, weil der entscheidende Kampf dort bereits gewonnen war; aber die Ablehnung des Impressionismus blieb in Deutschland auch stärker.

In einem Land, das sich politisch und psychologisch in der virulenten Phase des Nationalismus befand, war der Impressionismus durch seinen ausländischen Ursprung belastet. Der Xenophobie der Feinde dieses ›welschen‹ Stils lag eine andere Sorge zugrunde, die ihren Ursprung in der symbolischen Funktion der Kunst hatte. Der späte Naturalismus verzichtete auf den Anspruch, die Welt realistisch darzustellen, und der Impressionismus war in dieser Richtung noch wesentlich weiter gegangen. Seine Auflösung der Form in Farbe und Stimmung konnte man als eine weitere Betonung der Vieldeutigkeit und Unbeständigkeit nicht nur der physischen Umgebung empfinden, sondern auch der sozialen und politischen Verhältnisse. Es überrascht nicht, daß besonders konservative Elemente der Oberschicht und des mittleren und unteren Bürgertums, die sich angesichts der einschneidenden sozialen und wirtschaftlichen Veränderungen der Zeit ängstlich bemühten, ihre gesellschaftliche Stellung zu behaupten, höchst beunruhigt auf eine Kunst reagierten, die vertraute Voraussetzungen in Frage stellte und ihnen eine unbekannte Welt vorführte.

Die Furcht vor dem Impressionismus, der die bisher gültige

Heinrich Hübner, Japanerinnen. Zeichnung. Abgebildet im Katalog der Fünften Kunstausstellung der Berliner Secession, 1902

Realität in Frage zu stellen schien, war nicht nur in Deutschland zu finden, denn in dieser Furcht kamen Probleme zum Vorschein, die sich ähnlich damals auch anderswo stellten. Auch in Frankreich hatte der Widerstand gegen den Impressionismus moralische Gründe ins Feld geführt. Aber nachdem sich der Geschmackswandel einmal vollzogen hatte, wurde der Impressionismus der großen Künstler und ihrer zahllosen mittelmäßigen Nachfolger ebenso zur Kunst der gutsituierten Mittelklasse, wie es die kriegerischen Szenen von Meissonier und Neuville oder die exotische Erotik eines Cabanel oder Gérôme vorher gewesen waren. Diese Anpassung fand in Deutschland nie statt. Der Impressionismus fand einen expandierenden Markt in Museen und Privatsammlungen, wurde aber niemals zur Kunst der deutschen Bourgeoisie. Weite Teile der Bevölkerung betrachteten ihn weiterhin als ein ausländisches Element, und ein Teil des ideologischen Widerstandes, auf den er traf, wurde durch dieses Gefühl seiner Fremdheit und seiner bedrohlichen undeutschen Modernität hervorgerufen. Widerstand zu leisten gegenüber einer Art von Malerei, die einige Deutsche von ausländischen Künstlern gelernt hatten und nun in Deutschland einführten, war eine öffentliche Erklärung der politischen Überzeugung und zugleich Ausdruck kultureller Sorge – zwei Aspekte, die die Dauer und Heftigkeit des Kampfes gegen den Impressionismus verständlich machen. Die erste Entscheidungsschlacht in diesem Kampf war die Eröffnung der Berliner Secession.

Einen Überblick über die vielfältigen Motive des Widerstandes geben, heißt seinen uneinheitlichen Charakter aufzeigen. Die ökonomischen Ängste des Kunstproletariats sind nicht leicht mit dem vagen kulturellen Unbehagen von Teilen der Mittelklasse auf einen Nenner zu bringen; geschweige denn mit der dynastischen Unbeweglichkeit Wilhelms II. Tatsächlich sollte die Secession die Annäherung dieser ungleichartigen Elemente begünstigen, die sich jedoch niemals zu einer wirklichen gemeinsamen Front vereinigten. Der Kaiser, unterstützt von Anton von Werner, konnte vieles tun, um die Secession zu behindern; doch selbst in Ministerien und anderen zentralen Organisationen, so in der Akademie, die er zum Teil direkt kontrollierte, wurde seine Kampagne gegen die Moderne in der Kunst nicht rückhaltlos gutgeheißen.

Zwei Schlüsselpositionen, der Posten des Generaldirektors der Berliner Museen und der des Leiters der Nationalgalerie, waren mit Männern besetzt, deren Ansichten über Kunst sehr weit von denen des Kaisers abwichen. Ihr Vorbild ermutigte die Direktoren anderer Museen in Preußen und Deutschland zur Insubordination in Geschmacksfragen.

Robert Bosses Bemühungen, zu verhindern, daß der Kaiser die Secessionsmitglieder »degradierte«, die im Besitz der großen Goldmedaille waren, sind bereits erwähnt worden. Zur selben Zeit, als sich diese Episode abspielte, empfahl die Landeskunstkommission dem Staat mit Billigung der Regierungskommissare, ein Gemälde Liebermanns für die ansehnliche Summe von 25 000 Mark zu kaufen. Im folgenden Jahr befürwortete sie den Erwerb einer Landschaft von Leopold von Kalckreuth aus der Galerie Cassirer; bald darauf sollte Kalckreuth Präsident des oppositionellen Deutschen Künstlerbundes werden.[67]

Nicht alle Konservativen, wie ablehnend ihre politische Haltung auch sein mochte, wandten sich vom deutschen Impres-

Entwurf Wilhelms II. zu dem von Hermann Knackfuß ausgeführten Kunstblatt ›Völker Europas, wahret euere heiligsten Güter!‹, 30. April 1895

sionismus ab; Ankäufe der Arbeiten von Secessionsmitgliedern und die Vergabe von Porträtaufträgen machen deutlich, daß auch bei den Konservativen ein Markt für moderne Kunst existierte, wenn auch nicht vergleichbar mit der Nachfrage, die diese Kunst beim liberal gesonnenen, gehobenen Bürgertum fand.[68]

Der repressive Einheitscharakter des Wilhelminischen »Systems« ist in letzter Zeit von einigen Historikern betont worden, die darlegen, daß der Hof, die Ministerien, die traditionell mit dem Staat verbundene Oberschicht und ihre Vertreter im ganzen Land eng und methodisch zusammenarbeiteten, um die Weiterentwicklung einer eigenverantwortlichen konstitutionellen Regierungsform zu verhindern und die Liberalisierung der deutschen Gesellschaft aufzuhalten. Tendenzen in dieser Richtung hat es unzweifelhaft gegeben, und wahrscheinlich wurden sie in den letzten Jahren vor 1914 noch stärker. Aber wie die Reaktionen auf das Entstehen der Secession belegen, konnte die Antwort auf den Modernismus fragmentarisch und widersprüchlich sein. Natürlich war die Kunst keine Sache von überragender nationaler Bedeutung; Gleichgültigkeit ihr gegenüber oder die Bereitschaft, eine

›Völker Europas, wahret euere heiligsten Güter‹. Heliogravüre, nach einem Entwurf Wilhelms II. gezeichnet von Hermann Knackfuß. Die Leipziger *Illustrirte Zeitung* veröffentlichte als Kunstbeilage ihrer Ausgabe zum 16. November 1895 eine Reproduktion des Blattes mit Erläuterungen, die in der Feststellung gipfeln: »Zur Eintracht gegenüber dem gemeinsamen Feind soll das Bild mahnen; im Sinne seines kaiserlichen Urhebers mag indeß unter diesem Feind nicht bloß der kriegerische Gegner und die uns fremde Rasse der Asiaten, sondern jeder verwüstende Haß gegen gemeinsame Sitte und gemeinsamen Besitz der gebildeten Welt verstanden sein«.

gewisse Abweichung auf einem Gebiet von untergeordneter Wichtigkeit zu dulden, haben sicher dazu beigetragen, daß bei dem Versuch, sie zu gängeln, nicht sehr konsequent verfahren wurde. Trotzdem war die Kunst ein Gebiet, in dem Regierungspolitik und die Auffassungen der gebildeten Schichten sich ständig begegneten und berührten; die symbolischen und erzieherischen Aufgaben der Kunst wurden vom Kaiser und von konservativen Interessengruppen ernstgenommen – vielleicht zu ernst. Dennoch konnten sie nicht einmal ihre natürlichen Verbündeten auf ihre Vorstellung von einem Kulturkampf mit klar gezogenen Fronten verpflichten. In den Ministerien verhinderte das Ideal von einer neutralen Bürokratie wiederholt blindgläubigere Maßnahmen, und die Überzeugung blieb weit verbreitet, daß eine weniger eingeschränkte, von oben gelenkte Entwicklung in Kultur, Gesellschaft und Politik von Vorteil wäre. Die Reaktionen, die die Berliner Secession von 1899 bis 1914 hervorrief, geben zu der Vermutung Anlaß, daß man das wahrhaft bedeutsame historische Faktum – bedeutsam sowohl in Hinsicht auf die Wilhelminische Ära als auch auf die zukünftige Entwicklung – nicht darin zu suchen hat, daß das Wilhelminische Deutschland sich einmütig gegen die Moderne gesträubt hätte, sondern in der Verbissenheit und dem Fanatismus derjenigen, die sich gegen sie sträubten.

»Völker Europas, da habt ihr euere heiligsten Güter wieder«. Mit dieser Zeichnung für den *Simplicissimus* kommentierte 1900 Th. Th. Heine Meldungen, denen zufolge die aufständischen Boxer in China im Besitz von Krupp-Geschützen waren.

4. Deutscher Impressionismus und der Streit über die Kunst in St. Louis

I

Es war ein großer Gegensatz zu den vorausgegangenen Schwierigkeiten, daß die erste Secessionsausstellung günstig aufgenommen wurde und die neue Gruppe allem Anschein nach Bestand hatte. Nachdem die organisatorischen Probleme gelöst waren, stellte sich heraus, daß die Secession nicht nur den Bedürfnissen einiger unzufriedener Künstler, sondern auch den Interessen wenigstens eines Teils der Öffentlichkeit entsprach. Die offizielle Gegnerschaft hatte sich als erfolglos erwiesen, teilweise deshalb, weil Max Liebermann, Walter Leistikow und andere entschlossen waren, sich von den Kontrollen des herkömmlichen Ausstellungs- und Förderungssystem freizumachen, in der Hauptsache aber, weil weder Kaiser und Akademie noch der Verein den Markt für moderne Kunst verhindern konnten, der sich allmählich in Berlin entwickelte. Der Fehlschlag ihrer Bemühungen hatte nicht nur ästhetische und kommerzielle Konsequenzen; die Unfähigkeit, Neuerungen in der kleinen, aber nie im Mittelpunkt der öffentlichen Aufmerksamkeit stehenden Kunstwelt aufzuhalten, wurde weithin, entweder optimistisch oder mit Besorgnis, als ein Zeichen dafür angesehen, daß auch in der sozialen und politischen Welt Veränderungen möglich waren, sogar bevorstanden.

Die Secession selbst zog eine andere beschränkte Lehre aus der Art, wie man sie aufgenommen hatte: Sie konnte es sich leisten, wählerischer und waghalsiger zu sein, als es zu Anfang möglich schien, da man Arbeiten von zweifelhafter Qualität akzeptiert hatte, um die Unterstützung anderer deutscher Secessionen zu gewinnen. Als die zweite Jahresausstellung organisiert wurde, setzten sich Liebermann und seine Anhänger im Vorstand über den Wunsch ihrer konservativeren Kollegen, ausländische Arbeiten auszuschließen, hinweg. Um das Publikum auch an moderne Kunst aus anderen Ländern zu gewöhnen, nahmen sie so das Risiko auf sich, die Parteigänger der Secession innerhalb des Berliner Publikums zu verwirren, das ja gerade erst lernte, moderne deutsche Kunst zu akzeptieren. Die zweite Ausstellung, die im

Mai 1900 eröffnet wurde, war etwas größer als die erste, und auch diesmal waren die Berliner Künstler den Gästen aus München, Karlsruhe und anderen deutschen Kunstzentren gegenüber in der Minderheit. Aber die Ausstellung umfaßte auch Werke von 44 Ausländern, darunter Pissarro, Renoir, Whistler und Zorn.[1]

1902 hatte die zunehmend strenger werdende Jury den Umfang der Jahresausstellung um ein Viertel reduziert. Die Anzahl der Berliner Künstler entsprach nun der Anzahl der Künstler aus dem übrigen Deutschland, und ausländische Künstler machten ein Fünftel des Ganzen aus. Zu den Sensationen der Ausstellung von 1902 gehörten 22 Bilder aus Munchs *Lebensfries.* Andere ausländische Aussteller waren Kandinsky, Monet und Manet, dessen fünf Gemälde an einer »Ehrenwand« hingen. In ihrem Bestreben, das Publikum zu erziehen und den Markt für moderne Kunst zu erweitern, begann die Secession, regelmäßig Winterausstellungen der ›zeichnenden Künste‹ zu veranstalten – was für die damalige Zeit ziemlich ungewöhnlich war. »Es ist leider eine Thatsache«, stellt die Einleitung zum ersten Winterkatalog fest, »daß die zeichnenden Künste von seiten des Publikums stiefmütterlich behandelt werden, obgleich sie ein besonderes Interesse beanspruchen dürften. Denn wie der Stift williger den Intentionen des Künstlers folgt, so giebt die Zeichnung einen mehr unmittelbaren Einblick in sein Schaffen. Die Frische der Zeichnung geht leider nur zu oft unter der langen Arbeit und der Schwere der zu bewältigenden Oeltechnik verloren.

Max Slevogt, Ringer. Zeichnung. *Kunst und Künstler,* Bd 1, Heft 10, 1903

Freilich stellt die Zeichnung größere Ansprüche an die mitwirkende Phantasiethätigkeit des Beschauers, weil in ihr das, was der Künstler hat ausdrücken wollen, nur angedeutet ist.

Aber erst wer in die Hieroglyphenschrift der Zeichnung eingedrungen ist, wird das vollendete Kunstwerk ganz verstehen.« Diese charakteristisch kompromißlose und didaktische Feststellung[2] stellte eine Ausstellung von fast 700 Werken vor, darunter zahlreiche Arbeiten von Max Klinger und Liebermann, einige von Käthe Kollwitz und Leistikow sowie 35 Skizzen, Karikaturen und Entwürfe für Buchhüllen von Thomas Theodor Heine, dem bekannten Zeichner des *Simplicissimus*, der inzwischen eng mit der Secession verbunden war. 1903 enthielt die Winterausstellung 63 Arbeiten von Aubrey Beardsley und fast ebenso viele Zeichnungen von einem neuen Mitglied, Max Slevogt; daneben viele Arbeiten von Zorn, Kollwitz, Edvard Munch und Heinrich Zille, welch letzterer einer der wenigen Sozialisten in der Secession war: ein Berliner Gegenstück zu Théophile Steinlen, nicht so realistisch und offenkundig politisch, dafür aber humoristischer als dieser. »Es ist schon ein unglaublicher Fortschritt«, kommentierte der Kritiker Oscar Bie, »daß es möglich ist, mit dieser intimen Gattung ohne alle Bildansprüche (nämlich der Graphik) monatelang ein verwöhntes Publikum zu fesseln.« Im Laufe weniger Jahre, so meinte er, hatte sich Berlin von einem Ort kultureller Rückständigkeit zu einem wichtigen Schauplatz entwickelt, auf dem der Konflikt zwischen unterwürfiger und freier Kunst ausgetragen wird, wobei sich die eine um den Kaiser schart, die andere sich in der Secession konzentriert.[3]

Bei diesem Kampf fand die Secession einen wichtigen Verbündeten in der Cassirer-Galerie, die im Jahr sechs bis acht größere Ausstellungen veranstaltete; sie wurde bald Deutschlands führende Galerie für moderne Kunst und gleichzeitig ein einflußreiches Forum für vergessene oder mißachtete Alte Meister wie El Greco.[4] Das Ungewöhnliche dieses Programms ist an der Tatsache abzulesen, daß sich noch im Jahre 1910 kein Wiener Händler auf moderne französische Kunst spezialisiert hatte. Diese Galerie vor allem vermittelte den französischen Impressionismus und Spätimpressionismus nach Mitteleuropa und stärkte derart den internationalen Charakter der Secession. Die Eröffnung weiterer Privatgalerien trug dazu bei, die moderne Kunst in ihrer Vielfalt dem hauptstädtischen Publikum bekannt zu machen. Die Ver-

Lovis Corinth, ›Hors Concours‹. Zeichnung zu Erinnerungen an die Pariser Académie Julian. *Kunst und Künstler*, Bd 3, 1905

käufe nahmen beträchtlich zu. Fast von Anfang an war die Secession finanziell abgesichert, denn sie deckte ihre Ausgaben und verzeichnete jedes Jahr einen bescheidenen Gewinn; doch sie war bei weitem noch keine ernsthafte ökonomische Bedrohung für den Salon, da die konventionelle Kunst nach wie vor den deutschen Markt beherrschte. 1901 nahm der Salon über 500000 Mark an Eintrittsgeldern und Verkäufen ein und im folgenden Jahr nur unwesentlich weniger, während die Einnahmen der Secession sich auf höchstens 100000 Mark beliefen. Dafür aber war die Zahl der Ausstellenden im Salon sehr viel größer – 1903 waren dort mehr als sechsmal so viele Künstler vertreten wie in der Secession. Hier legte man auf unmittelbare Verkaufserfolge nicht so viel Wert wie auf die wirkungsvolle Ausstellung der Arbeiten eines Künstlers und darauf, daß er Gelegenheit bekam, in einer angenehmen Umgebung mit Interessenten zusammenzutreffen.[5] Im Ausstellungskatalog von 1903 schrieb der Maler Wilhelm Trübner, daß nichtoffizielle Ausstellungen wie die der Secession zu einem Mittelpunkt geworden waren, um den sich die Kunstwelt drehte, und daß sie die Künstler nicht, wie in früheren Jahren, der kontrollierenden Protektion von Fürsten, Kirche und Zünften aussetzten.[6]

Das mag zu optimistisch gewesen sein. Ein Kunsthistoriker, der viele Secessionsmitglieder kannte, schrieb später, daß Berliner

Erik Werenskiold, Mädchen und Hund. Zeichnung. Abgebildet im Katalog der Dritten Kunstausstellung der Berliner Secession, 1901

Künstler kaum jemals wieder so viel verdienten wie in den ersten Jahren des Jahrhunderts, fügte aber hinzu: »Ob es der Kunst – von einem höheren Standpunkt betrachtet – zugute kam, daß ihre Pflege zum großen Teil in die Hände einer richtungslosen Bourgeoisie gelegt war, die vielfach ohne eigenes Urteilsvermögen, auf Ohrenbläser hörend oder durch persönliche Rücksichten veranlaßt, Ankäufe und Bestellungen vornahm, ist eine andere Frage.«[7] Nichtsdestoweniger waren kommerzielle Interessen für den Salon bestimmender als für die Secession; deren Ausstellungen als gesellschaftliche und kulturelle Ereignisse, nicht nur Anhänger der Moderne anzogen, sondern auch das konservativere Publikum. Die Baronin Spitzemberg, deren Tagebuch eine der besten Quellen über die Hofgesellschaft im kaiserlichen Berlin ist, schrieb anläßlich der zweiten Jahresausstellung der Secession: »Es sind neben unglaublichen Bildern viel schöne dort, ebenso herrliche Statuen und Statuetten.«[8] Die Veränderung der kulturellen Atmosphäre, die die Secession anstrebte, indem sie Besucher wie Frau von Spitzemberg zu Toleranz oder sogar wohlwollender Zustimmung erzog, war genauso wichtig wie das Anliegen, Käufer zu finden.

Die Wirkung der Secession nahm zu, je mehr neue Talente unter ihren Mitgliedern auftauchten und als sie begann, anerkannte Künstler aus anderen Teilen Deutschlands nach Berlin zu ziehen. Als neues Talent bewies sich der Bildhauer August Gaul; Lovis Corinth und Max Slevogt waren unter den Künstlern, die nach Berlin übersiedelten, die bedeutendsten.

Gaul wurde 1869 als Sohn eines hessischen Steinmetzen geboren. Er besuchte während seiner Steinmetzlehre die Hanauer Zeichenakademie und kam mit Anfang zwanzig nach Berlin, um seine Studien an der Hochschule für die bildenden Künste fortzusetzen. Als Assistent von Reinhold Begas, dem Doyen der offiziellen Bildhauerkunst, schuf er die vier übergroßen Löwen am Sockel des »Nationaldenkmals« für Wilhelm I. Für diese Leistung wurde ein Stipendium für einen einjährigen Studienaufenthalt in Rom gewährt. 1898 nach Berlin zurückgekehrt, konnte er die akademische Umgebung und den akademischen Stil nicht mehr ertragen. Da er für seine Arbeiten keine Käufer fand, mußte er sich und seine Familie mit Gelegenheitsarbeiten ernähren, bis ihm Paul Cassirer einen Vertrag anbot, der ihm ermöglichte, seine ganze Zeit der Bildhauerei zu widmen.[9]

Gaul gehörte zu den Gründungsmitgliedern der Secession; bei der Eröffnungsausstellung zeigte er zwei Bronzen und einen Marmorfries, die nicht viel Beachtung fanden. 1902 erhielt er schließlich einen größeren Auftrag: Eine der Skulpturengruppen, mit denen der Berliner Magistrat den im 18. Jahrhundert angelegten Platz hinter dem Brandenburger Tor verschönern wollte, wurde bei ihm bestellt. Gaul entwarf Adler, die er naturgetreu, mit geschlossenen Flügeln darzustellen beabsichtigte. Als man ihn im Namen des Kaisers aufforderte, die Vögel in die üblichen heraldischen Adler mit gespreizten Flügeln umzuändern, weigerte sich Gaul und verzichtete auf das Projekt.[10] Er verkaufte wenig, bis er 1904 in die Akademie gewählt wurde und die Nationalgalerie, auf Drängen Hugo von Tschudis, im nächsten Jahr einen großen Bronzelöwen von ihm erwarb – Auszeichnungen, die zahlreiche Privatverkäufe zur Folge hatten. Selbst dann blieb Gaul der breiten Öffentlichkeit nahezu unbekannt; erst ein Granitbrunnen mit 6 Bronze-Enten, der beliebte ›Entenbrunnen‹, den Paul Cassirer der Stadt Charlottenburg stiftete, machte den Bildhauer zur Berliner Berühmtheit.[11]

Gelegentlich wählte Gaul Menschen zum Thema seiner Darstellungen, doch die überwiegende Mehrzahl seiner Skulpturen und graphischen Arbeiten schildert Tiere. Eine gründliche Kenntnis von Knochenbau und Muskulatur sowie die exakte Be-

August Gaul, Schafe. Radierung, um 1905

obachtung des lebenden Tieres liegen seiner Fähigkeit zugrunde, fast bis an die Grenzen des Realismus zu stilisieren und zu vereinfachen. Besonders seine Bronzen, die von wenige Zentimeter hohen Miniaturen bis zur Überlebensgröße reichen, vermitteln das Bild von Idealtypen, die die Einmaligkeit jedes einzelnen Tieres in sich tragen. Auch seine kleinsten Figuren machen die Beschaffenheit von Haut, Pelz oder Federn deutlich, ohne deshalb das plastische Volumen zu opfern. Gaul war es vor allem darum zu tun, die Gewohnheiten der Tiere darzustellen, wie sie grasten, spielten oder ruhten. Das Dramatische, geschweige denn Heroische ist selten in seinem Werk, das ein tiefes pantheistisches Einfühlen in alle Kreatur mit den Mitteln eines ruhigen, hochentwickelten handwerklichen Könnens ausdrückt.

Schon bevor er berühmt wurde, war Gaul ein wichtiges Mitglied der Secession. Seine Intelligenz und Bereitschaft, administrative Aufgaben zu übernehmen, machten ihn unentbehrlich, und so wählte man ihn 1902 in den Vorstand. Die enge Freundschaft, die ihn bald mit Paul Cassirer verband, vergrößerte seinen Einfluß. Cassirer schätzte Gauls Urteil nicht nur in den Angelegenheiten der Secession, sondern auch in seiner Galerie und im Verlag. Gauls wichtigste Leistung in dieser Hinsicht war, daß er 1906 Cassirer mit Ernst Barlach zusammenbrachte und so eine Beziehung anbahnte, die zu Ausstellungen und Veröffentlichungen führte und zwei Jahrzehnte bestehen sollte. Nach Gauls Tod im Jahre 1921 schrieb ein Maler, der ihn in den Jahren vor dem Ersten Weltkrieg gut gekannt hatte: »Er gehörte zu den Stützen der Berliner Secession und war doch der unsecessionistischste aller Künstler.«[12] Die Notwendigkeit einer unabhängigen Künstlervereinigung war ihm klar, doch blieb er selbst in ungewöhnlichem Maße unberührt von den stilistischen Tendenzen, die für die neue Gruppe charakteristisch waren. Er konnte so moderne Bildhauer wie Meunier und Rodin schätzen oder den völlig anders gearteten Barlach, ohne von ihnen beeinflußt zu werden. Sein Werk ist zeitlos, nicht im Sinne von Generationen überdauernder Größe, sondern in seiner Unabhängigkeit von bestimmten Stilformen, Bewegungen und ästhetischen Konventionen.

Slevogt und Corinth waren ganz anders als dieser zurückhaltende Kleinmeister, dessen Themen und Arbeitsweise eine überregionale Anerkennung ausschlossen. Als sie zur Secession stießen und nach Berlin zogen, waren beide recht bekannte, auch umstrittene Künstler. Slevogt entwickelte sich zu einem der führenden Maler und zum bedeutendsten Illustrator Deutschlands.

Corinth gewann Anerkennung über Deutschlands Grenzen hinaus, obgleich er in Westeuropa und Amerika noch nicht das Ansehen genießt, das er nach Meinung des namhaften amerikanischen Kunstkritikers Hilton Kramer verdient: »Es ist jetzt an der Zeit«, schrieb dieser 1964, »daß sein großartiges Werk seinen rechtmäßigen Platz in unseren Kunstgeschichten einnimmt, in unseren Museen und vor allem in dem Teil unseres Lebens, wo echte Kunst mehr bedeutet als die Extravaganzen von Modekunst.«[13]

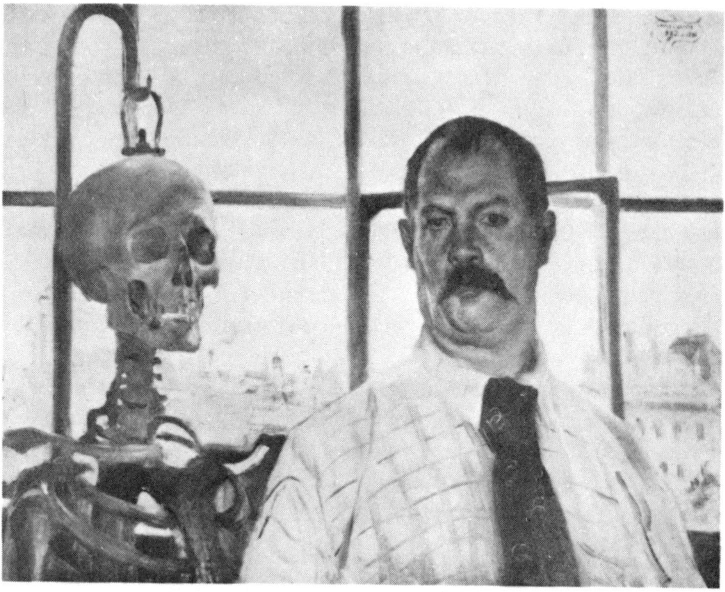

Lovis Corinth, Selbstbildnis mit Skelett. Gemälde, 1896

Corinth wurde 1858 geboren. Sein Vater war ein Gerber in Ostpreußen; seine wohlhabende Familie ermöglichte ihm ein Studium an deutschen Akademien und fast drei Jahre an der Académie Julian in Paris. Als er sich mit 32 Jahren in München niederließ, verband er großes technisches Können mit einem oft groben Realismus, in breitem Pinselstrich und starken Farben ausgeführt, die kein Akademiker gutgeheißen hätte. Corinth brauchte noch Jahre, um seinen eigenen Stil zu finden; er nahm eine Vielfalt von Themen in Angriff und experimentierte mit unterschiedlichen Ausdrucksweisen. Aber neben vielen Mißerfolgen gelangen ihm schon Porträts, Akte und Landschaften, die durch ihren psychologischen und emotionalen Gehalt ebenso bemerkenswert sind wie durch die Virtuosität, mit der sie ausgeführt wurden.

Ein Selbstbildnis von 1896 zeigt den Künstler neben einem Skelett, dahinter die einem Gefängnisgitter gleichenden Streben seines Atelierfensters, von dem nur eine Scheibe sich öffnet, die Welt hereinläßt. Das Bild zeigt Corinths Neigung, seine Gegenstände symbolisch zu besetzen. Liebermann hätte so etwas nie gemalt. Dennoch hätte er gewiß zugegeben, daß die theatralische Darstellung ausgezeichnet komponiert und gemalt war, und den Ernst, mit dem der Künstler die Wahrheit über sich selbst sucht, anerkannt. Corinth war Mitglied der Münchner Secession seit deren Gründung im Jahre 1892. Seine ›Selbstbiographie‹ erklärt diesen Schritt in der für ihn bezeichnenden unumwundenen Manier: Ich hatte »das instinktive Gefühl, daß ich in dieser Clique weiterkommen konnte.«[14] Doch auch in der neuen Gruppe waren die Vertreter der Moderne in der Minderheit, und Corinth gehörte zu denen, die sich ein zweites Mal abspalteten, um die Freie Vereinigung zu gründen. Für eine noch ziemlich konventionelle *Kreuzabnahme* erhielt er 1895 eine Goldmedaille des Salons. Vier Jahre später wies die Münchner Secession seine *Salome mit dem Haupt des Heiligen Johannes* zurück, vermutlich wegen der beunruhigenden Mischung von brutalem Realismus und morbider Sexualität. »Nun zeigte ich das Bild meinem Freunde Walter Leistikow, der gerade in München für die Berliner Secession agitierte«, schrieb Corinth später. »Er war enthusiasmiert davon und bat mich, das Bild der Berliner Secession zu geben, die es mit tausend Freuden ausstellen würde, und er erwartete von diesem Bilde einen kolossalen Erfolg.«[15]

Corinth hatte sich schon geraume Zeit in München unzufrieden gefühlt; so konnte Leistikow, der für sich und auch für Liebermann sprach, ihn überreden, nach Berlin zu ziehen, das ihm für den Rest seines Lebens zur Heimat werden sollte. Sein Freund, der Kunstkritiker Hans Rosenhagen, prophezeite, daß Berlin für die Heftigkeit und Experimentierfreudigkeit in Corinths Werk empfänglicher sein würde als Bayern, und tatsächlich erwies sich die neue Umgebung als befreiend: Corinths Pinselstrich und Farbe wurden leichter, seine Konzeption und Ausführung gedrängter – manchmal direkt leichtsinnig –, und sein Schaffen nahm gewaltig zu. Er unterzeichnete einen Vertrag mit der Galerie Cassirer, die Kunstschule, die er gründete, erwies sich als sehr gewinnbringend, und er begann gut zu verkaufen. Karl Scheffler schrieb später, daß Liebermann zwar die neue deutsche Kunst deutlicher als irgendein anderer beherrsche: »Corinth aber steht dem Verständnis und dem Herzen des Publikums näher.«[16]

Slevogts Weg nach Berlin verlief ähnlich. Er wurde 1868, zehn Jahre nach Corinth, als Sohn eines bayerischen Offiziers geboren, der im deutsch-französischen Krieg fiel. Mit sechzehn Jah-

Lovis Corinth, Das Paradies. Zeichnung unter dem Innentitel der autobiographischen ›Legenden aus dem Künstlerleben‹, 1908

ren besuchte er die Münchner Akademie und studierte dort und an der Académie Julian fünf Jahre lang; er bereiste Italien und Holland und ließ sich 1890 in München nieder. Ein frühes Gemälde, *Akt auf dem Diwan,* zeigt, wie ein gewöhnliches Ateliermotiv, durch einen begabten Maler aufgefaßt, zum Reden gebracht werden kann.

Slevogt betrachtete das Bild als technisch mißlungen; andere verurteilten es als vulgär und entwürdigend. Das Gemälde ist bedeutend, schrieb Slevogts Biograph, »da es zu den ersten gehört, die er ausstellt, das einige Aufmerksamkeit auf sich lenkt und eine negative Kritik erfährt, die Slevogt lange nachhängen wird. War an sich in München die Aversion gegen den Realismus nie ganz überwunden, so mußte das Fehlen äußerlicher Eleganz und Bravour als unverzeihlicher Mangel, so wie das Fehlen jedes literarisch bezogenen Inhalts als Trivialität verstanden werden. Solange Slevogt in München lebt, verliert sich der einmal aufgeworfene Schimpfname ›der Schreckliche‹ nicht.«[17]

Wie Corinth schloß sich auch Slevogt der Secession an und im folgenden Jahr der neuen Splittergruppe, der Freien Vereinigung. 1896 begann er, Karikaturen und Illustrationen für den neuen *Simplicissimus* zu liefern; die Verbindung mit dem Simplicissimus führte zu einer engen Freundschaft mit dem damals noch in München ansässigen Paul Cassirer. Die Eröffnungsausstellung der Berliner Secession im Mai 1899 enthielt mehrere Gemälde von Slevogt, darunter das Triptychon *Die Rückkehr des verlorenen Sohnes,* das einer der Erfolge der Ausstellung wurde. Im nächsten Monat jedoch entfernte die Münchner Secession als Folge von stadtweiter Kritik eine *Danaë* aus der jährlichen Sommerausstellung. Das Bild stellt eine schlafende nackte Frau in starker perspektivischer Verkürzung dar; im Vordergrund versucht eine alte Dienerin, mit einem Tuch, dessen grün-rote Muster scharf mit den grau-weißen, braunen und ockerfarbenen Tönen der Umgebung kontrastieren, den mythologisch verbürgten Goldregen aufzufangen. Der Farbkontrast, der Gegensatz von Ruhe und Bewegung, die Illusion der Tiefe und die sichere Pinselführung empfehlen das Bild auch dem Kunstfreund, der die damit aufgeworfenen bildnerischen Probleme nicht ganz zufriedenstellend gelöst findet. Doch die stumpfe Häßlichkeit der zwei Frauen und ihre alltägliche Umgebung wurden von vielen Betrachtern als Perversion des mythologischen Themas empfunden, als Beleidigung des klassischen Ideals. Wieder nutzte Berlin die Gelegenheit, die von bayerischen Philistern geschaffen worden war. Cassirer bat Slevogt, das zurückgewiesene Bild an seine Galerie zu schicken, und bot ihm einen Vertrag für drei oder vier Jahre an, »unter der Bedingung, daß wir Ihre Vertretung für diese Zeit haben, d. h. also Sie verpflichten sich, während dieser Zeit nur durch uns zu verkaufen – ausgenommen sind Porträts – und wir verpflichten uns, Ihnen im Jahr für mindestens 4000 Mark jährlich Bilder abzunehmen.«[18] Slevogt nahm an, und bis zum Oktober hatte die Galerie Cassirer seine erste wichtige Ausstellung organisiert, in der 34 seiner Gemälde zusammen mit Arbeiten von Manet, Degas und Puvis de Chavannes gezeigt wurden. Cassirer drängte ihn, München zu verlassen, und nach einigem Zögern kam Slevogt 1901 nach Berlin. Wie schon bei Corinth, fällt auch bei Slevogt die Trennung von München mit einem wichtigen Wandel in seiner Arbeit zusammen. Seine Bilder wurden freier und heller: das 1902 entstandene Porträt des Baritons Francisco d'Andrade als Don Giovanni – die übermütige Figur in Gold und Weiß vor einem Bühnenbild, das eine Ecke im Palast des Don Giovanni darstellt – löste alte Kompositionsprobleme und interpretierte glänzend den Sänger und seine Rolle.

1902 wurden Corinth und Slevogt in den Vorstand der Se-

Max Slevogt, Akrobaten. Zeichnung. Abgebildet im Katalog der Zwanzigsten Ausstellung der Berliner Secession, 1910

cession gewählt. Ehe sie nach Berlin kamen, hatte Liebermann die Gruppe künstlerisch und politisch beherrscht. Jetzt traten zwei Männer neben ihn, die vergleichbares Können besaßen, wenn auch noch nicht die gleiche Meisterschaft. Ihr Beitritt verlieh der Gruppe eine Vitalität, die Liebermann, auch im Verein mit Kollegen wie Leistikow und Gaul, nie hätte aufbringen können. Liebermann und die zwei Neuen besaßen genügend Selbstvertrauen, um Rivalitäten zu vermeiden und wirkungsvoll in der Leitung der Secession zusammenzuarbeiten. Die Einheit der Führung wurde noch verstärkt durch die Freundschaft, die Slevogt und Liebermann mit Paul Cassirer verband. Die Beziehung zwischen Corinth und Cassirer war weniger eng; keiner von beiden fand den anderen wirklich sympathisch, und Cassirer bewunderte zwar Corinths Talent, lehnte aber das Pathos vieler seiner Werke ab. Dennoch arbeiteten sie einige Jahre eng zusammen. Als Cassirer seinen eigenen Verlag gründete, veröffentlichte er zwei Bücher von Corinth – *Das Erlernen der Malerei,* das bald eine Neuauflage erfuhr, und *Das Leben Walter Leistikows*; Corinth illustrierte auch das *Buch der Lieder* und das *Buch Judith,* die in der Serie der Luxuseditionen der Pan Presse erschienen. Leistikow, der großen Einfluß auf Corinth hatte, konnte oft Streitereien verhindern, später schrieb Corinth mit einer gewissen Übertreibung, daß die Secession nach Leistikows Tod 1908 auseinanderfiel.[19]

Es war vielleicht Cassirer, der die drei Maler zuerst »das Dreigestirn des deutschen Impressionismus« nannte, eine propagandistische Zusammenfassung, die sich in der öffentlichen Debatte über Kunst in Deutschland als nützlich erwies, aber zwangsläufig falsch ausgelegt wurde.[20] Der Ausdruck wollte nicht andeuten, daß Liebermann, Corinth und Slevogt von den französischen Impressionisten entscheidend beeinflußt wurden und nun wie diese malten. Eher war es ein Versuch, den Stil zu etikettieren, den sie sich angeeignet hatten, nachdem sie den Realismus und Naturalismus ihrer Frühzeit transzendiert hatten – in einer Entwicklung, die zwar parallel zu derjenigen der französischen Impressionisten verlief, jedoch zu anderen Ergebnissen führte. Die Plein-air-Malerei war für die deutschen Maler beinahe ebenso wichtig, wie sie es für die Franzosen gewesen war. Ihre Farben waren jedoch weniger duftig; sie legten größeres Gewicht auf Linie und Bewegung; bei ihrer Behandlung des Menschen zeigt sich, daß sie in viel stärkerem Maße als die französischen Impressionisten durch die Besonderheiten des Individuums fasziniert wurden. Ein Hauptgenre des französischen Impressionismus, das Stilleben, war für die Deutschen weniger wichtig; es fehlt beinahe gänzlich in Liebermanns Werk. Die deutschen Maler waren auch untereinander sehr verschieden. Trotz des freien Stils seiner Reifezeit blieb Liebermann immer der objektiven Realität verpflichtet. Slevogt und Corinth waren in Farbgebung und Linienführung deutlich gefühlsbetonter; so verweist Kramer auf die »poetische, tatsächlich unerträglich tragische (...) eigenschöpferische« Gestaltung einiger Porträts von Corinth.[21]

Doch keiner der drei löste sich jemals ganz von der kraftvollen Synthese des deutschen Humanismus und des deutschen Realismus, die ihren kulturellen Hintergrund und ihr künstlerisches Erbe bildete. »Man kann (Corinth) einen Impressionisten nicht nennen«, schrieb Scheffler wenige Jahre vor dem Tod des Künstlers. »Er ist vielmehr ein selten starkes Ateliertalent, das den Impressionismus kapiert und verarbeitet hat.«[22]

Trotzdem hatte der Ausdruck *Deutscher Impressionismus* oder seine gelegentliche Variante *Berliner Impressionismus* eine starke Wirkung: Für die Freunde moderner Kunst war er ein Panier, für ihre Gegner eine Zielscheibe. Hauptsächlich wurde dieser Ausdruck auf eine Kunstauffassung angewandt, die zwar ursprünglich französisch war, nun aber kopiert oder weiterentwik-

Lovis Corinth, Weiblicher Akt. Zeichnung. Abgebildet im Katalog der fünfundzwanzigsten Ausstellung der Berliner Secession, Winter 1911–1912

kelt wurde und deren Verfechter die Berliner Secession war, die so im Gegensatz zu den Künstlern stand, die in einer vermeintlich einheimischen, deutschen Tradition arbeiteten. Man sollte meinen, daß jeder, der einen Renoir und einen Slevogt, einen Monet und einen Corinth nebeneinander sieht, ganz deutlich erkennen müßte, daß diese Werke von verschiedenen Kulturen und Vor-

Max Liebermann, Simson und Dalila. Gemälde, 1902

aussetzungen ausgehen und verschiedene Methoden anwenden. Es hätte ebenso deutlich sein müssen, daß die Führer der Secession deutsche Künstler waren; ungeachtet aller internationialer Einflüsse wurden keine vergleichbaren Bilder in anderen Ländern gemalt. Und schließlich: Die secessionistischen Künstler waren nicht auf einen bestimmten Stil festgelegt, wenn es in der Gruppe auch nicht wenige mittelmäßige Nachahmer Corinths und mehr noch Liebermanns gab. Aber trotz der Ungenauigkeit, die dem Ausdruck *Deutscher Impressionismus* anhaftet, veranschaulicht er, wie sich die Berliner Secession von einer lokalen Vereinigung zum Mittelpunkt eines lockeren Bündnisses moderner Bewegungen im ganzen Lande entwickelte.

Der Wandel der Secession zu einer Macht von überregionaler Bedeutung wurde von großen und kleinen Krisen begleitet. Nicht jedem Mitglied fiel es leicht, die Autorität Liebermanns und seiner Kollegen anzuerkennen; noch waren sie alle unwiderruflich gegen die offizielle Kunstanschauung. Nachdem der Kaiser in seiner Rede anläßlich der Vollendung der Siegesallee seine ästhetischen Ideale definiert hatte, schrieb Liebermann an den Präsidenten der Münchner Secession: »Ich kann leider nicht leugnen, daß

Simson und Dalila. (Zur Rückkehr der Sechzehn in die „Große Berliner“.)

Sechzehn Locken hat sie dem Riesen Liebermann abgeschnitten, — und überlieferte die Ausgerissenen den Philistern und Moabitern.

Simson und Dalila. Karikatur von F. Jüttner auf das Ausscheiden von sechzehn Mitgliedern aus der Berliner Secession im Jahre 1902: Dalila überreicht die dem schlafenden Liebermann abgeschnittenen Namenszüge der Abtrünnigen dem hinter dem Vorhang lauernden Häuptling der ›Philister und Moabiter‹, Anton von Werner. *Lustige Blätter,* Bd 17, Heft 22, 1902

die letzte kaiserliche Rede über Kunst selbst vielen uns’rer Collegen aus dem Herzen gesprochen war.« Er fügte hinzu: »Natürlich kann der Kaiser höchstens die Bewegung aufhalten, und wenn die Secessionen – wozu doch im großen und ganzen die Talentierteren gehören – zusammenhalten, ist auch das kaum zu befürchten.«[23]

Als Liebermann das schrieb, war schon einer der Gründer der Berliner Secession, Franz Skarbina, aus dem Vorstand und der Bewegung geschieden. Mit seinem milden, versöhnlichen Charakter fühlte er sich bei seinen zahlreichen Freunden im Verein Berliner Künstler wohler als in Opposition. Im Frühjahr 1902 verließen zwei weitere Vorstandsmitglieder, Otto Engel und Oscar Frenzel, gemeinsam mit vierzehn ordentlichen Mitgliedern die Secession. Diese sechzehn hatten den traditionalistischen Flügel der Secession gebildet, und die meisten von ihnen waren gegen die Ausstellung ausländischer Künstler gewesen. Sie schlossen sich wieder dem Verein an; bestanden jedoch ein oder zwei Jahre darauf, als gesonderte Gruppe im jährlichen Salon auszustellen – eine Forderung, der sich Skarbina bezeichnenderweise nicht anschloß. Gaul, Slevogt und Corinth ersetzten sie im Vorstand, der im nächsten Jahr um zwei Sitze erweitert wurde; diese wurden zunächst mit Wilhelm Trübner und Louis Tuaillon besetzt. Trübner, dessen zunehmend breite, farbige und pastose Pinselführung den prinzipiellen Realismus des Malers nie verleugnete, erreichte damals den Höhepunkt seiner Meisterschaft. Bis zu seinem Tode im Jahre 1917 gehörte er zu den bekanntesten und erfolgreichsten Malern in Deutschland. Tuaillon, in Berlin als Sohn französischer Eltern geboren, war erst kurz zuvor nach achtzehnjährigem Italienaufenthalt nach Berlin zurückgekehrt. Er war ein ungewöhnlich begabter Neoklassizist; seine Reiterstatue Friedrichs III. vor dem Bremer Dom brachte ihm 1906 die große Goldmedaille ein, verschaffte ihm die Aufnahme in die Akademie und schließlich den Orden Pour le mérite – Beweise offizieller Anerkennung, die ihn jedoch in seiner Loyalität zur Secession nie wankend werden ließen.

Diese Wechsel in der Führung konnten die Secession nur stärker machen, genauso wie sie die Unterschiede betonten, die sie von anderen Künstlergruppen trennten. Schwieriger jedoch war ein Konflikt mit den unabhängigen Künstlern in München. Nach der Ausstellung 1902 drohten die zwei wichtigsten secessionistischen Gruppen Bayerns, ihre Arbeiten anderswo auszustellen, wenn man ihnen in Zukunft nicht mehr Platz einräumte. Die Verhandlungen scheiterten, weil die Forderung dem Anliegen des Vorstands entgegenstand, die Größe der Jahresausstellung zu begrenzen. Daraufhin schieden die Münchner Mitglieder, auch Fritz von Uhde, aus der Berliner Secession aus, während die Berliner die Münchner Secession verließen. Nur eine neuere Münchner Splittergruppe, die Scholle, stellte 1903 in Berlin aus.[24] Gegner der modernen Kunst waren erfreut über den Sprung in der Einheitsfront, und Anton von Werner hielt es für möglich, daß die Berliner Secession bald auseinanderbrechen könnte. Aber kaum ein Jahr später hatte die Politik der Regierung die unabhängigen Gruppen wieder zusammengeführt.

Die Gegnerschaft des Kaisers und seiner Anhänger in den Ministerien und bei den alten Künstlervereinigungen hatte widersprüchliche Auswirkungen. Einerseits hielt sie den Kern der Secession zusammen; andererseits waren einige Secessionsmitglieder durch die beinah automatisch erfolgende Beschimpfung ihrer Werke in großen Teilen der konservativen Presse verstört und beunruhigt über die Schwierigkeit, Regierungsaufträge zu bekommen. Als im Herbst des Jahres 1903 die Landeskunstkommission einstimmig den Ankauf einer Leistikow-Landschaft für die Nationalgalerie befürwortete, weigerte sich der Kultusminister, dieses Votum an den Kaiser weiterzuleiten, »weil Leistikow organisatorisch als Führer der ›Secession‹ tätig ist«; die Presse versäumte nicht, darüber zu berichten.[25]

Für Wilhelm II. stellte der Begriff *Secession* inzwischen mehr dar als eine Kunst, die er ablehnte; er benutzte den Ausdruck, um schlechten Geschmack auf vielen Gebieten zu geißeln, angefangen bei der Wissenschaft bis hin zur Damenmode. Als der österreichische Kaiser auf Staatsbesuch in Berlin weilte, schmückte der Stadtarchitekt Ludwig Hoffmann die Tribünenplätze der offiziellen Gäste mit kleinen Lorbeerbäumen, die nicht in den traditionell runden grünen Kübeln standen, sondern in buntbemalten trapezförmigen Gefäßen. Nach Beendigung des Besuchs dankte Wilhelm Hoffmann: »Das Ganze hat mir ausgezeichnet gefallen; aber eins will ich Ihnen sagen, Hoffmann: Solch secessionistisches Zeug wie die Bäume mit den Kübeln dürfen Sie mir nicht wieder bringen.«[26] Die beharrliche Überzeugung des Kaisers von der Wertlosigkeit der Secession wirkte der sich allmählich anbahnenden Versöhnung zwischen dem traditionalistischen und modernen Lager entgegen; ihre unmittelbare Folge zeigte sich darin, daß offizielle Förderung beinahe ausschließlich dem traditionalistischen Lager vorbehalten blieb. Doch selbst kaiserliche Protektion konnte die Probleme der Traditionalisten nicht lösen. Gesellschaftliche Stellung und berufliches Ansehen der Mitglieder der Akademie und der Mehrheit der Mitglieder des Vereins Berliner Künstler waren zu verschieden; der Staat konnte unmöglich alle um ihr tägliches Brot kämpfenden Maler und Bildhauer unterstützen. Das einzige, worauf die meisten Künstler hof-

Die grossen Nummern. (No. V.)
Max v. Liebermann (zur neuesten Krisis in der Secession):
„Ja, fange ich erst einmal an,
Dann greif' ich aber gründlich durch,
Denn ich bin ja der Tyrann
Ja der Tyrann von Charlottenburg!"

Max Liebermann als Tyrann der Berliner Secession. Karikatur von F. Jüttner. *Lustige Blätter*, Bd 17, Heft 9, 1902

Liebermann, der Berliner Sezessionswirth — Julius Diez

„Det hätt 'n Hauptspaß jejeben, wenn ick und mein Portier Rosenhagen die Münchner Jäste rausjeschmissen hätten — und nu verlassen die Kunden freiwillig det Lokal!"

»Liebermann, der Berliner Secessionswirth«. Karikatur auf das Ausscheiden der Münchener Mitglieder aus der Berliner Secession. *Jugend,* Heft 6, 1903 fen konnten, war, daß ihnen die Orientierung an offiziell gebilligten Maßstäben als Empfehlung auf dem überfüllten freien Markt dienen könnte, zu dem sie sich auch weiterhin hauptsächlich durch den jährlichen Salon Zugang verschafften. So mußte zwangsläufig jede Anstrengung, die Qualität des Salons zu heben, den Interessen der Mehrheit der Aussteller zuwiderlaufen. 1902 und noch einmal im darauffolgenden Jahr lud die Jury unter dem Vorsitz von Arthur Kampf, einem angesehenen Historienmaler, einige französische Künstler ein, außer Konkurrenz teilzunehmen; gleichzeitig wurden die Annahmevorschriften für deutsche Einsendungen verschärft, was 1903 zur Zurückweisung von etwa 2200 Gemälden führte. Das Ergebnis war eine Krise im Verein und der öffentliche Protest von Sektionen der Allgemeinen Deutschen Kunstgenossenschaft in ganz Deutschland, deren Mitglieder ihre Arbeiten abgewiesen sahen.

Kurz vor der Eröffnung des Salons von 1903 intervenierte der Kaiser in seiner Eigenschaft als Schirmherr mit einem Schreiben an die Ausstellungskommission »in welchem gegen verschiedene Beschlüsse der Kommission energische Einwände erhoben wurden.«[27] Ein Pamphlet des Vereinsmitglieds Hans Holtzbecher verurteilte »dieses Massacre, dieses Zertreten von Menschenexistenzen« der Jury; sie hätte sogar Bilder von Männern abgewiesen, die im Vorjahr noch als Juroren fungiert hätten.[28] Die Broschüre, die dem Kaiser vorgelegt wurde, klagte weiter den Regierungsvertreter in der Ausstellungskommission an, den wirtschaftlichen Schwierigkeiten einer großen Anzahl von deutschen Künstlern gleichgültig gegenüberzustehen. Es handelte sich hierbei um denselben Geheimrat Müller, der 1898 den Kaiser erzürnt hatte, weil er einen Vergleich mit der sich konstituierenden Berliner Secession empfohlen hatte; man behauptete, er hätte die Hoffnung ausgedrückt, daß die Jury des nächsten Jahres noch strenger sein würde. Laut Holtzbecher waren es das Beispiel und der allgemeine Erfolg der Secessionen, welche die Kommission zu ihrer zerstörerischen Politik angestiftet hatten, und schlimmer noch: durch den Erwerb »mittelmäßiger ausländischer Arbeiten« verwirrte der Staat junge deutsche Künstler in bezug auf die Maßstäbe, nach denen sie sich richten sollten, zumal die große Mehrheit der Kritiker unerklärlicherweise eher die Secessionen als gute deutsche Kunst unterstützten. Er beschwor den Kaiser, die »Hydra Secession« zu zerschmettern, die jetzt sogar das Ansehen der

Nation durch ihren großen Einfluß auf Theodor Lewald zu verderben drohte, den Reichskommissar, der Deutschlands Teilnahme an der Weltausstellung von St. Louis organisierte. Um wenigstens die Lage in Berlin wieder herzustellen, schlug Holtzbecher vor, den Salon zu einer Ausstellung für vorwiegend Berliner Künstler zu machen. Ein weiterer Vorschlag war die Einsetzung eines höheren Gerichts, bei dem gegen Juryentscheidungen Einspruch erhoben werden könnte; obwohl er der Ansicht war, daß Künstler, deren Arbeiten in zehn vorhergehenden Salons angenommen worden waren, auf jeden Fall vom Urteil der Jury ausgenommen werden sollten, genau wie schon die Mitglieder der Akademie. Dieser letzte Vorschlag, welcher die Befugnisse der Jury gänzlich auf neue Bewerber und Unbekannte beschränkt hätte, wurde vom Kaiser und der Akademie abgelehnt. Am Ende gewann das Kunstproletariat kaum mehr als symbolische Unterstützung durch Wilhelm II. Er gab sich damit zufrieden, der Reformpartei im Verein einige ermutigende Worte zu übermitteln und sein Veto einzulegen, als die Landeskunstkommission den Ankauf eines Gemäldes von Arthur Kampf für die Nationalgalerie empfahl. Kampf, der mißliebige Vorsitzende des Salons, hatte sich inzwischen noch unbeliebter gemacht mit seinem Vorschlag, auch einige Werke von Mitgliedern der Berliner Secession zu einer Ausstellung deutscher Kunst im Chicago Art Institute zu geben.[29] Ein konservativer Kritiker, Albert Dresdner, faßte die Lehre aus den Konflikten zwischen Salon und Secession und aus dem Streit innerhalb des Salons selbst in einem Zitat aus Goethes *Wilhelm Meister* zusammen: »›Alle Schuld rächt sich auf Erden‹, und an der ›alten Kunst‹ rächt sich jetzt der Fehler, daß sie die neue impressionistische Richtung seinerzeit unbillig und verständnislos empfing und daß ihre Vertreter nicht den Versuch machten, das Körnchen wirklich Neuen und Fruchtbaren, das sie barg, von dem vielen Schwindelhaften, das an ihr von vornherein zu erkennen war, zu sondern.« Nicht nur sei der Salon von 1903 schlecht, er habe sich auch seinen alten Gegnern gebeugt, »denn diesmal hat die Große Ausstellung reumütig den französischen Impressionisten, den Monet, Pissarro, Renoir usw. ihre Pforten geöffnet; und sie hat so für diese fremden und wahrhaftig ohnehin überschätzten Männer viel wirksamere Reklame gemacht, als wenn sie sie vor fünf, sechs Jahren ganz still und friedlich in ihre heiligen Hallen eingelassen hätte.«[30]

»Begas-Prometheus«. Nach dem Muster seiner Prometheus-Statue gebildet, windet sich der Schöpfer des Kaiser-Wilhelm-Nationaldenkmals, von Max Klinger und Max Liebermann bewacht, unter den Schnabelhieben des Geiers ›Secession‹

Ähnliche Kommentare und die Proteste des Kunstproletariats zeigen, wie weit die Strecke war, die die Secession seit ihrer Gründung 1898 zurückgelegt hatte. Obwohl sie immer einen überwiegend norddeutschen und Berliner Charakter behielt, begann die Secession doch, die ganze deutsche Kunstwelt zu beeinflussen, und besonders in den Augen ihrer Kritiker kam sie jetzt einer nationalen, sogar internationalen Macht gleich. Die engen Beziehungen der Secession zur modernen Kunst des Auslands, die durch die Ausstellungspolitik Paul Cassirers (in seiner Eigenschaft als Sekretär der Secession und gleichzeitig als Leiter der eigenen Galerie) betont wurde, gab der Secession einen politischen und ideologischen Charakter, der nur zum Teil gerechtfertigt war und den nicht alle ihrer Mitglieder begrüßten.

Jenen extremeren deutschen Konservativen, die auch ein Interesse für kulturelle Belange hatten, ebenso wie den rabiaten Antisemiten erschien die Secession als ein weiterer Fäulnisbazillus, der die Stärke der Nation untergrub. Keine andere moderne Bewegung zog ähnlich intensiven Widerstand auf sich, dessen Äußerungen von verständnislosem Gelächter bis zu Forderungen pöbelhaft völkischer Demagogen nach unverzüglicher Ausmerzung dieses Krebsgeschwürs reichten. Die Berliner Secession wurde aus augenfälligen Gründen die Zielscheibe solcher Angriffe. Andere deutsche Fürsten ließen sich nicht auf die unversöhnliche, lärmende Feindschaft Wilhelms II. gegen die moderne Kunst ein, und die Worte und Handlungen des Kaisers hatten besonderes Gewicht. Ereignisse in der Hauptstadt erregten die Aufmerksamkeit des ganzen Reiches, und der Einfluß Berlins war nicht nur in der Politik, sondern auch in Literatur und bildender Kunst größer als je vorher. Schon ihr Standort also sicherte der Secession die Aufmerksamkeit der Öffentlichkeit; dazu kam, daß die Gruppe zu Beginn des Jahrhunderts die sozusagen secessionistischste deutsche Secession war. Ihre Führer hielten nicht hinter dem Berge mit ihren Überzeugungen und wußten wirkungsvoll für dieselben zu plädieren. Und schließlich: keine andere deutsche Secession wurde von einem Juden geleitet. Dresdner beschuldigte nicht nur die Secession und »ihre einheimischen und ausländischen Sympathisanten«, die Kunst zu pervertieren – »nicht mehr der Künstler schafft die Kunst; man erwartet vom Betrachter, daß er selber aufgrund von Anregungen und Andeutungen die Kunst schafft« – eine Aussage, die das Anliegen der Secession, die »mit-

„Die Künstlerschaft und Kunstwissenschaft hat in „alter Richtung“ mit der Front gegen die Sezession Aufstellung zu nehmen. — Die Garde-Mal-Kompagnien Pape und Knackfuß, unterstützt von der Maschinen-Skulptur-Abtheilung Begas haben die Festung mit stürmender Hand zu erobern, den Gegner zu umzingeln und unerbittlich zur „Uebergabe“ zu zwingen!“

»Ordre de Bataille zum Manöver zwischen Secession und Moabit«, *Jugend,* 1904

tätige Vorstellungskraft des Betrachters« anzuregen, verfälschend wiedergibt. Er behauptete auch, Liebermann versuche, Museen, Ausstellungen, die öffentliche Meinung und den Kunstmarkt zu beherrschen.[31] Dasselbe Klagelied von den kommerziellen Beweggründen, die die deutsche Kunst vergewaltigten, wurde von einem Dr. Volker angestimmt in *Hochland,* der neugegründeten katholischen Zeitschrift, deren Name – der Erörterungen wichtiger Fragen auf einem gehobenen Niveau versprach – von Volkers abwechselnd drohendem und höhnischen Ton Lügen gestraft wurde. Seiner Ansicht nach bedeutete die Berliner Secession »den Bankrott der Phantasie und einem vollen Sieg des französischen Impressionismus.« Beim Impressionismus handele es sich »um den sinnlichen Eindruck auf die Netzhaut, nicht aber um ein inneres Verarbeiten dieses Eindrucks... es ist nicht deutsche Art, die Natur also anzusehen.« Nach diesen einleitenden Bemerkungen kam der Verfasser zur Hauptsache:

»Es ist von kennzeichnender Bedeutung, daß der Vermittler dieser Kunst und ihre ersten kritischen Herolde, ich will nicht sagen Juden, sondern, was wesentlich, Vertreter des spezifischen Judengeistes von Berlin W sind. Daß viele Deutsche mitmachen und hinterdrein laufen, ist kein Wunder. Die Geschäftigkeit und Betriebsamkeit dieser Leute hat etwas Suggestives. Sie hat auch ihre Vorteile. Man hat aus dem verjudeten Berlin W einen Kunstmarkt ersten Ranges gemacht, und man hat es verstanden, diesen Markt ganz in seine Hände zu bringen. Der Salon Cassirer, den man ebensogut Salon Liebermann nennen kann, ist die ›Secession‹, deren Geschäfte in den geschickten ›Kassierer‹-Händen liegen, im kleinen.«[32]

Volker sah keine Möglichkeit, daß sich Berlin selbst heilen könnte. Der Salon bildete kein Gegengewicht zur Secession: dazu

Arthur Kampf, Einsegnung von Lützows Freiwilligen. Gemälde, 1891

sei er »zu sehr ausgesprochener Kunstmarkt, zu sehr Vereinsveranstaltung des Vereins Berliner Künstler, zu abhängig vom Staat.« Eine Erneuerung wäre nur möglich, wenn die Provinz sich gegen Berlin aufraffen würde: »aber nicht mit Worten, sondern mit Taten.«[33]

Behaupten, daß die vorherrschenden Züge der Secession »undeutsch« und »sinnlich« wären und von Ausländern und Juden aus Gewinnstreben verfochten würden, war nichts anderes, als den bekannten antisemitischen Klagen ein neues Ziel setzen. Die Unterstellung sollte ein Hauptpunkt der Hetze gegen die Secession und andere moderne Bewegungen werden, die in den nächsten Jahren noch beträchtlich zunahm, obwohl schon 1903 weder Ton noch Aussage von Volkers Essay ein Einzelfall war. Solche Angriffe fielen zusammen mit dem an sich achtbaren Wunsch eines immer größer werdenden Teils des Bürgertums nach Entwicklung einer echt deutschen Kunst, die das deutsche Volk erleuchten und leiten könnte. Die Kunstzeitschrift mit der weitesten Verbreitung in Deutschland, *Kunst für alle* (17000–18000 Exemplare im Jahre 1910) und so beliebte Zeitschriften wie *Der Kunstwart* (23000 Exemplare kurz vor dem Ersten Weltkrieg) erörterten Kunst vor allem unter moralischen, idealistischen und patrioti-

Die Huldigung vor der Büste Menzel's.

»Die Huldigung vor der Büste Menzels. Vom Menzel-Fest in Berlin am 8. December«. Leipziger *Illustrirte Zeitung,* 21. Dezember 1895

schen Gesichtspunkten; sie reflektierten deutlich die Sorgen ihrer bürgerlichen Leser, obwohl beide Publikationen sich um eine gewisse Ausgewogenheit ihrer Verlagspolitik bemühten und Artikel, die der modernen Richtung verständnisvoll gegenüberstanden, veröffentlichten.

Der *Kunstwart* brachte zwar Dresdners Denunziation einer kosmopolitischen Kunst, feierte aber auch Liebermanns sechzigsten Geburtstag 1907 mit einer Würdigung der künstlerischen Leistung des Jubilars aus der Feder des Verlegers, Ferdinand Avenarius; ebenso veröffentlichte er Schefflers Verteidigung des Impressionismus als der einzig wahren modernen Kunst.[34] Die Berichte über Kunst in Berlin, die in *Kunst für alle* erschienen, wurden von Hans Rosenhagen verfaßt, Corinths Freund, der regelmäßig die Ausstellungen der Berliner Secession und der Galerie Cassirer begeistert erörterte.[35] Im allgemeinen ging jedoch die Linie der Zeitschrift in eine ganz andere Richtung und entsprach den Ansichten ihres Herausgebers Friedrich Pecht, der Menzels bürgerlichen Realismus für den Höhepunkt der modernen Kunst hielt. Pecht hielt sich für einen Patrioten, bemüht, durch die Förderung einer nationalen Kunst (worunter er die realistische Schilderung deutscher Motive in einer von allem ausländischen und namentlich französischem Einfluß freien Manier verstand) zur Einigung des deutschen Volkes beizutragen.[36] Andere Autoren erhofften einen Zustrom religiöser und mystischer Kräfte; der Kunsthistoriker Henry Thode, Cosima Wagners Schwiegersohn, verkündete zum Beispiel den Beginn einer mehr geistigen deutschen Kunst und erklärte jede Geschmacksrichtung oder jeden Stil, die nicht den Idealen von moralischer Gesundheit und Vaterlandsliebe dienten, zu einem Luxus, den sich die Nation nicht leisten könne.[37] Da Böcklin 1901 gestorben war und Menzel in sehr hohem Alter stand, konzentrierten sich die Hoffnungen auf diese neue Renaissance hauptsächlich auf Max Klinger und auf Hans Thoma, dessen Werk den Realismus mit romantischen und phantastischen Elementen anreicherte und zu einer Verherrlichung der deutschen Landschaft verschmolz. Die Berliner Secession hatte übrigens von ihrer ersten Ausstellung an Arbeiten Klingers und Thomas gezeigt. Der ehrliche, wenngleich ziemlich naive Idealismus dieser Sucher nach einer eigentümlich und wesentlich deutschen Kunst, einer Kunst, die den Deutschen helfen würde, die Schwierigkeiten des Lebens im industriellen Zeitalter zu meistern, unterschied sich stark von dem völkischen Kultur-Antisemitismus Volkers und seiner Genossen; und scheint von der Mehrheit der interessierten Zeitgenossen auch ernster genommen worden zu sein. Das Mißtrauen dieser Idealisten gegen den von der impressionistischen französischen Kunst eingeschlagenen Weg beeinflußte sogar einige Mitglieder der Secession. Käthe Kollwitz war so irritiert von dem Erfolg, den Matisse bei seinen ersten deutschen Ausstellungen erzielte, daß sie sich einer Bewegung anschloß, die gegen die Förderung ausländischer Künstler in Deutschland protestierte.[38] Trotz ihrer ernsthaften und achtbaren Motive hatte die Sehnsucht nach einer wahrhaft deutschen Kunst praktische Konsequenzen, die fast schon die Ansprüche und Forderungen der radikalsten Gegner der Secession erfüllten. Eine Geisteshaltung entstand, die zwar die Übertreibungen und Unduldsamkeit der aggressiven Partei beklagen konnte, aber zugleich viele ihrer Hoffnungen teilte. Viele frühere Förderer der Moderne wandten sich allmählich gegen die Berliner Secession, angezogen vom Wunschbild einer deutschen Kunst als einer nationalen Kraft, die sich von der Kunst anderer Völker unterschiede und Tugenden zum Ausdruck brächte und förderte, die als spezifisch deutsch gelten könnten. Innerhalb weniger Jahre wandelte sich Rosenhagen von einem Fürsprecher der Secession zu einem ihrer entschiedensten Gegner.[39] Und zu eben der Zeit, da die

Max Klinger als Kunsttitan. Karikatur von F. Jüttner. *Lustige Blätter,* Bd 17, Heft 22, 1902

Secession in ganz Deutschland zum Begriff wurde, betrat der Architekt und Lehrer Paul Schultze-Naumburg, von Liebermann einst als sensibler Deuter der modernen Kunst gelobt, die Bahn, die ihn schließlich folgerichtig auf einem höheren Posten in der Kulturhierarchie des Dritten Reiches führte. Die Vorstellung, daß es sich bei der Secession um eine undeutsche Verschwörung handle, die zwar künstlerische Freiheit fordere, aber in Wahrheit nur nach Gewinn strebe, nistete sich schließlich fest in dem ausschweifenden und verworrenen Gespinst des zu seinem Unglück nur sehr unzureichend von gesundem Menschenverstand beratenen bürgerlichen deutschen Idealismus ein.

II

Die Berliner Secession hatte sich einen Platz unter den Gruppen geschaffen, die in Deutschland moderne Kunst förderten. Es blieb abzuwarten, wie weit die Bürokratie in Preußen und im Reich sich die persönliche Abneigung des Kaisers zu eigen machen und die Secessionisten als undeutsche Zerstörer des kulturellen Friedens behandeln würde, oder ob sie im Gegenteil lernte, sie allmählich gelten zu lassen. Wenn auch die offizielle Förderung weiterhin stark die traditionelle Kunst bevorzugte, so zeigte doch der Ankauf secessionistischer Bilder durch staatliche Museen, daß die antimodernistische Front zumindest nicht geschlossen war, und deutete die Möglichkeit einer weiteren Entspannung an. Die Weltausstellung, die die Vereinigten Staaten zur Hundertjahrfeier des Erwerbs von Louisiana ausrichteten, bot Gelegenheit zu prüfen, ob die Regierung die Secession nach *außen* hin als eine neue Kraft in der deutschen Kunst anerkennen würde.

Die Ausstellung in St. Louis war die erste große internationale Kunstausstellung, die nach der Gründung der Berliner Secession stattfand, die Planung für die Pariser Ausstellung von 1900 war schon weit gediehen, als die Gruppe noch nicht bestand. Deutschland begrüßte die amerikanische Einladung, eine Ausstellung nach St. Louis zu schicken, nicht sonderlich und maß ihr zunächst wenig Bedeutung bei. Verfolgt man die Phasen der Änderung dieser Haltung, erkennt man in der Geschichte ein Musterbeispiel des widerstrebend angewandten ökonomischen und kulturellen Imperialismus. Als die Einladung im Herbst 1901 in Berlin eintraf, versuchten die verantwortlichen Ministerien gemeinsam mit dem Kaiser, eine Zusage zu vermeiden, ohne Anstoß zu erregen. Der Staatshaushalt war überfordert; zahlreiche internationale Messen, Kongresse und Handelsausstellungen waren in den letzten Jahren veranstaltet worden; Industrielle und Regierungsbeamte sprachen von einer allgemeinen Ausstellungsmüdigkeit. Doch die Regierung gab schrittweise dem Drängen Washingtons nach; man wollte keine Verstimmung zwischen den beiden Regierungen riskieren; war besorgt über die Pläne anderer Mächte, die, ihrerseits besorgt, durch ihr Fernbleiben Prestige einzubüßen, ihre Teilnahme an der Ausstellung ankündigten; dazu kam die Hoffnung auf kommerziellen Nutzen und nicht zuletzt das Drängen der Deutsch-Amerikaner, die glaubten, daß die Anwesenheit des Reiches in St. Louis das Ansehen Deutschlands fördern und das Deutschtum im Ausland stärken könnte.

Die erste Absicht, äußerstenfalls eine kleine Delegation von Beobachtern und privaten Ausstellern zu bevollmächtigen, wandelte sich zu Plänen für eine bescheidene Ausstellung, die sich auf Kunst und Kunsthandwerk konzentrieren sollte; es endete schließlich mit einer umfassenden Ausstellung der kulturellen und technischen Erzeugnisse Deutschlands und mit einem Budget, das zum Schluß auf fast fünf Millionen Mark angewachsen war. Der deutsche Pavillon in St. Louis, eine gestutzte, mit Dekor überladene Nachbildung des Charlottenburger Schlosses – ohne die Seitenflügel, denen der Bau viel von seiner Ausgewogenheit und einleuchtenden Ordnung verdankt –, symbolisierte die endgültige Kapitulation des gesunden Menschenverstandes vor Geltungsbedürfnis und internationalem Wettbewerb.[40]

Im Oktober 1901 konsultierte der Außenminister, Baron von Richthofen, seinen Kollegen im Innenministerium, Graf Posadowsky-Wehner, wegen der kürzlich erfolgten amerikanischen Einladung. Posadowskys Antwort war beinahe völlig ablehnend: nach den großen privaten und öffentlichen Ausgaben für die Pariser Ausstellung von 1900 könnte man von Industrie und Handel keine weiteren Opfer erwarten. Deutschland wäre in Amerika auf der letzten Weltausstellung, vor weniger als zehn Jahren, in Chicago, mehr als angemessen vertreten gewesen. Kommerzielle Vorteile seien von dem Unternehmen kaum zu erwarten, da ame-

Adolf Oberländer, »Gotiker und Renaissancier«. Zeichnung, 1884. Abgebildet in *Kunst und Künstler*, Bd 1, Heft 3, 1903

rikanische Ausstellungen für die ausländischen Teilnehmer sich bisher nie als gewinnbringend erwiesen hätten. Außerdem gäben die Berichte des deutschen Konsuls in St. Louis zu Zweifeln Anlaß, ob die Ausstellung überhaupt rechtzeitig fertig werden würde.

Diese Überlegungen und der »ungünstige Zustand der Reichsfinanzen« sprächen dafür, daß Deutschland auf die Teilnahme verzichte. Posadowsky fügte hinzu: »Sollte indes etwa vom Standort des dortigen Ressorts Werth darauf gelegt werden, daß der Einladung der Regierung der Vereinigten Staaten ein gewisses Entgegenkommen gezeigt wird… so könnte eventuell eine Betheiligung der deutschen bildenden Künste, vielleicht im Vereine mit gewissen Zweigen des Kunstgewerbes ins Auge gefaßt werden.«[41] Er endete mit der Frage, ob das Außenministerium die Absichten und Pläne der anderen führenden europäischen Mächte ermitteln könnte. Diese blieben noch weitgehend unbestimmt. Das Außenministerium glaubte, daß Italien wahrscheinlich die Einladung nicht angenommen hatte; England würde vermutlich nur private Aussteller unterstützen, aber London erkundigte sich nach Deutschlands Absichten, wie es auch schon Österreich getan hatte. Im Frühjahr 1902 hatten nur zwei Großmächte sich entschieden: Frankreich würde teilnehmen, Rußland nicht. In der Assemblée Nationale bemerkten einige Redner, daß der offizielle Anlaß der Ausstellung, der hundertste Jahrestag der Erwerbung Louisianas, ausgezeichnete Gelegenheiten für französische Kulturdiplomatie böte.[42]

Das Widerstreben der meisten europäischen Regierungen, sich festzulegen, war eine unliebsame Überraschung für die Amerikaner, die nun begannen, auf grundsätzliche Zusagen zu drängen, wobei sie das Ausmaß der Beteiligung auf spätere Verhandlungen verschoben. Im Januar 1902 sandte die amerikanische Botschaft in Berlin der deutschen Regierung ein Memorandum, das der Hoffnung Ausdruck gab, Deutschland würde in St. Louis vertreten sein: »und besonders mit einer Ausstellung deutscher Kunst und deutschen Kunsthandwerks, die dem Reich zur Ehre gereichen.« Dahinter verbarg sich das deutliche Anliegen, daß Deutschland die anderen nicht entmutigen sollte.[43] In diesen Tagen schrieb der deutche Botschafter in Washington an den Reichskanzler Bülow: »Ich bin nun freilich auch der Meinung, daß es für die deutsche Industrie von wenig Werth sein würde, die Ausstellung in St. Louis zu beschicken, andererseits würde ich es aber für einen Akt internationaler Höflichkeit halten, wenn Deutschland sich in irgendeiner Form beteiligte, gewissermaßen seine Visitenkarte abgäbe... Vielleicht erscheint es angezeigt, eine... (Kunst) Ausstellung ins Leben zu rufen.«[44] Im Frühjahr war man in Berlin übereinstimmend der Ansicht, daß eine offene Absage der Einladung nicht in Frage käme und daß eine Kunstausstellung den besten Ausweg aus dem Dilemma böte. Im März begann Posadowsky Gespräche mit dem Vorsitzenden der Allgemeinen Deutschen Kunstgenossenschaft zu führen und informierte ihn im April, daß das Reich zwar nicht offiziell an der Messe teilnehmen würde, jedoch eine Kunstausstellung unterstützen könnte. Wie dächten die Künstler darüber?[45] Gleichzeitig trat der preußische Kultusminister, Konrad Studt, auf den Plan. Er berichtete dem Kaiser über die Angelegenheit und bat den Präsidenten der Akademie um seine Ansicht, wie die Ausstellung am besten zu organisieren sei. Am 24. April schrieb Studt an Richthofen, der Kaiser würde es gerne sehen, wenn mehr deutsche Künstler in Amerika ausstellten; auch hielt er St. Louis für eine geeignete Gelegenheit, das Interesse an deutscher Kunst zu verstärken. Der Kaiser hoffte, daß dafür deutsche Ausstellungen mehr amerikanische Werke zeigen würden.[46] Studt war kein so unabhängiger Charakter wie sein Vorgänger Robert Bosse, dessen Rücktritt Wilhelm II. 1899 gefordert hatte. »Von allen meinen Ministern«, soll der Kaiser später gesagt haben, »ist der Minister Studt der beste... Er führt einfach zuverlässig meine Befehle aus, und alles andere ist ihm egal!«[47] Aber Studt teilte nicht des Kaisers leidenschaftliche Ablehnung der modernen Kunst; als gewissenhafter Beamter, der Erfolg für die deutsche Ausstellung in Amerika erhoffte, fühlte er sich verpflichtet, auf den Rat des für Kunst zuständigen Beamten in seinem Ministerium, Erich Müller, zu hören. Folglich schrieb er an den Reichskanzler: »Was die Kunstausstellung betrifft, so erlaube ich mir auf Grund der bei der Weltausstellung in Paris gemachten Erfahrungen schon jetzt meine Ansicht dahin auszusprechen, daß es nicht rathsam erscheint, die Organisation der Kunstausstellung lediglich der deutschen Kunstgenossenschaft zu überlassen. Es dürfte sich vielmehr, wie seiner Zeit bereits für die Pariser Ausstellung von verschiedenen Seiten angerathen war, empfehlen, von Amtswegen ein im Wesentlichen aus angesehenen Künstlern bestehendes Central-Komitee behufs Organisation der Ausstellung zu bilden.«[48] Gegen Studts Vor-

Ein Zukunftsbild

(Zeichnung von Th. Th. Heine)

Endlich sind alle Ruinen des deutschen Reiches restauriert und unsere Regierung macht sich daran, auf Kosten der deutschen Steuerzahler die ägyptischen Pyramiden auszubauen, natürlich im gotischen Stil. Um den Aegyptern noch mehr zu imponieren, erhält ein Berliner Denkmalfabrikant den Auftrag, die Sphinx in ein deutsches Nationaldenkmal umzuwandeln.

»Um den Ägyptern noch mehr zu imponieren, erhält ein Berliner Denkmalfabrikant den Auftrag, die Sphinx in ein deutsches Nationaldenkmal umzuwandeln.« Ein Zukunftsbild« von Th. Th. Heine für den Titel des 52. Hefts des 6. Bandes des *Simplicissimus,* 1902

schlag schien nichts einzuwenden zu sein. Da man allgemein wußte, daß die von der Kunstgenossenschaft nach Paris geschickte Ausstellung vorwiegend akademischer Kunst weder eine gute

Presse gehabt noch Käufer angezogen hatte, stimmte der Kanzler zu; offenbar ohne es für nötig zu halten, den Kaiser von dieser Maßnahme zu unterrichten. Wilhelm II. blieb in Unkenntnis dieses Schrittes seiner Regierung, der eine umfassende Ausstellung deutscher Kunst in St. Louis gewährleisten sollte, bis das Komitee im nächsten Frühjahr plötzlich in die Öffentlichkeit trat: Künstler der modernen wie der traditionellen Richtung vereinigend, wurde es von der Presse alsbald mit dem Etikett »Kunstparlament« versehen.

Inzwischen wurde weiterhin die Entsendung einer offiziellen, umfangreicheren Ausstellung erwogen. Im August schrieb Posadowski an Richthofen, daß er nach wie vor gegen eine offizielle Teilnahme in St. Louis wäre, genau wie auch die preußischen Minister für Kultur und Handel; er sei aber willens, von seinen Zweifeln abzusehen, wenn außenpolitische Erwägungen es erforderlich machten. Er sei bereit, einen Beauftragten zur Planung des deutschen Beitrags zu ernennen, wenn die Regierung sich zur offiziellen Teilnahme entschließen sollte. Diese Frage hatte nicht der Reichstag, sondern der Bundesrat zu entscheiden. Posadowsky fuhr fort: »Es wird daher nunmehr vor Allem darauf ankommen, die Entscheidung Seiner Majestät des Kaisers darüber einzuholen, ob dem Bundesrath eine Vorlage wegen Annahme der Einladung der Vereinigten Staaten unterbreitet werden soll. Nach diesseitigen Dafürhalten dürfte es sich empfehlen, die deutsche Betheiligung in der Hauptsache auf die Gebiete der Kunst, des Kunstgewerbes und des Erziehungswesens zu beschränken, und diese Absicht auch bei dem Vortrage der Angelegenheit bei Seiner Majestät dem Kaiser und in der Vorlage an den Bundesrath zum Ausdruck zu bringen.«[49] Als der Kaiser Anfang Oktober von seiner sommerlichen Kreuzfahrt auf der Ostsee zurückgekehrt war, legte das Außenministerium einen Immediatbericht vor, der eine begrenzte deutsche Teilnahme empfahl; beigefügt war ein ähnlicher Bericht des Reichskanzlers, der die Ernennung eines höheren Beamten des Innenministeriums, Theodor Lewald, zum Reichskommissar vorschlug.[50] Für diesen Posten bevorzugte Wilhelm II. den Beamten, der schon die deutsche Ausstellung in Paris betreut hatte, ein weiteres Beispiel für des Kaisers mehr als nur nominelle Mitwirkung bei der Entscheidung über selbst weniger wichtige Posten. Erst als dieser Beamte aus gesundheitlichen Gründen ablehnte, wurde Lewald ernannt.[51]

Am 23. Oktober wurde ein Vorschlagsentwurf Posadowskys an den Bundesrat geschickt, der ausführte, daß kommerzielle Gründe, politische Erwägungen und das Ansehen Deutschlands die Annahme der Einladung erforderlich machten. Wegen der angespannten Finanzlage käme eine alles umfassende Teilnahme nicht in Frage, und deshalb schiene die Beschränkung auf die Kunst ratsam. Zur Zeit dominiere die französische Kunst auf dem amerikanischen Markt, doch sei die Weltausstellung in St. Louis eine Gelegenheit, das zu ändern. Eine größere Anzahl deutscher Kunstwerke sei zum letzten Mal 1893 in Chicago zu sehen gewesen; seitdem sei »mit dem außerordentlichen Anwachsen des Reichtums in Amerika das Bedürfnis nach künstlerischem Schmuck des Hauses in solchem Maße gewachsen, daß gegenwärtig für die deutsche Kunst die besten Aussichten bestehen, daselbst wieder festen Boden zu gewinnen.« Eine Woche später billigte der Bundesrat die Annahme der Einladung sowie die Ernennung eines Reichskommissars und bewilligte die notwendigen Geldmittel, deren Höhe nicht genau angegeben war, aber auf einige hunderttausend Mark geschätzt wurde. Wie bei früheren Weltausstellungen ruhte die letzte Verantwortung für den deutschen Beitrag beim Reichskanzler und dem Staatssekretär des Reichsamts des Innern; für die Ausführung zuständig war ein Beamter des Innenministeriums, in diesem Falle Lewald, der zum Reichskommissar für die Weltausstellung ernannt wurde und sich bei der Planung der Ausstellung auf die Regierungen der deutschen Staaten und auf nationale Fach- und Handelsorganisationen stützte.[52] Lewald, ein fähiger Beamter, der im Ersten Weltkrieg zum Unterstaatssekretär des Innern aufstieg, war nicht der Mann, sich mit unbedeutenden Aufgaben abzugeben. Kurz nach seiner Ernennung reiste er nach St. Louis, um sich die amerikanischen Ausstellungsvorbereitungen anzusehen. Von dort aus telegrafierte er: »Ausstellung großartiger als ich erwartet. Dimensionen der Bauten enorm, erfordern große Aufwendung an Dekoration. Errichtung deutschen Hauses unerläßlich. Bitte daher dringend im nächsten Etat jedenfalls zwei Millionen einstellen.«[53] Diese Summe war noch nicht bewilligt, aber im Januar 1903 konnte die Presse berichten, daß der neue Reichshaushalt einen Posten von 1,5 Millionen Mark für die Beteiligung des Deutschen Reiches an der Weltausstellung vorsah.[54]

Nach seiner Rückkehr drängte Lewald auf weitere Vergrö-

Lustige Blätter, Bd 16, Heft 33, 1901

ßerung des deutschen Beitrags, auch wenn Industrie und Handel das Risiko fürchteten und es den Vereinigten Staaten noch nicht gelungen war, die meisten europäischen Mächte zu gleichen Anstrengungen, wie sie 1900 für Paris gemacht, zu überreden; lediglich Frankreich bereitete eindeutig eine größere Industrie- und Kunstausstellung vor. Lewald stellte den Eifer, mit dem Washington und der Ausstellungsvorstand die ausländischen Aussteller bedrängte, den »nationalistischen Strömungen« in der Bevölkerung gegenüber, »die die Auffassung nähren, daß die Superiorität des Amerikaners allmählich alle Gebiete des Lebens umfasse und bewußt auf ein Zurückdrängen aller auswärtigen Einflüsse strebe – also gewissermaßen die Anwendung der Monroe Doctrine auf das geistige und wissenschaftliche Leben.«

Man müsse die amerikanische Gesellschaft von diesem Irrtum befreien: »Ein imponierendes Auftreten Deutschlands auf der St. Louiser Ausstellung würde ein starkes Gegengewicht gegen derartige Bestrebungen und Anschauungen bilden und dazu beitragen, den deutschen Einfluß zu beleben und zu stärken.

Ich kann nur auf das allerdringendste und lebhafteste befürworten, daß Deutschland dahin strebt, ebenso wie in Chicago und Paris, auf der Ausstellung die bestvertretene fremde Nation zu sein... ich halte es daher auch für dringend erwünscht, über das in der Denkschrift zum Etat entwickelte Programm (Beschränkung auf Kunst, Kunstgewerbe und Unterricht) wesentlich hinauszugehen und tunlichst ein Bild unserer industriellen Entwicklung zu geben.« Er schloß: »In dem Kunstpalast ist ein geeigneter Platz für die deutsche Abteilung belegt. Ihre Organisation wird bei den Spaltungen unter den deutschen Künstlern große Schwierigkeiten verursachen, deren Überwindung indessen zu hoffen steht.«[55]

Lewalds Argumente hatten noch nicht gesiegt, aber die Sorge, im internationalen Wettbewerb zu bestehen, sprach dafür, eine Tatsache, mit der die amerikanischen Organisatoren rechneten. In der merkwürdig gestelzten Sprache, die die meisten Erklärungen und Veröffentlichungen der Ausstellungsleitung kennzeichnete, erklärte das weit verbreitete Informations- und Reklameblatt, das *World's Fair Bulletin,* im Januar 1903: »Man versteht wohl, daß keine der beiden Regierungen (die französische und die deutsche) sich von der anderen bei der Repräsentation einer Ausstellung von hohem künstlerischen und bildenden Rang übertreffen lassen will (...). Die Handlungsweise dieser beiden führenden Staaten ist zweifellos stark zu unterstützen... und wird gewiß die übrigen Staaten Eurpas anfeuern, ihnen nachzueifern.«[56]

Tatsächlich schwenkten Länder wie Großbritannien und Italien auf diese Linie ein, und die Einkaufsreisen verschiedener Ausstellungsbeauftragter, die mit einer Europa-Tournee des Präsidenten der Louisiana-Purchase-Ausstellung, David R. Francis, endeten, taten ein übriges. Nach einer Audienz bei Wilhelm II., bei der der Kaiser Francis ein Exemplar von Houston Stewart Chamberlains *Grundlagen des Neunzehnten Jahrhunderts* mit handschriftlicher Widmung überreichte, war das Reich gänzlich für einen Wettstreit mit den anderen zur Teilnahme an der Ausstellung entschlossenen Mächten gewonnen, die alle, wie es der *Official Guide to the World's Fair* schließlich ausdrückte, »eifrige Anstrengungen machten, einander bei der Errichtung typischer Gebäude und der Installierung ihrer Ausstellungsobjekte zu übertreffen.«[57]

Die Geschichte der deutschen Planung für die Ausstellung von St. Louis zeigt, daß zunächst die Kunst bei den Überlegungen der Regierung die Hauptrolle spielte; und auch nachdem der Beschluß gefaßt war, eine umfassendere Ausstellung nach Amerika zu schicken, blieb die Kunst bei deren Zusammenstellung ein wichtiger, freilich auch besonders komplexer Faktor. Die Aussagen einer Kunstausstellung waren – sicherlich zum Leidwesen der Verantwortlichen – nicht eindeutig festzulegen. Technische Geräte, Handelswaren und wissenschaftliche Instrumente würden ziemlich unzweideutig für den hohen Stand von Handel, Industrie und Wissenschaft im Deutschen Reich sprechen.

Auch Kunst mochte dem ausländischen Publikum einen Begriff von der imponierenden schöpferischen Kraft des deutschen Volkes vermitteln, aber ihre Aussagen über den Menschen, die Beziehung des Menschen zu Natur und Gesellschaft und über die Art und Weise, in der Deutsche sich und die Welt sahen, waren naturgemäß mehrdeutig. So stellte die Kunstschau Lewald und seine Mitarbeiter vor weit größere Probleme als die anderen Bestandteile der Ausstellung. Natürlich spielten auch in den Abteilungen für Mechanik und Optik, Maschinenbau und Elektrotechnik ästhetische Imponderabilien eine Rolle.

Viele Einsender von industriellen Ausstellungsstücken waren stolz auf die Schönheit ihrer Erzeugnisse und durften damit rechnen, daß auch die Besucher der Ausstellung deren Erscheinung zur Kenntnis nehmen würden. Nach der Eröffnung der Louisiana Purchase Exhibition schrieb ein deutscher Offizier dem Kaiser über den nachdenklich stimmenden Gegensatz zwischen der hochentwickelten, anspruchsvollen Konstruktion und sorgfältigen Ausführung deutscher Lokomotiven und den ihnen an tech-

Eine Seeschlacht, gemalt von Kaiser Wilhelm II., 1895

nischer Raffinesse weit unterlegenen amerikanischen Maschinen. »Aber«, fügte er hinzu, »in Amerika würden unsere Lokomotiven kein Jahr überdauern, während ihre eigenen Maschinen sich für die ›rough and ready‹ Menschen hier eignen und sich sehr bewähren.«

Kunstwerken waren die Werte, an denen sich die Gesellschaft, die sie hervorgebracht hatte, orientierte, selten so einfach abzulesen. Wilhelm II. mag dieses Problem nicht erkannt haben: Für ihn war die Kunst am besten, die direkt vom klassischen Altertum und der Renaissance angeregt worden war. Der akademischen Kunst der Gegenwart fiel die Aufgabe zu, das Reich und seine technischen Errungenschaften zu Beginn des 20. Jahrhunderts zu idealisieren. Doch selbst er hätte zugegeben, daß die Güte einer Maschine leichter als die eines Gemäldes zu erkennen sei.

Auch waren sich Organisatoren und Aussteller noch nicht einig über Zweck und Ziel der Kunstausstellung. Für einige hatten kommerzielle Aspekte den Vorrang: Ihnen war es um die größere Verbreitung deutscher Kunst in Amerika zu tun oder um den kommerziell verwertbaren Prestigegewinn, den die Teilnahme an der Ausstellung für die dazu eingeladenen Künstler mit sich brachte.

Andere wollten mit der Ausstellung einen Überblick über die beste zeitgenössische deutsche Malerei und Plastik geben; und so der Welt ein Bild von Deutschlands kulturellen Zielsetzungen übermitteln. Die pädagogische Absicht war nicht selten entschieden ideologisch bestimmt. In dieser Perspektive interessierten einzelne Künstler und ihre Werke nur, insofern sie an dem Gesamtbild einer geschlossenen, starken idealistischen Gesellschaft mitzuwirken imstande wären. Der Konflikt dieser kommerziellen, ästhetischen und ideologischen Gesichtspunkte wurde, wie Lewald vorausgesagt hatte, durch die Tatsache verschlimmert, daß die deutschen Künstler – anders als Fabrikanten oder Wissenschaftler – miteinander verfeindeten Organisationen angehörten, die keine Miene machten, ihre Differenzen (die zudem der Kaiser eher zu begrüßen als zu bedauern schien) gütlich beizulegen. Eine wenigstens zeitweilige Einigung war immerhin von dem aus Künstlern aller Richtungen gebildeten Ausschuß, den Müller und Studt vorgeschlagen hatten, zu erhoffen; bis zu dessen Gründung im April 1903 sammelte Lewald Informationen über die Verhältnisse des amerikanischen Kunstmarktes und über den amerikanischen Kunstgeschmack, die für die Ausstellungsplanung richtungweisend sein konnten. Insgesamt waren die Berichte, die die Regierung von ihren Vertretern in den Vereinigten Staaten bekam, realistische Einschätzungen, auch wenn ihre Behandlung kultureller Unterschiede und ihre Erörterung von Kunstexporten mit Ausdrücken, die eher bei massenweise produzierten Verbrauchsgütern angemessen waren, nicht einer komischen Note entbehrten. Eine leicht feststellbare Tatsache war die wirtschaftliche Belanglosigkeit deutscher Kunstverkäufe; aus kommerzieller Sicht durfte man sich von der Kunstausstellung in St. Louis nicht viel versprechen. Nach einem Memorandum über die wirtschaftlichen und ästhetischen Faktoren des Kunstmarktes, das ein Beamter der Washingtoner Botschaft entworfen hatte, beliefen sich deutsche Kunstexporte in die Vereinigten Staaten in den Rechnungsjahren 1899–1901 auf 116 153 Dollar jährlich, eine Summe, die auf 198 461 Dollar im Rechnungsjahr 1902 anwuchs.[58]

Im allgemeinen jedoch stagnierte der Markt für deutsche Kunst seit dreißig Jahren, während die Exporte aus England geringfügig, die französischen jedoch beträchtlich zugenommen hatten. Der Verfasser vermutete die Ursache dieser Entwicklung weniger in einer Veränderung des amerikanischen Geschmacks oder

C. Ehrenberg, Aegir. Gemälde. Die *Moderne Kunst,* die in der 25. Lieferung ihres 10. Bandes (1895–1896) eine Holzschnittreproduktion des Werks veröffentlichte, belehrte ihre Leser, daß der Künstler durch »den gleichnamigen Sang, den der deutsche Kaiser componiert hat«, die Anregung dazu empfangen habe...: »... vornehmlich der stolze Recke, der im Bug des Fahrzeuges steht und alle überragt, sucht noch mit kraftvollen Fäusten das Ruder in die Fluth zu tauchen. Aber es scheint, dass alle Anstrengungen der nordischen Männer vergebens sind – wild dräut der Ocean, er will sein Opfer haben«

der ungenügenden Vertrautheit der Amerikaner mit der zeitgenössischen deutschen Kunst, als vielmehr in dem nicht hinreichend marktorientierten Verhalten der deutschen Künstler; wenn diese einen großen Teil ihrer Produktion weder im Inland noch im Ausland absetzen konnten, lag das entweder daran, daß sie zu hohe Preise forderten, oder es war aus dem Umstand zu erklären, daß: »Deutschland von Bildern gewisser Art und von gewisser Qualität mehr für den Verkauf producirt, als die kunstliebende Welt davon kauft, und von anderen Arten von Bildern weniger, als guten Absatz finden würde.«

Viele deutsche Gemälde mißfielen in Amerika, namentlich den bei Kunsteinkäufen tonangebenden Frauen. Die amerikanische Frau »ist im allgemeinen für Humor, sobald er etwas derberer Art ist, und daher z. B. für die ganze Klasse deutscher Genrebilder, welche Trinksujets behandeln, nicht empfänglich, während z. B.

Kabinetsbilder, naive Scenen aus dem Kinderleben darstellend, stets Anklang finden.« Nach dem Urteil der Ausstellungsjury in Philadelphia 1876 war in der deutschen Kunst »das Thema wichtiger als die technische Ausführung.« Dieselbe Feststellung war kurz vorher von einem früheren amerikanischen Generalkonsul in Berlin getroffen worden, der bemerkte, daß das Anekdotische in der deutschen Malerei zu sehr überwog. Andererseits wurde die deutsche Landschaftsmalerei als zu nüchtern angesehen: »So daß der Beschauer nicht durch sie zu eigenen Gedanken und Empfindungen angeregt werde und nichts aus sich selbst in das Bild hineinlegen könne.«[59]

Der Beamte hielt einen größeren Anstieg der Kunstausfuhren für wenig wahrscheinlich, obwohl er meinte, daß die durchschnittlichen jährlichen Verkäufe von 260000 Dollar aus der Zeit von 1871 und 1881 wieder erreicht werden könnten. (Selbst das erwies sich als zu optimistisch; im Jahre 1910 sollte Deutschland moderne Kunst im Werte von 133305 Dollar nach Amerika exportieren, eine weit geringere Summe, als Frankreich und England mit 594021 beziehungsweise 472030 Dollar erzielten.)[60] Auch zweifelte er daran, daß die Ausstellung in St. Louis zu einem Anwachsen der Verkaufszahlen beitragen würde, da die Stadt kein wichtiges kulturelles Zentrum sei: »Für andere als speciell in Geschäften Reisende ist (sie) höchstens nur eine kurze Haltstation auf dem Wege nach dem fernen Westen.«

Trotzdem böte die Ausstellung Gelegenheit, den Amerikanern zu zeigen, daß die deutsche Malerei der Gegenwart sich mit der französischen und schottisch-englischen Kunst messen könne. Um das zu erreichen, müsse man aber rein praktisch vorgehen. Anstatt Werke der großen Meister der Vergangenheit zu wählen, sollten die Organisatoren nur zeigen, »was lebende Künstler, welche die deutsche Malerei der Gegenwart und der nächsten Zukunft vertreten, zu leisten vermögen. Daher sollten alle Kunstströmungen berücksichtigt werden, auch wenn sie noch nicht zu vollständiger Klarheit gelangt sind; aber ausgeschlossen werden sollten solche Bilder, in denen eine Versumpfung der betreffenden Strömung zu Tage tritt. In letzter Beziehung sollten daher namentlich gewisse Ausarten der impressionistischen Strömung, welche besonders in der Figurenmalerei zu Tage treten, ausgeschieden werden.«[61]

Nach einem Gespräch mit Halsey C. Ives, dem amerikani-

Lovis Corinth, Furien. Vignette zu den »Legenden aus dem Künstlerleben«, 1908

schen Beamten, der in der Ausstellung für die Kunst zuständig war, berichtete der deutsche Konsul in St. Louis seinem Botschafter, daß die Bedingungen für deutsche Kunst entschieden ungünstig seien, weil die Franzosen den Markt kontrollierten: »Hier in St. Louis z. B. findet man in den Häusern der wenigen reichen Leute, die sich für Kunst interessieren, oder wenigstens Interesse zeigen zu müssen glauben, um für ›cultured‹ gehalten zu werden, mit geringen Ausnahmen nur französische Werke, wie Vertreter der ›paysage intime‹... Die Franzosen sind eben Mode, und dem Durchschnittsamerikaner gilt Paris als das Mekka im Reiche der bildenden Künste.« Nur wenn »wirklich gute Sachen zur Ausstellung gelangen«, könne die deutsche Kunst eine Wirkung haben: »Mir ist dringend gerathen worden, daß bei der Auswahl auch die secessionistische Schule genügend berücksichtigt werde, da man glaubt, daß dieselbe der gegenwärtigen Geschmacksrichtung des amerikanischen Publikums entspricht und daher hier Erfolg haben wird. Die Extremsten, die ein verzerrtes Bild deutscher Kunstauffassung geben würden, die sogenannten ›Faddists‹ sollten ausgeschlossen sein.« Dazu bemerkte der Botschafter am Rand: »Sehr richtig, die Grenze ist aber häufig recht schwer zu ziehen.«[62]

Kompromißlose Sachlichkeit kennzeichnete einen Bericht

des amtierenden Generalkonsuls in New York über seine Unterhaltung mit einem Kunsthändler, der voraussagte, daß die deutschen Künstler ihre Verkäufe beträchtlich steigern könnten, wenn sie sich dem hiesigen Geschmack anpassen wollten. Sie sollten romantischere Themen wählen und jede Härte in den Farbtönen möglichst vermeiden. Der Konsul fügte hinzu, daß solche Gemälde vielleicht wenig originell sein mochten, aber gut verkäuflich wären: »So seltsam es deutschen Ohren klingen mag, die realistischen Amerikaner (ziehen) poetisch-zarte Gegenstände und Farbtöne bei Ölgemälden (vor). Alles was an ihr stark ausgeprägtes Empfinden für Kinder, Familie und Naturszenen appelliert, ist bei entsprechend poetisch-zarter Behandlung des Beifalls sicher... Aufdringliche Sujets werden besser vermieden.«[63]

Deutsche Künstler und Kunstvereinigungen brachten ebenfalls ihre Ansichten zum Ausdruck. Seit dem Frühjahr 1902 traf sich ein Beauftragter des Innenamts gelegentlich mit offiziellen Vertretern der Kunstgenossenschaft, die erwartete, mit der Organisation der Ausstellung betraut zu werden, aber sich sogar bereiterklärte, eine Verbesserung der Auswahlkriterien für die einzelnen Arbeiten in Betracht zu ziehen. Weitreichendere Änderungen wurden vom Präsidenten der Akademie, Hermann Ende, vorgeschlagen. In einem Memorandum an den Kultusmininster nannte er als Erklärung für die französische Vorherrschaft auf dem amerikanischen Kunstmarkt erstens den kulturellen Einfluß, den Frankreich in den Vereinigten Staaten ausübte, zweitens die Subventionierung der Kunst durch die französische Regierung sowie die günstigen Zollbestimmungen. Aber er glaubte, daß auch Deutschland daran Schuld habe: »Es ist kein Geheimnis, daß die Ausstellungen in Philadelphia und Chicago nicht dazu beigetragen haben, das ungünstige Urteil über deutsche Kunst zu ändern. Soll also das kaufkräftige amerikanische Publikum für die deutsche Kunst wieder gewonnen werden, so muß die Gelegenheit, die die nächste Weltausstellung in St. Louis bietet, ergriffen werden, um frühere Fehler wieder gut zu machen.«

Vor allem müßte das Jury-Verfahren geändert werden. In der Vergangenheit sei für jede Sektion der Kunstgenossenschaft ein Kontingent (von Werken) festgesetzt worden, proportional der Anzahl ihrer Mitglieder, und jede Sektion habe ihren Beitrag zu der Ausstellung selbst ausgewählt. Mittelmäßige oder sogar schlechte Ausstellungen seien das Ergebnis gewesen. »Es ist demnach ernstlich in Erwägung zu ziehen, ob nicht bei der Ausstellung in St. Louis ein anderer Modus einzuschlagen ist, etwa wie im Jahre 1878 (Paris), wo nur einzelne Künstler damit betraut wurden, die geeigneten Kunstwerke auszuwählen.«[64] Das bedeutete praktisch, die Kunstgenossenschaft durch eine besondere nationale Jury zu ersetzen, die von örtlichen Zwängen befreit war – eben was der Kultusminister dem Kanzler empfohlen hatte.

Während die Regierung über die Planung der Kunstausstellung beriet und die Kunstgenossenschaft ihre traditionelle Autorität über das Auswahlverfahren beanspruchte, versuchte ein Mann, das gesamte Unternehmen unter seine Kontrolle zu bringen. Im Februar 1903 sandte der Bildhauer Cuno von Uechtritz ein Memorandum mit dem Titel »In Angelegenheit der Kunst« an die einschlägigen Behörden; er behauptete darin, daß nur ein Kunstkommissar mit einem Gefühl für die politischen Zusammenhänge der Kunst die Mißerfolge vermeiden könnte, die Deutschland in letzter Zeit bei internationalen Ausstellungen erlitten hatte.[65] Uechtritz, der ein wenig bedeutendes Lehramt in Berlin innehatte und dem dortigen Deutsch-Amerikanischen Verein als Präsident vorstand, hatte eine gewisse Berühmtheit erlangt, als der Preis, den er für einen Denkmalsentwurf in Lübeck gewonnen hatte, ihm nach Protesten von Kunstliebhabern wieder entzogen wurde. Er hatte an der Siegesallee mitgearbeitet, eine symbolische Gruppe, *Die Krone als Garant des Friedens,* war gerade vom Kaiser für das Herrenhaus erworben worden; jetzt vollendete er eben ein Standbild des Heiligen Hubertus, des Schutzpatrons der Jagd, das nach seiner Enthüllung mit der Weihnachtsdekoration eines Bäckers verglichen wurde und als das Schlechteste galt, was die Berliner Hofkunst hervorbringen konnte.[66] Doch war Uechtritz nicht völlig zu ignorieren, nachdem er ein Gespräch mit dem Kaiser über die politische Bedeutung der Kunst geführt hatte, in dessen Verlauf, wie sein Memorandum berichtete, »Seine Majestät... sich ganz mit meiner Ansicht einverstanden erklärte und mir befahl, in diesem Sinne meine Arbeit einzusetzen«. Das unmittelbare Ergebnis war eine Unterredung mit dem Kultusminister: »Herr Minister Dr. Studt hat persönlich auch meinen Ansichten zugestimmt.« Jetzt bot Uechtritz sich selbst für den Posten des Kunstkommissars an, der alleinige Verantwortung für die deutsche Kunst in St. Louis tragen würde. Den Kommissar würde ein Ausschuß staatlich ernannter Künstler un-

Serenissima

(Zeichnung von F. von Reznicek)

„Diese moderne Malerei ist entsetzlich. Und dabei hat mein Mann den Leuten so oft gesagt, wie sie malen sollen!"

»Diese moderne Malerei ist entsetzlich. Und dabei hat mein Mann den Leuten so oft gesagt wie sie malen sollen!« Karikatur von F. von Reznicek für die Neujahrsausgabe des *Simplicissimus*, 1901

terstützen; zusammen würden sie als Organisatoren und Jury wirken und so »Zufälligkeit, einseitigen Parteistandpunkt und Selbstsucht« vermeiden, welche die Tätigkeit der Kunstgenossenschaft bei früheren Ausstellungen gekennzeichnet hatten.[67]

Uechtritz' Erörterung der politischen Aufgaben der Kunst erstreckte sich nur auf Gemeinplätze: »Was nun die politische Rolle der Kunst betrifft, so kann dieselbe im Inlande den Patriotismus im Volke fördern und im Auslande den Respekt und die Zuneigung zum deutschen Volke vermehren, eine beredtere Sprache sprechen und die dadurch, daß sie dem Volke bleibend vor Augen steht, eine nachhaltigere Wirkung ausübt, als politische Schriften und Polemiken der Parteiführer es vermögen.« Neben der Förderung von Ausstellungen sollte der Staat in Zusammenarbeit mit amerikanischen Schirmherren Kunstakademien einrichten, »welche unter deutscher Leitung den Sinn für die Kunst in Amerika mehr und mehr erwecken würden, ... also daß so wie Steuben die amerikanische Armee organisiert hat, auch von deutscher Seite die amerikanische Kunst organisiert wird«.[68]

In einem zweiten Memorandum, »Die Kunst als Pionier deutscher Interessen-Vertretung in den Vereinigten Staaten von Amerika«, trat Uechtritz für die Auswahl von Werken mit religiösen Themen für St. Louis ein; historische Gemälde sollten nur hingeschickt werden, wenn sie Personen und Ereignisse darstellten, die den Amerikanern vertraut seien. Einige Porträts des Kaisers und Bismarcks wären geeignet; im übrigen sollte man sich auf die Helden der Wissenschaft konzentrieren.[69] Der Rat war vernünftig insofern es vernünftig genannt werden konnte, die Auswahl anstatt an der Qualität der Malerei vorrangig an deren Gegenständen zu orientieren; aber Uechtritz selbst hatte zu wenig Gewicht, die Organisation der deutschen Ausstellung beeinflussen zu können.

Schon im April klagte er, daß der Reichskommissar nach seinem Konzept eine Ausstellungskommission ernannt hatte, ohne aber Uechtritz dazu zu berufen. Er bezweifelte, daß der Kaiser mit der Zusammensetzung der Gruppe zufrieden sein würde.[70] Erkundigungen der Ministerien müssen ergeben haben, daß das Interesse des Kaisers an dem Bildhauer kaum sehr groß war. Im Juni schrieb der Kultusminister dem Staatssekretär des Äußeren, er stimme Uechtritz zu, daß aus ethischen wie politischen und wirtschaftlichen Gründen die deutsche Kunst im Ausland gefördert werden sollte. Aber, fuhr er fort, »von einer Mitwirkung des Professors von Uechtritz, der sich nach seinen Ausführungen zur Organisation der Ausstellung berufen zu fühlen scheint, würde ich mir einen irgendwie erheblichen Nutzen nicht versprechen können. Derselbe hat sich bis jetzt weder durch seine Werke in der Künstlerschaft ein besonderes Ansehen erworben, noch besitzt er die erforderlichen persönlichen Eigenschaften, um auf dem Gebiet der Kunst eine führende Rolle zu übernehmen.« Studt legte eine Kopie der letzten Denkschrift bei, in der Uechtritz noch einmal dem Staat seine Dienste anbot und sich dabei auf seine gründliche Kenntnis der amerikanischen Verhältnisse berief – was Richthofen mit der Randbemerkung abtat: »Subjekt noch nie in Amerika gewesen!«[71]

Zu der Zeit, als diese Episode ihr tragikomisches Ende nahm, war Lewald, der die Weltausstellung von St. Louis weitgehend unter Aspekten internationaler Rivalität und Erwerb oder Verlust politischen Prestiges betrachtete, zur selben Überzeugung wie Studt gelangt: Für eine starke deutsche Präsenz war die Teilnahme aller Richtungen der deutschen Kunst erforderlich.[72] Als die Kunstgenossenschaft ihn Anfang März mit einer Einladung, die Organisation der Kunstausstellung zu erörtern, nötigen wollte, die Sache in ihrem Sinne zu entscheiden, suchte Lewald Zeit zu gewinnen, indem er um Aufschub des Treffens bat, da er bald zu einer weiteren Reise in die Vereinigten Staaten aufbrechen würde. Vertraulich setzte er sich mit den Regierungen der größeren deutschen Staaten in Verbindung und gab am 28. März die Bildung einer beratenden Kommission mit 39 Mitgliedern bekannt, die auf Empfehlung der verschiedenen deutschen Staaten ausgewählt worden waren; Aufgabe dieser Gruppe war, zu entscheiden, ob die Kunstausstellung in St. Louis noch einmal der Kunstgenossenschaft anvertraut werden sollte oder einem nur für diesen Zweck gebildeten Ausschuß von Künstlern, Museumsdirektoren und Kunsthändlern. Lewald fügte hinzu, daß die zweite Alternative, für die er im Namen des Reiches eintrat, die Zustimmung der Regierungen von Preußen, Bayern, Sachsen, Baden, Württemberg, Hessen und Sachsen-Weimar hatte.

Der Ausschuß umfaßte beinahe das ganze Spektrum deutscher Kunst: Zu ihm gehörten der gegenwärtige Präsident der Kunstgenossenschaft und dessen unmittelbarer Vorgänger; führende Persönlichkeiten ihrer Ortsgruppen; der Präsident der preußischen Akademie der Künste, Hermann Ende, und der Direktor der preußischen Hochschule für die bildenden Künste, Anton von Werner. Unter den Mitgliedern befanden sich auch drei der aufgeschlossensten Museumsdirektoren des Landes –

Tschudi, Lichtwark und Pauli; zwei Kunsthändler; die Vorsitzenden von zwei der drei secessionistischen Gruppen in München und zwei führende Vertreter der Berliner Secession, Klimsch und Leistikow.[73] Bei einer Zusammenkunft im Reichstagsgebäude am 4. April, die von der Kunstgenossenschaft boykottiert wurde, faßte die Kommission den vorauszusehenden Beschluß und ernannte mit ausdrücklicher Billigung von Lewald einen kleineren Ausschuß von 21 Mitgliedern, der die Aufsicht über die Ausstellung übernehmen sollte.

Das Auftreten dieses bunt zusammengesetzten Gremiums verursachte eine Sensation. Die Kunstgenossenschaft war nicht nur ihrer bis dahin traditionellen Kontrolle über die deutsche Kunst bei Weltausstellungen beraubt, sondern das »Kunstparlament«, das sie ersetzen sollte, war auch als Gruppe die beste Vertretung von Künstlern und Kunstexperten auf überregionaler Ebene, die es bisher in Deutschland gab. Mehr noch, dieses überraschende Ergebnis, das im Widerspruch zu den weithin bekannten Ansichten des Kaisers stand, war im normalen Ablauf von Regierungsgeschäften durch Verhandlungen zwischen dem kaiserlichen Beauftragten und den deutschen Bundesstaaten erzielt worden. Lewalds Entscheidung war nicht durch ästhetische, geschweige denn politische Überzeugungen motiviert, sondern durch seine Entschlossenheit, Deutschland in St. Louis zum Erfolg zu führen. Für diesen Feldzug konnte die Kunstgenossenschaft nicht als ein Eliteregiment angesehen werden. Ihre Leistung bei vorausgegangenen Weltausstellungen wurde in den Ministerien und selbst in einigen konservativen Zeitungen kritisiert; höhere preußische Beamte wie Studt und Müller tadelten ihr Jurysystem, in dem sich Traditionalismus mit dem Respekt vor den Wünschen der Mehrheit ihrer Mitglieder verband, um eine ungefährlich konventionelle, mittelmäßige Ausstellung zu garantieren. Besserung war nicht zu erwarten, solange die Ortsgruppen eine wichtige Stimme bei der Auswahl hatten und die Annahme der Bilder eher von der Größe jeder Ortsgruppe bestimmt wurde als von der Qualität oder auch nur dem guten Ruf des einzelnen Künstlers.

Lewald für seinen Teil stellte Deutschlands Erfolg über Gewohnheitsrecht und Sonderinteressen. Er muß von der Abneigung des Kaisers für jene moderne Kunst gewußt haben, die das neue System begünstigen würde, aber da der Reichskanzler und Posadowsky vor fast einem Jahr Studts Vorschlag genehmigt hatten, war er gedeckt; auch hatte der Kaiser sich seitdem zu dieser Angelegenheit nicht geäußert, wenn man von seiner etwas halbherzigen Ermutigung des Projektemachers Uechtritz absah. Unter diesen Umständen blickte Lewald dem zu erwartenden Widerstand der Kunstgenossenschaft mit Gleichmut entgegen. Schon am 2. April legte ihr Präsident bei Lewald und dem Reichskanzler formalen Protest ein, eine außerordentliche Versammlung des Berliner Vereins stimmte fast einmütig dafür, sich seinen Vorhaltungen anzuschließen, und im Mai beauftragte eine nationale Delegierten-Versammlung mit 241 zu 39 Stimmen den Hauptvorstand, »die erforderlichen Schritte bei dem Herrn Reichskanzler zu tun, um die Leitung und Durchführung der deutschen Kunstabteilung in St. Louis der Kunstgenossenschaft zu erhalten«.[74]

Zur Erhärtung ihres Standpunktes bestritt die Kunstgenossenschaft, daß ihre Auswahl deutscher Kunst bei Weltausstellungen wirkungslos und ungerecht gewesen sei und widersprach damit Aussagen einiger ihrer eigenen führenden Mitglieder. Gleichzeitig geißelte sie die elitäre Dünkelhaftigkeit, die Splittergruppen einen Einfluß gewähren wollte, der in keinem Verhältnis zu ihrer Anzahl stand. Ferner behauptete sie, daß 23 der 39 Mitglieder von Lewalds beratender Kommission und 15 oder 16 der 21 Angehörigen des zweiten Ausschusses die »sogenannte secessionistische Richtung« verfolgten, obgleich 1902 nur 306 von den insgesamt 3055 Mitgliedern der Kunstgenossenschaft zu den Secessionen gehörten.[75] Diese Aufgliederung war nicht nur höchst willkürlich – die zwei Kunsthändler wurden zum Beispiel als Förderer der Secessionen gezählt, obwohl sie sich nie besonders für moderne Kunst interessiert hatten –, sie ignorierte auch die Unterschiede zwischen den Secessionisten selbst, von denen viele kaum weniger traditionalistisch waren als Werner.

Weiter ist es charakteristisch, daß die Zählung der Kunstgenossenschaft jeden Künstler überging, der nicht zu ihren Mitgliedern gehörte. In den Zeitungen, bei Debatten und in späteren Artikeln und Flugschriften, die ihren Standpunkt rechtfertigten, verstand sich die Kunstgenossenschaft stets als Organisation der gesamten deutschen Künstlerschaft: Künstler, die nicht zur Kunstgenossenschaft gehörten, durften über deutsche Kunst nicht mitreden; für die kulturelle Mission des Reiches im Ausland existierte ihr Werk nicht und konnte nicht existieren. Für ihre Mitglieder dagegen bestand die Vereinigung auf streng anteilmäßiger

Vertretung: »Die Bundesstaaten und die resp. Kunststädte können nur nach Maßgabe der Zahl ihrer Künstler behandelt werden, es ist nicht Aufgabe der Reichsregierung, die Bedeutung der Parteien und die künstlerische Richtung derselben gegen einander abzuwägen... Wenn München 1000 Künstler zählt und Berlin nur 500, so hat München Anspruch auf den doppelt so großen Raum bei Ausstellungen, wo die deutsche Kunst vertreten sein soll, wie Berlin, das ist ein unantastbarer und loyaler Standpunkt. So ist früher immer verfahren worden, und verschiedene Richtungen in der Kunst hat es immer gegeben.«[76]

Wo sie ihre Autorität in Frage gestellt sah, blieb der Kunstgenossenschaft nichts übrig, als auf ihrem Monopol über die deutsche Kunst zu beharren und den Grundsatz aufrechtzuerhalten, daß Quantität über Qualität ginge. Wenn der beste deutsche Maler das Unglück hatte, Mitglied einer kleinen Ortsgruppe zu sein, dann war es dieser Ansicht nach richtig, daß nur eines seiner Gemälde für St. Louis ausgewählt wurde, während ein beliebter Durchschnittsmaler aus einem großen Verein drei oder vier Bilder ausstellen konnte. Die Gerechtigkeit dieses Prinzips wurde nicht nur mit der Tradition begründet und mit der Notwendigkeit einer streng unparteiischen Vereinspolitik, die allein die wirtschaftlichen Schwierigkeiten des Künstlers erleichtern könne, sondern auch mit dem ständig in Debatten und Veröffentlichungen wiederholten Hinweis darauf, daß der Kaiser selbst dieses Auswahlprinzip befürworte: Parteiinteressen sollten sich nicht zum Richter erheben über die höchste Rechtsquelle im deutschen Reich.[77]

Der Kaiser reagierte auf das Eindringen moderner Kunst in die auswärtige Kulturpolitik des Reiches ebenso entschieden wie die Kunstgenossenschaft. Er war erbost über Lewalds Initiative. Friedrich von Holstein, Vortragender Rat im Außenamt, schrieb am 20. April an einen Freund: »Das Neueste ist, daß S. M. wütend hinter dem Reichskommissar in St. Louis her ist.« Holstein fügte hinzu, daß Werner, Begas und andere sich beim Kaiser beschwerten. »Es kann dabei Lewald schlechtgehen. Der Kaiser verabscheut die Secession...«[78] Die Verärgerung des Kaisers konnte nur noch zunehmen nach Werners Behauptung, Lewald hätte die Absicht, die Ausstellung gänzlich den Secessionen zu übertragen, obwohl diese Unwahrheit kaum nötig war, um ihn anzustacheln. Daß eine Ausstellung, die das Reich vor der Welt vertrat, Arbeiten von Malern wie Liebermann und Slevogt enthalten sollte, war eine Vorstellung, die ihn nur empören konnte. Er griff das Kunstparlament nicht öffentlich an, aber setzte, beraten von Werner, eine völlige Umkehr der Regierungspolitik in Gang. Der zuständige Beamte im Kultusministerium, Müller, der zu Recht verdächtigt wurde, den Plan für das Kunstparlament erdacht zu haben, wurde versetzt und in keinem Zweifel darüber gelassen, daß die Verärgerung des Kaisers seine Laufbahn beendet hatte.[79] Der Staatssekretär des Inneren wurde entweder durch den Kaiser oder durch den Kanzler angewiesen, die Vereinbarungen rückgängig zu machen, die Lewald mit seiner Billigung mit den deutschen Regierungen getroffen hatte. Nachdem der Boden so bereitet war, trafen Werner und zwei andere Vertreter der Kunstgenossenschaft mit Posadowsky und Lewald zusammen, und am 14. Juli verkündete der Staatssekretär des Inneren, daß die Reichsregierung die vollständige Verantwortung für die Kunstausstellung in St. Louis wieder an die Kunstgenossenschaft zurückgegeben hätte.[80]

Daß die Regierung eine offiziell eingesetzte Körperschaft durch eine andere Gruppe ersetzte, ohne vorherige Rücksprache und ohne den Wechsel zu begründen oder auch nur den Ausschuß von seiner Auflösung in Kenntnis zu setzen, war ungewöhnlich, aber nicht ungesetzlich. Zweifelhafter war die einseitige Aufhebung von Vereinbarungen zwischen der Reichsexekutive und den Bundesregierungen; doch scheint kein Staat die Angelegenheit offiziell zur Sprache gebracht zu haben. Für den Kaiser und Werner hatte ihre unverfrorene Machtanwendung sowohl erwünschte als auch ungünstige Folgen. Der modernen Kunst war wieder einmal gezeigt worden, daß sie im offiziellen Deutschland nichts bedeutete. Die Kunstgenossenschaft behielt ihre privilegierte Stellung und konnte die Kunstausstellung in St. Louis nach entschieden konservativen Richtlinien organisieren, ungestört von den Ansichten einer Minderheit. Die Ausstellung erwies sich sogar als noch homogener, als man hatte hoffen können, weil, abgesehen von einer Ausnahme, die secessionistischen Gruppen der Kunstgenossenschaft sich weigerten teilzunehmen – eine Weigerung, die aufrecht erhalten wurde, selbst als dic Leitung der Kunstgenossenschaft an ihren Patriotismus appellierte. Weniger wünschenswert war das Ausscheiden dieser Gruppen aus der Kunstgenossenschaft und die Ende des Jahres erfolgende Gründung einer neuen nationalen Organisation, des Deutschen Künstlerbundes. Das, was Werner am meisten gefürchtet hatte, war eingetreten; der institutionelle Zusammenhalt der deutschen Künstler war zerstört, und der politische Einfluß der Kunstgenossenschaft, die gerade ihre schwerste Bedrohung gemeistert hatte, begann nachzulassen. Vielleicht ebenso unerwartet und höchst unangenehm für den Kaiser wie für Werner war die Reaktion auf ihren Coup in der Presse und im Reichstag, die ihre Verteidigung des konservativen Prinzips in der Kunst zu einem politischen Skandal machte.

III

Auf die erfolgreiche Kampagne, die die Kunstgenossenschaft unternommen hatte, um die Kontrolle über die deutsche Kunst bei der Ausstellung in St. Louis zurückzugewinnen, folgten

»Die Berliner ›Hänge-Kommission‹ in Saint Louis«. Anton von Werner überwacht die Hinrichtung der Secessionisten. ›Korinth‹ hängt schon am Galgen. ›Liebermann‹ und ›Leistikow‹ werden gefesselt aufs Schafott geführt. *Lustige Blätter,* Bd 19, Heft 11, 1904

Maßnahmen, die das Auswahlsystem verbessern und es in politischer Hinsicht vertretbarer machen sollten. Im September veröffentlichte der Hauptvorstand neue Regeln für die Unterbreitung von Arbeiten und ihre Auswahl zur Ausstellung in St. Louis. Eine Klausel bestimmte, daß die Künstler, nicht aber die Kunsthistoriker und Kunsthändler, die zum aufgelösten Kunstparlament gehört hatten, zu den Jurys ihrer Ortsgruppen hinzugewählt werden sollten. Teilweise mag dieses Zugeständnis als eine Beschwichtigung Lewalds gedacht worden sein, doch es war wenig mehr als eine leere Geste; die meisten Mitglieder des Kunstparlaments wären auf jeden Fall in die örtlichen Jurys gewählt worden. Die Bedeutung dieser Bestimmung wurde außerdem durch die Einsetzung einer übergeordneten zentralen Jury verringert, die von Vertretern der traditionellen Gruppen beherrscht wurde.[81] Dieser Bruch des Gleichheitsprinzips der Kunstgenossenschaft stieß auf starken Widerstand der Mitglieder, die anfingen, für eine Aufhebung der Bestimmungen zu agitieren. Angesichts der wachsenden Uneinigkeit trat der Präsident der Kunstgenossenschaft, der Bildhauer Offermann, zurück; es erwies sich als schwierig, einen Nachfolger zu finden, bis Werner dem Vorstand versicherte, daß seine Bemühungen, eine überzeugende Ausstellung für St. Louis zusammenzustellen, die besondere Unterstützung der Reichsregierung hätten. Ein Professor der Sächsischen Akademie der Künste, Geheimrat Kiessling, nahm daraufhin die Wahl zum Präsidenten an.[82]

In der ersten Oktoberwoche forderten die drei secessionistischen Gruppen in München das Recht, ihre eigenen Jurys zu benennen und in St. Louis in eigenen Räumen auszustellen, ein Ultimatum, das die Vereinigung zurückwies. Am 25. Oktober erklärte die Berliner Secession, daß sie die Ausstellung boykottieren würde. Einige Wochen später gab die Kunstgenossenschaft den Protesten ihrer Mitglieder nach und entzog die Hälfte der ausgewählten Werke jeder Ortsgruppe dem Einspruchsrecht der zentralen Jury, obwohl diese eine vage definierte letzte Autorität zurückbehielt, die den Einheitscharakter der Ausstellung sicherstellen sollte. Wortführer für die Regierung und Kunstgenossenschaft verwiesen später gerne auf diesen Umschwung als Beweis dafür, daß die Secessionen gerecht behandelt worden seien, da man wenigstens die Hälfte ihrer ausgewählten Werke angenommen hätte; sie unterließen es jedoch hinzuzufügen, daß die Wendung erst vollzogen wurde, nachdem die Berliner Secession mit ihrer großen Anzahl umstrittener Künstler sich von der Ausstellung zurückgezogen hatte.[83]

Auf einer Hauptversammlung der Münchner Secession am 11. November stimmten die Mitglieder dafür, keine Werke nach St. Louis zu schicken. Uhdes Bekanntgabe dieser Entscheidung veranlaßte die Kunstgenossenschaft zu einer scharfen Erwiderung: »Wenn Sie (...) bei Ihrer Ablehnung beharren, so klagen wir Sie in der Öffentlichkeit an, daß Sie in einem Augenblicke, wo ein Zusammengehen aller dem Ausland gegenüber unbedingte Pflicht war, aus kleinlichen Beweggründen eine nationale Sache auf das Schwerste gefährden!« Dennoch wiederholte Uhde seine Weigerung am 1. Dezember, im Namen der Secessionen von Berlin, Dresden, Karlsruhe, Stuttgart und Weimar. Nachdem er der Kunstgenossenschaft vorgeworfen hatte, wahre Leistungen nicht anzuerkennen, fuhr er fort: »Wir wollen uns nicht dem Urteil einer Zentraljury unterwerfen, deren künstlerische Zuständigkeit wir bestreiten und in deren Macht es liegt, zu entscheiden, daß kein einziges unserer Bilder nach St. Louis geht.

Wir protestieren dagegen, daß diese Ausstellung als ein Spiegelbild deutscher Kunst ausgegeben wird.

Wir fordern, daß den deutschen Secessionen die Stellung zuerkannt wird, die ihnen nach der Qualität ihrer Leistungen gebührt.

Dann wollen wir unser Bestes geben und alles einsetzen dafür, daß deutsche Kunst den Wettkampf der Nationen in Ehren besteht.«

Von den beiden anderen secessionistischen Gruppen in München folgte eine diesem Beispiel, während die konservativere beschloß, mit der Kunstgenossenschaft zusammenzuarbeiten: »Obwohl die Organisation nicht nach Wunsch ausgefallen sei, so scheine ihr doch die Zusammensetzung der Zentraljury, welche das nicht definitive Urteil der Lokaljurys zu korrigieren berechtigt ist, die Garantie zu bieten, daß die Zentraljury ihrer Aufgabe gewachsen ist. Sodann sei es Ehrensache und patriotische Pflicht jedes deutschen Künstlers, für die allgemeine Sache mit seinem Besten einzutreten und so mitzuhelfen, daß die der deutschen Kunst in Chicago und Paris gewordenen Schlappen vergessen gemacht werden.«[84]

Das Ausscheiden der Secessionen entzog der Ausstellung

nicht nur die Moderne, sondern auch fast jeden bedeutenden traditionellen Künstler, darunter Albert von Keller und Hans Thoma, die beide Lewalds Kunstparlament angehört hatten. Um den Verlust wettzumachen, lud das Organisationskommitee Splittergruppen, die zum Teil nur in loser Verbindung mit den Ortsgruppen standen, ein, Arbeiten einzureichen. Die Künstlerkolonie in Worpswede erhielt eine solche Einladung, in der festgelegt war, daß die Gruppe, da sie aus fünf Mitgliedern bestand, in St. Louis Anspruch auf 111 Zentimeter Wand haben sollte – eine Pedanterie, die einige Belustigung hervorrief, als sie später im Reichstag zitiert wurde.[85] Die Kommission sah sich auch gezwungen, Werke älterer Künstler von den staatlichen Museen zu entleihen, eine Änderung, die in gewisser Hinsicht das ursprüngliche Ziel beeinträchtigte, Amerika einen Überblick über die zeitgenössische deutsche Kunst zu bieten und einen Markt dafür zu gewinnen. Die Zusammenarbeit zwischen Regierung und Kunstgenossenschaft wurde noch enger, als Werner, der schon in der Zentralen Jury saß, Lewalds Berater für das Kunstbudget wurde; auf Empfehlung des Staatssekretärs des Innern und des Kultusministers wurde Werner schließlich sogar zu Lewalds Beauftragtem für die Organisation der Kunstausstellung ernannt.[86] Die Vollständigkeit des Sieges, den die nach Leistikows Meinung »offiziell engherzige preußische Beamtenkunst« errungen hatte, beschleunigte nur einen Schritt, den die Gegner der Kunstgenossenschaft früher oder später ohnehin getan hätten. Secessionsmitglieder und diejenigen Angehörigen der Kunstgenossenschaft, die eine liberalere Politik befürworteten, trafen sich gemeinsam mit einigen Kunstkritikern, Museumsbeamten und Sammlern vom 15. bis zum 17. Dezember in Weimar und gründeten einen neuen nationalen Verband unter der Schirmherrschaft des Großherzogs von Sachsen-Weimar, den Deutschen Künstlerbund. Obgleich die Secessionen bei der Gründung entscheidend mitwirkten, setzte sich endlich der Künstlerbund aus Anhängern der verschiedensten Richtungen zusammen. Nur einzelne Künstler, nicht Organisationen – gleich welcher Couleur – konnten sich um die Mitgliedschaft bewerben, die entsprechend der Leistung gewährt wurde. Der Künstlerbund wurde nicht gegründet, schrieb Leistikow, um eine bestimmte Richtung in der modernen Kunst zu fördern, sondern »um an die Stelle der alten, überlebten Organisation der Kunstgenossenschaft eine neue, lebensfähige zu setzen, die eine gerechtere

Vertretung der wirklich Kunstschaffenden ermöglicht«.[87] In einer Rede beim Festabend im Künstler-Verein erklärte Liebermann, in freier Abwandlung eines Diktums Friedrichs des Großen, »es sei eine Vereinigung geschaffen, in der ein jeder nach seinem Glauben selig werden könne.«[88]

Die Absichten der neuen Organisation wurden am besten von Harry Graf Kessler in einer Broschüre dargelegt, die sich als eine besonders wirkungsvolle und herausfordernde Darstellung der secessionistischen Position erwies. Kessler fand nichts Ungewöhnliches in den Bemühungen der Kunstgenossenschaft, die Arbeiten von unabhängigen Künstlern zu unterdrücken: »Neu ist nur, die höchsten Staatsbehörden zu dieser Jagd benutzt zu sehen. Aber das Ziel ist ewig: die Persönlichkeiten in der Kunst auszumerzen, um Platz für die Anderen und Vielen zu schaffen. Gegenüber dieser in der menschlichen Natur fest begründeten Tendenz gilt es, eine Gegenmacht aufzurichten, die dem Talent die Möglichkeit sichert, ungefährdet seinem künstlerischen Gewissen zu folgen... Denn es steht fest, daß in der Kunst nur die Ausnahme Wert hat... Alles Andre ist nicht nur weniger wert, sondern Nichts wert.«[89] Seiner Meinung nach war es die Aufgabe des neuen Verbandes, die Secessionen im Kampf für dieses Prinzip zu unterstützen, ihre vereinzelten Bestrebungen zu einer nationalen Bewegung zusammenzuführen, die stark genug wäre, den Staat zu einer Einsicht in die wahre Natur seiner Pflichten gegen die Kunst zu drängen: »Der Grundsatz, dem der Künstlerbund entstammt: die Eigenart in der Kunst zu schützen und zu fördern, und zwar mit Macht, aber keinen andern Einfluß auf die Kunst zu suchen oder dulden, dieser Grundsatz entspricht eben dem Wesen der Kunst. Er ist lebendig und erzeugt deshalb immer neue Erscheinungen.

So wird denn dieses Prinzip auch im Staatsleben zur Geltung gebracht werden müssen.

Denn der moderne Staat befaßt sich mit Kunst. Er hat Galerien, macht Ausstellungen, gibt Aufträge, baut, belohnt. Und es handelt sich hier nicht, wie Politiker nur zu leicht meinen, um ›kleine‹ Fragen, die den Gang der ›großen‹ Politik nicht stören sollten. Sondern hier sind in Wirklichkeit die Dinge, um derentwillen alle Politik überhaupt da ist. Im letzten Grund erfüllt Politik nämlich immer nur in verschiedenen Formen Eine Aufgabe: einem Volke, d. h. den idealen, intellektuellen oder künstlerischen Gaben eines Volkes, die höchste, mannigfaltigste und weiteste

Entfaltung bahnen und sichern. Dazu sind Parlamente, Panzerschiffe, Handelskammern da. Selbst die ›hohe‹ Politik ist nur Mittel zu diesem Zweck. Die Denker, Dichter, Künstler stehen im Mittelpunkt und alle Andren um so zentraler, je näher ihr Wirken diese lebendigen Geister berührt, die das Ewige ihres Volkes sind.

Deshalb trägt Jeder die schwerste Verantwortung, wo er in Dingen des Geistes mit beschließt. Und da der Staat die Kunst in seinen Bereich zieht, so muß man verlangen, daß die Kunst auch in der Politik nach ihrer richtigen Bedeutung geschätzt und nach dem richtigen Prinzip, dem der Freiheit, behandelt werde.«[90]

Kessler widmete sich nicht der letztlich unlösbaren Frage, wer entscheiden sollte, was gute Kunst war und was nicht. Tatsächlich verlangte seine Broschüre nichts weiter, als daß der Staat und seine »höchsten Organe« ihren Anspruch auf absolute Autorität fahren ließen und dem schöpferischen Künstler genügend Freiheit und Unterstützung gäben, um ihn davor zu bewahren, von Akademie und Kunstproletariat erdrückt zu werden. In der Tradition von Fichte und Wilhelm von Humboldt forderte Kessler den Staat auf, Freiheit nicht einer bestimmten Handlungsweise, sondern dem schöpferischen Geist zu gewähren, damit dieser sich unbehindert emporschwingen könne. Während der Diskussion über die neue Organisation wandte sich Leistikow, unterstützt von Kessler, noch einmal gegen das »demokratische Prinzip der Stimmengleichheit« in Künstlervereinigungen, das den Dilettanten auf dieselbe Stufe stellte wie den Künstler und das die Kunstgenossenschaft in eine wirtschaftliche Interessengemeinschaft der Mittelmäßigen verwandelt hatte. Das elitäre Konzept, das er und Liebermann in die Leitung der Berliner Secession eingeführt hatten, wurde in der neuen Gruppe noch deutlicher angewandt. Die Geschäfte wurden einem Vorstand von 30 Personen übertragen, der für fünf Jahre gewählt wurde und bevollmächtigt war, über Aufnahmebewerbungen zu entscheiden, Jurys zu ernennen und Mitglieder zu ersetzen, die den Vorstand verließen. Ein starkes Kontingent der Berliner Secession wurde in den Vorstand gewählt: Liebermann, Leistikow, Slevogt, Corinth und Tuaillon; aber auch Künstler ganz anderer Richtungen wie Klinger, Thoma und Henry van de Velde, sowie der Industrielle und Schriftsteller Eberhard von Bodenhausen und Graf Kessler; unter den Münchner Vertretern waren Uhde und Keller. Zum Präsidenten wählte die Vereinigung Leopold Graf Kalckreuth, der dieses Amt fünfundzwanzig Jahre innehaben sollte; Liebermann, Uhde, Klinger und Kessler wurden zu Vizepräsidenten gewählt.

Kalckreuth, der frühere Präsident der Karlsruher Secession, war damals ein Maler Ende der Vierzig und war erst vor kurzem über seine engere Heimat hinaus bekannt geworden. Seine gedämpft impressionistische Technik konnte seinen vielen Darstellungen norddeutscher Hafen- und Flußszenen und seiner nüchtern-romantischen Behandlung des deutschen Landlebens – Bauern beim Säen oder beim Einbringen der Ernte, alte Frauen beim Gänsehüten – Spannung und Vitalität verleihen. Der Philosoph Wilhelm Dilthey lobte ziemlich doppelsinnig sein Werk, das durch »Wahrhaftigkeit und eine gewisse schwere Größe in der Auffassung« auffalle.[91] Selbstbildnisse und Porträts gehören wahrscheinlich zu Kalckreuths interessantesten Arbeiten; namentlich das 1888 entstandene Porträt seiner Frau, das seines engen Freundes Alfred Lichtwark, auch die Bildnisse der Mutter Lichtwarks und Paul Cassirers bringen im Äußeren der Dargestellten sehr überzeugend deren Inneres zur Erscheinung.

Als Sproß eines berühmten Adelsgeschlechts, Reserveoffizier der preußischen Garde, Nachkomme zweier preußischer Feldmarschälle und verheiratet mit der Urenkelin eines dritten, war Kalckreuth eine ungewöhnliche Wahl, um eine Gruppe zu führen, die sich offen gegen die Kunstpolitik des Kaisers und der preußischen Kunstverbände stellte. Seiner politischen Überzeugung nach war er Monarchist; er hielt Houston Stewart Chamberlains konfusen Lobgesang auf Deutschlands welthistorische Sendung, die ›*Grundlagen des Neunzehnten Jahrhunderts*‹ für ein epochales Buch; als er die Wahl zum Präsidenten des Künstlerbundes annahm, graute es ihm vor nichts mehr als der Möglichkeit, daß »die Sozen sich der Sache der Künstler annehmen«.[92] Aber Kalckreuth war ein unabhängiger Charakter. In seiner Jugend hatte er sich über den ausdrücklichen Wunsch der deutschen Regierung hinweggesetzt und Liebermanns Einladung, ein Bild zur Pariser Weltausstellung 1889 zu schicken, Folge geleistet. Als Reserveoffizier mußte er sich für diesen Ungehorsam beim Kaiser entschuldigen. Er beurteilte das kaiserliche System nach dem bescheideneren Preußen, das mehrere Generationen zurücklag, und fand es in vieler Hinsicht mangelhaft. In Kunstkreisen war er bekannt als ein behutsamer, aufrichtiger Mann, vielleicht besser geeignet, die neue Vereinigung zu leiten, als der streitsüchtige Lie-

Die deutsche Kunst bei Bülow

(Zeichnung von Wilhelm Schulz)

„Lassen Sie sich erst mal von Herrn von Werner ne anständige Uniform anziehen. Dann können Sie wieder vorsprechen."

»Die deutsche Kunst bei Bülow«. Karikatur von Wilhelm Schulz, *Simplicissimus*, 19. Januar 1904 bermann, der auch für den Posten in Betracht gezogen worden war. Kalckreuths gesellschaftliche Stellung scheint ein weiterer Grund für seine Wahl gewesen zu sein. Der Künstlerbund mochte dem Kaiser weniger subversiv erscheinen, wenn er vom Träger eines in der Geschichte der Monarchie wohlbekannten Namens geleitet wurde.

Unmittelbar nach seiner Wahl ersuchte Kalckreuth den Reichskanzler um eine Unterredung, um die Möglichkeit einer Teilnahme des Künstlerbundes an der amerikanischen Ausstellung zu erörtern. Bülow konnte oder wollte ihn nicht empfangen; diese Ablehnung veranlaßte den *Simplicissimus* zur Veröffentlichung einer Karikatur mit der Überschrift »Die deutsche Kunst bei Bülow«, in der eine Wache eine abgerissene Bettlerin, die die Kunst darstellt, am Tor der Zitadelle des Staates zurückweist mit den Worten: »Lassen Sie sich erst mal von Herrn von Werner 'ne anständige Uniform anziehen. Dann können Sie wieder vorsprechen.«[93] Statt dessen sprach Kalckreuth mit Posadowsky und bot ihm eine Ausstellung der bekanntesten deutschen Maler und Bildhauer an, wenn ein Drittel des Platzes, der der deutschen Kunst in St. Louis zur Verfügung stand, der neuen Vereinigung zugeteilt würde. Posadowsky konnte diesen Vorschlag, der den Konflikt, der gerade erst durch die Intervention des Kaisers und Werners beigelegt worden war, von neuem hätte ausbrechen lassen, natürlich nicht annehmen; hielt es aber für möglich, daß direkte Gespräche mit den Führern der Kunstgenossenschaft immer noch zu einem annehmbaren Arrangement führen könnten. Kalckreuths Vorschläge wurden jedoch von Werner kategorisch abgelehnt, der eben einen selbst für ihn ungewöhnlich heftigen Angriff auf die »Matadore der Secessionen« veröffentlicht hatte.[94] Die Vereinigung war lediglich bereit, Arbeiten zur Vorlage für die örtlichen und die zentralen Jurys anzunehmen, obwohl, wie man hinzufügte, die von den Museen entliehenen Gemälde wenig oder keinen Raum für die Nachzügler übrig lassen würden. Angesichts dieser spöttischen Antwort gab Kalckreuth seine Bemühungen auf.

Es wurde allgemein empfunden, daß es bei diesem Streit um mehr ging als um die bei der Vorbereitung von Ausstellungen üblichen Eifersüchteleien unter Künstlern. Die Notwendigkeit, Gemälde und Skulpturen auszuwählen, die geeignet wären, Deutschland in der Welt zu repräsentieren, wurde nicht nur vom

Kaiser, von Lewald und der Kunstgenossenschaft betont, sondern auch von den Secessionen; ihr Kulturpatriotismus und Konkurrenzdenken waren jedoch gemäßigter und weniger besorgt, Deutschlands Einzigartigkeit und Überlegenheit zu verteidigen, als Deutschlands Beitrag zur Weltkunst vorzuführen. Das Bewußtsein von einem (gleichviel wie interpretierten, jedenfalls hochbedeutenden) Zusammenhang zwischen der Kunst und der Nation verstärkte die Erbitterung der Kontrahenten und interessierte auch die breite Öffentlichkeit für den Streit. Nicht nur Kunstzeitschriften, auch die Tagespresse veröffentlichte Kommentare zum Kunstparlament und zu seiner Auflösung; den Herbst und Winter des Jahres 1903 hindurch wurden die Vorbereitungen für die Ausstellung in St. Louis weiterhin in den Zeitungen besprochen. Das Interesse nahm noch zu, als die Budgetkommission des Reichstags in den ersten Wochen des neuen Jahres sich mit den fortdauernden Ausgaben zur Unterstützung deutscher Kunst im Ausland und einer Erhöhung der Sonderausgaben für St. Louis befaßte und dabei die Beschickung der deutschen Kunstabteilung behandelte.

Die Presse berichtete über den Zusammenstoß zwischen mehreren Mitgliedern der Budgetkommission und Staatssekretär von Posadowsky wegen der Vorbereitungen für St. Louis, was sicherlich zu Auseinandersetzungen im Reichstag und im preußischen Landtag führen würde. In einem Feuilleton bedauerte die *National Zeitung,* das Organ der Nationalliberalen, daß Posadowsky und Lewald ihre unparteiische Haltung aufgegeben hatten, und fügte hinzu: »Wir haben gute Gründe anzunehmen, daß Herr Anton von Werner bei diesem Spiel hinter den Kulissen eine Hauptrolle agierte.« Der Autor sagte voraus, daß Reichstag und Landtag die Gelegenheit nutzen würden, »um das Verhältnis des Staates und der Regierung zu der lebendigen vorwärtsweisenden Kunst unserer Zeit eingehend zu beleuchten und darzutun, daß auf dem bisher betretenen Wege unmöglich fortgefahren werden darf, wenn nicht letzten Endes nationale Interessen von höchster ideeller und materieller Bedeutung gefährdet werden sollen.« Der Artikel schloß mit der Forderung: »Man müßte, wenn es irgend möglich wäre, heute noch Maßregeln treffen, der St. Louiser Kunstabteilung eine andere, bessere Gestalt zu geben. Wenn der gute Wille vorhanden ist, wäre es vielleicht noch immer nicht zu spät!«[95]

Es lag nicht in der Befugnis des Reichstags, Entschlüsse der Regierung zu ändern; er konnte nur das Budget annehmen oder ablehnen; und das tat er natürlich nicht unter besonderer Berücksichtigung der Kunstpolitik der Regierung oder ihres Vorgehens bei der Vorbereitung der Ausstellung in St. Louis. Aber die Budgetdebatten boten Gelegenheit, auch deswegen Vorschläge zu machen, Beschwerden zu äußern und die Regierung anzugreifen. Die Debatte über die einschlägigen Titel war für Mitte Februar vorgesehen. Die Regierung erwartete Schwierigkeiten, sah aber weder die Länge der Debatte voraus, die am späten Nachmittag des 15. Februar begann und am folgenden Tag weitere sechs Stunden dauerte, noch die Härte der Kritik.

Die neun Redner, die dabei zu Worte kamen, vertraten die ganze Breite des politischen Spektrums von den Freien Konservativen über die katholische Zentrums-Partei, die Nationaliberalen und Freisinnigen bis zu den Sozialisten. Posadowsky sprach zweimal zur Verteidigung der Regierung; ihm zur Seite standen der Beamte, der als Reichskommissar für die Pariser Ausstellung gedient hatte, und der Vertreter von Sachsen-Weimar im Bundesrat, der den Vorwurf zurückwies, daß Preußen versucht hätte, den Großherzog von der Förderung des Künstlerbundes abzubringen.[96] Einer der beiden Redner des Zentrums sah im Sieg der Kunstgenossenschaft wenig Beklagenswertes: Künstler wären eine streitsüchtige Gesellschaft, man sollte ihre Meinungsverschiedenheiten nicht zu ernst nehmen. Doch selbst er konnte die Maßnahmen der Regierung nicht billigen. Obgleich die meisten Mitglieder seiner Partei nicht zu den Anhängern der Secession gehörten, seien sie andererseits der Ansicht, »daß bei der Ausstellung in St. Louis auch die Secession hätte vertreten sein müssen«.[97] Die anderen Redner waren sich einig in ihrer scharfen Verurteilung der Regierung, die mit der Bevorzugung einer Gruppe von Künstlern und der Benachteiligung anderer ihre Pflicht zur Gerechtigkeit gegen alle Staatsbürger verletzt habe; und sechs beschuldigten sie überdies, ihre Vereinbarung mit den Bundesstaaten gebrochen zu haben, eine Handlung, die Ernst Müller-Meiningen, ein Mitglied der Freisinnigen Volkspartei, als autokratisch und »einen Husarenstreich« bezeichnete.[98] Posadowsky versuchte, den Sturm durch die Erklärung abzuwenden, daß er als Staatssekretär des Innern nicht für preußische Politik verantwortlich sei – ein Scheinargument, da einer der strittigen

Weimar

„In Berlin wollen sie uns die Kunst kommandieren, mein lieber Göthe; ich gedenke aber dort erst um Rat zu bitten, wenn wir neue Militärstiefel einführen."

»Weimar«. Karikatur auf angebliche Bemühungen Preußens, den Großherzog von Sachsen-Weimar zur Ablehnung der ihm angetragenen Schirmherrschaft über den neugegründeten Deutschen Künstlerbund zu bewegen – von Wilhelm Schulz, *Simplicissimus,* 23. Februar 1904

Punkte genau diese Unterwürfigkeit des Reiches gegenüber Preußen betraf. Weiter behauptete er, daß man die Secessionen nicht von der Beteiligung an der Ausstellung habe ausschließen wollen, daß sie jedoch nicht bereit gewesen seien, mit den traditionellen

Gruppen zusammenzuarbeiten: »Die Secessionisten haben zur Grundlage ihrer Auffassung den unbedingten Individualismus, während sie in der Kunstgenossenschaft das Stimmrecht aller erblicken.« Sie hätten sich selbst ausgeschlossen, als die Regierung ihnen nicht die Kontrolle über die Ausstellung habe übertragen wollen.[99] Der Reichstag zeigte einiges Mitgefühl für Posadowskys Stellung; Sprecher nannten ihn ein Opferlamm und einen Prügelknaben, der die wahren Schuldigen deckte, aber man glaubte ihm nicht. Der Führer der Freikonservativen, Wilhelm von Kardoff, dessen Sohn Konrad einer der vielversprechenden jungen Maler der Berliner Secession war, zögerte nicht, die Regierung einer falschen Darstellung des Sachverhalts zu bezichtigen.

Kritische Stellungnahmen von einem Mann wie Kardoff, der zum Mecklenburgischen Uradel gehörte, hatten ohne Zweifel eine stärkere Wirkung als die Angriffe der Sozialisten, deren Schärfe man von vornherein erwartete. In früheren Reichstagssitzungen hatte Kardoff auf impulsive und ungenaue Erklärungen des Kaisers hingewiesen; jetzt kritisierte er den seiner Ansicht nach unangebrachten Einfluß des Kaisers auf die Kulturpolitik des Reiches:

»Der Herr Staatssekretär des Innern hat weiter ausgeführt, man könne doch der Allerhöchsten Stelle nicht verbieten, daß sie eine Meinung in Kunstsachen äußert. Wer wird das verbieten wollen? Aber wir sind hier nicht in einem absoluten Staate und nicht in Preußen (sehr richtig!) sondern in einem föderativen Bundesstaate, im Deutschen Reich, und hier kann doch der Wille eines einzelnen nicht so maßgebend sein. Und wie die Geschmacksrichtung selbst von den allergenialsten Herrschern unter Umständen fehlgegangen ist, dafür erinnere ich nur an das Urteil Friedrichs des Großen über Shakespeare ... Und wenn ich hier nun sehe, was die Kunstrichtung, die jetzt in Preußen maßgebend ist, hier in Berlin geleistet hat (sehr richtig!) ja, da muß ich doch sagen, daß ich ein ängstliches Gefühl dabei habe. (Sehr richtig! – Heiterkeit.)«[100]

Weniger höflich waren die Einwände, die von Liberalen und Sozialisten erhoben wurden. Nachdem er die Rolle Anton von Werners bei der Auswahl von Werken für St. Louis erörtert hatte, fuhr der Vorsitzende der Sozialdemokratischen Partei, Paul Singer, fort: »Meine Herren, die Secession ist durch ein Urteil gekennzeichnet, welchem, weil es aus Kaiserlichem Munde stammt,

Aus der Großen Berliner Kunstausstellung 1904

(Zeichnung von Wilhelm Schulz)

„Die Ausstellung wird an hoher Stelle Beifall finden, die Bilder sind tadellos gerichtet."

Der subalterne Anton von Werner meldet: »Die Ausstellung wird an hoher Stelle Beifall finden, die Bilder sind tadellos gerichtet.« Karikatur von Wilhelm Schulz, *Simplicissimus*, 17. Mai 1904

wohl ein ästhetischer Charakter beigelegt ist; dic Secession wird als ›Rinnsteinkunst‹ betrachtet. Nun, meine Herren, wenn Hofkünstler berufen werden die Auswahl zu treffen unter den Gemälden, welche für die Ausstellung in St. Louis angemeldet waren, so ist es bei unseren Zuständen sehr begreiflich, daß die Wahl nur auf solche Kunstwerke gelenkt wird, welche der Richtung der maßgebenden Persönlichkeit entsprechen. Aber gerade dieses System ist grundfalsch. Man kann in der Kunst weder reglementieren, noch kann man die Künstler einexerzieren (sehr richtig! links).« An anderer Stelle geißelte Singer die einseitige Verwendung öffentlicher Mittel als »unberechtigten Einfluß des persönlichen Regiments«.[101] Der nationalliberale Abgeordnete Graf Oriola erklärte: »So wenig es möglich ist, irgend eine große geistige Bewegung im Volke künstlich niederzudrücken, so wenig wird es irgend jemandem, und stände er noch so hoch im Reiche, möglich sein, der Kunst zu gebieten, andere Wege zu wandeln, als die Kunst für richtig hält.«[102] Die Rede des Freisinnigen Abgeordneten Müller-Meiningen war mit kaum verhüllten Angriffen auf den Kaiser durchsetzt: »Man ist in Preußen darüber, eine Hofästhetik zu erhalten (sehr richtig! links), welche ... (des Kaisers Worte) *sic volo, sic jubeo* auf dieses Kulturgebiet überträgt. Ich habe vorhin bereits gesagt: Millionen deutscher königstreuer Leute wehren sich dagegen. Man beklagt sich in den weitesten Kreisen, daß Hofschranzen, byzantinische Schmeichler, die leider Gottes den Monarchen umgeben, nicht auf das Gefährliche der Stabilisierung einer solchen Kabinettskunst hinweisen ... Meine Herren, die Gebildeten fragen sich, und zwar ohne Unterschied der Parteiangehörigkeit ... was leistet denn diese Hofästhetik? – Überall Mißerfolge, wohin wir sehen! ... Millionen Gebildeter in Deutschland sind auch heute noch der Überzeugung, daß die große, moderne, internationale Bewegung, ... welche die Natur, d. h. die Wahrheit auch in der Kunst sucht, sich nicht kommandieren läßt und kommandieren lassen darf wie ein Regiment Gardegrenadiere. (Sehr gut! links) ... Auf keinem Gebiete ist für die Unfehlbarkeit ein so kleiner Raum wie gerade auf dem Gebiete der Kunst. Pflicht der deutschen Volksvertretung aber ist es nach meiner Überzeugung, *sine ira et studio* dafür zu sorgen, daß eine solche Diktatur auf künstlerischem Gebiet nicht noch durch staatliche Mittel unterstützt wird (sehr richtig! links), sondern daß die Kunst frei ihres Amtes waltet ... Die Kunstgeschichte, die Kulturgeschichte hat es gezeigt: die Kunst, sie geht selbst über Könige und Kaiser, die sie fesseln wollen, zur Tagesordnung über. (Lebhaftes Bravo von links.)«[103]

Das zur Verteidigung vorgebrachte Argument, die Regierung müsse die Kunstgenossenschaft bevorzugen, da diese schließlich die große Mehrheit der Künstler vertrat, wurde von dem Mitglied der Freisinnigen Vereinigung, Heinrich Dove, mit der Bemerkung zurückgewiesen, daß der Caesarismus sich, »wie so oft, auch hier der demokratischen Richtung bemächtigt... um, auf sie gestützt, sich zur Geltung zu bringen«.[104]

Der zweite Redner der Sozialdemokraten, Albert Südekum, entwickelte dieses Thema weiter und faßte das Ergebnis der Debatte zusammen: »Der ganze Streit, der uns hier beschäftigt, läßt sich durch folgendes charakterisieren. Ein Teil der deutschen Künstler ist hochgradig byzantinistisch, und ein anderer Teil ist mindestens nicht byzantinistisch; der wird dafür gestraft. Und dabei kommt es diesen selbstherrlichen Gelüsten absolut nicht darauf an, die einzelstaatlichen Regierungen und Höfe genau so vor den Kopf zu stoßen, wie einzelne Richtungen in der Kunst. Es ist ein schlimmer Haß gegen kräftige Individualität, der sich da bemerkbar macht, und den der Graf Posadowsky nur umschrieb, als er sagte, es sei gerade von unserer Seite unvorsichtig, dagegen Front zu machen, weil ja in der Deutschen Künstlergenossenschaft das Mehrheitsprinzip, dem wir sonst zuschwören, Wirklichkeit wäre. Ja, meine Herren, das Mehrheitsprinzip dort, wo es hingehört! Der Schutz der Individualität aber dort, wo er notwendig ist! Und wir danken gefälligst für eine Kunstrepublik mit Wilhelm II. an der Spitze.« Zur Ordnung gerufen, da er sich zu Mutmaßungen über die Absichten des Kaisers hatte hinreißen lassen, verbesserte Südekum sich; er hätte sagen wollen »mit Anton von Werner an der Spitze.«[105]

Ein untergeordnetes Anliegen, das dennoch den Reichstag viel Zeit kostete, war es, den Charakter der modernen Kunst, die künstlerischen Fähigkeiten der Künstler dieser Richtung und die moralischen und politischen Folgen ihrer Werke zu bestimmen. In diesen Fragen zeigten die Redner wenig Einmütigkeit. Als zwei Abgeordnete den französischen Impressionismus lobten – von denen einer sagte, »das eine muß doch jeder Mensch zugeben, der z. B. die vorjährige Manetsche Ausstellung bei Paul Cassirer hier gesehen hat: diese moderne Kunst hat uns erst die Natur sehen gelehrt« –, wurde das von einem dritten zurückgewiesen. Südekum nannte den Grafen Oriola reaktionär wegen seiner Forderung, die moderne Kunst habe in den Grenzen des guten Geschmacks zu bleiben.[106] Singer unterstellte, daß einflußreiche Kreise gegen die Berliner Secession waren, nicht, weil sie ein Bild wie Liebermanns *Allee* hervorgebracht hatte (das von Peter Spahn, dem Vorsitzenden der Zentrums-Fraktion, gelobt worden war), sondern »weil es ihr eben darum zu tun ist, die Wahrheit im Bilde zu zeigen, auch die Not und das Elend bildlich darzustellen«. Diese Behauptung wurde zum Teil von Dove zurückgewiesen, der auch mit Oriola in seiner Abneigung gegen »Elendsbilder« und das Niederreißen ästhetischer Schranken übereinstimmte, aber doch weit mehr künstlerischen Sinn fand »in derjenigen Richtung, von der... (Oriola) annimmt, daß sie die Autorität untergraben will, als in der Richtung, die sich vielleicht einbildet, daß sie mit ihrer Produktion die Autorität stützt (sehr richtig!).«[107] Wiederholt drohte die Verhandlung sich in Streite über persönlichen Geschmack aufzulösen, aber die Redner kamen doch immer wieder auf ihre Ablehnung der selbstherrlichen Entscheidungen des Kaisers zurück und auf den Grundatz, »wir wollen nicht, daß nur eine Richtung unterstützt werde«.[108]

Das wichtigste an der Debatte für das politisch interessierte Publikum war die Demonstration der Einmütigkeit, die die Parteien des Reichstags bei dieser Gelegenheit boten. Deutsche und ausländische Zeitungen nahmen die »ziemlich bemerkenswerte Tatsache« (so die Londoner *Times*) zur Kenntnis, »daß nationalliberale und konservative Redner wie Graf Oriola und Herr von Kardoff diesmal ausnahmsweise derselben Meinung wie Radikale und Sozialisten sind«; was auch die *New York Times* desselben Tages in beinahe identischen Worten feststellte.[109] Das liberale *Berliner Tageblatt* schrieb über die Sitzung: »Es war ein großer parlamentarischer Tag (...) eine merkwürdige Parade vor dem obersten Kunstherrn.«

Und der politische Rückblick auf die Woche in einer späteren Ausgabe der Zeitung folgerte, daß »es scheint, daß man im Deutschland von heute von eines Medicäus Güte nichts wissen will, die nach eigener Überzeugung die schaffenden Künstler in Böcke und Schafe zu sondern liebt. Es ist das erste Mal, daß bei uns eine derartige Auffassung sich Raum zu schaffen wußte.«[110] Der konservativ-christliche *Reichsbote* meinte: »Die Redner aller Parteien befanden sich in seltener Einmütigkeit. Sie alle führten diesen, die deutsche Kunst schwer schädigenden Übelstand auf höfische Beeinflussung und auf die Feindschaft des Akademiedirektors von Werner gegen die neuere Kunstrichtung zurück.«[111] Ein Feuilleton in der *Frankfurter Zeitung* begann mit den Worten: »*E pur si muove!* Sie bewegt sich doch, die Welt, selbst in Deutschland.« In einem Leitartikel, »Ein Protest gegen die Berli-

Prügelknabe Posadowsky — *Paul Rieth*

„Der Knecht aber, der seines Herrn Willen weiß . . ., der wird viele Streiche leiden müssen!" (Luc. 12, 47)

An Anton v. Werner

Die herrliche, junge, deutsche Kunst,
Die man geschmäht und gesteinigt,
Sie hat das größte der Wunder vollbracht,
Hat des Reichstags Parteien vereinigt!

Ein grollendes Gewitter war's,
Ein Donnern und ein Blitzen,
Man beugte sich vor der freien Kunst
Selbst auf des Zentrums Sitzen!
Laut tönt der Ruf vom Parlament
Hinaus in die deutschen Lande:
Für die höchsten und heiligsten Güter des Volks,
Da gibt's keine höfischen Bande!

O Anton v. Werner, wie stehst Du da
Mit Deinen Kunstgenossen!
Wir fürchten sehr, dies Urtheil des Reichs
Macht Dich nun reichsverdrossen!
Wir vergelten Gleiches mit Gleichem nicht
Und verzeih'n Dir alle Kabalen —
Doch mußt Du dafür als Historienbild
Uns diese Sitzung malen!

»Prügelknabe Posadowsky« – von Vertretern aller Parteien geprügelt: »Die herrliche, junge, deutsche Kunst, / die man geschmäht und gesteinigt, / Sie hat das größte Wunder vollbracht, / Hat des Reichstags Parteien vereinigt!« Karikatur von Paul Rieth, *Jugend*, 1904

ner autokratische Kunstpolitik«, vermutete dieselbe Zeitung: »Diese Wandlung ist wohl nur so zu erklären, daß der in künstlerischen Dingen seit längerer Zeit von Berlin ausgeübte Druck einer künstlerischen Selbstherrschaft, wie es heute genannt wurde, die bei jeder Gelegenheit ihren mächtigen Einfluß auf die preußische und die Reichsregierung ausübt, unbemerkt und in der Stille eine Gegenbewegung hervorgerufen hat, die dann aus Anlaß der Ausstellung in St. Louis durch die energische Gegenwehr der Secessionisten und die Gründung des Künstlerbundes zu Weimar einen festen Halt bekommen hat, und nun plötzlich und eigentlich ungeahnt in der Volksvertretung zum Ausbruch gekommen ist.«[112]

Mehrere Zeitungen sondierten die besonderen politischen Motive für die Einigkeit des Reichstags, und vor allem suchten sie eine Erklärung für das überraschende Einschwenken der Zentrumspartei auf diese Linie. Die liberale *Vossische Zeitung* meinte: »Das Zentrum mag sich überlegt haben, auf wie wenig Sympathie es gerade in gebildeten Kreisen bei einer kunstfeindlichen Politik rechnen darf; auch mag die höfische Bevorzugung der ›offiziellen‹ Berliner Kunst in süddeutschen Zentrumskreisen doch Mißstimmung erregt haben.«[113] Eine ähnliche Deutung, heftiger ausgedrückt, erschien im sozialistischen *Vorwärts*: »Woher dies klerikale Wunder der Bekehrung des Centrums zur verpönten Rinnsteinkunst? Es ist die alte schlaue Centrumspolitik. Wie das Centrum für die Socialpolitik eine starke Geschäftigkeit zur Schau trägt, um den Socialismus zu überwinden, so spiegelt es jetzt Verständnis und Liebe für die ›gesunde‹ Secession, für die ›echte‹ Freilichtkunst vor, um dann unter Berufung auf diese Sympathien um so rücksichtsloser seiner Heinze-Hetze fröhnen zu können. Wer wird nun noch wagen, den klerikalen Kampf gegen den ›Simplicissimus‹, die Verfehmung der nackten Kunst auf finsteres, rückständiges Barbarentum zurückzuführen? Hat man nicht die moderne Kunst sogar dem Verdikt des Hofes gegenüber heldenmutig verteidigt? Nur die ›Auswüchse‹ will man treffen, nur die ›Auswüchse‹! Aus dieser Taktik erklärt sich das Wunder zwanglos. Hinter der Sympathie-Erklärung für die moderne Kunst im allgemeinen steckt die Absicht, einen Freibrief für die Verfolgung der besonderen Kunst, die nicht centrumsreif ist, zu gewinnen.«[114]

Die Haltung der Konservativen in der Debatte fand unterschiedliche Erklärungen: Es wurde darauf hingewiesen, daß Kardoff seinen zur Secession gehörenden Sohn kaum als subversiv ansehen würde, daß die Debatte den Konservativen Gelegenheit gab, ihre Abneigung gegen die Umgebung des Kaisers zum Ausdruck zu bringen, und daß die Partei zur Zeit in einen Konflikt über Sozialpolitik mit Posadowsky verwickelt war. Daß selbst gemäßigte Konservative weit davon entfernt waren, an Kardoffs Seite hinter den Secessionen zu stehen, macht das Organ der Freikonservativen, die Berliner *Post,* deutlich, die zwei Tage nach der Debatte Posadowsky vorwarf, ungenügenden Mut vor dem Feind bewiesen zu haben, als er des Kaisers Kunstansichten im Reichstag verteidigte.[115]

Die Kritik an des Kaisers Kunstpolitik, welche die Mehrzahl der wichtigeren Parteien äußerte, war eher ein zeitweiliges Zusammentreffen von Unzufriedenheit und beleidigtem gesunden Menschenverstand als ein Schritt zur echten politischen Zusammenarbeit. Zweifellos hätten die Sozialisten die überraschende Einmütigkeit des Reichstags gerne für wichtigere Fragen ausgenützt, aber die anderen Parteien waren nicht bereit, über ihre gewohnte rückblickende Kritik an Entschlüssen der Regierung hinauszugehen. Wie Gerhard A. Ritter dargelegt hat, wurde von den reichstreuen Parteien erwartet, daß sie die Regierung in allen »nationalen Fragen« unterstützten; aber in regionalen, sozialen, wirtschaftlichen und auch kulturellen Fragen besaßen sie Handlungsfreiheit. Man konnte ruhig Einwände gegen die Kunstpolitik der Regierung erheben, ohne fürchten zu müssen, als Reichsfeind abgestempelt zu werden. Aber offene Kritik am Kaiser war immer noch verpönt, und daß die Freikonservativen, das Zentrum und die Liberalen unverkennbar diesen Punkt erreicht hatten, war symptomatisch für eine wachsende Beunruhigung auch der nichtsozialistischen Parteien über die Unbesonnenheit und das persönliche Regiment des Kaisers.

Die Debatte über die Kunstausstellung in St. Louis markiert eine Stufe auf dem Weg zu dem wesentlich heftigeren, doch ebenso hilflosen Ausbruch der öffentlichen Meinung angesichts der *Daily Telegraph* Affäre – eine Episode, während der der Kaiser sorgfältiger seine verfassungsmäßige Rolle einhielt. Im Februar 1904 gewannen die Secessionen und das Prinzip des unparteiischen und ehrlichen Handelns in der Innenpolitik einen moralischen Sieg und noch etwas mehr, so wenig auch ein solcher Sieg in der deutschen Politik bedeutete. In seiner zweiten Erwiderung während der Debatte hatte Posadowsky etwas zweideutig erklärt, daß die Reichsregierung bei der Organisation zukünftiger Ausstellungen mehr darauf achten würde, mit den deutschen Staaten zusammenzuarbeiten.[116] Tatsächlich verfolgte die Regierung bei den nächsten Weltausstellungen eine ausgewogenere Politik mit dem Ergebnis, daß die Streitfrage, die Reichstag und Presse 1904 beschäftigt hatte, fast hinfällig wurde. Selbst der Kaiser, erschreckt von der Vehemenz der Kritik, der er ausgesetzt gewesen war, wurde eine Zeitlang zurückhaltender in seinen öffentlichen Erklärungen zur Kunst. Seine privaten Äußerungen, die gelegentlich in der Presse enthüllt wurden, blieben jedoch weiterhin stark ablehnend gegenüber der Moderne.

Unmittelbar nach der Debatte beklagte eine außerordentliche Versammlung des Vereins Berliner Künstler die Kritik des Reichstags an der Kunstgenossenschaft und gab die Schuld daran der wirkungsvollen Propaganda des Künstlerbundes und besonders der Berliner Secession. In den folgenden Wochen veröffentlichten seine Mitglieder eine Reihe von Druckschriften, die versuchten, die kommende Debatte im Preußischen Landtag zu beeinflussen und eine mögliche Reichstagsresolution zu der Frage abzubiegen. Der Vorstand der Kunstgenossenschaft publizierte einen Bericht über sein Auswahlverfahren und suchte zu beweisen, daß die Jurys gegenüber der modernen Kunst nicht voreingenommen gewesen seien.[117] Ein Pamphlet der Berliner Ortsgruppe stellte die Secessionen als kleine Gruppen von ehrgeizigen Künstlern dar, die von dem Wunsch nach wirtschaftlichen Gewinn und dem Zwang, anders zu sein, getrieben wurden: »In dem eifrigen Streben, nur ja stets originell, nur um jeden Preis neu und eigenartig zu sein, verfiel man selber in dogmatische Einseitigkeit. An Stelle der akademischen Schablone, die man bekämpfen wollte (die übrigens in dem Sinne, wie früher, längst nicht mehr vorhanden ist), trat ein Schlimmeres: Jedes Jahr brachte nun eine neue, meist aus dem Auslande importierte Mode. Dem Pleinairismus folgte der Impressionismus; dann Pointillismus, Neo-Impressionismus, Symbolismus und Mysticismus – bis man endlich durch den ›sensiblen Colorismus‹ zur schwindelnden Höhe des Amorphismus, der völligen Auflösung aller Form, sich durchgerungen hat.«[118]

Ähnliches sagte ein führendes Mitglied der Berliner Ortsgruppe, der Maler Max Schlichting, der die Berliner Secession beschuldigte, gegen das »nationale Interesse« zu wirken, da einheimische Künstler bei ihren Ausstellungen immer in der Minderheit seien: »Im Jahre 1903 hatten sie von 173 qm Bilder nur 70 qm…«

Die Verſuchung des heil. Anton

(Nach den neueſten „authentiſchen“ Berliner Enthüllungen)

Als Stütze von Altar und Thron
Malt Anton, fern der Sezeſſion.

Da trat — er wollt' um Hilfe ſchrei'n —
Profeſſor Piglhein herein.

Und ſprach: „Hör, Anton, dieſer Stiebel,
Den Du da malſt, iſt gar nicht übel!

Verehrter Maler und Lackirer,
Die Sezeſſion wünſcht Dich zum Führer.“

Nun packte Anton eben darum
Der furor artium liberarum.

Voll Wuth er mit dem Pinſel ſchlug,

Voll Wuth er mit dem Pinsel schlug,
Der Uniform-Blau in sich trug.

Vom Piglhein ging dieser Fleck.
O Gott, sein Lebtag nimmer weg.
Und weiter für Altar und Thron
Malt Anton – fern der Secession. – –
M. Br.

Jugend, Ostern 1904

Mitglieder dieser Organisation, die, zum Hohn für die Geschädigten, von einer nur an sich denkenden Elite regiert wurde, sollten seiner Ansicht nach von der Regierung keine Ämter wie etwa eine Professur erhalten, da sie von Interessenkonflikten abhängig sein könnten, die im Widerspruch zu ihrer Pflicht gegenüber dem Staat ständen.[119]

Vermutlich die wirkungsvollste dieser Veröffentlichungen hätte Werners Selbstverteidigung sein können. Ohne die Rolle zu verschleiern oder zu verkleinern, die er bei der Rückgabe der Kontrolle über die Ausstellung an die Kunstgenossenschaft gespielt hatte, wies Werner nach, daß einige der gegen ihn erhobenen Anschuldigungen auf Mißverständnissen oder ungenauen Daten beruhten oder in anderer Hinsicht fehlerhaft waren. Er gab sich als staatsmännischer Verwalter der Künste, der den Machenschaften einer kleinen Gruppe, der es an Einsicht in die Notwendigkeit nationaler Einigkeit und künstlerischer Kollegialität gebrach, zum Opfer gefallen war. So stellte er sich selbst und die Kunstgenossenschaft als Vorkämpfer jeder wahren Kunst, ob modern oder traditionell, dar und verstieg sich sogar zu der Behauptung, daß Albert von Keller ihm in den neunziger Jahren den Vorsitz der Münchner Secession angeboten hätte. Werner hätte sich wohl kaum zu einer solchen Behauptung verstiegen – deren Grundlage eine scherzhafte Bemerkung Kellers gewesen zu sein scheint, deren er sich dunkel als eines ernstgemeinten Vorschlags erinnerte –, wenn ihn die Reichstagsdebatte nicht ziemlich aus der Fassung gebracht hätte. Keller veröffentlichte sofort ein Dementi, in dem er Werners Behauptung als grotesk bezeichnete, und so sah dieser sich von neuem dem Spott preisgegeben.[120] Werners Selbstrechtfertigung, die Pamphlete der Kunstgenossenschaft und die Verteidigung der modernen Kunst, die Kessler anläßlich der Gründung des Künstlerbundes verfaßt hatte, wurden an Mitglieder des Landtages verteilt, bevor am 14. April die preußische Kunstpolitik erörtert wurde. Die Debatte in diesem konservativen Gremium verlief weit gedämpfter als im Reichstag. Der Kaiser wurde nicht angegriffen, aber auch hier brachten die Abgeordneten ähnliche Besorgnis um eine unparteiische Behandlung der Künste zum Ausdruck.[121]

Am 10. Mai nahm der Reichstag die Frage wieder auf. Mitglieder der Freien Konservativen, Freisinnigen und Nationalliberalen Parteien brachten eine Resolution ein, in der sie den Reichskanzler ersuchten, »bei der Verteilung des Fonds zur Unterstützung der deutschen Kunst... die verschiedenen Richtungen der deutschen Kunst auf dem Gebiete der Malerei und Skulptur nach gerechten Grundsätzen zu berücksichtigen.« Die Resolution wurde von einer Mehrheit angenommen, die der Reichstagspräsident als »eine außerordentlich große« bezeichnete.[122] Zu dieser

»Zieh nach Westen, syrupsüße ...« Karikatur von Bruno Paul. *Simplicissimus,* 1904

Zeit war die Weltausstellung in St. Louis schon eröffnet – am 30. April 1904, ein Jahr später als geplant – und damit auch die Ausstellung deutscher Gemälde und Plastiken. Der *Simplicissimus* hatte die Verschiffung der Kunstwerke nach Amerika mit einer Zeichnung gefeiert, die einen modernen Hafen darstellt, durch den ein gekrönter Schwan eine Gondel zieht; diese enthält eine gelangweilte deutsche Maid und Wilhelm II., im Stil des 17. Jahrhunderts kostümiert, der eine mit dem kaiserlichen Wappen verzierte Trompete bläst. Der Text unter dem Bild lautete:

Zieh nach Westen, syrupsüße
Deutsche Kunst und Herrlichkeit!
Zieh nach Westen hin, und grüße
Jeden, der vor dir nicht speit.
Grüße alle, die dich lieben,
Hohe, höchste Herren, und...
Kehr nicht wieder, bleibe drüben!
Fahre wohl, Theaterschund![123]

Und doch kam die Kunstausstellung bei Kunstkritikern und Publikum leidlich gut an, trotz der vielen Prognosen, daß die von der Kunstgenossenschaft ausgewählten Werke die deutsche Kunst in St. Louis lächerlich machen würden. Beobachter in Amerika konnten in Berichten an die Regierung auf günstige Besprechungen der Kunstausstellung in Blättern wie der *New York Times, Nation, Boston Herald* und *Washington Evening Star* verweisen.[124] Die kleine Protestausstellung, die moderne deutsche Maler in einer Galerie an der Chouteau Avenue außerhalb des Ausstellungsgeländes veranstalteten, wurde vom Publikum ignoriert, während sie zugleich dem Kaiser und anderen einen weiteren Beweis für die unpatriotische Absonderung der Modernen lieferte.

Bis zum Sommer waren Gemälde für 16000 Mark verkauft worden, und als es zur Preisverteilung kam, errang die Ausstellung eine beachtliche Anzahl von Medaillen und Diplomen. Gegenteilige Beurteilungen waren selten genug, so daß die Regierung schloß, der in Presse und Reichstag ausgetragene Konflikt sei viel Lärm um nichts gewesen. Ein negativer Bericht an Bülow, der ihn an den Kaiser weiterleitete, kam vom deutschen Generalkonsul in Chicago, der zwei Jahre vorher vergeblich versucht hatte, eine umfassende Ausstellung moderner deutscher Malerei an das Art Institute zu bringen. Deutschlands industrielle und wissenschaftliche Ausstellungsobjekte in St. Louis waren ein Erfolg, schrieb der Konsul. »Nur unsere Malerei ging bei dem allgemeinen Lob leer aus – sie wird totgeschwiegen... wenn ich persönlich auch in den Werken der meisten Secessionisten nur Schlechtes sehe und herzlich lachen mußte über die hiesige Bezeichnung ›The anarchists among the artists‹ (›richtig‹, schrieb der Kaiser an den Rand), in Amerika haben die *Abgeklärten* unter ihnen die alte Schule verdrängt, und die deutschen Meister sind fast sämtlich beiseite geschoben worden.«[125] Selbst die Kunstgenossenschaft gestand in ihrem Schlußbericht einige Fehler bei der Organisation der Ausstellung und der Auswahl der Werke ein, wenngleich sie ihre Befriedigung über den Gesamterfolg ausdrückte.[126]

Die deutsche Ausstellung bestand fast völlig aus mittelmäßigen und schlechten Gemälden, aber sie glich zu sehr dem Rest der in St. Louis ausgestellten Kunst, als daß sie besondere Kritik verdient hätte oder hervorrief. Den Katalogen nach zu urteilen, trennten einige thematische und kompositorische Tendenzen und vielleicht auch kleine Variationen in der Technik die verschiedenen nationalen Abteilungen; aber die Ähnlichkeiten waren weitaus größer.[127] Ob im Atelier oder im Freien gemalt, die Bilder, die die Welt nach St. Louis geschickt hatte, waren überwiegend akademisch, von klassischen Allegorien und religiösen und historischen Kostümstücken, einige mit *fin-de-siècle*-Dekadenz gewürzt, bis zu prosaischen Interpretationen der angenehmeren Seiten des täglichen Lebens, deren »Realismus« ebenso konventionell war wie der Symbolismus der daneben hängenden Bilder, die Wald- und Wassernymphen zeigten, Magdalenen und Hexen. Echte Ausnahmen waren selten.

Die sehr große amerikanische Abteilung – 903 Gemälde, 115 Wandgemälde und 352 Aquarelle und Pastelle – enthielt ein Ölgemälde von Whistler, ein weiteres von Sargent, der bezeichnenderweise die große Ehrenmedaille erhielt, und Werke von Eakins, Homer, Childe Hassam und ein paar kleineren Talenten. In der französischen Abteilung verloren sich ein Pissarro, ein Puvis de Chavannes, zwei Renoirs und Werke von Fantin-Latour, Monet, Sisley und einigen Vorläufern des Impressionismus in einem Gemisch von fast 900 Szenen aus der französischen Geschichte, patriotischen Homilien und bekleideten und unbekleideten Salonstücken. Den Kern der englischen Abteilung bildete eine Retrospektive jüngst verstorbener Meister der präraffaelitischen und akademischen Malerei – Millais, Watts, Burne-Jones, Leighton – ergänzt durch Arbeiten lebender Künstler wie Alma-Tadema, Poynter und Herkomer – obwohl auch die Glasgower Nachfolger von Whistler vertreten waren. Die österreichische Ausstellung, die von der Wiener Secession boykottiert worden war, gab sich untadelig akademisch.[128] Ein moderneres Gesicht scheinen nur die kleineren Ausstellungen Hollands und besonders Schwedens gezeigt zu haben, wo man Bilder von Larsson und Zorn sah.

Deutschland, der viertgrößte Aussteller nach den Vereinig-

Bei Gustav Kühn in Neu-Ruppin oder: Die deutsche Kunst für St. Louis.

„Vortreffliche Idee, das auszustellen! So kommen wir um alle Schwierigkeit herum, und — wie ein hoher Herr jüngst gesagt hat — „det können die Amerikaner nich!"

»Bei Gustav Kühn in Neu-Ruppin… det können die Amerikaner nich!« *Lustige Blätter,* Bd 19, Heft 8, 1904 ten Staaten, Frankreich und England, zeigte 317 Gemälde und Zeichnungen und 80 Plastiken im Palast der Schönen Künste; weitere Arbeiten, die die Jury als weniger bedeutend ansah – darunter eine Skulptur von Uechtritz – schmückten den deutschen Pavillon und die Architektur-, Industrie- und Handelsausstellungen.[129] Bei weitem am bedeutendsten war der retrospektive Teil der Ausstellung, der Werke von Menzel – besonders das *Eisenwalzwerk* –, Feuerbach, Marées, Leibl und Spitzweg enthielt. Abgesehen von einigen zurückhaltend modernen Werken, zu denen auch ein Interieur und eine Landschaft von Skarbina gehörten, hatten die restlichen 280 Gemälde und Plastiken ausnahmslos akademischen Charakter. Ein Zehntel behandelte historische Themen: *Karl V. und Fugger, Friedrich d. Große an der Bahre von Schwerin, Tyroler Landsturm von 1809.* Ein weiteres Viertel bestand aus lehrhaften und anekdotischen Werken mit Titeln wie *Der Tod des Wilddiebs, Beim Rechtsgelehrten, Eine Hochzeit auf dem Sterbebett.* Der Rest waren Stilleben, Landschaften, eine große Anzahl von Porträts und fotografisch genaue Abbildungen offizieller Feierlichkeiten, wie z. B. *Die Eröffnung des Kaiser-Wilhelm-Kanals* und *Der Berliner Kongreß,* eines von sechs Gemälden Werners, der so taktlos war, mehr Bilder auszustellen als jeder andere Künstler der deutschen Abteilung.[130]

Diese Werke unterschieden sich (abgesehen von ihren unterschiedlichen nationalen Anliegen) nur wenig von ihren französischen Gegenstücken; Akte waren bei den Deutschen nicht so häufig vertreten wie bei den Franzosen und weniger duftig ausgeführt; statt dessen fand sich bei den ersteren ein hartnäckiges Streben nach Innerlichkeit. Im Ganzen zeigte diese Auswahl deutlich die Art von Kunst, die den ästhetischen Bedürfnissen eines entscheidenden – vielleicht des größten Teiles – der deutschen Ober- und Mittelschicht während der Kaiserzeit entsprach: ätherisch-zarte Schönheit, meistens landschaftliche, seltener weibliche, erhebende und komische Episoden, wobei Jagdstücke, röhrende Hirsche, Hirsche von Hunden gestellt und andere Schilderungen von Katastrophen des Tierlebens teils dem einen teils dem anderen dieser Extreme näher standen; außerdem noch Darstellungen dramatischer Ereignisse aus der Geschichte. Die Ausstellung enthielt kaum einen Bezug auf die moderne industrialisierte Welt. Das 30 Jahre früher entstandene *Eisenwalzwerk* hatte mittlerweile die Aura eines zeitlich fernen Klassikers erlangt. Kaum ein

Die deutsche Kunst in St. Louis. Dem Drängen seiner Münchener Freunde entsprechend, hat sich Anton von Werner entschlossen, das für St. Louis bestimmte Congressbild sezessionistisch zu renoviren. Hofstil und „Rinnstein“ auf einer Leinwand — „det können die Amerikaner wirklich nich!“

Anton von Werners ›Berliner Kongreß 1878‹, secessionistisch renoviert: »det können die Amerikaner wirklich nich!« *Lustige Blätter,* Bd 19, Heft 26, 1904

halbes Dutzend der 280 zeitgenössischen Arbeiten – namentlich das *Frühstück in der Lokomotivwerkstatt* von Johannes Martini, die *Ostfriesische Werft* von Adolf Fischer-Gurig, das *Altersheim in Lübeck* von Gotthard Kuehl – behandelten moderne Erscheinungen, und Kuehls Bild war kaum mehr als eine bescheidene Variante des Themas, das Liebermann in den siebziger Jahren in die deutsche Kunst eingeführt hatte.[131] In dieser Welt weltfremden Scheins waren die idealisierten Porträts von Monarchen, Adeligen, höheren Beamten und ihren Frauen das Äußerste, was man an Wirklichkeitstreue zu akzeptieren bereit war. Die ästhetische und moralische Problematik dieser Bilder wurde noch durch die Tatsache kompliziert, daß die Sujets im Rahmen eines korrekten akademischen Realismus behandelt werden mußten. Weder die orientalische Odaliske noch die nostalgische Dorfschmiede hätten, impressionistisch ihrer vertrauten Umrisse und Lokalfarben beraubt, den Ansprüchen genügt, die man an sie stellte.

Doch so schlecht der von der Kunstgenossenschaft definierte offizielle deutsche Geschmack auch sein mochte, er war nicht schlimmer als der der meisten anderen Länder, die in St. Louis vertreten waren. Ungewöhnlich war nicht die Ausstellung selbst, sondern allein die Art ihres Zustandekommens. Man hatte Künstler nicht nur aus ästhetischen Gründen ausgeschlossen, sondern auch, weil sie ideologisch suspekt waren. Vom Kaiser unter Druck gesetzt, zeigten deutsche Beamte weniger Bereitschaft, eine Vielfalt von Kunstrichtungen, geschweige denn eine sozusagen oppositionelle Kunst zu dulden, als ihre Kollegen in Frankreich und England; und anders als diese scheuten sie nicht vor ziemlich bedenklichen Maßnahmen zurück, wo sie ihr Ziel – der Welt ein einheitliches widerspruchsfreies Bild der deutschen Kunst zu präsentieren in Gefahr sahen.[132]

Ob Besucher der Ausstellung diese Absicht begriffen, kann nicht entschieden werden, aber es ist zweifelhaft, daß der kilometerlange Augenschmaus (hauptsächlich Zuckerwatte) im Palast der Schönen Künste irgend jemandem eine politische Botschaft übermittelte. Aber im Grunde waren es nicht die Besucher, war es nicht die Außenwelt, die zählte. Man selbst war das Publikum, das es zu überzeugen galt.

Größeres Vertrauen in die Stärke und Einheit des deutschen Volkes hätten das verbissene Bestehen auf Einmütigkeit unter den deutschen Künstlern (wenn nicht anders möglich, auch mit Gewalt) möglicherweise erübrigt. So aber wurde der Welt eine einseitige Sicht der deutschen Kunst geboten, die das Bild eines geeinten, zuversichtlichen und disziplinierten Volkes vermitteln sollte, auf Kosten weiterer Verbitterung und Zwietracht im Inneren. Es ist fraglich, ob ein trügerisches Bild nationaler Eintracht diesen Preis wert war. Und es muß wiederholt werden, daß der Zusammenhang zwischen moralischer, geschweige denn politischer Subversion und den Secessionen, gelinde gesagt, sehr lose war – was der Kaiser nicht verstand, obwohl von seinen Untertanen es nicht wenige begriffen, politisch nach rechts Neigende übrigens ebensowohl wie Parteigänger jener Linken, deren subversives Geschäft die Secessionen angeblich besorgten. Während der Reichstagsdebatte kommentierte der konservative *Reichsbote*: »Vielfach ist an einflußreicher Stelle die Meinung verbreitet, daß die Secession mit der Sozialdemokratie geistesverwandt sei; aber das ist nicht der Fall. Wir kennen Maler von ernster, konservativer, royalistischer Gesinnung, welche zur Secession zählen oder freundlich zu ihr stehen. Die politischen Richtungen sind bei der jungen wie bei der alten Malerei verschieden. Radikale Geister gibt es überall.«[133] Ähnlich warnte der sozialistische *Vorwärts* seine Leser vor der Annahme, des Kaisers Ablehnung der Secession bedeute zwangsläufig, daß die Secession auf Seite des politischen Fortschritts stehe. Schon die Tatsache, daß in der Reichstagsdebatte fast alle bürgerlichen Parteien die Secession verteidigten, spreche gegen sie: »Wer die Entwicklung der deutschen Secession verfolgt hat, weiß, wie sie von Jahr zu Jahr – den Bedingungen ihrer Käufer gemäß – immer zahmer geworden ist und fast gänzlich auf den Ehrgeiz verzichtet, die schweren und harten Probleme der gärenden Zeit künstlerisch zu gestalten. Diese Secessionisten wären an sich in ihrer Mehrzahl durchaus hoffähig, wenn nicht ein mächtiger individueller Geschmack ausschließlich von der Konkurrenz eingenommen wäre.«[134] In den Worten der Londoner *Times* war es ein »sonderbarer Verdacht... maßgebender Stellen« zu glauben, daß Künstler der Secession ihre Themen aussuchten, um soziale Spannungen zu schüren.[135]

Die Secessionisten waren nicht revolutionär, und weder der Zusammenhalt des Reiches noch die Autorität des Kaisers wären beeinträchtigt worden, wenn eine Liebermann-Landschaft neben Werners *Wilhelm II. gratuliert Moltke zu seinem 90. Geburtstag* gehängt worden wäre. Im Gegenteil, Nation und Dynastie hätten nur einen Nutzen aus der größeren Empfänglichkeit des Kaisers für gemäßigte Kräfte in deutscher Gesellschaft und Kultur ziehen können; aber 1904 waren die Möglichkeiten für eine solche Annäherung verschwunden, wenn sie überhaupt jemals bestanden hatten. Ihr Fehlen muß in diesem wie in vielen anderen Fällen zum Teil der Unfähigkeit des Kaisers zugeschrieben werden, seine Vorlieben zugunsten seiner politischen Interessen zurückzustellen. Was die Ansichten des Kaisers über Kunst neben seinem Unvermögen, sich selbst zu beherrschen, historisch wichtig macht, ist die Tatsache, daß viele Deutsche ihnen zustimmten, und nicht zuletzt auch ihre exemplarische Funktion: Konnte der Kaiser Maler, deren Werk er nicht mochte, als Reichsfeinde qualifizieren, dann konnte das auch jeder anständige Deutsche. Schon Bismarck hatte viel getan, um den Begriff des gütlichen Vergleichs aus der deutschen Politik zu entfernen; Wilhelm II. legitimierte dann das Verfahren, jede Meinungsverschiedenheit zu behandeln, als ob es dabei stets um moralische und ideologische, unabdingbare Prinzipien ginge; und die Deutschen ließen sich das eine Lehre sein. Deshalb ist der Streit um die deutsche Kunst auf der Weltausstellung in St. Louis so etwas wie einem Paradigma der wilhelminischen Ära. Alle Faktoren, die an dieser Tragikomödie mitwirkten, haben die Geschichte der wilhelminischen Ära mitbestimmt: angefangen mit dem sozusagen defensiven Imperialismus, der das Budget von den etlichen Hunderttausend Mark, die für die zunächst geplante Kunstausstellung des Reiches in St. Louis vorgesehen waren, auf fast 5 Millionen Mark für eine allumfassende Ausstellung hochtrieb; gefolgt von dem Bemühen um eine rationale und an sachlichen Erwägungen orientierte Durchführung des ehrgeizigen Unternehmens; das sich alsbald durch einen kaiserlichen Machtspruch durchkreuzt sah, dem Teile der Oberschicht und des Mittelstands, die sich dadurch in ihrer gesellschaftlichen Stellung bestätigt sahen – in diesem Falle die Kunstakademiker mit Anton von Werner an der Spitze und das Kunstproletariat – begeistert zustimmten; und schließlich das Streben nach einem überzeugenden Bild der Nation und Gesellschaft, das Solidarität und Einigkeit zum Ausdruck bringen sollte.

Der Streit um St. Louis macht die Haltungen gegensätzlicher Seiten in der deutschen Gesellschaft einer bestimmten Zeit deutlich; beeinflußte aber auch ihr späteres Verhalten. Das Bündnis zwischen einer autokratischen Ästhetik und dem völkischen Gebaren der Kunstgenossenschaft, das die Secessionen von St. Louis ausschloß, verursachte weitere und ernstere Auseinandersetzungen. Nur wenige Jahre später machte die Angst vor der Moderne und die Furcht, daß Ausländer und von ausländischen Moden beeinflußte Deutsche die Künstler, die in einer für deutsch gehaltenen Tradition arbeiteten, ihres Lebensunterhalts berauben wollten, sich Luft in einer chauvinistischen und antisemitischen Hetze gegen die moderne Kunst und ihre Vereinigungen, die in dieser Bösartigkeit noch kurze Zeit vorher undenkbar gewesen wäre. Zweifellos hat die beleidigende, herabsetzende Behandlung der Secessionen durch den Kaiser – und die seinem Beispiel mehr oder weniger willig folgende Beamtenschaft – diesem Ausbruch ahnungslos den Weg gebahnt. Doch die Heftigkeit und das Vokabular dieses späteren Zusammenstoßes und der folgenden Konflikte machen auch deutlich, daß der Streit über St. Louis auf Kräfte hinweist, die über die Grenzen der wilhelminischen Ära hinausgehen.

Anton von Werner

(Zeichnung von O. Gulbransson)

„Orden verpflichten."

Anton von Werner. Karikatur von Olaf Gulbransson, *Simplicissimus*, 1. März 1904

5. Die Berliner Secession als deutsches Ereignis

I

Die Jahre nach dem Konflikt über die deutsche Kunst auf der Weltausstellung von St. Louis waren in politischer und künstlerischer Hinsicht die erfolgreichste Periode im Leben der Berliner Secession. Während dieser Zeit schuf der deutsche Impressionismus – wenn man darunter alle mit der Secession eng verbundenen Künstler versteht – viele seiner besten Werke; und konnte sich schmeicheln, als die zeitgemäßeste Kunstrichtung in Deutschland weithin Ansehen zu genießen, wobei es freilich nicht lange bleiben sollte. Mit einer für ihn untypischen Naivität, die sich vermutlich mit seiner Freude über das Ausmaß der Erreichten erklärt, behauptete Max Liebermann 1907: »Die Revolutionäre von gestern sind die Klassiker von heute.«[1] Das kulturelle Milieu in Berlin und in Deutschland war in gewisser Hinsicht gastlicher geworden, wenn es auch weiterhin durch bittere Feindschaften erschüttert wurde. Der Appetit auf das Neue – in Literatur, Musik, Architektur und Kunstgewerbe ebenso wie in der Malerei und Bildhauerkunst – war inzwischen so weit verbreitet, daß es zunehmend schwieriger wurde, ihn, und die Kunst, die ihm entsprach, zu ignorieren. Im Streit um St. Louis spielte die akademische Kunst das letzte Mal vor 1933 eine dominierende Rolle in der deutschen Kulturpolitik. Die Akademie verschwand nicht und behielt zweifellos Einfluß, aber die akademische Kunst in der pseudonaturalistischen Art eines Anton von Werner und seinesgleichen wurde selbst von der preußischen Bürokratie nicht mehr ernstgenommen. Statt dessen gewann eine Vielfalt von Stilformen stufenweise Anerkennung – einige mehr oder weniger stark von der Auflösung der Linie und Streuung der Farbe, die der Impressionismus eingeführt hatte, beeinflußt, andere von der deutschen Romantik und vom Realismus herkommend. Hans Thoma und Leopold von Kalckreuth – der erstere mit einem Hang zum Mystischen und Phantastischen, der letztere realistischer und psychologischer – wiesen den Weg zu einer neuen Deutung der deutschen Natur, die, besonders in Thomas Werk, mit dem Impressionismus wenig zu tun hatte. Einige der Maler, die ihnen folgten, waren ganz oder doch verhältnismäßig frei von ideologischen Interessen. Bei

Th. Th. Heine, Plakat der Berliner Secession

anderen komplizierte sich die liebende Versenkung in die Eigentümlichkeiten der deutschen Landschaft und des deutschen Volkes durch die Interpretation dieser manifesten oder mutmaßlichen Eigentümlichkeiten im Lichte einer für die Gegenwart bearbeiteten germanischen Mythologie, die sie in dem Verdacht bestätigte, daß deutsches Leben unvermeidlich auf den Streit zwischen Treue und Verrat, den lichten und den dunklen Mächten, Deutschland und der Welt hinauslaufe. Der Werdandibund, 1907 gegründet, um das Kunstgewerbe im völkischen Sinn zu entwickeln, war institutionalisierter Ausdruck der Hoffnung, daß eine neue und von Grund auf deutsche Kunst aus diesen Anschauungen erwachsen könnte. Ähnliche Tendenzen kann man in einigen der ländlichen Künstlerkolonien finden, die in den 80er und 90er Jahren entstanden. Von wenigen Ausnahmen abgesehen, war ihr Werk nicht beeindruckend, bildet aber eine klar umrissene Einheit in der deutschen Malerei dieser Zeit. Bevorzugte Themen waren das Land und das Dorf, eine lastende Stille die Lieblingsstimmung; menschliche Werte wurden in diesen Bildern durch grimmig romantisierte Bauern verkörpert, für welche die Bestellung des Ackers und die Verteidigung der Scholle gegen fremde Bedrohung ein und dasselbe waren. Seite an Seite mit diesen düsteren Beschwörungen der Natur als Lehrmeisterin im Lebenskampf standen die im wesentlichen städtischen, symbolischen und dekorativen Interessen des Jugendstils. Zur Jahrhundertwende proklamierte die Wiener

Carl Strathmann, Porträt Th. Th. Heines. Zeichnung. Abgebildet in *Kunst und Künstler,* Bd 1, Heft 7, 1903

Secession ihre Version des Jugendstils, der durch Anleihen aus dem Neoimpressionismus und bei Vorbildern wie Aubrey Beardsley stark geprägt war, zum modernen europäischen Stil. Nur wenige Jahre später begannen die ersten Anzeichen einer echteren und urwüchsigeren Art der Malerei aufzutauchen, nicht zuletzt unter den Mitgliedern der Berliner Secession: des Expressionismus.

Alle diese Richtungen können modern genannt werden in dem Sinne, daß sie aus der deutschen Kunst der vorhergehenden zwei Generationen erwuchsen oder dieser Kunst entgegenwirkten – im Gegensatz zur Akademie, die die Leistungen der 50er und 60er Jahre des 19. Jahrhunderts zu bewahren und zu verharmlosen suchte. Diejenigen Künstler, die lautstark die moderne Kunst bekämpften, womit sie den französischen Impressionismus und Neoimpressionismus meinten, und die sich selbst als Verfechter ernstlich bedrohter Traditionen sahen – nicht nur in Geschmacks-

Die großen Goldmedaillisten des Salons. *Lustige Blätter,* Bd 19, Heft 21, 1904

fragen, sondern auch im sozialen und politischen Bereich – waren selber ein modernes Phänomen, dem eine bedeutende Zukunft beschieden sein sollte. Offensichtlich waren ästhetische Verschiedenheiten und die Unterscheidung zwischen innerer Freiheit und ideologischer Bildung unter den Modernen ebenso tief wie die Kluft zwischen Impressionismus und akademischer Kunst. Selbst erneuernde Tendenzen in ähnlichen Disziplinen, die scheinbar gemeinsame Auffassungen teilten, waren unsichere Verbündete. Vor allem neigten Architektur und Kunstgewerbe dazu, die Experimentierfreudigkeit in ihrem eigenen Bereich mit der konservativen Besorgnis über das, was anderswo geschah, zu verbinden. Bezeichnend dafür ist die Klage, der Impressionismus zerstöre die Qualität der deutschen Zeichenkunst, seitens führender Männer des Werkbundes, der neuen Vereinigung, die der Erneuerung guter Formgebung dienen und namentlich die Ausbildung guter Industrieformen fördern wollte. Aber so zerstritten und vielgestaltig das deutsche Geistesleben der Zeit war, die Beliebtheit des Impressionismus in seiner einheimischen ebenso wie in seiner französischen Form nahm unverkennbar in breiten Kreisen zu.

Die weiterentwickelte Kunstkritik und Kunstwissenschaft trugen zu dieser neuen Aufnahmefähigkeit bei und profitierten andererseits davon. Die Erforschung ausländischer Quellen der modernen deutschen Kunst und das Studium der Kunstgeschichte aus der Perspektive des Impressionismus und Neoimpressionismus änderten den Charakter der deutschen Kunstliteratur. Die wissenschaftliche Literatur wurde differenzierter und fand ein größeres Publikum. Bruno Cassirer war nicht länger der einzige bedeutende Verleger, dessen Programm fast ganz Künstlern ge-

Die Häupter der Secession. *Lustige Blätter,* Bd 19, Heft 21, 1904

widmet war, die noch um ihre Anerkennung kämpften, oder wiederentdeckten alten Meistern, denen man bisher klassisches Ebenmaß und Ausgewogenheit abgesprochen hatte. Neue Verleger folgten seinem Beispiel und übertrafen ihn in manchen Gebieten – so sein Vetter Paul Cassirer, der konservativere Eugen Diederichs oder Reinhard Piper, der so einflußreiche Bekundungen der sich wandelnden Kunstauffassung wie die ästhetischen Studien Wilhelm Worringers und die meisten Hauptwerke von Julius Meier-Graefe verlegte.

Die Wirkung dieser Literatur auf den Publikumsgeschmack und auf die Ankaufspolitik der staatlichen Museen wurde verstärkt durch die dem Impressionismus zunehmend verständnisvoller begegnende Kunstkritik namentlich in den besseren Kunstzeitschriften, unter denen Bruno Cassirers *Kunst und Künstler* immer noch den ersten Platz einnahm. Die staatliche Kulturpolitik einiger deutscher Staaten begann sich an sozusagen internationalen Maßstäben zu orientieren, namentlich in Weimar unter der Führung von Harry Graf Kessler und Henry van de Velde. Als Kessler 1906 durch Intrigen, die an eine von ihm verantwortete Rodin-Ausstellung anknüpften (Rodin war unmoralisch), gezwungen wurde, sein Amt als Direktor der Weimarer Museen niederzulegen, waren es besonders die Regierungen der drei freien Hansestädte, die eine weltoffene Kunstpolitik unterstützten. Sogar in Preußen wurde die Förderung durch die Regierung weniger engherzig.

In dieser widersprüchlichen, durch Hader entzweiten, aber offeneren Umgebung blühte die Berliner Secession. Um 1904 waren fast alle bekannten Maler und Bildhauer Deutschlands, deren

Werk sich nicht streng an traditionelle Richtlinien hielt, ordentliche oder korrespondierende Mitglieder der Secession; der Berliner Impressionist Lesser Ury, der sich mit Liebermann entzweit hatte, bildete wahrscheinlich die einzige bedeutende Ausnahme. Sogar ein Gegner der Moderne wie Thoma schickte trotz seiner Angriffe auf den Impressionismus regelmäßig Bilder zu den jährlichen Sommerausstellungen, die zu den wichtigsten Ausstellungen zeitgenössischer Kunst in Deutschland geworden waren. Die besondere Stärke der Secession – nicht einen Stil, sondern viele zu vertreten – bewies auch weiterhin ihren Wert, ebenso wie das Verfahren, ausländische Werke in die Jahresausstellungen einzubeziehen; ihre Anwesenheit schuf einen internationalen Maßstab und die weltoffene Atmosphäre, die der Secession Voraussetzung war. Werke von Manet, van Gogh, Munch und Cézanne wurden immer wieder gezeigt; oft bildeten sie den Mittelpunkt, um den sich alles andere gruppierte. Die Ausstellung aus Anlaß des zehnjährigen Bestehens der Secession ehrte Cézanne als »Vater der modernen Bewegung in der Malerei«.[2] Die bekannten Namen wurden durch junge Künstler wie Seurat, Matisse und Picasso ergänzt; zwischen ihren Arbeiten hingen die Bilder von Deutschen, die, wie Lovis Corinth, dabei waren, über den Impressionismus hinauszugehen, oder von anderen, für die dieser Stil schon zur Kunstgeschichte gehörte – Maler wie Max Beckmann, Lyonel Feininger und Emil Nolde, die in der zweiten Hälfte des Jahrzehnts Mitglied wurden.

Der Streit mit dem Kaiser und die Gründung des Deutschen Künstlerbundes hatten die politische Bedeutung der Secession demonstriert und ihr Selbstbewußtsein gehoben – vielleicht zu sehr, da die Überzeugung, daß weiterer Fortschritt unvermeidlich sei, es schwierig machte, die Gegner so ernst zu nehmen, wie sie es verdienten.[3] Es wurde als gutes Zeichen angesehen, daß *Die Kunsthalle*, eine belanglose Berliner Kunstzeitschrift, die die Secession seit ihrer Eröffnungsausstellung bekämpft hatte, 1905 ihr Erscheinen aus Mangel an Nachfrage einstellen mußte. Der Kaiser selbst schien eine Zeitlang seine Ansichten gemäßigt zu haben. In einer Rede am 18. Oktober 1904 rief er sogar zu einer Beilegung der Feindschaften in der Kunst auf, wenn auch unter konservativen Vorzeichen. Junge Künstler der verschiedenen Schulen könnten gegenseitiges Verständnis erreichen und dem wahren Fortschritt der Kunst dienen, erklärte er, wenn sie sich nur dem

Jedes neu aufstrebende Genie ändert den Geschmack: der Künstler zwingt uns **sein** Schönheits-Ideal auf, und, ob wir wollen oder nicht — und meistenteils wollen wir nicht, weil das Neue ein Umlernen nötig macht — wir müssen ihm gehorchen.

Nicht der mächtigste Fürst, der Künstler allein zeichnet der Kunst die Wege vor, die sie zu verfolgen hat.

Freilich erscheint das Neue oft unverständlich, und — die Unverständlichkeit eines Werkes ist noch lange nicht der Beweis für seine Güte. Aber selbst auf die Gefahr hin, uns geirrt zu haben, wagen wir, das Neue zu zeigen.

Denn nur aus einer eigenen und insofern neuen Naturanschauung kann eine Renaissance der Kunst hervorgehen.

Es wäre der Ruin der Kunst, aus der Anschauung der vorhandenen Kunstwerke Neues schaffen zu wollen.

Aus Max Liebermanns Vorwort zum Katalog der Fünften Kunstausstellung der Berliner Secession, 1902

Studium der unerreichten Leistungen der Vergangenheit widmeten.[4] Er widersetzte sich nicht der Wahl von August Gaul und zwei ausländischen Mitgliedern der Secession, Jozef Israels und Anders Zorn, in die Akademie der Künste. Als eine Vereinigung von Kunstliebhabern unter der Schirmherrschaft des Kaisers die Eröffnung des Kaiser-Friedrich-Museums mit einem Porträt von Wilhelm Bode, dem Generaldirektor der Preußischen Museen, zu ehren gedachte, und Bode selbst darum bat, das Bild von Liebermann malen zu lassen, wurde der Vorschlag trotz seines provozierenden Charakters angenommen.

Aber der Kaiser hörte nicht auf, die Entscheidungen der Jury des Salons zu kontrollieren. 1906, zum Beispiel, wies er mehrere ihrer Empfehlungen zurück. Nachdem er die Wahl Zorns in die Akademie gutgeheißen hatte, lehnte er einen späteren Vorschlag für den Orden Pour le mérite ab, da Zorn erotische Themen zu sehr bevorzuge. Auch wollte er nicht gestatten, Liebermanns sechzigsten Geburtstag 1907 mit einer Retrospektive im neuen Haus der Akademie zu ehren. Der Gedanke stammte von Friedrich Schmidt-Ott, Erich Müllers Nachfolger im Kultusministerium, der dadurch hoffte »eine Versöhnung mit der ›Secession‹ oder doch wenigstens eine Abtrennung Liebermanns von der Secession herbeizuführen«. Bode wurde gebeten den Kaiser für den Plan zu gewinnen, aber als er die Angelegenheit zur Sprache brachte, wurde er sofort unterbrochen: »Das könnte mir gerade passen, den schönen Neubau meiner Akademie mit einer Ausstellung zu Ehren des Häuptlings der Secession zu eröffnen!« Dem Reichskanzler, Bernhard von Bülow, klagte er, daß Liebermann die Seele des deutschen Volkes vergifte.[5] Die Grenzen der kaiserlichen Toleranz zeigten sich noch deutlicher im nächsten Jahr. Der Direktor der Nationalgalerie, Hugo von Tschudi, wollte von einem holländischen Kunsthändler mehrere Bilder der Schule von Barbizon kaufen sowie Arbeiten von Delacroix, Courbet und Daumier, die Paul Cassirer dem Museum angeboten hatte. Als der Kaiser, dessen Genehmigung erforderlich war, die Bilder besichtigte, blieb er vor den Gemälden von Delacroix stehen und erklärte: »So etwas könne der Direktor einem Herrscher zeigen, der nichts von Kunst verstehe, aber nicht ihm.« Tschudi antwortete, daß dieses gerade die besten Bilder von allen wären, und in Gegenwart mehrerer Zeugen begann eine Auseinandersetzung, die der Kaiser dadurch beendete, daß er lediglich dem Ankauf von zwei Theodore Rousseaus, einem Corot und einem Troyon zustimmte.

Tschudis Jahresbudget war schon ausgegeben, aber er kaufte die vier Bilder für 400000 Mark in Erwartung einer Bewilligung zusätzlicher Mittel. Diese Mißachtung der Vorschriften veranlaßte Werner, den Kaiser darauf hinzuweisen, daß hier eine Gelegenheit sei, einen lästigen Vorkämpfer der modernen Kunst loszuwerden. Wilhelm II. war noch wegen Tschudis offenem Widerstand verärgert und zog seine Genehmigung für den Ankauf zurück – oder (nach einer zweiten Version) behauptete: daß er sich nicht erinnern könne, sie jemals gegeben zu haben. Tschudi dagegen bestand darauf, daß er das Wort des Kaisers habe und daß es Sache der Regierung wäre, das Geld aufzubringen. Am Ende sammelten private Stifter die 400000 Mark und schenkten die Gemälde der Nationalgalerie. Tschudi ging auf einen verlängerten Urlaub in den Fernen Osten, und man nahm an, daß er danach aus Gesundheitsgründen pensioniert werden würde.

Inzwischen platzte die *Daily-Telegraph*-Affäre, und Bülow, der der Klage über des Kaisers persönliches Regiment nicht neue Nahrung geben wollte, schlug vor, Tschudi auf seinem Posten zu belassen, was unter diesen Umständen der Kaiser nicht ablehnen konnte. Dennoch war Tschudis Stellung in Berlin unmöglich geworden, und er nahm die Leitung der Bayerischen Museen an, welche ihm die bayerische Regierung (nicht ohne die Gelegenheit, dem Kaiser einen kleinen Affront zu bereiten, nach Wert zu würdigen) angeboten hatte.[6] Tschudis Weggang beraubte die Secession eines einflußreichen Verbündeten, eines der ersten preußischen Beamten, der moderne Werke für die staatlichen Sammlungen erworben hatte. Sein Nachfolger, Ludwig Justi, war diplomatischer, aber auch er setzte sich für die Kunst der Secession ein. 1912 umging er ein vorhersehbares kaiserliches Veto beim ersten Erwerb eines Gemäldes von Slevogt für die Nationalgalerie, indem er mit dem Kultusminister, dem Chef des kaiserlichen Civil Cabinetts und dem kaiserlichen Prinzen August Wilhelm ein Komplott schmiedete. Statt dem Kaiser das Gemälde zu empfehlen, das er dann fast sicher abgelehnt hätte, beschlossen die vier Männer, ihm Fotos von zwei Gemälden von Slevogt vorzulegen. Vor die Wahl gestellt, war der Kaiser, wie sein Sohn erwartet hatte, zufrieden, ein Gemälde ablehnen zu können, und nahm das andere an. Bei seinem nächsten Besuch in der Nationalgalerie

Die Wochenstube in der Sezession. Das längst erwartete frohe Ereigniss im Saal 3 ist endlich eingetroffen.

Die Häupter der Secession in der Ausstellung des Jahres 1904. *Lustige Blätter,* Bd 19, Heft 25, 1904

hielt man es dennoch für sicherer, das Bild zu verbergen, bis der Kaiser das Gebäude wieder verlassen hatte.[7]

Wo der Kaiser Ankäufe kontrollierte oder das Vetorecht ausübte, mußte man seine Ansichten zur Kunst weiterhin zur Kenntnis nehmen; anderswo sah man nun weitgehend von diesen ab. Ein Grund dafür war der Wandel des Publikumsgeschmacks, ein anderer der sporadische und inkonsequente Charakter seiner Exkursionen in die Kulturpolitik. Wie Ferdinand Avenarius wenige Jahre vor dem Krieg im *Kunstwart* schrieb, schien der geringe Einfluß, den Wilhelm II. noch immer hatte, sich eher aus der deutschen Neigung zur Servilität herzuleiten, als aus der Überzeugungskraft seiner Ideen, für die er nicht mehr mit seiner früheren Entschlossenheit eintrat. Im Hinblick auf den deutschen Wunsch, selbst im Bereich der Kunst geführt zu werden, schloß Avenarius: »Vielleicht ist es gut, daß der Kaiser überhaupt so denkt und spricht, wie er's tut: ein in Kunstdingen wirklich führender würd' es uns Deutschen, wie wir einmal sind, schwer machen, uns zur Selbständigkeit des Geschmacks zu erziehen.«[8] Die Anstrengungen der Secession, diese Unabhängigkeit des Urteils zu fördern, profitierten von der Launenhaftigkeit des Kaisers; aber vielleicht erkannten ihre Mitglieder nicht so deutlich wie es möglich gewesen wäre, daß der Kaiser, der alles andere als ein Führer war, im Bereich der Kunst wie auf anderen Gebieten des deutschen kulturellen Lebens weitverbreitete Anschauungen zum Ausdruck brachte und dadurch verstärkte.

1904 war der Pachtvertrag der Secession für ihre Galerie ausgelaufen; die Gruppe zog weiter westlich an den Kurfürstendamm, wo sie eine neue Galerie in gemäßigt klassischem Stil baute, mit einem Garten und einem Café, die das Gebäude von der Straße trennten. Eine neue Körperschaft, der Kalckreuth, Walter Leistikow und Paul Cassirer vorstanden, firmierte als Besitzer des Gebäudes, das auch Büroräume des Deutschen Künstlerbundes beherbergte. Der Vorstand hielt an seinem Verfahren fest, kleine Ausstellungen zu veranstalten, und die neun öffentlichen Räume, in die die neue Galerie aufgeteilt war, vergrößerten ihren Ausstellungsraum nicht wesentlich. Um zu zeigen, daß die Secession nicht länger eine lokale Bewegung war, wurde die Galerie 1905 mit der zweiten Jahresausstellung des Deutschen Künstlerbundes eingeweiht, einem Ereignis, das die enge Zusammenarbeit fortsetzte, die zwischen beiden Gruppen von Anfang an bestanden hatte.[9] Obwohl jedes Jahr ein oder zwei Mitglieder ausschieden oder starben, nahm die Gesamtmitgliederzahl zu; die meisten der neu Aufgenommenen lebten nicht in Berlin. 1906 hatte die Secession fünf Ehrenmitglieder, 75 ordentliche Mitglieder – darunter zwei Ausländer, Munch und van de Velde, die oft längere Zeit in Deutschland waren – und 84 korrespondierende Mitglieder, zu denen Degas, Forain, Kandinsky, Klimt, Klinger, Monet, Steinlen, Valloton und Zorn gehörten. Drei Jahre später war die Anzahl der ordentlichen Mitglieder auf 97 angewachsen und die der korrespondierenden Mitglieder auf 119, darunter Bonnard, Lavery und Matisse.

Auch finanziell hatte die Secession Erfolg. Mitgliedsbeiträge, Eintrittsgelder zu den Veranstaltungen und Verkaufsprovisionen deckten die Geschäftskosten mehr als genug, und der Markt für moderne Kunst wuchs noch immer, obwohl nur die bekannteren Mitglieder mit einem guten Einkommen aus dem Verkauf ihrer Werke rechnen konnten. Der Katalog der im Winter 1906 stattfindenden Graphikausstellung, auf der gut verkauft wurde, nennt für Liebermann-Zeichnungen Preise zwischen 200 und 600 Mark. Blätter von Kandinsky kosteten zwischen 120 und 400 Mark; 100 bis 300 Mark wurden für Corinth und Käthe Kollwitz verlangt und 100 bis 150 Mark für Leistikow; lehrreich ist der Vergleich dieser Preise mit denen, zu welchen Zeichnungen von van Gogh angeboten wurden: 400 bis 1000 Mark für eine Zeichnung.[10] Der Katalog einer späteren Ausstellung forderte für ein großes Ölgemälde Liebermanns 30000 Mark; sein *Reiter am Strand* und zwei Landschaften von Wilhelm Trübner waren mit je 25000 Mark ausgezeichnet, Corinths *Bathseba* mit 15000 Mark und ein Selbstporträt von Max Slevogt mit 10000 Mark. Andere Maler forderten weit weniger. Kalckreuth z. B. verlangte 5000 Mark für eine Landschaft, und Konrad von Kardoff je 1200 Mark für zwei Ansichten von Berlin.[11] Aber auch die niedrigeren Summen waren gute Preise zu einer Zeit, als – laut Volkszählung von 1910 – nur 11 Prozent der Lohnempfänger ein Jahresgehalt von mehr als 3000 Mark hatten und erwartet wurde, daß ein mittlerer Beamter und seine Familie mit 4000 bis 6000 Mark im Jahr auskämen.

Natürlich waren die Verkäufe nie das Hauptanliegen der Secession. Ihre Ausstellungen dienten vor allem als Schaukasten, und der Nachhall dieser Ausstellungen wurde durch die zahlreichen Kunsthandlungen verstärkt, die die Arbeiten der Secessionsmitglieder ausstellten und verkauften. Die wichtigste unter ihnen war auch weiterhin die Galerie Cassirer. Die enge Verbindung zwischen beiden Institutionen ermöglichte eine gut funktionierende Verwaltung der Secessionsgeschäfte und sicherte die finanzielle Basis, die, wie die Zukunft zeigen sollte, unter anderen Voraussetzungen nicht leicht aufrechterhalten werden konnte. Daneben brachte die Verbindung mit der Galerie Cassirer einigen, wenn auch nicht allen Secessionsmitgliedern Vorteile. Cassirer machte kein Geheimnis aus seiner Überzeugung, daß die Gruppe sowohl mittelmäßige wie gute Künstler umfaßte, und zögerte nicht, seinem Geschmack zu folgen, wenn er in der jährlichen Jury saß oder Gemälde und Skulpturen zur Ausstellung in seiner eigenen Galerie auswählte. Manche Mitglieder stellten nie dort aus; andererseits zeigte er das Werk von Künstlern, die nicht mit der Secession verbunden waren – beispielsweise Oskar Ko-

Max Liebermann, Bücherstand. Die Zeichnung stand (zum ersten Mal im 2. Heft des 1. Bandes, 1903) in jedem Heft der Zeitschrift *Kunst und Künstler* am Kopf der Rubrik ›Chronik‹

koschka, der einen Vertrag mit ihm abschloß – oder von Mitgliedern, deren Werke die Jury zurückgewiesen hatte.

Da er der einzige im Vorstand und in der Jury war, der kein Künstler war, sondern eine Galerie besaß, war Cassirers Stellung äußerst ungewöhnlich und forderte Kritik heraus. Er konnte unbekümmert bleiben, wenn radikale Gegner der Moderne auf den Kunsthändler und Verleger im Vorstand zeigten als Beweis dafür, daß die Secession ein Kunstgriff wäre, dem naiven Publikum das Geld aus der Tasche zu ziehen. Aber es ist offensichtlich, daß eine saubere Trennung der Interessen zwischen der Secession und seiner Firma nicht immer möglich war oder wenigstens nicht immer deutlich gemacht werden konnte; mehr als Liebermann oder Leistikow und andere im Vorstand war er vom Vertrauen abhängig, das die Mitglieder in ihn setzten. Tatsächlich liefen die Geschäfte der Secession zehn Jahre lang ziemlich reibungslos; der einzig ernste Mißklang waren einige Beschwerden über Cassirers autoritäre Methoden, die Kehrseite seiner erfolgreichen Geschäftsverwaltung.

Gegner wie Freunde der Secession erkannten, daß diese aus dem Streit über St. Louis gestärkt hervorgegangen war. Auch sahen beide Seiten ihre wesentlichen Eigenschaften auf ungefähr die gleiche Weise, obwohl diese Sicht zu sehr unterschiedlichen Schlußfolgerungen führte. Die Secession wurde als revolutionär oder potentiell revolutionär angesehen, weil sie dem traditionellen Geschmack großer Teile der gebildeten Gesellschaft widerstrebte, weil sie die Autorität von Kaiser und Bürokratie im ästhetischen Bereich leugnete und weil sie dieses mit einem gewissen Erfolg tat. Man hielt sie für ein internationales, kosmopolitisches Element in der deutschen Kultur wegen ihrer ausdrücklichen Bekenntnisse, der modernen französischen Malerei verpflichtet zu sein, und wegen der engen Bindungen, die sie zu einer Anzahl ausländischer Künstler unterhielt. In den Augen ihrer Anhänger schwächten diese Anregungen und Anleihen aus anderen Kulturkreisen nicht den wesentlich deutschen Charakter der Gruppe. Ihrer Meinung nach bestand die Secession aus deutschen Künstlern, die aus ihrer Sicht die Welt schilderten; ihre Feinde konnten die Secession nur als eine ausländische, subversive Macht bekämpfen. Schließlich wurde auf allen Seiten erkannt, daß die Kunst der Secessionisten die Welt nicht in die Formeln irgendeines allgemeinverbindlichen Stils pressen, sondern deren wechselndes Bild so zeigen wollte, wie es sich den unterschiedlichen Temperamenten der Künstler darstellte. Daß die dabei vorausgesetzte Alternative zwischen persönlicher und konventionell bestimmter Aussage nicht absolut war, schmälert deren Bedeutung nicht. Selbstverständlich war persönlicher Stil, Originalität, kein Privileg der Secessionisten. Auch garantiert der Verzicht auf allgemeinverständliche Regeln

Lovis Corinth, Paar. Zeichnung. Abgebildet im Katalog der Achtzehnten Ausstellung der Berliner Secession, 1909

allein noch keineswegs einen originellen Stil. Doch verfolgten Anhänger und Gegner der Secession entgegengesetzte Ideale: dem relativ freien Streben nach einem individuellen Stil stand das Ziel gegenüber, diese Individualität innerhalb traditioneller Normen zu gewinnen. Und diese Ideale leiteten nicht nur den schaffenden Künstler und bedingten sein Werk, sondern hatten auch Bedeutung für die Gesellschaft im allgemeinen.

Sogar Deutschen, die die Unvermeidlichkeit einer Veränderung einzusehen schienen, fiel es schwer, die Gegenwart und unmittelbare Vergangenheit in Bausch und Bogen zu verwerfen. Sie zogen einen allmählicheren, weniger pietätlosen Abschied vor, und folglich konnten sie der Ansicht sein, daß Künstler »innerhalb der deutschen Tradition arbeiten« sollten, welches nicht die akademische Tradition war, sondern das, was die Akademien der Gegenwart zu übermitteln und erreichbar zu machen suchten. Die Sehnsucht nach einer relativ friedlichen Kontinuität drückte – obgleich sie nur schwer mit der Kunstgeschichte in Einklang zu bringen war – mehr als nur rein ästhetische Interessen aus; zum Teil aus diesem Grund hielt man so stark daran fest: Ästhetische Tradition konnte in Zusammenhang mit sozialer und politischer Tradition gebracht werden, und eine Zerstörung der ersten brachte Gefahr für die zweite mit sich. Die meisten, wenn nicht alle, Mitglieder der Secession sahen keinen Widerspruch zwischen ihrer Entdeckerfreude und der Verpflichtung gegenüber früheren Generationen. Aber für den neutralen oder feindlichen Beobachter war ihr Werk unmittelbarer Ausdruck ihrer Ablehnung der Vergangenheit.

Mit ihrer besonderen Konfiguration von Individuen und Milieu gab die Secession Renato Poggiolos Bemerkung Recht, daß »für moderne Kunst im allgemeinen und die Avantgarde im Besonderen der einzige nicht wiedergutzumachende und absolute ästhetische Irrtum eine traditionelle künstlerische Schöpfung ist, eine Kunst, die sich selbst imitiert und wiederholt.«[12] Die programmatischen Erklärungen der Secession enthielten dieselbe Ansicht und verwarfen die Möglichkeit, absolute Normen bei Erschaffung und Beurteilung eines Kunstwerks anzuwenden. In der Einleitung zum Katalog der zweiten Jahresausstellung, 1900, schrieb Liebermann: »Kunst ist ein ewiges Werden; ein ewiges Werden und Vergehen. Es wäre der Tod der Kunst, wenn sie zum Dogma erstarrte.«[13] Im Katalog des folgenden Jahres schrieb er:

»Wir lassen jeden zu Worte kommen, der etwas Eigenes zu sagen weiß. Und wie wir die Kunstwerke ausgewählt haben, wünschten wir, daß das Publikum sie betrachtete: nicht nach einem akademischen Schönheits-Ideal, sondern nach der Kraft, mit welcher der Künstler, das was *ihm* schön erschien, verkörpert hat.«[14] Und 1902: »Je mehr eine Ausstellungsleitung bestrebt ist, die Kunstwerke nicht sowohl nach hergebrachter akademischer Schablone, als vielmehr nach der in ihnen zum Ausdruck gebrachten Individualität auszuwählen; desto mehr wird sie auf ihren Geschmack angewiesen sein. Und über den Geschmack ist bekanntlich nicht nur nicht zu diskutieren, sondern er unterliegt auch immerwährenden Schwankungen... Jedes neu aufstrebende Genie ändert den Geschmack: der Künstler zwingt uns sein Schönheits-Ideal auf, und, ob wir wollen oder nicht – und meistenteils wollen wir nicht, weil das Neue ein Umlernen nötig macht –, wir müssen ihm gehorchen.« In deutlichem Bezug auf Kaiser und Akademie setzte

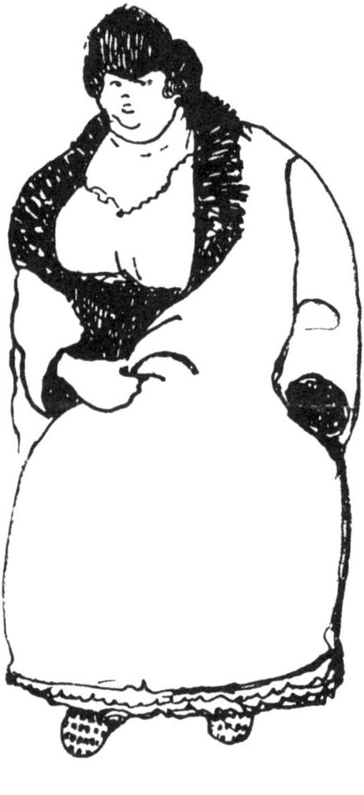

Georg Tappert, Frau. Zeichnung. Abgebildet im Katalog der Sechzehnten Ausstellung der Berliner Secession, Zeichnende Künste, Dezember 1908

er hinzu: »Nicht der mächtigste Fürst, der Künstler allein zeichnet der Kunst die Wege vor, die sie zu verfolgen hat... Es wäre der Ruin der Kunst, aus der Anschauung der vorhandenen Kunstwerke Neues schaffen zu wollen.«[15] Liebermann wiederholte diese Ansicht 1906: »Ästhetische Regeln gelten höchstens für die Kunst der Vergangenheit: Regeln für die zeitgenössische Kunst werden erst aus ihr geformt.« Und wieder 1907: »Wir betrachten die Kunst nicht sowohl als ein Gewordenes, sondern vielmehr als ein Werdendes... Die Aufgabe der Secessionen ist, für die künftigen Klassiker zu kämpfen... Das Talent des Malers beruht nicht in der sklavischen Nachahmung der Natur, sondern in der Kraft, mit der er den Eindruck, den die Natur in ihm hervorgerufen hat, wiederzugeben vermag.« Und noch einmal 1908: »Die bildende Kunst gehört zu den freien Künsten. In Bewunderung der Meisterwerke, die uns überkommen sind, stehen wir keinem nach: aber es erscheint uns als verderblichster Irrtum, aus diesen Werken ein feststehendes Ideal, dem jeder Künstler nachzustreben habe, hinstellen zu wollen.«[16] Zu der Ausstellung der zeichnenden Künste desselben Jahres, die viele Werke Franz Krügers enthielt, dem begabtesten Schilderer der Berliner Gesellschaft der 30er und 40er Jahre des neunzehnten Jahrhunderts, schrieb Liebermann: »Jede Epoche hat ihre eigene Kunst: Nur Unkenntnis oder Böswilligkeit können Künstler verschiedener Epochen vergleichen wollen, ohne die Erfordernisse und Bedingungen der verschiedenen Zeiten zu berücksichtigen. Es wäre ebenso ungerecht, bei Krüger den Geist Daumiers oder Menzels zu suchen wie bei Künstlern unserer Zeit seine ruhige Sachlichkeit.«[17] In der Ansprache die das zehnjährige Bestehen der Secession feierte, drückte Liebermann schließlich seine Überzeugung aus, daß die Berliner Secession notwendig bliebe »solange es Künstler geben wird, die an die Stelle der herrschenden ästhetischen Kunstanschauungen, die, als aus den Werken der Vergangenheit abstrahiert, mehr historisch sind, ihre eigenen Anschauungen, die in der Gegenwart wurzeln, durchsetzen wollen«. Er fuhr fort: »Mögen die Secessionen auch untergehen, sie werden in anderer Form und unter andrem Namen wiederauferstehen, weil jede zur Herrschaft gelangte Form der Kunst von der folgenden verdrängt wird und verdrängt werden muß. Die wir heute als die Modernen gelten, werden vielleicht morgen schon von noch Moderneren zum alten Eisen geworfen. Wir sind alle Kinder unserer Zeit... Die Kunst als solche kann nicht gefördert werden als vom Künstler, und oft wirken die Mittel, welche die Kunst fördern sollen, eher kunstverderbend. Die kunstfreundliche Epoche verhilft dem Künstler, sich zur vollen Blüte zu entwickeln; sie verhilft ihm, *sein* Ideal zu verwirklichen, aber die kunstfeindliche Zeit verlangt vom Künstler etwas, was er zu leisten nicht imstande ist, ohne sich selbst aufzugeben: die Verwirklichung ihres Ideals.«[18]

Dieser individualistische und individualisierende Standpunkt gestand dem Künstler so viel Freiheit zu, wie er zu erlangen fähig war, während er gleichzeitig auf der Subjektivität des Geschmacks beharrte, der Unbeständigkeit von Stilformen und ästhetischen Dogmen, und mithin jeden unwandelbaren Nationalcharakter der deutschen – wie jeder anderen Kunst – leugnete. Das aber war geeignet, viele Deutsche, namentlich auch deutsche Künstler, tief zu verstören. Es beleidigte ihren Glauben an feste Grundwahrheiten oder ihren Wunsch, die schmerzlich vermißte vermeintliche Beständigkeit einer früheren Zeit zurückzugewinnen, wenn auch nur, weil die von der Secession vertretenen Ideen – an sich vertraut und achtbar – für die Gegenwart gelten sollten: Der Historismus, dessen individualisierende Grundsätze eng mit den gerade zitierten Erklärungen Liebermanns verwandt waren,

Heinrich Zille, »An jedem Arm eine«. Zeichnung. Abgebildet im Katalog der Sechzehnten Ausstellung der Berliner Secession, Zeichnende Künste, Dezember 1908

beunruhigte das wilhelminische Deutschland kaum, weil die Unabhängigkeit von Werturteilen, die der Historismus proklamierte, im Umgang mit vergangenen Zuständen bewiesen, diese der Beurteilung nach gegenwärtig geltenden Kriterien entzog und somit konservative Wertvorstellungen zu stützen jedenfalls scheinen konnte. Der Subjektivismus der Secession unterschied sich von dem der historistischen Geschichtsschreibung als es der Secession weniger darum ging, den Toten das Recht zuzugestehen, anders gewesen zu sein als sie – vielmehr darum, für die Lebenden das Recht zu fordern, unabhängig von allgemein verbindlichen Wertvorstellungen auf ihrer Eigenart zu bestehen. Nicht der historische und ideologische Rahmen der deutschen Kunst (welchen Rahmen seine Propagandisten nur unter großen Schwierigkeiten bestimmen konnten und über den sie niemals Einigung erzielten) schwebte den Secessionisten vor; sie dachten vielmehr daran, sich selbst zu verwirklichen; freilich als Deutsche, denn sie waren ja Deutsche. Als Deutsche besaßen sie ein kulturelles Erbe, das ihr Werk immer beeinflussen würde; aber sie waren auch Europäer und sahen keinen zwangsläufigen Konflikt zwischen diesen beiden Voraussetzungen, so daß sie bereit waren, auf fremde Quellen zurückzugreifen, um die deutsche Kunst neu zu beleben.

Diese Einstellung widersprach zu vielen weit verbreiteten Anschauungen, um nicht weitere Konflikte heraufzubeschwören. Als die Berliner Secession eine beherrschende Stellung in der deutschen Kunst erreicht hatte, nahm auch der Widerstand gegen sie zu. Trotz der neuerdings größeren Aufgeschlossenheit des deutschen Publikums für moderne Kunst lehnten große Teile der Ober- und Mittelschicht sie weiterhin ab. Der nationalistisch und völkisch inspirierte Haß auf den Impressionismus nahm inzwischen eher zu; da nämlich in den Jahren vor Ausbruch des ersten Weltkrieges der deutsche Konservatismus sich zunehmend radikaler gebärdete, nahmen an der modernen Kunst, die als ausländisch, jüdisch oder sonstwie fremd qualifiziert werden konnte, immer breitere Kreise Anstoß. Dabei gingen die Xenophobie völkischer Ideologen und das Ressentiment eines Teils der Künstlerschaft angesichts der Erfolge ihrer secessionistischen Kollegen eine merkwürdige Verbindung ein.

Das alte Problem des Kunstproletariats war noch nicht gelöst. Die Zahl der arbeitslosen und unterbeschäftigten Künstler wurde immer größer, und dadurch, daß sie sich am Rande des Existenzminimums bewegten, wurde ein leicht entflammbarer Neid auf die erfolgreiche, undeutsche Secession genährt. 1895 führte die Volkszählung im deutschen Reich 6390 Männer und Frauen auf, die »Künstler« als ihren Hauptberuf angaben. 1907 war diese Zahl um 36 Prozent auf 8724 angewachsen; davon waren 1476 Frauen. In den Gesamtzahlen waren Studenten, Ateliergehilfen, Schüler und Kunstlehrer an Grundschulen und weiterführenden Schulen nicht enthalten. Es war bekannt, daß ein Großteil dieser Leute sich bestenfalls eben über Wasser halten konnte. Jedoch noch 1910 mußte Paul Drey, in seiner Untersuchung der wirtschaftlichen Grundlagen der Malkunst zugeben, daß genaue An-

HANS BALUSCHEK
BERLIN W., Lützowstraße 82
Unterricht im Zeichnen und Malen
vom 1. Oktober bis 1. Juli
Prospekte! Prospekte!

Malschule Dora Hitz
Berlin W.
Lützowplatz 12

FRITZ RHEIN
Unterricht im Malen und Zeichnen
:: im Sommer auf dem Lande ::
BERLIN W. KEITHSTR. 3

Anzeigen im Katalog der Vierundzwanzigsten Kunstausstellung der Berliner Secession, 1912

gaben zu den wirtschaftlichen Verhältnissen und dem Einkommen deutscher Künstler nicht verfügbar waren. Die Überproduktion in der Kunst dagegen war gründlich dokumentiert. Zwischen 1900 und 1908 verkauften die Jahresausstellungen der Münchner Sektion der Kunstgenossenschaft zwischen 10,9 und 19,6 Prozent aller ausgestellten Werke. Ein Beamter der Münchner Stadtverwaltung schätzte 1907, daß annähernd 40000 Kunstwerke im zurückliegenden Jahr in der Stadt ausgestellt worden seien – »eine Produktionshöhe, der die Nachfrage unmöglich entsprechen konnte«.[19] Die Überproduktion war auch nicht auf das Kunstproletariat begrenzt: »Es ist ein offenes Geheimnis, daß selbst anerkannte Maler, Professoren an den Akademien, die von der Kritik günstig beurteilt werden, oft im ganzen Jahr kein Bild verkaufen.«[20] Den Akademien wurde weiterhin die Hauptlast der Schuld an diesem Zustand gegeben, weil sie junge Leute für einen Beruf ausbildeten, der keine wirtschaftliche Sicherheit böte.[21] Da die Hälfte der deutschen Künstler weder zur Kunstgenossenschaft noch zum rivalisierenden Künstlerbund gehörte und deshalb auch nicht in den Vorteil ihrer Versicherungs- und Versorgungsprogramme kam, bildete man andere Gruppen, die auf eine erweiterte staatliche Förderung der bildenden Kunst, auf eine Krankenversicherung für den freischaffenden Künstler, umfassendere Regelungen des Urheberrechts und ähnliche Ziele hinarbeiten sollten, aber diese Bemühungen fanden nur wenig Unterstützung bei den verschiedenen Regierungen und politischen Parteien.[22] Auch die Mitglieder der Secession waren nicht alle von wirtschaftlichen Sorgen frei. Doch die Gruppe als Ganzes hatte einen Nimbus von Wohlstand, der besonders leicht übel vermerkt wurde, weil er am Mittelpunkt des Berliner Kunstmarktes und seiner internationalen Verbindungen angesiedelt war. Für die betont deutschen Kunstrichtungen bildete die Secession mit ihren kosmopolitischen Verbindungen jenen absoluten Gegensatz, dessen sie bedurften, um ihre eigenen reichlich unklaren Bestrebungen einigermaßen plausibel zu machen. Zwei der Auseinandersetzungen, in welche die Secession verwickelt wurde, erhellten insbesondere – schon für zeitgenössische Beobachter – die gegnerischen Fronten. Der erste dieser Konflikte ergab sich aus dem Versuch des Kunsthistorikers Henry Thode im Jahre 1905, der öffentlichen Meinung die Secession als Verderberin deutscher Kunst hinzustellen; 1911 folgte ein zweiter Angriff auf breiterer Basis, der sich gegen den ästhetischen und wirtschaftlichen Einfluß der Secession und der ausländischen Kunst, für die sie eintrat, richtete: der »Protest deutscher Künstler«. Von einem dritten Konflikt mit gleichfalls ernsten politischen Konsequenzen, der aber seinen Ursprung in den eigenen Reihen der Secession hatte, wird im 6. Kapitel die Rede sein, weil er sich auf dem Wege zum Expressionismus ereignete – jener neuen Weltanschauung, die die Feinde der Moderne in Deutschland noch nachdrücklicher als der Impressionismus herausforderte.

II

Thodes Gegner war zunächst nicht die Secession, sondern der Kunstkritiker und Kunsthistoriker Julius Meier-Graefe. Meier-Graefe, 1896 einer der Mitbegründer von *Pan,* gehörte nicht zum inneren Kreis der Secession und zeigte nur geringes Interesse an der Arbeit der meisten ihrer Mitglieder, obgleich er Corinth für den besten deutschen Maler seiner Generation hielt. Aber er war ein enger Freund Leo von Königs, eines Angehörigen der Gruppe, und er stand auf gutem Fuße mit Liebermann und Cassirer, der einige Jahre nach dieser Episode eines von Meier-Graefes zahlreichen Büchern herausgeben sollte. Zusammen mit Meier-Graefes Lob des französischen Impressionismus und Neoimpressionismus genügten diese Verbindungen in Thodes Sicht, um die Secession als die finanzielle und kulturelle Grundlage für Meier-Graefes Theorien auszumachen, die, wie Thode befürchtete, die deutsche Kultur gefährdeten. 1904 veröffentlichte Meier-Graefe die dreibändige *Entwicklungsgeschichte der modernen Kunst,* eine vergleichende Analyse der europäischen Malerei, die statt der üblicherweise berücksichtigten historischen und biographischen Tatsachen ästhetische, malerische Qualitäten hervorhob. Die *Entwicklungsgeschichte* erwies sich als ein bahnbrechendes Werk der modernen Kunstgeschichte. In seinem gewohnt enthusiastischen und aggressiven Stil beschrieb Meier-Graefe die Geschichte der Malerei als eine Entwicklung vom Linearen zum Malerischen, wobei der Impressionismus einen folgerichtigen und bis dahin endgültigen Höhepunkt darstellte. Meier-Graefe behauptete, daß die moderne deutsche Kunst kaum an dieser Entwicklung teilgenommen habe; ihre zwei berühmtesten Vertreter, Adolph von Menzel und Arnold Böcklin, hätten falsch angefangen

Albert Krüger, Böcklins Selbstbildnis mit Tod. Originalholzschnitt in zwei Farben, *Pan,* Bd 4, Heft 4, 1899

und wären in Sackgassen geendet. Insbesondere Böcklin hielt er für ein gefährliches Vorbild: »Wie ein Block liegt Böcklin vor der Zukunft, er, der gewiß dazu beitrug, manche lastende Vergangenheit von unseren Schultern zu schütteln. Er war vielen die Leiter ins Gefilde der Seligen, aber jetzt hängt sie an unseren Flügeln wie ein schwerer Koloß und droht uns tiefer zu ziehen als wir je waren... Los von Böcklin!«[23] Im nächsten Jahr erweiterte Meier-

Graefe seine Kritik an Böcklin in einem Buch, dessen Titel auf Nietzsches fulminante Verurteilung Wagners anspielte: *Der Fall Böcklin.* In seinem Buch über Meier-Graefe schreibt Kenworth Moffett: »In der *Entwicklungsgeschichte* hatte Meier-Graefe Böcklin beschuldigt, zwischen Deutschland und der Kunst zu stehen; jetzt machte er sich daran, dieses Hindernis zu beseitigen. Die Wirkung war die einer Bombe. Es erscheint uns heute grotesk, daß ein polemisches Buch über Kunst solch eine weitreichende Reaktion provozieren konnte wie *Der Fall Böcklin.*«[24]

Böcklin, dem die Gunst des großen Publikums lange versagt geblieben war, war in den späten 80er Jahren berühmt geworden, als die Kritiker begannen, ihn als verkannten Meister zu preisen, der viele Ideen der neuen romantischen Reaktion auf den Realismus vorweggenommen habe, ohne dekadent zu werden oder den kerndeutschen Charakter seiner Kunst zu verleugnen. Seine stimmungsvollen Landschaften wurden außerordentlich beliebt, so die fünf Versionen der *Toteninsel* oder seine Seestücke mit Tritonen und Najaden, die er in grellen Farben und einer glatten, glänzenden Ausführung auf Leinwände malte, welche gegen Ende seines Lebens oft monumentale Ausmaße annahmen. Um die Jahrhundertwende war das Werk keines anderen Künstlers so häufig abgebildet wie Böcklins; Reproduktionen seiner Bilder fanden im Bürgertum schnellen Absatz, welches nun auch die bildende Kunst neben Literatur und Musik als unentbehrlichen Bestandteil der Bildung ansah. Böcklins starkfarbige, in deutlichen Umrissen vorgetragene allegorische Kompositionen, deren Manier in mancher Hinsicht an diejenige der englischen Präraffaeliten erinnert (wenn sie auch mehr handfeste Erotik akkommodiert), stellte den durchschnittlichen Betrachter vor keine großen Probleme. Böcklins Stil war akademisch nicht zu nennen, ohne in seinem glatten Detailrealismus akademische Regeln allzusehr zu verletzen; und er blieb von impressionistischen Nebeln verschont. Besonders das machte Böcklin denjenigen, die eine vaterländische Kunst forderten, so schätzenswert; mehr noch als Menzel wurde er ihnen zum Propheten einer neuen deutschen Kunst, einer Kunst, so wurde behauptet, die aus der Malerei der deutschen Renaissance und Romantik erwuchs und die man nun dem Impressionismus als gleichfalls modern und doch tiefergehend und idealistischer entgegenstellen könnte. Daß Böcklin nicht deutscher Staatsangehöriger, sondern Schweizer war, vergrößerte nur seine Anziehungskraft für Träumer pangermanischer Träume. »Zu Böcklins Heimgang« schrieb Ferdinand Avenarius 1907 in der Zeitschrift *Der Kunstwart:* »Was Böcklin anrührte, das ward Geist. Kunst in diesem Sinn, nordische, germanische, deutsche Kunst ist alles, was er geschaffen hat; wieviel immer seiner Anregungen er im Süden holte, auch in dieser stofflichen Beziehung war er nur ein Eroberer für deutschen Besitz. Wenn unsre Kunst den Kampf mit fremden Mächten zu bestehen hat, mit Fremdlingen jenseits unserer Grenzen und innerhalb ihrer, so wird sie nirgends stärkere Waffen finden als in Böcklins unvergänglichem Werk.«[25] Aber Böcklins Intensität und Unabhängigkeit beeindruckte auch weniger rückhaltlose Bewunderer. Meier-Graefe hatte die Gemälde, die er nun lächerlich machte, einst selbst bewundert. Es geschah nicht nur aus politischen Überlegungen und zu propagandistischen Zwecken, daß die Berliner Secession Böcklin zu einem ihrer ersten Ehrenmitglieder ernannte und zehn seiner Gemälde in ihre Eröffnungsausstellung aufnahm. In *Der Fall Böcklin* behauptete Meier-Graefe, daß Böcklins Kunst, weit davon entfernt, den Weg in die Zukunft zu weisen, mit ihren monumentalen, dekorativen Eigenschaften gegen die Eigengesetzlichkeit der Staffeleimalerei verstoße. Die Theatralik seiner Themen, seine literarischen Anspielungen und seine grellen Farben (auf der glatten Oberfläche seiner Bilder in ihrer ganzen Trivialität bloßgestellt), seien ganz auf Effekt berechnet, nicht Ergebnis einer echten Entwicklung des Künstlers oder der Kunst selbst. Im Gegenteil, Böcklin hatte sich bewußt von seinen Vorgängern gelöst, statt sich mit ihnen auseinanderzusetzen und auf ihren Leistungen aufzubauen, und das einzig, um dem Geschmack des großen Publikums entgegenzukommen. Letzten Endes war *Der Fall Böcklin* für Meier-Graefe eine Frage der persönlichen und künstlerischen Moral. Einerseits stützten sich Meier-Graefes Argumente auf seine Überzeugungen, daß die Kunstgeschichte als fortlaufende Entwicklung sich ereigne. Dieser Gedanke war anregend, aber einseitig, und Meier-Graefe bestand zu ausschließlich darauf. Andererseits – und allein darauf kam es im hier behandelten Zusammenhang an – sprach hier ein Kritiker, der die Kunst nicht aus deutscher, sondern europäischer Sicht betrachtete; und dessen ungewöhnliche geistige Unabhängigkeit es ihm erlaubte, auf die Schwächen und Absurditäten im Werk eines allgemein beliebten und hochgeschätzten Künstlers hinzuweisen. Meier-Graefe war kein starker

Berliner Polizist*): Willste gleich raus da, du nackigtes Gesindel! Hier ist das Baden verboten!

»In der Kunsthandlung von Keller und Reiner mussten kürzlich auf Anordnung eines Polizisten die Böcklinschen Bilder aus dem Schaufenster entfernt werden«. Karikatur von F. Jüttner, *Lustige Blätter,* Bd 15, Heft 6, 1900

Theoretiker: Er schrieb zu viel, nahm eigene Inkonsequenzen auf die leichte Schulter und war oft unklar. Aber er hatte die Gabe, seine Gegenstände in größeren Zusammenhängen zu sehen.

Der Fall Böcklin endete mit dem Hinweis darauf, daß Böcklins Kunst und ihre Popularität Entscheidendes über das Deutsche Reich aussagten:

»Ein wenig Nachdenken: dann gelangt man vielleicht zu der Erkenntnis, daß alle mißlichen Wahrnehmungen so verschiedener Art in unserem Vaterlande nur Symptome für ein und dieselbe Erscheinung darstellen: eine vieldeutige Tatsache, die es bei uns gibt, seitdem das neue Reich mit seinen Soldaten und Beamten, seiner stattlichen Industrie, seinem vielen Geld über uns gekommen ist. Es ist das Unvermögen, mit diesen Einheiten allein, und seien sie auch noch so mächtig, zu dem Ziel zu gelangen, das wir in unserer Lehre von der Kunst Harmonie nannten. Hier in diesem größeren Bilde heißt es Kultur. Was Böcklin abging, was diesem Deutschtum fehlt, ist in letzter Hinsicht dasselbe. Der Fall Böcklin ist der Fall Deutschland.«[26]

Das Schweigen im offiziellen Walde.

»Zu Böcklins Tod«. Die auf Böcklins ›Schweigen im Walde‹ anspielende Karikatur von Th. Th. Heine tadelt das Ausbleiben einer offiziellen Beileidsadresse beim Tode des Künstlers, *Simplicissimus,* Bd 5, Heft 47, 1901

Die Verehrer Böcklins reagierten energisch. Dutzende von Artikeln und Büchern, die Meier-Graefe angriffen, erschienen noch im gleichen Jahr wie *Der Fall Böcklin,* und es dauerte lange, bis die Kontroverse sich beruhigte.[27] Die Widerlegung, die zu den ausgedehntesten Diskussionen führte, war Henry Thodes Schrift *Böcklin und Thoma.* Thode, Professor der Kunstgeschichte in Heidelberg, hatte seit Jahren für eine religiöse und patriotische deutsche Kunst Propaganda gemacht. Die erste Blüte dieser Kunst erkannte er in den Werken seines engen Freundes Thoma und denen Böcklins. Als Böcklin starb, feierte Thode ihn als eine sakrale Persönlichkeit, deren Werk dazu beitragen würde, das deutsche Volk aus Künstlichkeit und unnatürlicher Zerstreutheit zu befreien und es zu einer mystisch nordischen und mittelalterlichen Einheit mit »Himmel und Erde, Wolken und dem Meer« zurückzuführen.[28] Die Veröffentlichung von Meier-Graefes *Entwicklungsgeschichte* und seiner Böcklin-Monographie, in denen Thode zwei subtile Anschläge auf den deutschen Idealismus sah, veranlaßten ihn, im Sommersemester 1905 acht öffentliche Vorlesungen über »neudeutsche Malerei« anzukündigen. Die Vorlesungen im Auditorium Maximum der Universität wurden von fast tausend Studenten und Mitgliedern der breiten Öffentlichkeit besucht; stenographische Kopien wurden an die Zeitungen verteilt, bevor im Oktober eine überarbeitete Version erschien; eine Ausstellung der Werke Böcklins und Thomas im Heidelberger Kunstverein vollendete, was als wichtige kulturelle Demonstration geplant war und erfolgreich durchgeführt wurde.[29]

Thodes Vorlesungen zeigten, ebenso wie seine Schriften, eine flüssige wissenschaftliche Eleganz, die allerdings oft ins Überschwengliche geriet; die eingeschobenen persönlichen Angriffe und Beleidigungen wirkten wie die Bemerkungen eines vornehmen Mannes, der sich widerwillig gezwungen sah, die Dinge beim richtigen Namen zu nennen. In seiner Eröffnungsvorlesung verkündete er, daß er Meier-Graefes Bücher mit dem Stillschweigen, das sie verdienten, übergangen hätte, sich aber nun gezwungen sehe zu sprechen, da »sie die Meinung nicht nur eines einzelnen aussprechen, sondern die Parole einer großen, immer mächtiger werdenden Partei, welche ihren Hauptsitz in Berlin hat, ausgeben, und weil ich die Gefahr dieser Meinungen für eine sehr bedeutende halte.« Meier-Graefes Ansichten seien »die längst von mir erwartete Konsequenz einer Kunstauffassung, die neuerdings von den fanatischen Bewunderern und Verehrern des modernen französischen Impressionismus gehegt wird. Diese sind soweit gegangen, zu behaupten, daß Manet ein Genie sei...«. Zwangsläufig behandelten diese Kreise die deutsche Kunst mit Verachtung, jetzt lägen die Dinge klar zutage: »Die Farbe ist von jener Seite bekannt worden, und ich will auch Farbe bekennen. Diese Vorträge sind das Bekenntnis meiner Ansichten über die moderne Malerei und zugleich ein Protest gegen jene einseitige, das Fremde proklamierende Kunstauffassung, die vornehmlich von Berlin aus Deutschland aufgezwungen werden soll.« Thode identifizierte die Macht, die den deutschen Kunstgeschmack zu verändern dachte: »Ein verhältnismäßig kleiner festverbundener Kreis. Er besteht... erstens aus den Künstlern selbst, die in einer so intimen Beziehung, wie es niemals in den Zeiten großer alter Kunst der Fall war, zu dem Kunsthändler stehen. Zweitens aus jenen Kunsthändlern, die neben den älteren Kunstvereinen und dem großen Ausstellungswesen sich durch Vertretung des Neuen eine besondere Stellung errungen haben; drittens aus solchen, die mit der Feder in der Öffentlichkeit wirken, Kunsthistorikern und Kunstschriftstellern, die aus Überzeugungen, an deren Ehrlichkeit wir nicht zweifeln, aber häufig mit Fanatismus in dem Wahne befangen, das Allerneueste sei auch das Beste, für dieses eintreten, und viertens aus Skribenten, welche materielle Zwecke verfolgen.«[30]

Die Sache, die diese Gruppe vertrat, war schädlich aus völkischen wie auch aus ästhetischen Gründen, die für Thode sowieso untrennbar waren: »Auf die bloße Lustempfindung, die durch Form und Farbe erregt wird, reduziert sich... der künstlerische Genuß nicht. Wäre dies der Fall, dann wäre in der Tat, wie Viele behaupten, das Gegenständliche gleichgültig. Das wäre denkbar nur, wenn wir bloße Sinnenwesen wären. Wir sind aber geistige Wesen.« Folglich kann selbst das vollkommenste Stilleben keine so erhabenen Gefühle wachrufen wie der Zeus des Phidias oder eine Madonna Raffaels. Der zweite grundsätzliche Fehler der Berliner Gruppe war ihr Beharren darauf, daß die Kunst international, nicht national sei: »Als ob aber eine solche internationale Kunst überhaupt denkbar sei! Was jetzt international genannt werden könnte, weil es überall auftritt, ist, und bleibt doch französisch.« Der französischen Kunst setzte Thode die deutsche Kunst entgegen, deren vier Hauptmomente er in der zweiten Vorlesung zusammenfaßte als: »starker Gefühlsausdruck, Universalismus des Schauens, größte Naturtreue oder sagen wir lieber Naturliebe und reichste Erfindungskraft.«[31] Was diese Vorzüge praktisch bedeuteten und wie es kam, daß andere Kulturen sie nicht besaßen, versäumte Thode zu erklären, vermutlich, weil er (seiner Ansicht nach und nach Meinung des größeren Teils seiner begeisterten Zuhörer) lediglich allgemein bekannte Wahrheiten feststellte.

Die folgenden vier Vorlesungen gaben einen Überblick der europäischen Kunst des 19. Jahrhunderts; in ihnen suchte Thode insbesondere herauszuarbeiten »was in ihr deutsch, das heißt groß und echt ist, und was wir in ihr als ein uns Fremdes, Widersprechendes und daher Abzuweisendes aufzufassen haben«. Thode ging bei seinen Betrachtungen davon aus, daß jede große Kunst aus einem religiösen Bedürfnis entstehe. Folglich wäre *l'art pour l'art* ein Wahn, der zum moralischen und auch ästhetischen Niedergang führe. Die Malerei des 19. Jahrhunderts löste sich von ihren gesellschaftlichen und moralischen Fundamenten: »An Stelle

Martin Brandenburg, Fee. Zeichnung. Abgebildet im Katalog der Zwanzigsten Ausstellung der Berliner Secession, 1910

ruhiger Einheitlichkeit trat flackernde Unruhe.«[32] Die verhängnisvolle Ansicht, daß der Inhalt unwichtig sei, führte sogar in die deutsche Kunst Themen ein, die das Weib degradierten und an niedrige sexuelle Phantasien appellierten. Der Impressionismus, der weder in seiner Sinnlichkeit noch in seiner Phantasie die Eigenschaften echter Kunst besaß, war auch von Natur aus undeutsch: »Wie verhält er sich im Besonderen zum deutschen Wesen? Steht er uns Deutschen an? Nein! Und immer wieder nein!« Aber eben dieselben Künstler, von Böcklin und Thoma geleitet, die Meier-Graefe verleumdete, waren jetzt dabei den Niedergang in einen neuen Aufschwung zu verkehren. »Wir haben, wenn auch diese deutsche Kunst noch nicht allenthalben anerkannt ist, allen Grund, stolz und selbstbewußt zu sein, und dürfen sie bei aller Gerechtigkeit für das Fremde mit Siegesgewißheit derjenigen anderer Völker gegenüberstellen!«[33]

Die zwei letzten Vorlesungen erörterten Böcklin, Thoma, und andere deutsche Maler, deren Werk vom Impressionismus unbeeinflußt geblieben war und die die Kunst der Zukunft schufen. Thoma wurde sogar als Böcklin überlegen dargestellt, weil er in seinen Anregungen ganz deutsch sei und besser als jeder andere die Kraft und einfache Größe des deutschen Volkes zum Ausdruck bringe, ein Gedanke, den Thode schon vier Jahre früher in seinem Essay über Böcklin entwickelt hatte.

Abschließend sah Thode in seinen Vorlesungen und dem positiven und kritischen Echo, das sie fanden, den Beweis dafür, daß der Streit über moderne Kunst aus dem Widerstreit zweier Philosophien, des Realismus mit dem Idealismus, entstanden sei: »Der Grund und Boden, auf dem wir in diesen Vorlesungen standen, war der des Idealismus! Dieser aber, können wir getrost behaupten, ist immer die Weltanschauung der wahren Kunst gewesen und, so könnten wir ergänzen, besonders der deutschen Kunst.«[34]

An sich war nichts von dem, was Thode sagte, neu. Doch sein geschicktes Zusammenstellen bekannter Behauptungen und Beschuldigungen zu einer konsequenten Theorie deutscher Ästhetik rief einen Beifallssturm in Heidelberg und ganz Deutschland hervor. Seine Ansichten erhielten größere Autorität durch sein akademisches Amt, durch den anspruchsvoll wissenschaftlichen Rahmen seiner Vorlesungen und auch durch ihren scheinbar defensiven Charakter. Thode gab den Eindruck, als ob er lediglich auf Meier-Graefes Angriffe antwortete und auf die Berliner Secession, die Macht im Hintergrund; so verschaffte er seinen Anhängern den wichtigen Vorteil, sich als die bedrohte Majorität in einem Streit, den sie nicht selbst heraufbeschworen hatten, sehen zu können. Was Thode teilweise mit kultivierter Prosa kaschierte, sagten andere Autoren unverhohlen. Der Musikwissenschaftler und Kulturkritiker Karl Storck behauptete in einem Aufsatz über deutsche Kunst, daß der nationale Geist, die unentbehrliche Kraft beim Vorstoß zur politischen Hegemonie Deutschlands, auch die deutsche Kunst inspirieren müsse, wenn die deutsche Kultur Weltgeltung erlangen solle.[35] In seiner Schrift *Der Fall Meier-Gräfe* klagt der Dichter Ernst Schur Meier-Graefe an, er schriebe nur im Interesse seines eigenen finanziellen Vorteils und desjenigen der Berliner Secession, einer Kunstbewegung mit speziell jüdischem Charakter. [36] Zwei große Ausstellungen Böcklins und Thomas, die zur gleichen Zeit in Berlin organisiert wurden, um das öffentliche Interesse auszunutzen und zu nähren, veranlaßten einen Kritiker zu der Bemerkung, »solange das Geschmacksurteil in diesem Land von Franzosen und sogar Orientalen diktiert wird, ist es nicht verwunderlich, daß Böcklin wiederholt als eine Art Barbar geschildert wird«.[37] So nichtssagend Erklärungen wie diese an sich sind, so verdeutlichen sie doch, in welchem Maße

Ernst Schur, Impressum des Pamphlets ›Der Fall Meier-Gräfe‹

Thodes Vorlesungen auf national und völkisch gesinnte Geister als Fanal wirkten.

Liebermanns erboste Reaktion tat ein übriges, die Aufmerksamkeit der Öffentlichkeit auf Thodes Vorlesungen zu lenken. Nach der Lektüre von Zeitungsberichten über die erste Vorlesung, welche anscheinend noch durch Briefe von Zuhörern ergänzt wurden, schickte er einen Brief an die *Frankfurter Zeitung,* deren Redaktion ihn veröffentlichte, nachdem sie die härtesten Ausdrücke abgeschwächt hatte. Liebermann fragte, ob Thode moderne Kunst beurteilen könne, wenn seine Kompetenz sogar in seinem eigentlichen Spezialgebiet, der Kunst des 16. Jahrhunderts, angezweifelt werde – eine Anspielung auf die zahlreichen Zuschreibungen Thodes, die damals angefochten wurden und die sich inzwischen als falsch herausgestellt haben. Thodes Behauptung, der Erfolg des Impressionismus in Deutschland sei abhängig von den Machenschaften einer Berliner Clique, die eng mit einem Kunsthändler verbunden sei, schien Liebermann von gleicher Aussagekraft wie die Behauptung, daß »Richard Wagner seine Berühmtheit nur dem Umstande zu verdanken hätte, daß Henry Thode sein Schwiegersohn geworden ist«. Zu guter Letzt meinte Liebermann, Thode möge behaupten was er wolle, immerhin dürfe man verlangen, daß er mit anständigen Waffen streite: »Wenn aber ein Professor an einer der ersten Universitäten Deutschlands in einer rein künstlerischen Angelegenheit mit persönlichen Insinuationen, wie ›Mangel an nationalen Empfinden‹, ›Nachahmen der Franzosen‹, ›Poesielosigkeit‹ und andern aus der Rüstkammer der Antisemiten entnommenen, bereits ziemlich verrosteten Waffen den Feind zur Strecke zu bringen versucht; so beweist das nur, daß er seinen Gegner mit sachlichen Gründen nicht zu widerlegen vermag; mit anderen Worten: daß der Herr Geh. Rat Thode von neuer Kunst gerade soviel versteht wie von der alten.«[38]

Thode lehnte ab zu antworten; seinen Heidelberger Zuhörern erklärte er, das Niveau von Liebermanns Angriff und seinen Vorlesungen sei zu verschieden. Johannes Langbehn, Verfasser des völkischen Manifests *Rembrandt als Erzieher,* welches Deutschland als die letzte Zuflucht der Kultur in einem von der Moderne überfluteten Zeitalter pries, und sein Gesinnungsfreund, der Maler Momme Nissen, überredeten statt dessen Hans Thoma, eine Erwiderung an die *Frankfurter Zeitung* zu senden. Thoma

Max Liebermann, Reiter an Strand. Zeichnung. Abgebildet im Katalog der Fünfundzwanzigsten Ausstellung der Berliner Secession, Zeichnende Künste, 1911

schrieb, daß Meier-Graefes Buch »eine Herausforderung,... gerichtet gegen das eigentlichste Wesen der deutschen Kunst« sei, die Thode in seinen Vorlesungen mutig verteidigte. Es handele sich darum, »daß wir nicht gewillt sind, uns von Berlin aus aufgewärmten Kohl als Kunstgesetze diktieren zu lassen, und darum, daß wir uns deutsche Art und deutsches Wesen nicht wollen beschimpfen lassen durch Proklamierung einer in Paris schon abgewirtschafteten Mode, der wir besseres entgegenzustellen haben«. Liebermanns Hinweis auf den Antisemitismus fand er beunruhigend: »Wenn Liebermann alle die, welche ihm und Meier-Graefe nicht folgen, als Antisemiten erklärt, könnte dies doch zu recht eigenartigen Schlüssen verleiten, und ich bin überzeugt, daß ihm hierin seine eigenen Volksgenossen (sic) nicht in zu großer Zahl folgen würden.«[39]

In einem zweiten Brief behandelte Liebermann Thoma, dessen Freundschaft mit Thode ihm wohl den sonst so klaren Blick vernebelt habe, ziemlich milde. Thode war der Angreifer; Liebermann wandte sich einzig gegen die Unduldsamkeit, mit der Thode seine eigenen Ansichten als die Ideale des ganzen deutschen Volkes proklamierte.[40] Diese Antwort veranlaßte Thode, sein Schweigen zu brechen. In fünf »Berichtigungen zu Max Liebermanns Entgegnung« verteidigte er seine wissenschaftliche Kompetenz und erklärte, daß die Zeitungen ihn falsch zitiert hätten;

auch habe er mit der Verteilung seiner Vorlesungen an Zeitungen, und andere (was die *Frankfurter Zeitung* als Verstoß gegen akademischen Brauch gerügt hatte) nichts zu tun gehabt; die Veröffentlichung seiner Vorlesungen in Buchform werde zeigen, daß er seine Meinungen nicht auf Phrasen und Schlagworte gründete, sondern auf vernünftige Argumente, und daß er niemals Liebermann angegriffen habe, im Gegenteil »seinem konsequenten Studium bestimmter Naturerscheinungen und seiner großen Geschicklichkeit gebührende Anerkennung gezollt habe.[41] Dies bezog sich auf die fünfte Vorlesung, in der Thode die »ersten ausgesprochenen Vertreter des Plein air« in Deutschland verglich – Uhde, der »das Fremde in deutsche Gefühlssprache« übersetzte, und Liebermann: »Seine Arbeiten zeugen von großer Geschicklichkeit – das ist frei anzuerkennen – und von einem andauernden Studium der Naturphänomene, die ihm als die wichtigen erschienen. Von dieser Seite betrachtet, ist er eine markante und interessante Persönlichkeit. Frage wir uns aber vom Standpunkt unserer allgemeinen Betrachtungen aus: ist er in seiner Kunst von deutscher Eigenart? so müssen wir diese Fragen verneinen. Liebermann könnte gerade so gut in Holland oder in Frankreich arbeiten und zu Hause sein, etwas ausgesprochen Deutsches ist bei ihm nicht zu finden. Bei aller Geschicklichkeit der Technik und Finesse des Lichtes zeigt seine Kunst keine Originalität.«[42]

Thodes selbstgefällige Gleichsetzung von »deutsch« mit »Originalität« entsprach seiner selbstherrlichen Entscheidung, daß einige deutsche Künstler deutsch seien, andere aber nicht. Es verärgerte und verwirrte ihn, daß Liebermann ihm das Recht zu solchen Urteilen absprach. »Ungeheuerlich aber ist es doch«, schrieb er in diesen Tagen an Thoma, »daß wir nicht mehr unsere Meinung über allgemeine Kunstfragen sagen dürfen – daß einer, der für das Deutsche eintritt, ein unmoralischer Mensch sein soll. Die ganze Angelegenheit ist von großer Tragweite und von typischer Bedeutung.«[43] An Thodes Behauptung in seinen »Berichtigungen«, daß er falsch zitiert worden sei, mag allerdings etwas Wahres gewesen sein. Die *Frankfurter Zeitung* vermutete, daß die Vorlesungen nicht richtig mitgeschrieben wurden, und wirklich enthält die gedruckte Ausgabe der Vorlesungen die von Liebermann beanstandeten Worte nicht. Aber Thode gab selbst zu, daß er die Vorlesungen für die Veröffentlichung überarbeitet hatte, und die Unterschiede zwischen Liebermanns Zitaten und dem gedruckten Text sind zu gering, um als Rechtfertigung zu dienen. In einem »Schlußwort« äußerte Liebermann Befriedigung, daß Thode jetzt erklärte, einige seiner diffamierenden Äußerungen nicht getan zu haben, und fragte, ob er auch ähnlich anstößige Worte aus seiner jüngsten Vorlesung abstritt, die gerade in der Heidelberger Zeitung erschienen war. Er wiederholte seinen früheren Vorwurf, daß Thode als Wissenschaftler und Kritiker offensichtlich inkompetent sei, und endete: »Für mich gibt es gute und schlechte Kunst; ihm ersetzt das, was er für Gemüt hält, nur zu oft das mangelnde Können. Daher weise ich die Lobsprüche, die Herr Thode mir als Künstler erteilt, auf das ernsteste zurück.[44] Einige Wochen später schrieb er an Bode, sein Streit mit Thode sei im Grunde ein Streit gewesen zwischen den mystischen Bewunderern einer nationalen Kunst und denen, die wie Liebermann glaubten, daß es nur eine tendenzlose Kunst gebe: »Wer etwas mit der Kunst bezweckt, ist sicher auf dem Holzwege.«[45]

Thode nannte Liebermanns letzten Brief privat einen »Pfuhl«, von dem er sich mit Ekel abwandte, aber er war klug genug, von weiteren öffentlichen Erklärungen abzusehen; auch reagierte er nicht auf Meier-Graefe, der erst jetzt mit der Erklärung in die Auseinandersetzung eingriff, Thode und Thoma hätten zu Rhetorik und Haarspaltereien Zuflucht genommen, statt auf die Argumente in seinen Büchern und in Liebermanns Briefen einzugehen, und sie hätten sich deshalb einer »intellektuellen Unehrlichkeit« schuldig gemacht.[46]

In seiner jährlichen Abschlußrede vor den Professoren und Studenten der Königlichen Hochschule für die Bildenden Künste bagatellisierte Anton von Werner den Briefwechsel zwischen Liebermann und Thode als einen Streit im Lager der Moderne, denn so stellte er sich jenem Pädagogen und Beamten, der offenkundig nicht mehr auf dem laufenden war, wohl wirklich dar.[47]

Alle an der Kontroverse Beteiligten, von Meier-Graefe bis Thoma, waren überzeugt, daß es bei dem Streit um weit mehr als Ästhetik ginge; und der spätere Betrachter kann kaum umhin, Thodes Meinung zuzustimmen, daß die Auswirkungen des Streits von Bedeutung waren. Zwei Weltanschauungen, zwei Meinungen über das kulturell und politisch Zulässige waren zusammengeprallt; die Intoleranz auf der einen Seite hielt die Toleranz der anderen für verderblich. Das sind Abstraktionen, aber um was es wirklich ging, ist klar genug. Meier-Graefe und Liebermann verurteilten das, was sie für schlechte Malerei hielten, aber versuchten weder, die Ausstellung und den Verkauf solcher Werke zu verhindern, noch beschuldigten sie ihre Schöpfer der Unmoral oder der Verleugnung ihres kulturellen und politischen Vaterlandes. Die wirtschaftlichen, moralischen, ästhetischen und patriotischen Argumente wurden ausschließlich auf der anderen Seite vorgebracht, und ihre Verquickung mit einem mehr oder weniger offenen Antisemitismus sollte den Kampf der Verfechter »deutscher Kunst« gegen sukzessive Wellen der Moderne kennzeichnen, bis dieser Kampf im Dritten Reich gewonnen wurde. Aus dieser Sicht erscheinen Thodes acht Vorlesungen als programmatisch.[48] Aber sie verfehlten ihren unmittelbaren Zweck. Die Stellung der Berliner Secession wurde nicht erschüttert, während Böcklins Prestige, das im Mittelpunkt des Streites gestanden hatte, anfing, zu verblassen. Dieser Niedergang ist Meier-Graefes Buch zugeschrieben worden. Moffett meint: »Schon ein Blick auf die Böcklin-Literatur enthüllt, wie wenig über den Künstler nach 1905 geschrieben wurde. Und was erschien, war verteidigend und gedämpft. Man spürt, daß Meier-Graefe durch den Hinweis auf den absurden, unfreiwillig komischen Aspekt der Bilder Böcklins viele von einer unbewußten Heuchelei befreit hat.«[49] Aber es wäre ungewöhnlich, wenn ein einziges Buch eine so direkte Wirkung hätte; wahrscheinlicher ist, daß *Der Fall Böcklin* einen ziemlich starken, wenn auch nicht allgemeinen Geschmacksumschwung in der bildenden Kunst aufgriff – einem Überdruß am Erhabenen und Mystischen entgegenkam, der andererseits auch zum Erfolg der Berliner Secession beitrug.

August Kraus, Hund und Ziegenbock. Zeichnung. Abgebildet im Katalog der Vierundzwanzigsten Ausstellung der Berliner Secession, 1912

III

Ein Frontalangriff auf die Berliner Secession und auf die Kunst, die sie vertrat, ging – wie schon ihr Name, *Protest deutscher Künstler,* andeutet – von den Künstlern selber aus statt von kritischen Reaktionen auf die Kunst, wie es im Streit, den Meier-Graefe und Thode ausgelöst hatten, der Fall gewesen war. In der späteren Episode tauchten Thodes völkische Ästhetik und seine Verurteilung französischer Kunst wieder auf, zusammen mit einer starken Betonung der Bedingungen des Kunstmarktes und der wirtschaftlichen Schwierigkeiten deutscher Künstler, Probleme, die Thode lediglich angedeutet hatte. Streitpunkte, die er vom Katheder aus nur in höchst abstrakter, verschleierter Manier angedeutet hatte, wurden nun pragmatisch von zahlreichen Leuten auf beiden Seiten der quer durch das deutsche Kunstpublikum und die deutsche Künstlerschaft verlaufenden Front in Angriff genommen. Die beiden Episoden verhalten sich also sozusagen wie Theorie zu dem Versuch ihrer gesellschaftlich und wirtschaftlich konkreten Anwendung.[50] Der Urheber des Protests deutscher Künstler war der Landschaftsmaler Carl Vinnen. Als junger Mann hatte Vinnen seinen akademischen Stil (in Düsseldorf und Karlsruhe gebildet) zugunsten eines persönlicheren, mehr gefühlsbetonten Ausdrucks aufgegeben. Er schloß sich der Künstlerkolonie Worpswede bei Bremen an, verteidigte Paula Modersohn-Becker gegen akademische Kritik und wurde Mitglied der Berliner Secession, in deren Eröffnungsausstellung neben denen anderer Worpsweder Künstler Bilder auch von ihm zu sehen waren. Seine ungewöhnlich leuchtenden Farben und sein breiter Pinselstrich ließen manche Beobachter ein Talent vermuten, das noch um Ausdruck kämpfte; mit der Zeit jedoch erwies er sich nur als einer unter vielen Vertretern der neoromantischen, deutschtümelnden Landschaftsbewegung der Zeit. Er trat aus der Secession aus und verließ 1903 Worpswede, um sich bei München niederzulassen. Im selben Jahr wurde ihm im Berliner Salon eine kleine Goldmedaille verliehen, aber aus nicht näher bekannten Gründen brachte der Preis ihm weder breitere Anerkennung noch finanziellen Erfolg. Um 1910, im Alter von siebenundvierzig Jahren, war er zur Überzeugung gekommen, daß sein relatives Scheitern und die Schwierigkeiten anderen gleichgesinnter Maler durch die Manipulationen deutscher Kunsthändler verursacht wurden. Er schrieb zwei Artikel über dieses Übel, in denen er besonders den Erwerb eines van Gogh durch die Bremer Kunsthalle verurteilte, und versandte sie an die Mitglieder der deutschen Secessionen und des Künstlerbundes. Nachdem er Antworten vieler seiner Leser erhalten hatte, überarbeitete er die Aufsätze und vereinigte sie zu einem Manifest unter dem von Cicero entlehnten Motto »Quousque tandem«; dieses veröffentlichte er mit den Namen von 140 Befürwortern seiner Thesen und Auszügen aus ihren Briefen unter dem umfassenden Titel *Ein Protest deutscher Künstler.*[51] Vinnens Laufbahn ist typisch für viele: anfängliche Rebellion maskierte einen Mangel an Originalität, und dieser Mangel ließ ihn schließlich zu einer Manier Zuflucht nehmen, deren konventioneller Charakter ihm selbst bewußt sein mußte; was gewiß verbitternd wirkte. Als Künstler, der verschiedenen Organisationen angehört hatte, war er über die wichtigeren Parteien der deutschen Kunstwelt informiert und hätte ein nützlicher Vermittler zwischen ihnen sein können. Vinnen leugnete nicht, daß deutsche Kunst viel von der modernen französischen Malerei gelernt hatte; er war gegen »chauvinistische Deutschtümelei«, wie er es in der Einleitung zu seinem Manifest nannte; und er verwarf »die Offiziellen« mit ihrem »reaktionären System« und andere minderwertige Künstler als unwillkommene Verbündete in seinem Kampf für die deutsche Kunst. Aber trotz dieser Beteuerungen waren Vinnens Argumente und Forderungen nicht weniger intolerant als Thodes und wesentlich unverhohlener völkisch.

Nach der defensiven Einleitung begann das Manifest mit einem Absatz (einem einzigen Satz), der Thema und Ton des Ganzen festlegte: »Angesichts der großen Invasion französischer Kunst, die sich seit einigen Jahren in den sogenannten fortschrittlichen deutschen Kunstkreisen vollzieht, scheint es mir ein Gebot der Notwendigkeit zu sein, daß deutsche Künstler ihre warnende Stimme erheben und daß sie von dem Einwande, sie triebe dazu nur der Neid, nicht zurückschrecken.«

Zuerst klagte Vinnen Deutschlands Kunstschriftsteller an, die, wie er zugab, ihren Lesern geholfen hätten, die moderne Kunst überhaupt zu verstehen; neuerdings aber wären sie zu einer selbständigen Macht geworden, welche Stilrichtungen in Mode brachte und die verstandesmäßige Reflexion höherstellte als naives Schöpfertum. Um diesen typisch völkischen Vorwurf gegen die Moderne zu verdeutlichen, verwies das Manifest auf den Rheinländischen Sonderbund, eine secessionistische Bewegung, die 1908 gegründet worden war und in der Liebermann Ehrenmitglied war; 1910 hatte der Sonderbund eine große Ausstellung deutscher und französischer Maler organisiert, die auch Neoimpressionisten und Fauves zeigte. Der Katalog des Sonderbundes pries die Neuen in der pätentiösen und verschwommenen Prosa, die die Modernen ebenso bereitwillig verwenden konnten wie die Kunstpatrioten; Matisse etwa wurde hervorgehoben, weil er »aus den plastischen Konstruktionen Cézannes die linearen Essenzen zog.« Dagegen waren die Fauves für Vinnen nur »die jüngsten Pariser Extravagisten«, von einer Sensationspresse hochgejubelt, die sich vom ästhetischen Snobismus einer wurzellosen und irregeleiteten Gesellschaft nährte. Es ist bezeichnend, daß er seine Anklage gleich abschwächte: die moderne französische Kunst hätte einst die deutsche Kunst befruchtet. »Aber die Spekulation hat sich dieser Frage bemächtigt, deutsche und französische Kunsthändler haben sich die Hand gereicht, und unter dem Deckmantel, künstlerische Zwecke zu fördern, wird Deutschland mit großen Massen französischer Bilder überschwemmt.« Noch schlimmer, »es sind durchschnittlich die Überreste, die uns gegönnt werden, nämlich das, was das Heimatland und die großen amerikanischen Börsenfürsten übriggelassen haben.« Außerdem seien die Preise, die für »alte Atelierreste von Monet, Sisley, Pissarro usw.« gezahlt werden, viel zu hoch und würden sicher bald sinken.[52]

Wenn zuviel Geld für minderwertige Kunst ausgegeben würde, meinte Vinnen, könne das nur die Käufer selbst und die Nationalökonomen interessieren. Eine andere Frage sei wichtiger: »Worin liegt die große Gefahr dieser Einführung fremder Kunst, sobald die Spekulation sich ihrer bemächtigt?« Vor allem, war seine Antwort, »in der Überschätzung fremden Wesens, das unserer eigenen, ursprünglichen Veranlagung nicht adäquat ist... Und wo fremde Einflüsse hier nicht nur verbessern, sondern von Grund aus umgestalten wollen, da liegt eine große Gefahr für unser Volkstum vor.« Wenn selbst in Frankreich Monet, Cézanne

Hans Baluschek, Umschlagzeichnung für den Roman ›Der Tunnel‹, 1912 (rechte Seite)

August Kraus, Ziegenbock. Zeichnung. Abgebildet im Katalog der Fünfundzwanzigsten Ausstellung der Berliner Secession, Zeichnende Künste 1911 bis 1912

BALUSCHEK
BERNHARD KELLERMANN
DER TUNNEL
ROMAN
IN 24 STUNDEN IN NEW YORK

und van Gogh keine starken Nachfolger gefunden hatten, konnte es kaum überraschen, daß ihre deutschen Nachahmer noch elender scheiterten. Aber wieder setzt Vinnen einschränkend hinzu: »Gewiß, die französisch beeinflußten Ausstellungen der Berliner Secession gehören zu den anregendsten, die man in Deutschland sehen kann, technisch sind sie jedenfalls höchst fesselnd und interessant. Zieht man aber die Summe dieser letzten elf Jahre (seit der Gründung der Secession), so täuscht uns diese glänzende Außenseite doch nicht mehr über das starke innere Defizit des künstlerischen Nachwuchses.« Junge deutsche Maler entwickeln sich nicht, weil sie, um schnelle Anerkennung und wirtschaftlichen Erfolg zu erreichen, die französischen Vorbilder nachäffen, die selber Zeugnisse eines unglaublichen Verfalls sind. Die Deutschen aber verlieren ihre kulturelle Identität und werden zu »Französlingen«, was ein Unglück sowohl für die deutsche Kunst wie für das deutsche Volk darstellt. »Wir sollten es ständig wiederholen: ein Volk kann nur durch Künstler von seinem eigenen Fleisch und Blut zu wahren Höhepunkten gelangen.«[53] Wieder, wie schon nach Ansicht Thodes und der Führer der Kunstgenossenschaft, hatten Künstler, die sich von gefährlichen ausländischen Vorbildern beeinflussen ließen, eine ethnische Verwandlung durchgemacht: sie waren nicht mehr deutsch.

Die Flut von französischer Kunst brachte eine weitere Gefahr mit sich: indem sie den Staat veranlaßte, ausländische Werke zu kaufen, beraubte sie den deutschen Künstler der notwendigen Unterstützung. Als Beispiel nannte Vinnen das neu gegründete Museum in Posen, das für seine erste Erwerbung, eine Studie Monets, das ganze zur Verfügung stehende Geld ausgegeben habe. Das führte ihn zu den Manipulationen des Kunstmarktes zurück: »Nach dem augenblicklichen Boom in Cézanne und van Gogh scheint sich jetzt ein Corner in Daumier vorzubereiten. Vorher werden wir wahrscheinlich die kaufmännische Gründung Grecos erleben, der künstlerisch bereits vor einigen Jahren von Meyer-Graefe neuentdeckt und unter dem Titel ›Größter spanischer Maler‹ sofort für die modernste Richtung mit Beschlag gelegt wurde... Bedenkt man nun die ins Riesenhafte gesteigerten Preise, so gehen jährlich Millionen der vaterländischen Kunst verloren.«[54] »Quousque tandem« endete mit einem Appell an Patriotismus und Idealismus: »Eine so würdelose Mißachtung nationaler Vorzüge, wie wir sie heute in den Kreisen unserer Ästheten vielverbreitet treffen, kann... zu nichts Großem führen... Wenn auch jeder echte Künstler, alles was groß und schön ist, einerlei wes Stammes es sei, das Gastrecht nie vermissen möge an deutschem Herde, so kann doch ein so mächtig emporstrebendes, großes Kulturvolk, wie das unsere, auf die Dauer nicht ein fremdes Wesen ertragen, das sich die Herrschaft über die Geister anmaßt. – Und da es uns von einer großen, kapitalkräftigen, internationalen Organisation aufgedrängt werden soll, so ist die ernste Warnung wohl berechtigt: Halt zu machen auf diesem Wege und sich klar zu werden, was wir in Gefahr sind zu verlieren, nämlich kein Geringeres, als unser eigenes Wesen und die Überlieferung gediegenen Könnens.«[55] Dem Manifest folgten die Namen von Kritikern und Künstlern, die Vinnens Rundschreiben beantwortet hatten, und 65 Seiten mit ihren Kommentaren. In einem Anhang gab Vinnen einen kurzen statistischen Überblick über den Kauf ausländischer Kunst in Deutschland, dessen Hauptpunkt war, daß Deutschland ein besserer Markt für ausländische Bilder sei als das Ausland für deutsche. 1909 hatte Deutschland Gemälde und Graphiken für nahezu 20 Millionen Mark eingeführt, dagegen deutsche Kunst im Werte von nur 12308000 Mark ausgeführt: »Also ein Überwiegen der Einfuhr um 7606000 Mark, das Siebzehnfache dessen, was Preußen und Bayern zusammengenommen jährlich für Ankäufe moderner Kunstwerke in ihrem Etat stellen.« Aber wieder fühlte Vinnen sich genötigt, seine Schlußfolgerung leicht abzuschwächen: »Ich würde es bedauern, wenn diese Zahlen nun dazu führen sollten, eine Art Boykott fremder Kunst bei uns einzuleiten... Aber diese Summen sollten uns zu einer gesunden Kritik veranlassen, was denn von ausländischer Kunst wirklich so hervorragend ist, daß man es auf alle Fälle erwerben möchte. Nur wirkliche Meisterwerke könnten die Entschuldigung bieten, daß so riesige materielle Hilfsmittel der deutschen Kunst entzogen werden.«[56] Die 140 Persönlichkeiten, die Vinnen zufolge seinen Aufruf unterstützten, waren etwa zwanzig Museumsdirektoren und Kunstschriftsteller; darunter so feste Konservative wie Fritz von Ostini und Albert Dresdner, aber auch der frühere Anhänger der Berliner Secession, Hans Rosenhagen (der sich inzwischen gegen sie gewandt hatte), und zwei Vorkämpfer des deutschen Impressionismus, Richard Graul, Direktor des Kunstgewerbemuseums in Leipzig, und Fritz Stahl, der Kunstkritiker des *Berliner Tageblatts*. Graul befürwortete das Manifest mit der lapidaren Erklärung: »Mit den Ausführungen Ihres ›Quousque tandem‹ bin ich im wesentlichen einverstanden.« Stahl dagegen verteidigte die Secessionen und die mit ihnen verbundenen Kunsthändler und wies darauf hin, daß weit mehr akademische als moderne Kunst aus dem Ausland eingeführt wurde. Deutschland sei reich genug, schloß er, »für alles Mittel zu haben, das Aufwand unseres Geldes verdient, für alle deutschen Werke, in denen sich irgendein guter Kunstwille ausspricht, und für die besten aller Zeiten und Völker.«[57] Stahls Erwiderung, die Vinnen veröffentlichte, obwohl sie seinem Anliegen widersprach, stand nicht allein. Mehrere Antworten waren weitgehend oder teilweise kritisch. Franz Servaes, zum Beispiel, der fast zwanzig Jahre früher eine begeisterte Rezension über die erste Ausstellung der Elf verfaßt hatte, begann mit der Erklärung, daß seine Einstellung zur Kunst völlig international sei. Der Kritiker Albert Lamm, der den Expressionismus ablehnte, verlieh dennoch seiner Besorgnis Ausdruck, »daß ein energisches Vorgehen gegen das Berliner Treiben das Urteil über die ganze ›neue Richtung‹ überhaupt verwirren könnte. Niemand hat den Berlinern mehr geholfen als damals Henry Thode, der die

Hans Baluschek, Vagabund.
Zeichnung, 1912

Grenzen der ›Deutschen Kunst‹ so eng zog, daß die Malerei eines Liebermann, Trübner, Slevogt, Zügel, Uhde und manches anderen unserer besten Künstler ausgeschlossen worden wäre.« Der Präsident der Münchner Secession, Hugo von Habermann, erklärte, daß er auf das Manifest nicht mit einem einfachen Ja oder Nein antworten könne. Während er viele Theorien und Techniken der modernsten Kunstrichtungen ablehnte und nicht daran zweifelte, daß unter ihrem Banner viel Schlechtes entstand, hatte er keine Sympathie für einen Künstlerprotest, der sich gegen eine spezifische künstlerische Richtung wendete.[58] Diese Einsprüche knüpften an Vinnens eigene Vorbehalte und Einschränkungen an und waren deutlich in der Absicht geschrieben, eine Diskussion auszulösen; sie wurden jedoch von dem lärmenden Beifall der überwiegenden Mehrheit übertönt, und nicht nur Vinnen, sondern auch die Presse zählte die Einsprüche zu den beifälligen Stimmen.

Zu den Hauptthemen der mit Vinnen übereinstimmenden Kommentare gehörten die modischen Exzesse, die gefährliche deutsche Vorliebe für das Fremde, Exotische, sowie die ungeheure Macht von Kunstkritikern im Dienste von Spekulanten und Händlern. Einen Schreiber erfüllten Widerwillen und ein fatales Gefühl der Ohnmacht »gegen diese unheimlich schnell sich mehrenden Ästheten- und Börsianerkreise.« Ein anderer schrieb: »Wie Sie sagten: Naives Kunstschaffen wird ersetzt durch verstandesmäßige Reflexion der Kunstschreiber, wozu sich bald jeder sonstwie begabte Mensch aufwirft. Die begabten Schreiber in der Hand der Berlin-Pariser Spekulation! Und gegen unsere besten eigenen Kunstkräfte!! Ein trauriger Anblick für jeden, der sehen kann.«[59]

Häufige Themen waren auch die Sorge um das wirtschaftliche Wohlergehen der deutschen Künstler und eine heftige Ablehnung der neoimpressionistischen und expressionistischen Malerei. Der Kritiker Fritz von Ostini gab die Schuld an der modischen Vorliebe für die modernste französische Kunst dem »gewissenlosen Geschäftsbetrieb französischer Kunstimporteure und ihrer deutschen Helfer«, welche Bilder nach Deutschland ausführten, die niemand in Frankreich kaufen wollte. Die Franzosen »verachten uns so sehr, daß man da drüben den Übermut sehr bald schon zur Frechheit treiben wird. Die pathologischsten Bilder aus van Goghs Irrenhauszeit, die weggestellten Experimente und Untermalungen aus dem Nachlasse von Cézanne hat der gute Michel mit

›Rembrandt als Erzieher‹, *Kladderadatsch,* 13. Juli 1890

Behagen verspeist. Heute preist man ihm den Ulk, den der reklamewütige, drüben längst nicht mehr ernst genommene Henri Matisse verübt, als die höchste Kunst an und morgen – morgen kommt Picasso, der Cubist!« Rosenhagen machte eine Ausstellung Cassirers mit Werken deutscher Expressionisten und von Picasso, Braque und van Dongen lächerlich: »Gottlob ist das deutsche Publikum und selbst das an starke Dinge gewöhnte des Cassirerschen Salons ebenso vernünftig wie die Besucher des *Salon d'automne* und lacht aus vollem Halse über diese Maler, die sich so grenzenlose Mühe geben, unnatürlich zu sein und wahnsinnige Bilder herzustellen.« Dennoch glaubte er, daß diese Ausstellungen einen verderblichen Einfluß auf junge deutsche Künstler ausübten und den Kunstmarkt verdarben.[60]

Zu den bekannten Unterzeichnern gehörten Führer und Theoretiker der neuen deutschen Kunst wie Paul Schultze-Naumburg, der Worpsweder Maler Hans am Ende und Thomas Freund Momme Nissen. Thoma selbst und Thode fehlten, der letztere vermutlich, weil Vinnen eine Verschwägerung mit dem »sentimentalen Werdanditume« abgelehnt hatte.[61] Der Präsident der Akademie der Künste in Berlin, Arthur Kampf, unterschrieb das

Manifest ebenso wie Otto Engel, der zum ersten Vorstand der Berliner Secession gehört hatte und die Gruppe 1902 verließ. Vielleicht noch überraschender war es, daß zu den Unterzeichnern auch neun ordentliche und 16 korrespondierende Mitglieder der Berliner Secession gehörten. Einige von diesen, wie Habermann, waren anderer Meinung als Vinnen. Andere, Trübner der bekannteste unter ihnen, widerriefen öffentlich, als sie den Charakter von Vinnens Feldzug erkannten. Aber schon, daß sie die erste, nicht überarbeitete Fassung des Rundschreibens unterzeichneten, zeigt sowohl Mangel an politischem Instinkt wie eine schwankende Einstellung zu den jüngsten Entwicklungen der Kunst.

Wahrscheinlich kennzeichnend für diese Gruppe sind die Gefühle, die Käthe Kollwitz bewogen, ihren Namen unter das Manifest zu setzen. Kurz nachdem der »Protest deutscher Künstler« erschien, erklärte sie ihre Beweggründe und ihr Bedauern in einem Brief an ihren Sohn Hans. Sie hatte die Jahresausstellung in der Lehrter Straße besucht und war von der »erdrückenden Fülle des Halbguten« so niedergeschlagen, daß sie beschloß, in die Nationalgalerie zu gehen. Nachdem sie sich Werke deutscher Maler angesehen hatte, »ging ich noch zu den Franzosen rauf, und gleich im ersten Raum – wo auch die famose Rodinbüste ist – fiel mir schwer auf die Seele meine Unterschrift unter den Vinnenschen Protest. Denn hier sah ich wieder einmal die Franzosen in ganz guten Werken vertreten und sagte mir, daß die deutsche Kunst unter allen Umständen die romanische Befruchtung braucht. Die Franzosen sind eben mit ihren Sinnen viel glücklicher beanlagt für die Malerei, den Deutschen mangelt der koloristische Sinn... Natürlich sagte ich mir so etwas auch, bevor ich Vinnen

›Nachträgliches zu Rembrandt als Erzieher, Die kranke deutsche Kunst‹, Titel. Der nur als ›auch ein Deutscher‹ sich gebende Verfasser eröffnet seine Darlegungen mit der Schilderung einer Vision:

Im Geäste des Hochwaldes singt ein wunderbarer Vogel. Von des alten deutschen Reiches Größe und Herrlichkeit. Von seinen Großen und Helden, seinen Liedern, seinen Domen, seiner Kunst. Von seiner Not und seinem Untergang.
Er singt vom neuen deutschen Reiche. Wie die leuchtende Kaiserkrone neu aufging wie eine Sonne über grünenden Eichenwipfeln. Von seinen Helden und seinen Großen. – Von seiner Kunst aber singt er – nicht.
Davon zwitschert und plappert nur misfarbiges Vogelgesindel im Unterholz, unverständlich, aufgeregt durcheinander schreiend. Aber es wird kein Lied daraus.

Nachträgliches zu
Rembrandt als Erzieher.
Die
kranke deutsche Kunst
Auch von einem Deutschen
Zweites Tausend
Verlag H. A. Ludwig Degener, Leipzig

unterschrieb, aber ich war damals so erbost über die letzten Geschenke aus Paris, daß ich eben unterschrieb. Ich hätte mir lieber sagen sollen, die ganze Matisse-Periode wird ein Ende haben, das man ruhig abwarten müsse.«[62]

Käthe Kollwitz ist kein Vorwurf daraus zu machen, daß sie Matisse ablehnte und daß seine Erfolge in Deutschland sie irritierten. Aber daß jemand mit ihren sozialen und politischen Interessen nicht eine klare Trennung ziehen konnte zwischen sich selbst und einer Bewegung, die sich gegen die Personen und Vereinigungen richtete, die die moderne Kunst, darunter auch ihre eigene, verteidigten, läßt nicht nur an politische Naivität denken, sondern zeigt auch, wie schwierig es für manche frühe Secessionsmitglieder war, die neueste Kunst zu tolerieren. Für andere, ob Befürworter oder Gegner, war Vinnens Botschaft deutlich genug. Die Kunstpatrioten und Volkstümler, deren Hilfe er ablehnte, begrüßten den *Protest deutscher Künstler* schnell als den stärksten Schlag seit Jahren gegen die kosmopolitische Kunst, und sie unterstützten ihn mit ihren eigenen, weit weniger ambivalenten Angriffen. Ein anonymes Pamphlet über die Krankheit der deutschen Kunst behauptete, die destruktiven Absichten des internationalen Judentums und seiner lokalen Agenten, Cassirer und seiner Anhänger, aufzudecken.[63] Kritiker lobten den berechtigten Zorn deutscher Künstler, die endlich erwacht wären und ihre wahren Feinde erkannt hätten. Ein umfangreiches Buch von Thomas Alt über die Mißhandlung der deutschen Kunst durch die Anhänger der Moderne, das während derselben Monate erschien, gab der neuen Welle des Widerstandes gegen den deutschen Impressionismus und seine Nachfolger weiteren Auftrieb.[64]

Die Gegner von Vinnens Manifest waren ebenso kämpferisch wie dessen Unterzeichner – aber tüchtiger als diese. Unmittelbar nach dem Erscheinen von »Ein Protest deutscher Künstler« veröffentlichte der Künstlerbund eine von Liebermann, Klinger und Kalckreuth unterschriebene Erklärung, derzufolge die wirtschaftlichen Schwierigkeiten deutscher Künstler leicht zu lösen wären, wenn die Betroffenen sich nur dazu verstehen wollten, bessere Bilder zu malen. Corinth, Slevogt, Kessler, Lichtwark, Cassirer und andere veröffentlichten Artikel oder Briefe gegen Vinnen. Ihre Widerlegungen wurden mit fünfzig Originalbeiträgen zu einer Broschüre zusammengestellt, die unter dem Titel *Deutsche und französische Kunst* bis Ende des Jahres zweimal aufgelegt wurde.[65] Die 75 Autoren der Beiträge waren Künstler, Museumsdirektoren – darunter die Leiter der Bremer und Posener Galerien, die Vinnen als Förderer ausländischer Kunst besonders angegriffen hatte – Kunsthändler und Sammler sowie Kunstschriftsteller, unter ihnen Wilhelm Worringer, Henry van de Velde und sogar Arthur Moeller van den Bruck, der erst wenige Jahre zuvor einen Aufsatz über die Gefahr der Überschätzung französischer Kunst geschrieben und Liebermann als drittklassigen Nachahmer geschmäht hatte.[66] Jetzt meinte Moeller van den Bruck, daß noch keine der modernen deutschen Musik, Philosophie und Architektur ebenbürtige moderne deutsche Malerei existierte, daß sie aber aus dem Werk von Munch und van Gogh erwachsen könne und ebenso aus den Leistungen Daumiers, der Impressionisten und Cézannes. Deshalb – und um dem Einfluß der einheimischen akademischen Kunst entgegenzuwirken und das Kunstproletariat zu überzeugen, sich einen anderen Broterwerb zu wählen – glaubte er, die Deutschen sollten so viel französische Kunst kaufen, wie sie überhaupt nur könnten.[67]

Zu den 48 Künstlern, deren Erklärungen veröffentlicht wurden, gehörten die Führer der Berliner Secession, Otto Modersohn, einer der führenden Worpsweder Maler, und Vertreter anderer Secessionen; darunter Wilhelm Trübner und Gustav Klimt, der sich durch den »Protest« an den Agitator in einem Wiener Volksstück erinnerte, der dauernd schrie: »Für den kleinen Mann muß was geschehen.«[68] Daß die ältere Elite vertreten war, verstand sich von selbst; wichtiger war deshalb die Teilnahme vieler jüngerer Künstler, deren Werk noch umstritten war, nicht nur beim breiten Publikum, sondern auch innerhalb der Secessionen selbst; unter ihnen Max Beckmann, Max Pechstein, Wassily Kandinsky, Franz Marc und August Macke.

Die ältere und die junge Generation erklärten sich einmütig überzeugt von der führenden Rolle der neueren französischen Malerei und betonten die Notwendigkeit für die Deutschen, durch Ausstellungen und Museumsankäufe mit den Fauves und dem Spätimpressionismus bekannt zu werden, wie auch immer die Einschätzung einzelner Künstler sein mochte. Sie erklärten weiter ihre Überzeugung, daß junge deutsche Maler keineswegs von mächtigen Kritikern gelenkt würden und durchaus in der Lage wären, ihren eigenen Weg zu finden; den »Protest« nannten sie einen Feldzug von Versagern mittleren Alters, die andere um ih-

›Die deutsche Kunst‹ – von zwei Polizisten zu Grabe getragen. Karikatur von Th. Th. Heine, *Simplicissimus,* Bd 6, Heft 43, 1902

ren Erfolg beneideten. Ein Mitglied der Berliner Secession, Walter Bondy, schrieb, Vinnen und seine Anhänger seien verbittert, »weil die eigene Begeisterung nicht die erhofften Früchte getragen hat. Doch wie sie früher kleine Revolutionäre waren, werden sie jetzt kleine Reaktionäre. Wenn Herr Vinnen wenigstens die Courage gehabt hätte zu sagen: ›Die ganze französische Kunst ist Mist; laßt doch den fremden Schwindel und kehrt zurück von diesen faulen Ragouttöpfen zu Eurem kräftigen Eisbein mit Sauerkohl, zu Euren gemütvollen Matjesheringen mit Bratkartoffeln, zu Eurer deutschen Einigkeitstunke!‹ Aber diesen Mut hat er nicht... Er warnt bloß. Er warnt davor, nicht zu viel von den guten fremden Gerichten zu essen und ja nur das, was unserm Magen bekömmlich ist. Und dabei setzt er natürlich voraus, daß wir alle einen so schwachen Magen haben wie er.« Corinth steuerte einen leidenschaftlichen, sarkastischen Angriff auf die Mittelmäßigkeit bei, die sich hinter falsch verstandenem Patriotismus verbarg, während Beckmann glaubte, es spiele keine Rolle, ob unbegabte Künstler Böcklin oder Matisse kopierten: »Irgendein billiges Schema zur Rettung für die Leere ihrer Phantasie brauchen sie ja doch.«[69]

Man spottete über die Behauptung, daß die modernsten französischen Gemälde in deutschen Sammlungen zweitrangige Werke und zu maßlos übertriebenen Preisen gekauft wären. Mehrere Schreiber nahmen Bezug auf einen Anhänger Vinnens, der so weit gegangen war, den Erwerb von Manets *Erschießung Kaiser Maximilians* durch die Mannheimer Galerie für den hohen, aber nicht übertriebenen Preis von 90000 (oder nach anderer Quelle 100000) Mark zu verurteilen, da das Bild flau und nicht charakteristisch für den Künstler wäre.[70] Gaul schrieb, daß er in gewisser Hinsicht Vinnen zustimmte: »Gerne möchte ich mir einiges von dem ›Atelierkehricht‹ eines Cézanne oder van Gogh an meine eigenen Wände hängen. Durch die hohen Preise des bösen Kunsthändlers (Cassirer) ist mir das unmöglich, bei aller Freundschaft mit demselben.«[71] Mehrere Schreiber erkannten an, daß der Protest völlig zu Recht den schlechten Markt für deutsche Kunst im Ausland beklagte, daß aber die Regierung einen Teil der Schuld daran trage, da sie das Werk der führenden deutschen Maler und Bildhauer entweder nicht beachte oder verächtlich mache.[72] Die beiden gewichtigsten Vorwürfe Vinnens waren leicht zu widerlegen. Pauli, dessen Erwerb von van Goghs *Mohnblumen* für das Bremer Museum der unmittelbare Anlaß des Manifests gewesen war, wies nach, daß das Museum in den elf Jahren seiner Amtszeit dreizehn moderne französische Werke gekauft hätte, aber vierundachtzig moderne deutsche. Ludwig Kaemmerer, der Direktor des Posener Museums, erklärte, daß, weit entfernt, sein gesamtes Ankaufsbudget zu erschöpfen, die im Protest erwähnte Studie Monets dem Posener Kunstverein gehöre, der es dem Museum als Leihgabe überlassen habe. »Die bisher in acht Jahren für Ankauf moderner Bilder von dem Posener Kaiser-Friedrich Museum aufgewandten 60000 Mark sind vielmehr ganz ausschließlich für Werke deutscher lebender Künstler ausgegeben worden; ein Drittel davon für Arbeiten von Künstlern, die den Protest unterzeichnet haben!«[73]

Wiederholt wurde festgestellt, daß der Angriff auf namentlich nicht genannte Kunsthändler gegen Paul Cassirer gerichtet sei. In einem kurzen Essay schrieb Slevogt: »Zwar man fürchtet den materiellen Erfolg und geistigen Einfluß der französischen Bilder, aber doch mehr – und gegen die geht es – die lebendigen Träger dieser Ideen, die mit diesem eisernen Pfluge in Deutschland pflügen, und Boden geschaffen und gewonnen haben: Man ärgert sich über die Berliner Secession und den Berliner Kunstsa-

E. R. Weiss, Das Goldene Zeitalter (?), Kompositionsskizze. Abgebildet im Katalog der Achtzehnten Ausstellung der Berliner Secession, 1909

lon Cassirer; diese beiden Institute, eng verknüpft, sich wechselwirkend verpflichtet durch die außergewöhnliche Persönlichkeit Paul Cassirers, trotz des anfechtbaren Verhältnisses fruchtbar verbündet, traten seit ihrem Bestehen für das Großwerden einer neuen Anschauung in Deutschland ein, sie haben die Bewegung eingeleitet und bis heute rücksichtslos geführt. Dieses tatsächlich merkwürdige, im Großen fördernde und gesunde Verhältnis klarstellen oder verteidigen zu wollen, können wir einer Geschichte der Secessionen in Deutschland überlassen.« Der Maler und Buchillustrator Emil Rudolf Weiss schrieb, daß der Protest sich gegen zwei Männer richtet: gegen Meier-Graefe und Cassirer: »Er (Cassirer) war es allerdings jahrelang allein, der zu eigener Freude, und weil er es für nötig hielt, sie den Deutschen, den Berlinern speziell zu zeigen, die großen Meister der Franzosen von Delacroix bis Cézanne ausstellte – weil er die Bilder dieser Maler eben für besser hielt als die der Deutschen, und weil er sah, daß bei diesen das meiste und das notwendige zu lernen war. Daß er dann damit auch Geld verdient hat, wird ihm höchstens die ahnungsloseste Werdandiseele zum Verbrechen anrechnen!« Der vierundzwanzigjährige August Macke schrieb: »Als hervorragendste der Kunsthändler und Museumsdirektoren, die, frei von allem Kleinlichen, ihre Persönlichkeit eingesetzt haben für eine Förderung malerischer Kultur, sind wir Maler Paul Cassirer und Hugo von Tschudi zu großem Dank verpflichtet. Und auch alle andern, die unerschrocken und wahrhaftig nicht zu ihrem eigenen Vorteil für die Durchsetzung guter Kunst in Deutschland gekämpft haben, besonders die Leiter unserer Museen, haben sich dadurch den Dank einer jungen, aufstrebenden Generation verdient. Ebenso manche Kunsthistoriker und Kunstschriftsteller. Vor allem Meier-Graefe, der vielgeschmähte, dessen Namen man in Gesellschaft gebildeter Deutscher nur mit Vorsicht nennen darf.«[74]

Cassirer selbst schrieb, es sei eine bedauerliche Erscheinung der modernen Welt, daß Künstler weniger von den materiellen Bedingungen ihrer Existenz wüßten, als Schriftsteller, Komponisten oder Schauspieler. Der Kunstmarkt sei kaum erforscht, verläßliche Informationen darüber selten. Es gäbe zwar eine Statistik über Kunstexport und -import, sie sei aber vollständig wertlos: »weil sie 1. ganz ungenau und ganz oberflächlich gemacht ist und 2. weil sie sich auf die ausgestellten Bilder und nicht auf die verkauften Bilder bezieht. Ferner trennt sie nicht alte und neue Bilder. Sie gibt auch keine Klarheit darüber, ob ein aus Rußland importiertes Bild ein in Rußland entstandenes oder ein früher nach Rußland verkauftes ist.« Außerdem sei Einfuhr und Ausfuhr von Bildern bei weitem nicht das Wichtigste. »Viel wichtiger ist die Frage, wodurch die ungeheure Überproduktion entsteht, oder vielmehr, ob eine Überproduktion existiert, die Frage nach der Organisation des inländischen Kunsthandels, die Frage, welchen Einfluß die staatlichen und kommunalen Einrichtungen haben, und schließlich wohl die wichtigste aller Fragen: Wie trifft das Publikum seine Auswahl unter der angebotenen Ware?«[75]

Walter Rössner, Mädchen im Grünen. Zeichnung. Abgebildet im Katalog der Vierundzwanzigsten Ausstellung der Berliner Secession, 1912

Cassirer hatte gehofft, daß Vinnen diese Fragen erhellen würde, und deshalb den Protest mit Interesse in die Hand genommen. Aber zu seiner Enttäuschung habe er keine Information gefunden, nur »die alten unfruchtbaren Klagen und das alte unüberlegte Schimpfen.« Vinnens Statistiken seien bedeutungslos. Nur ein Bruchteil der Summe, die Deutschland für Kunstimporte ausgäbe, ginge an moderne Werke. Nach Cassirers Schätzung betrug »die Einfuhr französischer Impressionisten nach Deutschland im Durchschnitt noch keine halbe Million Mark. Im vorigen Jahre 1910 wurde diese Summe überschritten, weil bei der Auflösung der Sammlung Pellerin eine Anzahl Manets in deutschen Besitz übergingen.« Doch selbst in jenem Jahr sei die Summe zu klein gewesen, um die materielle Lage der Künstler beeinflussen zu können. »Aber wenn auch für Millionen französische Bilder nach Deutschland importiert würden, das Büchlein Vinnens würde diese Bewegung nicht aufhalten können ... Kein Protest kann eine geistige Bewegung hindern, die über die ganze Welt geht. Das, was man unter dem Namen des französischen Impressionismus (im weitesten Sinne) meint, ist eine geistige Bewegung, und keine technische, keine kommerzielle.« Gegen Ende seines Aufsatzes, der ebenso aufschlußreich über die Antriebskräfte der Secession war wie Slevogts, wandte sich Cassirer den Angriffen auf seine Person zu:

»Warum habe ich mich ›in den Dienst französischer Kunsthändler gestellt‹? Warum habe ich denn statt mit französischen Bildern nicht mit den Bildern von Herrn Vinnen und seinen Freunden Geschäfte gemacht?

Als ich mit meinem Vetter zusammen vor zwölf Jahren den Versuch machte, französische Kunst nach Deutschland zu importieren, da hat uns niemand viel Dank gewußt, da war es schwer, auch nur das wenige zu verdienen, um das Unternehmen aufrecht zu halten. Aber hätte ich damals mit Achenbach Geschäfte gemacht oder mit Friedrich August von Kaulbach, mit Grützner oder mit Kiesel, dann hätte ich leicht Geld verdient. Warum mußte ich denn gerade mit französischen Bildern spekulieren? Antworten Sie mir, Herr Vinnen. Warum ging es nicht gerade so gut mit deutschen? Es wäre doch angenehmer für mich gewesen. Die Antwort will ich Ihnen geben: Weil ich diese Einführung der französischen Kunst in Deutschland für eine kulturelle Tat gehalten habe. Und auch das ist nicht der wahre Grund. Sondern einfach, weil ich Manet – liebte, weil ich in Monet, Sisley und Pissarro starke Künstler sah, weil ich in Daumier und Renoir Genies, in Degas einen der größten Meister, in Cézanne den Träger einer Weltanschauung erblickte.

Das Märchen von dem Stock Bilder, den man billig aufgekauft hat, ist ein Märchen. Ich habe leider keinen Stock französischer Impressionisten. Es ist freilich wahr, Durand-Ruel in Paris hat eine große Anzahl impressionistischer Bilder. Wie er sie erworben hat, wie Dummheit des Publikums und der Haß der französischen Vinnen ihn gezwungen haben, diesen Stock zu behalten, das ist eine Geschichte für sich. Niemals hat er die Absicht gehabt, die Bilder aufzusammeln. Er hat sie nicht verkaufen können. Die Bilder blieben an ihm hängen, und hätte dieser ›Kunstjobber‹ nicht so viel Charakter gehabt, sein ganzes Vermögen lieber zu verlieren, als mit französischen Achenbachs, Kiesels und Kaulbachs zu handeln, so wäre niemals dieser Stock bei ihm aufgesammelt worden, und dann wären außerdem noch einige dieser großen französischen Meister in Hunger und Elend gestorben.«[76] Cassirer schloß mit der Überzeugung, daß die junge Generation Vinnen nicht folgen würde. Junge Künstler mochten nicht immer gerecht sein, aber sie waren unabhängig: »Ich habe es noch nicht gesehen,

Fritz Klimsch, Kauernde. Zeichnung. Abgebildet im Katalog der Zwanzigsten Ausstellung der Berliner Secession, 1910

daß sich ein Junger seinen Lehrer hat aufdrängen lassen. Die Jungen wollen lieber in ihr Unglück rennen auf ihre Art, als an der Hand Vinnens in ihr Glück.«[77]

Mißt man *Deutsche und französische Kunst* einzig an der Qualität ihrer Beiträge, dann erteilte sie Vinnens Manifest eine vernichtende Antwort. Die Tatsachen waren auf ihrer Seite; jeder einigermaßen objektive Leser mußte zu dem Schluß kommen, daß Vinnen und seine Anhänger inkonsequent und schlecht informiert waren und mit der Wahrheit sorglos umgingen. Selbst völkische Kritiker klagten nun über die Unzulänglichkeiten des Pamphlets. Bei näherer Überprüfung fand man, daß der Protest sich durch seine Ambivalenz selbst entkräftete, am deutlichsten in Vinnens »Quousque tandem« mit seinem beständigen Wechsel zwischen Bewunderung französischer Kunst und Furcht vor ihr; als Propagandist war Vinnen zu gehemmt und gab der Gegenseite zu viel preis. Die zahlreichen Fehler, die sein Essay und die Zuschriften enthielten, waren peinlich. Am schlimmsten war, daß die Übertreibungen, zu denen einige der Mitwirkenden sich bereit zeigten, ihre Sache der Lächerlichkeit preisgaben. Es konnte den Protest nur in ein komisches Licht setzen, wenn man ein Gemälde Manets, eines Meisters, der vor fast dreißig Jahren gestorben war und inzwischen weltweite Anerkennung gewonnen hatte, als ein schwaches Pastiche abtat, das es nicht wert sei, in einer deutschen Galerie zu hängen, oder wenn man die Zeitschrift *Kunst und Künstler* geißelte, weil sie ihre Titelseite von einem Russen statt von einem Deutschen entwerfen ließ.[78] Der *Protest deutscher Künstler* konnte bei den bekannteren Künstlern kaum Anklang finden, ebensowenig bei den stärkeren und tatkräftigeren Talenten der jungen Generation. Auch hier erlitt Vinnen eine totale Niederlage. Nach 1911 verschwindet sein Name fast ganz aus Katalogen und Kunstzeitschriften; in den letzten zehn Jahren seines Lebens zog er sich in die Einsamkeit eines hoffnungslos Mißverstandenen zurück. Dennoch hatte Cassirer recht mit seiner Meinung, daß Vinnen wichtige soziale und politische Fragen angeschnitten habe, selbst wenn es ihm an entsprechenden Informationen und der Fähigkeit, diese logisch zu erörtern, fehle. Die Proletarisierung des Künstlers war ein echtes Problem, vielleicht von geringer Bedeutung für die Gesellschaft im allgemeinen, aber sie vergiftete die Atmosphäre der deutschen Kunst und ihrer Institutionen. Es war durchaus gerechtfertigt, die Aufmerksamkeit auf die sich daraus ergebenden menschlichen Tragödien zu lenken, obwohl wenig daran geändert werden konnte in einem kapitalistischen System, das nicht für die soziale Sicherheit der freien Berufe sorgte und die Zahl der neuen Künstler, die jedes Jahr Beschäftigung suchten, nicht beschränken konnte. Daß Moeller van den Brucks Rat an die schlechten Künstler, die Malerei aufzugeben und eine andere Tätigkeit zu wählen, befolgt würde, war in Deutschland ebenso unwahrscheinlich wie anderswo. Ein zweites Problem, das Vinnens »Protest« berührte, stellte sich zwar einem kleineren Kreis, war aber für die Betroffenen nicht weniger traumatisch. Vinnen sprach für die Künstler, die sich im Salon oder in Künstlerkolonien einen Namen gemacht und Aufträge aus der Gesellschaft und vom Staat bekommen hatten, denen aber dennoch die Reklame und die Nachfrage versagt blieben, die einem zufielen, wenn man mit der Berliner Secession und dem Künstlerbund ausstellte. Der Umstand, daß sie partiell Erfolg hatten – vom Kaiser gelobt, vom Staat geehrt wurden –, aber daß der größte Teil der intellektuellen Elite

Lovis Corinth, Liebespaar.
Studie zu einer Lithographie der Folge ›Das hohe Lied‹, 1909

sie ignorierte, war symptomatisch für den scharf ausgeprägten Dualismus in der damaligen deutschen Kultur. Ein Ergebnis war die Verbitterung darüber, in die Reihen der Altmodischen, Unmodernen verwiesen zu werden; eine Verbitterung, die ebensoviel Aufmerksamkeit verdient wie der Unmut der Avantgarde – vielleicht sogar mehr, da der Unmut des konventionellen Künstlers, wie Thode und Vinnen deutlich machen, zu Demonstrationen und Aktionen führte, die die Politisierung der deutschen Kultur eher verstärkten als abschwächten. Auch hier hatte Vinnen auf ein wirkliches Problem hingewiesen, aber sein Vorschlag zu dessen Lösung verfehlte den Kern der Sache. Die Ausgabe von einigen 100 000 Mark mehr für die deutsche Kunst hätte die sich zurückgesetzt fühlenden Künstler kaum ermutigt und die traditionellen und modernen Gruppen einander nicht näher gebracht.

In seiner Argumentation wie in seiner unmittelbaren Wirkung auf die deutsche Kunst war Vinnens Protest ein Fehlschlag. Als politische Aussage jedoch war er durchaus nicht unwesentlich. Immerhin hatte Vinnen viele Leser gefunden, die seine Meinung teilten, und seine Anschuldigungen, die er von früheren Verfechtern einer »deutschen Kunst« übernommen hatte, sollten sich als zählebig erweisen. Es ist die Verquickung von Ästhetik und Politik, die ihnen diese Dauerhaftigkeit verlieh. Wie schon Thode vor ihm war auch Vinnen von gewissen Seiten der zeitgenössischen Kunst verwirrt; am Ende jedoch kleideten beide Männer ihre Bezeichnung des ästhetisch Schlechten und ihre Vorschläge zur Bekämpfung und Überwindung des Bösen in politische oder richtiger: in ideologische Begriffe. Der Haß auf die modernsten Kunstrichtungen – das war für Thode immer noch der Impressionismus, für Vinnen der Neoimpressionismus und besonders der Expressionismus – erzeugte Gefühle, die stärker waren als selbst engstirniger Nationalismus. Die Intensität dieser Gefühle wird bei Vinnens Klage darüber deutlich, daß zuviele impressionistische und spätimpressionistische Gemälde importiert würden, während er die weit höhere Einfuhr akademischer Kunst verschwieg. Zugunsten seines Kampfes gegen die Moderne ließ Vinnen sogar seine Sorge um das materielle Wohlergehen seiner Künstlerkollegen außen acht.[79]

Dem *Protest Deutscher Künstler* lag die Idealvorstellung von der Einheit deutscher Kunst zugrunde. Für Vinnen wie auch für Thode bedeutete Einheit eine gewisse Uniformität und die

Ablehnung von Elementen, die man als andersartig und daher gefährlich erkannte. Der Glaube an die messianische Sendung des Künstlers in Deutschland verlieh diesem Ideal eine Sprengkraft, die es weit über den Bereich der Kunst hinaustrug. Damals waren viele Menschen (und nicht nur Künstler) von der Vorstellung einer kulturellen Elite mit nationaler Mission fasziniert. Aber ihre stärksten politischen Konsequenzen wurden im konservativen Lager, im Bayreuther Kreis (dessen Anliegen neben Thode auch andere Ideologen vertraten), von völkischen und antisemitischen Gruppen entwickelt.

Der Künstler als Träger der Erneuerung Deutschlands – dieser Satz beschwört Vorstellungen von *Simplicissimus*-Zeichnungen herauf, in denen engbrüstige Ästheten das Gewicht der Welt auf ihren schwächlichen Schultern tragen. Aber diejenigen, die diese Idee ernstnahmen, hatten – neben ihrer Unfähigkeit, auf neue Art sehen zu lernen – einen weiteren Grund, sich über die Avantgarde zu erzürnen. Anstatt das deutsche Volk, dessen naives Bezaubertsein von fremden Dingen immer wieder betont wurde, zu einigen, hatten einige moderne Künstler es in die Irre geführt und entzweit; allein schon das Vorhandensein ihres Werkes und dessen Anerkennung enthüllten eine gefährliche Neigung zum Verfall. In dieser Dämonologie waren schon die Impressionisten schlimm genug, schlimmer aber die Expressionisten, die sich ja nicht nur der Pariser Sinnlichkeit ergeben hatten, sondern so weit

Franz Staßen, Vignette für das zur Ausstellung des Werdandibundes im Jahre 1908 erschienene Manifest

gingen, die Neger nachzuäffen. Die moderne Kunst, die sich an kosmopolitische statt an deutsche Richtlinien hielt, beging aus dieser Sicht Verrat an den Grundlagen der Ästhetik und ebenso am eigenen Volk. Thode interpretierte, wie schon erwähnt, diese Entwicklung als einen Anschlag auf die idealistische Weltanschauung der Deutschen. Sein Gegenangriff und der folgende von Vinnen waren gegen die nach ihrer Meinung materialistische Orientierung der in der modernen Kunst sich aussprechenden Weltanschauung gerichtet, die durch den noch krasseren Materialismus von Händlern und Spekulanten noch verhärtet würde. Der Materialismus, in dem konservative und völkische Ideologen die ernsteste Bedrohung für das moderne Deutschland sahen, hatte (so meinten sie) die deutsche Kunst schon weitgehend verdorben. Es galt also, denselben Gegner auf zwei Seiten zu bekämpfen: in der Kunst und auf nationaler Ebene. Thodes *Böcklin und Thoma* und Vinnes *Protest Deutscher Künstler* brachten beide einen Widerstand gegen künstlerische Neuerungen zum Ausdruck, der nicht nur in der wilhelminischen Gesellschaft tief verwurzelt war – wie er es in allen Gesellschaften gewesen zu sein scheint und auch weiterhin sein wird –, sondern überdies auf politisch effektive Begriffe zu bringen war –, was sonst nicht unbedingt der Fall ist. Der radikale Konservatismus, die Fremdenfeindlichkeit, der Antisemitismus – alle drei Richtungen betrachteten moderne und internationale Elemente der Kunst als symptomatisch für einen bedenklichen Verfall der geistigen Gesundheit des deutschen Volkes. Die leidenschaftliche Ablehnung der modernen Kunst durch den Kaiser, der ja die deutsche Einheit personifizierte, war bestens geeignet, die Überzeugung zu bestätigen, daß diese Kunst ein Übel sei. Zwar war es selbst Wilhelm II. nicht gelungen, die Kunst für längere Zeit zum zentralen politischen Thema in Deutschland zu machen: Ausfälle wie diejenigen Thodes und Vinnens aber zeigten die Richtung an, die der politische Hauptstrom nahm; und zugleich verrieten sie etwas von der Kraft dieser Strömung.

6. Auf dem Wege zum Expressionismus

I

Von Anfang an war die Berliner Secession stolz darauf, eine Vielzahl von Kunstrichtungen zu beherbergen, von denen der Deutsche oder Berliner Impressionismus, in dem Liebermann, Slevogt und hin und wieder auch Corinth arbeiteten, lediglich die wichtigste war. Der etwas altmodische Naturalismus eines Jacob Alberts, der Pointillismus Paul Baums und Curt Herrmanns, Karl Walsers satirische und dekorative Stadtszenen, der anklagend stilisierte Realismus von Hans Baluschek und Käthe Kollwitz – alle waren willkommen. Bald wurde die Gruppe noch vielfältiger durch neue Mitglieder wie Lyonel Feininger, Wassily Kandinsky, Ernst Barlach, Emil Nolde und Christian Rohlfs, die, so hoffte man, die Nachfolge der ersten Secessionistengeneration antreten würden. Liebermann erklärte wiederholt, daß die Secession ihr Glück mit den Unbekannten versuchen müßte, wenn sie als eine lebende Kraft weiterbestehen sollte: »Es ist unsere Pflicht, neue Talente zu suchen und zu fördern.«[1] Auf einer Vorstandssitzung wenige Woche vor seinem Tod verteidigte Walter Leistikow eines der neuesten Mitglieder, wahrscheinlich Max Beckmann, dessen Debut bei der Sommerausstellung 1908 vom Publikum und von seinen Kollegen abgelehnt worden war: »Was ist denn Schlimmes daran, dieses Jahr sind seine Arbeiten nicht besonders, dafür können sie nächstes desto besser werden.« Er warnte davor, vorschnell von einem Mißerfolg zu sprechen; die Secession solle das Experimentieren fördern.[2] Ähnliche Aussagen sind in der offiziellen Secessionsliteratur reichlich vorhanden, und der eklektische Charakter der Jahresausstellungen zeigt, daß sie ernstgemeint waren.

War aber der Vorstand von der Notwendigkeit ständiger Erneuerung und Veränderung der Kunst überzeugt, so ließ er doch nicht alles gleich gelten. Für Liebermann wie für die meisten Künstler, die im ersten Jahrzehnt der Secession im Vorstand saßen, war der französische Impressionismus die maßgebende Errungenschaft der modernen Kunst; er bildete den Maßstab für ihr eigenes Werk und, wie sie meinten, auch für das Werk der noch unerprobten neuen Generation. Munch und besonders Cézanne

Walter Leistikow, Landschaft. Zeichnung. Abgebildet in Lovis Corinths ›Leben Walter Leistikows‹, 1910

wurden noch mit Begeisterung begrüßt, aber bei van Gogh war der Beifall schon zurückhaltender; man kritisierte sein Werk wegen der Tendenz zum Dekorativen und weil es leicht nachzuahmen sei. Matisse und Picasso begegnete man mit ziemlicher Zurückhaltung.

»Ich bin selbstbewußt genug zu glauben, daß an den Futuristen und Expressionisten nur der Titel gut ist«, schrieb Liebermann kurz vor dem Ersten Weltkrieg. »Wie kann eine Kunst, die nur mit dem Verstand gemacht ist, überhaupt Kunst sein?«[3] Paul Cassirers Geschmack war kühner; die frühen Gemälde Kokoschkas faszinierten ihn, und er glaubte an Barlachs Größe. Doch auch er fühlte sich besonders zu den großen französischen Meistern von Delacroix bis Cézanne hingezogen. Der Vorstand wußte zwar, daß die deutsche Kunst über die Errungenschaften der Gegenwart und jüngsten Vergangenheit hinaus fortschreiten mußte, doch die Gefühle der Vorstandsmitglieder konnten mit ihren verstandesmäßigen Erkenntnissen nicht Schritt halten.

Zum Teil war die Unfähigkeit, das Neue zu verstehen und, wenn nicht anzuerkennen, wenigstens zu dulden, eine Generationsfrage; das Problem, das alle Revolutionäre aufwerfen und das sich ihnen selbst stellt, wenn sie zu alt werden. Doch war die Avantgarde, die in der zweiten Hälfte des Jahrzehnts auftauchte, nicht durchweg jung. Kandinsky, 1866 geboren, und Nolde, 1867 geboren, gehörten zur Generation von Leistikow und Slevogt, während Rohlfs beträchtlich älter war. Gemeinsam war aber diesen älteren Künstlern mit den jüngeren, die später als Expressionisten bekannt wurden, ein neues, den Gründern der Secession fremdes Lebensgefühl: dem die Bedrohungen, denen alles Leben ausgesetzt ist, nicht allein mit besonderer Intensität gegenwärtig waren, sondern auch wichtiger Gegenstand künstlerischer Gestaltung wurden. Auf ein ähnliches Lebensgefühl hinweisende Züge im Werk von Munch und van Gogh fielen Kritikern wie Liebermann als interessante Nebenaspekte auf oder waren um der Qualität des Werkes dieser Künstler willen akzeptiert worden; jetzt wurden sie zum Hauptanliegen eines neuen Stils, der die Voraussetzungen des Impressionismus in Frage stellte. Wenn alle Mitglieder der Secession ein größeres Mitspracherecht bei der Auswahl von Bildern für die Jahresausstellungen gehabt hätten, wären sie kaum liberaler gewesen als die Jury. Da aber der Vorstand hier wie in allen anderen Dingen praktisch freie Hand hatte, beschul-

Max Beckmann, Männliche Figur. Zeichnung. Abgebildet im Katalog der Zwanzigsten Ausstellung der Berliner Secession, 1910

digte man ihn der einseitigen Bevorzugung des Alten. Diskussionen über Stilfragen mündeten in allgemeinere Kritik an der Art und Weise, wie der Vorstand die Angelegenheiten der Secession führte. Es ist nicht möglich, die Zeit genau zu bestimmen, zu der Rivalitäten und unbedeutende Intrigen, wie sie in derartigen Gruppen immer wieder aufkommen, zu ernsteren Unstimmigkeiten wurden. Corinth erwähnt in seinen Memoiren einen ersten Ausbruch unbestimmten Mißvergnügens, nachdem die Secession 1905 in ihr neues Haus umgezogen war. 1907 verglich Karl Scheffler in einer Kritik der jährlichen Sommerausstellung die Secession mit einer weitverzweigten Sippe, die sich »mit herzlich geäußerter Verwandtenliebe und höflich verhehltem Verwandtenhaß um den berühmten Senior (Liebermann) schart. Onkel Lovis hat dem Alten, dem Ahnen, ein Hoch dargebracht und im allgemeinen Jubel sind die Mißtöne verstummt.«[4] Der Sinn der Unzufriedenheit ist leicht auszumachen. Mit dem Erfolg ging etwas von dem früheren Elan verloren. Selbst ein freundlich gesonnener Beobachter konnte sich kritisch über die Bürokratisierung der Secession äußern und über ihren Wunsch, allen alles zu sein. Das Ausstellen von Werken anerkannter Künstler neben denen der Avantgarde war wünschenswert, bot aber praktische Schwierigkeiten. Die Ausstellungen wurden wieder größer, und ihre The-

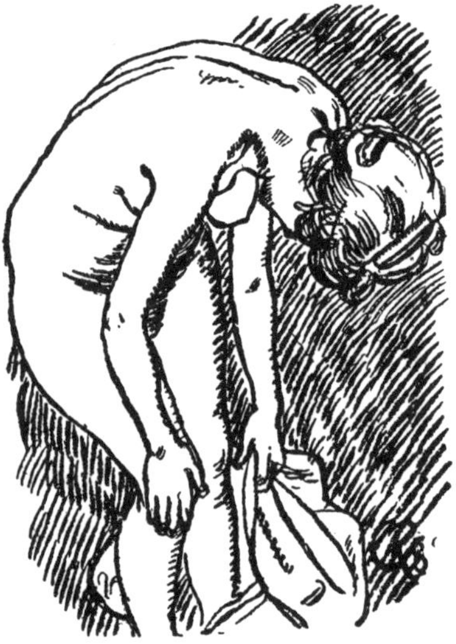

Christian Rohlfs, Weiblicher Akt. Zeichnung. Abgebildet im Katalog der Neunzehnten Ausstellung der Berliner Secession, Zeichnende Künste, Winter 1909–1910

men waren weniger klar umrissen. Wie Oscar Bie 1909 schrieb: »Das Prinzip eines intimen Genusses, einer psychologischen Aufhängung hat... (die Secession) längst fallen gelassen.«[5]

Obgleich der Vorstand alljährlich von den Mitgliedern neu gewählt wurde, änderte sich seine Zusammensetzung von Jahr zu Jahr nur wenig. Seit dem Ausscheiden der konservativen Gruppe im Jahre 1902 wurde er von Liebermann und seinen Verbündeten beherrscht, deren Ansehen zu groß war, um möglichen Rivalen viel Spielraum zu lassen. Zwangsläufig beklagte man sich im privaten Kreis, daß Liebermann diktatorisch und intolerant sei und seine Günstlinge protegiere. Ein Maler und Kunstkritiker, der ihn lebhaft bewunderte, schrieb gleichwohl, daß Liebermann durch seinen großen Einfluß oft starken Widerspruch provoziere. Andere glaubten, daß die wahre Macht anderswo läge. Als Corinth den Exodus der Konservativen 1902 in seiner *Selbstbiographie* beschrieb, erinnerte er sich: »In welcher Art sich der Vorstand die Folgen dachte, das wußte in Wirklichkeit niemand. Aller Gedanken waren: ›Das wird schon Cassirer besorgen‹. Denn mir selbst sagte Cassirer in seiner Offenheit: ›Eigentlich machen das ganze Wesen der Berliner Secession nur ich und Leistikow – selbst Liebermann hat eigentlich nichts zu sagen.‹«[6] Während Liebermanns Reserve und Ironie gelegentlich verletzen konnten, war Cassirer offener und schroffer. Corinth, dessen Verhältnis zu ihm allmählich gespannt wurde, schrieb später: »Von Charakter aus war er absolut nicht hinterhältig, er rühmte sich sogar, alles offen zu sagen, aber merkwürdig, man achtete nie darauf, als bis es eingetreten war... Wenn er auch alles ausnutzte, wo es ihm geboten wurde, so war er absolut nicht gewillt, etwas zu tun, was er nicht gutheißen mochte. Daher stieß er viele vor den Kopf...« Nachdem die Hängekommission ihre Arbeit abgeschlossen hatte, konnte es vorkommen, daß Cassirer und der Diener der Secession die Bilder heimlich umhängten, ehe die Ausstellung eröffnet wurde. Bei anderen Gelegenheiten fügte er ein Bild hinzu, das zurückgewiesen worden war – wie z. B. Noldes *Ernte* im Jahr 1907 – oder, schlimmer noch, entfernte Bilder, die die Jury angenommen hatte. Wie Leistikow glaubte er, daß die Demokratie in der bildenden Kunst nichts zu suchen habe, aber es fehlte ihm das diplomatische Geschick seines Freundes, dessen Sensibilität für die Gefühle der Künstler, deren Arbeiten ihm nicht gefielen.[7]

Als Leistikow im Sommer 1908 an Krebs starb, verlor die

Walter Leistikow, Bäume am Wasser. Radierung. Gedruckt als Beilage zu Lovis Corinths ›Leben Walter Leistikows‹, 1910

Secession den Mann, der sich am besten darauf verstand, persönliche und künstlerische Unstimmigkeiten unter ihren Mitgliedern aufzulösen. Seine enge Freundschaft mit zwei so unterschiedlichen Persönlichkeiten wie Corinth und Cassirer hatte geholfen, den Vorstand zusammenzuhalten; die Erhaltung der Secession bedeutete ihm viel mehr als Liebermann oder Cassirer, für die die Gruppe eine wichtige, aber zunehmend lästig werdende Nebenbeschäftigung war. Während seiner Krankheit zog Leistikow sich aus den Geschäften der Secession allmählich zurück, aber er zeichnete und malte bis kurz vor seinem Tode. Seine letzten Skizzenbücher enthalten abstrakte Farbstudien und neue Ideen, die in seinen letzten Gemälden nur angedeutet sind und vermuten lassen, daß er vor einer künstlerischen Wandlung stand. In einem kurzen Gedenkartikel verglich Ferdinand Avenarius, der Herausgeber des *Kunstwart*, Leistikows Gemälde mit Fontanes Novellen; der Künstler habe die Brandenburgische Landschaft interpretiert und ihre melancholische, strenge Schönheit so getroffen, wie keiner der vom Hof favorisierten Maler es je könnte. Ein anderer Kritiker faßte Leistikows Leben in der Erklärung zusammen: Sein Werk habe wohl eine altertümliche Note gehabt, in Gedanken aber sei er ganz auf Seiten der Neuen gewesen, »ein energischer Radikaler«.[8]

Der Beitritt von Künstlern, die mit dem Impressionismus gebrochen hatten, brachte Unruhe in die Angelegenheiten der Secession. Das soll nicht heißen, daß Neuerungen, selbst die revolutionärsten, zu Konflikten mit dem Vorstand führen mußten. Die neuen Mitglieder, die für die Zukunft der deutschen Kunst und ebenso für die Secession in den ihr verbleibenden Jahren besonders wichtig werden sollten, waren Nolde und seine Freunde oder früheren Gefährten aus dem Brücke-Kreis, deren Verbindung mit der Secession stürmisch war, und Barlach, der nie Schwierigkeiten hatte. Daß die Secessionsjurys Barlachs Arbeiten nie zurückwiesen, läßt immerhin erkennen, daß der Vorstand dem Neuen gegenüber nicht so ablehnend war, wie manchmal behauptet wird. Aber persönliche Haltung und Temperament spielten eine Rolle.

Ernst Barlach wurde 1870 in Wedel, einer kleinen Stadt in Holstein, als Sohn eines Arztes geboren. Nachdem er in Hamburg, Dresden und an der Académie Julian in Paris studiert und vergeblich versucht hatte, sich als Künstler in Hamburg oder Berlin niederzulassen, kehrte er nach Wedel zurück; einige Jahre lang lebte er dort zurückgezogen, zeichnete, arbeitete mit Ton und versuchte, Novellen und Dramen zu schreiben. Er war immer noch auf der Suche nach ihm gemäßen Themen und einem eigenen Stil, als er mit 36 Jahren für zwei Monate nach Rußland reiste, um einen Bruder zu besuchen, der als Ingenieur in Charkow arbeitete. Die südrussische Ebene, die ihn an seine heimatliche Landschaft erinnerte und die doch, in ihrer ungeheuren Weite, entschieden anders war, machte Barlach frei, Gegenstände anzupacken, deren allzugroße Nähe ihn bis dahin gehemmt hatte. In seiner Autobiographie erinnerte er sich, daß die russische Landschaft und das russische Volk »nichts Fremdes oder Bestürzendes« für ihn hatten: »Alles war mir wie lang vertraute Kunde.« Zwanzig Jahre später schrieb er an einen russischen Kritiker über seinen Aufenthalt im Donezgebiet: »Tatsächlich habe ich wohl ein Leben gespürt, das in entsprechender Form mir entgegenkam und in dem jede Möglichkeit, die Tiefe, die Erbauung, die Verworfenheit, die schrecklichste Fürchterlichkeit enthalten war. Und habe mich rücksichtslos in dieses Meer von Formen gestürzt. Meine innerliche Bereitschaft, meine mir gegebene Verfassung brachte ich mit – denn das alles war auch in mir, und das alles ist wohl enorm russisch, aber auch enorm deutsch und europäisch und allmenschlich. Ich sagte mir später bewußt: Im deutschen Leben versteckt sich das Wesen in konventioneller Form, und diese Form ist für mich unbrauchbar. Indes sind alle solche Leitsätze bedenklich, denn in der Folge habe ich fast alles, wozu mir die Außenwelt dienen konnte, hier in Deutschland gefunden, auf dem Lande, an der Küste, in der Kleinstadt.«[9]

1907 reichte Barlach zwei kleine Figuren für die Sommerausstellung der Berliner Secession ein, einen Bettler und eine Bettlerin, »Symbole für den Zustand des Menschen, nackt zwischen Himmel und Erde«; er lernte auch Paul Cassirer kennen, der ihm einen Vertrag anbot, der ihm ein regelmäßiges Einkommen sicherte. Mehrere Jahre später, im Juli 1910, schrieb Barlach an Reinhard Piper: »Cassirer hat offenbar den Wunsch, mich nach Kräften zu fördern ... Er hat bisher rund 5000 M für mich ausgegeben, ohne momentan das Geringste verkauft zu haben, so bin ich schon von mir aus zu einer peinlichen Beobachtung des Vertrags genötigt. Mein ›Gehalt‹ ist auch beträchtlich erhöht.«[10]

1911 verkaufte er seine ersten Plastiken; im folgenden Jahr veröffentlichte Cassirer Barlachs Drama *Der tote Tag* mit 27 Lithographien des Künstlers –, das erste von vielen Theaterstücken,

Ernst Barlach, Mann und Hund. Zeichnung. Abgebildet im Katalog der Sechsundzwanzigsten Ausstellung der Berliner Secession, 1913

Lithographiefolgen und Holzschnitten Barlachs, die unter dem Impressum Cassirer erschienen. Seit 1908 war er Mitglied der Secession, und 1911 wurde er in die Jury gewählt; er verabscheute jedoch Vereins- und Kunstpolitik, und das Leben in Berlin gefiel ihm nicht. 1910 ließ er sich in Güstrow nieder, wo er bis zu seinem Tode im Jahre 1938 wohnen blieb. Nach 1933 durfte Barlach nicht mehr ausstellen; seine Stücke durften nicht mehr gespielt werden; seine Kriegerdenkmäler – die Leid und Trauer ausdrückten statt der Verherrlichung des Opfertods – wurden zerstört oder entfernt; eine seiner besten späten Skulpturen, *Thomas erkennt Christus,* wurde in der Propagandaausstellung *Entartete Kunst* gezeigt.

Barlachs Zeichnungen, Lithographien und Holzschnitte ebenso wie seine Skulpturen verändern unmittelbare visuelle Eindrücke und führen sie auf eine stilisierte Monumentalität zurück, durch die der Künstler sein Gefühl für universale und zeitlose menschliche Eigenschaften auszudrücken sucht. In Skulpturen aus der Zeit nach seiner Rußlandreise – wie *Sterndeuter, Ruhender Wanderer* und *Der Einsame* – wird das Gefühl nicht mehr nur angedeutet, sondern ist nach außen gedrungen und umgibt die Figur. Nur wenige realistische Details sind geblieben; in seinen Holzplastiken jedoch, die damals in der Regel besser waren als seine Ton- und Bronzeskulpturen, wird den großen Flächen und Wölbungen der Oberfläche zusätzliche Lebendigkeit durch die Spuren des Hohleisens verliehen, die in ständigem Wechselspiel zur Schwere und Wucht des Ganzen stehen. Barlachs Skulpturen unterschieden sich wesentlich von denen der älteren secessionistischen Bildhauer Louis Tuaillon, Fritz Klimsch und August Gaul. Dennoch fanden ihn die Maler, die in den Secessionsjurys die Mehrheit bildeten, weniger beunruhigend als die Brücke-Maler, vielleicht gerade deshalb, weil er in Holz und Bronze arbeitete. Außerdem unterschied sich Barlachs Werk auch in wesentlichen Punkten von dem der Expressionisten. In einem Brief an einen Freund vom Dezember 1911 verwarf er die gerade erschienene Abhandlung Kandinskys *Über das Geistige in der Kunst*; Barlach schrieb, er wolle Kandinsky gerne glauben, »daß ihm aus Punkten, Flecken, Tupfen... tieferes (d. h. über das Geschmackserlebnis hinausgehendes) seelisches Erschüttertwerden widerfährt, aber eben nur glauben und dann – guten Tag!«

Er selbst konnte in der abstrakten Kunst keine anrührende Wahrheit entdecken. »Ich muß mitleiden können.«[11]

Noch früher als Barlach waren einige der Künstler, die später führende Expressionisten wurden oder den Expressionismus entscheidend beeinflußten, in Berührung mit der Secession und der Galerie Cassirer gekommen. Nolde stellte zum ersten Mal 1903 in der Graphikausstellung der Secession aus, und sein Werk war 1906 und 1907 wieder vertreten, als er sich bereits von seinem früheren halb-impressionistischen Stil löste. Im folgenden Jahr wurde er Mitglied, und Cassirer zeigte zehn seiner Gemälde in einer Ausstellung mit Arbeiten von Corinth und Beckmann. Kandinsky und Feininger waren in der Graphikausstellung von 1903 vertreten und schlossen sich 1907 bzw. 1909 der Secession an. Alexej von Jawlensky stellte 1904 zum ersten Male mit der Secession aus. 1908 zeigte die Galerie Cassirer eine kleine Auswahl seiner Gemälde. Im selben Jahr zeigte Cassirer acht Landschaften von Rohlfs in einer Ausstellung, die hauptsächlich aus Bildern van

Max Pechstein, Weiblicher Akt. Zeichnung. Abgebildet im Katalog der Sechsundzwanzigsten Ausstellung der Berliner Secession, 1913

Goghs bestand. Die Winterausstellung von Graphiken 1908 enthielt Arbeiten der führenden Brücke-Maler – Erich Heckels, Ernst Kirchners und Karl Schmidt-Rottluffs – ebenso wie Werke anderer junger Künstler, so z. B. Paul Klees und Max Pechsteins. Bei der Secessionsausstellung 1909 war Pechstein mit drei Bildern vertreten, wovon eines Walther Rathenau kaufte; zwei Jahre später zeigte er neun Gemälde in der Galerie Cassirer. Im Juni 1910 veranstaltete Cassirer die erste größere Ausstellung von Oskar Kokoschka.

Von wenigen Ausnahmen abgesehen, wurde das Werk dieser Künstler jedoch von Kritikern und Publikum ignoriert oder abgelehnt. Viele von ihnen wurden in den langen Artikeln über die Jahresausstellungen der Secession, die Karl Scheffler in *Kunst und Künstler* veröffentlichte, nicht einmal erwähnt. Scheffler, neben Julius Meier-Graefe einer der einflußreichsten Kritiker moderner Kunst in Deutschland, schrieb 1907, daß Beckmann Hoffnung für die Zukunft gäbe und Nolde interessante Ansätze von Talent zeige; aber zwei Jahre später glaubte er noch immer, daß die neuen Künstler wenig erreicht hätten. 1910 berichtete er ziemlich wohlwollend über das Werk Pechsteins, Rohlfs' und eines weiteren Brücke-Malers, Otto Mueller, während er eine Gruppenausstellung der Münchner Avantgarde in der Galerie Cassirer für langweilig und abstoßend erklärte. Wegen der proletarischen Zielsetzung verurteilte er den Ersten Deutschen Herbstsalon, der 1913 von Herwarth Waldens Zeitschrift *Der Sturm* veranstaltet wurde (von den an dieser Ausstellung beteiligten Künstlern fand nur Franz Marc Gnade in seinen Augen). Scheffler schloß: »Übersieht man die Gruppen dieser Maler und Bildhauer, und zählt man auch die literarischen ›Sturm‹gesellen mit ihren schlingelhaften Manieren hinzu, so ist es als sähe man eine unglückliche Jugend gegen sich selber wüten.« Noch fünfundzwanzig Jahre später war Scheffler der Meinung, daß, verglichen mit den Führern der Secession, die neue Generation wenig zu bieten hätte.[12]

Meier-Graefe teilte diesen umfassenden Pessimismus, der nicht nur ein aesthetisches Urteil ausdrückte, sondern auch das Gefühl, daß, im Gegensatz zu den deutschen Impressionisten, die neueste Avantgarde durch ihre Gesten, wenn auch nicht immer durch ihre Überzeugung, den liberalen Optimismus des gebildeten, wohlhabenden Bürgertums ablehnte. In Vorträgen, die Meier-Graefe in der Galerie Cassirer hielt und später unter dem

Erich Heckel, Zwei Männer. Zeichnung. Abgebildet im Katalog der Ersten Ausstellung der Freien Secession, 1914

Titel *Wohin treiben wir?* veröffentlichte, beklagte er den gegenwärtigen Zustand der deutschen Kultur. Feindseligkeit trennte seiner Ansicht nach das künstlerische Talent von der breiten Masse des Volkes, das von dem »gefährlichen Dilettanten« Wilhelm II. in die Irre geführt wurde, »einem wohlmeinenden Kaiser, der zeitweise wie Barbarossa spricht und gerne wie ein Amerikaner handeln möchte. Was er für Kultur hält, ist für ihn eine schwere Last, die ihn immer dann hemmt, wenn er vorwärtsgehen möchte.« Für die kleine Minderheit, die die Kunst ernst nahm, war Deutschland ein »unzivilisiertes, fremdes Land«; der Impressionismus, der einst eine neue Blüte deutscher Kunst einzuleiten versprach, hatte sich nicht als Morgenröte eines neuen Tages, sondern als Sonnenuntergang erwiesen. Trotz ihrer Begabung könnten die neuen Revolutionäre den Niedergang nicht aufhalten, weil sie die schwachen Nutznießer der Anstrengungen anderer waren und ihr Ungestüm für gewöhnlich nur eine angenommene Haltung, eine Pose. »Viele dieser wilden Männer sind im Grund gründlicher akademisch als alle Anton von Werners zusammengenommen.«[13]

Nicht jedem Fürsprecher des Impressionismus und Spätimpressionismus war der Expressionismus so unsympathisch wie Scheffler und Meier-Graefe ihn fanden, aber zweifellos sprachen sie für viele Mitglieder der Secession. Andere Kritiker gingen wesentlich weiter und lehnten die stilistische Anarchie und die anstößigen Themen bei Malern wie Kirchner, Schmidt-Rottluff und sogar Mueller ab, dessen zwanghafte Sinnlichkeit tatsächlich nicht ausreichte, um zu verhindern, daß sich sein Werk als ebenso harmlos und akademisch herausstellte, wie Meier-Graefe vorausgesagt hatte. Wie Vinnens *Quousque tandem* und die beifälligen Stimmen seiner Korrespondenten im *Protest deutscher Künstler* bereits gezeigt hatten, gaben der Expressionismus und die Fauves vielen neue Gründe, die Berliner Secession abzulehnen, die, so wurde behauptet, solche Verirrungen entweder förderte oder doch zumindest eine Geisteshaltung propagiert hatte, deren zwangsläufige Folge der weitere Niedergang deutscher Kunst war. Gleichzeitig führte der Expressionismus, indem er persönliche Feindseligkeiten unter den Mitgliedern verstärkte, zum schließlichen Zerbrechen der Secession.

Bei der Generalversammlung im Januar 1910 wählte eine Gruppe von Mitgliedern, die die »Tyrannei« Liebermanns und Cassirers ablehnten, Beckmann und Meier-Graefes Freund Leo von König in den Vorstand. Liebermann und Gaul verließen den Vorstand mit der Erklärung, daß sie nicht mit Leuten zusammen-

Leo von König, Picador. Zeichnung. Abgebildet im Katalog der Achtzehnten Ausstellung der Berliner Secession, 1909

arbeiten könnten, die ihrer Meinung nach die Secession den gefährlichsten Tendenzen der modernen Kunst öffnen würden; kurz danach traten auch Slevogt, Cassirer und andere aus. Schließlich wurde ein Kompromiß erreicht. Liebermann und seine Anhänger kehrten in den Vorstand zurück – bis auf Cassirer, der ein halbes Jahr Urlaub von seiner Stellung als Geschäftsführer der Secession nahm und somit der Jury für die Sommerausstellung 1910 nicht angehörte.[14] Die wichtigste Aufgabe des neuen Vorstandes war es, zu einer realistischen Politik gegenüber den expessionistischen Malern zu kommen; das aber wurde durch die persönlichen Unstimmigkeiten und unterschiedlichen Ansichten der neuen Vorstandsmitglieder unmöglich gemacht: weder Beckmann noch König, selbst ein äußerst konventioneller Künstler, schätzten die Maler der Brücke. Die Folge war eine politische Katastrophe. In der Jahresausstellung 1910 wurden siebenundzwanzig Maler von der Jury abgelehnt, darunter Heckel, Kirchner, Pechstein, Nolde und Schmidt-Rottluff. Unter Pechsteins Führung bildeten einige der abgelehnten Künstler eine neue Gruppe, die Neue Secession; im Mai eröffneten sie ihre erste Ausstellung unter dem Titel »Ausstellung von Werken Zurückgewiesener der Berliner Secession 1910.« Drei weitere Ausstellungen folgten in den nächsten eineinhalb Jahren; ihre Qualität war nicht immer gleich; aber der Prozeß der Verdrängung der Berliner Secession aus der Stellung der zentralen Institution für moderne Kunst in Berlin und Deutschland, die sie lange innegehabt, hatte begonnen. Ein zweites Beispiel für Mißwirtschaft führte zu weiteren Streitigkeiten. 1910 erhielt die Secession zum ersten Mal seit ihrem Bestehen finanzielle Unterstützung von einer öffentlichen Behörde, als der Magistrat von Berlin und Charlottenburg Preise für die vielversprechendsten Arbeiten der Jahresausstellung aussetzte. Die Jury war so taktlos, einen der Preise nicht an einen jungen Künstler, sondern an einen bekannten Bildhauer, der der Secession seit ihrer Gründung angehörte, zu vergeben. Die neue Partei im Vorstand erwies sich als unfähig, die Grundhaltung der Secession zu ändern, d. h., von der festen Bindung an die Führer des deutschen Impressionismus und seine begabteren Nachfolger abzugehen; für Künstler, die in anderen Stilrichtungen arbeiteten, gab es nach wie vor nur bedingte Unterstützung. Im November schied König, der gehofft hatte, anstelle von Liebermann Präsident zu werden, aus dem Vorstand und verließ die Secession.

Eine Verflechtung künstlerischer und persönlicher Differenzen kennzeichnete diese Konflikte, doch trotz einiger energischer Angriffe und Gegenangriffe gingen die Feindschaften bisher selten so tief, daß eine Versöhnung ausgeschlossen gewesen wäre. Pechstein stellte beispielsweise bald in der Galerie Cassirer aus und schloß sich 1912 wieder der Secession an. Beim nächsten Konflikt jedoch, der wenige Wochen nach Königs Rücktritt begann, waren die Gegner unversöhnlich.

Auf einer Sondersitzung der Secession am 8. Dezember 1910 hatte Liebermann um konkrete Kritik am Vorstand und seiner Politik gebeten. Die Diskussion enthüllte keine wesentliche Unzufriedenheit. Zwei Tage später jedoch schrieb Nolde, der bei der Sitzung anwesend war, aber nicht gesprochen hatte, einen Brief an Scheffler; er beschwerte sich zunächst über eine unfreundliche Kritik, griff aber dann Liebermann und die Secession als Ganzes an. Im letzten Heft von *Kunst und Künstler* hatte Scheffler eine Graphikausstellung der Neuen Secession besprochen, die auch einige Zeichnungen von Nolde enthielt. Schefflers Bemerkungen über Nolde beschränkten sich auf drei Sätze: Von Nolde, »dem stärksten Temperament der Gruppe, läßt sich immer noch nichts sagen. Selbst vor den besten seiner Blätter hat man immer wieder die Empfindung, als habe das Werkzeug so Gewalt über ihn, wie der Besen – in Goethes Gedicht – über den Zauberlehrling. Nolde weiß etwas von der Zauberformel der Kunst; aber

Rudolf Grossmann, Frauen und Männer. Zeichnung. Abgebildet im Katalog der Sechsundzwanzigsten Ausstellung der Berliner Secession, 1913

immer noch hat er nicht gelernt, diese Formel als Meister zu handhaben.«[15] Diese Kritik, typisch für Scheffler mit ihren leichten Wortverknüpfungen und literarischen Anspielungen, traf nicht das Richtige, war aber nicht so scharf, wie man hätte erwarten können. Nolde war jedoch nicht gewillt, Schefflers höfliche Umschreibung des Verdikts »unreif« anzunehmen, und sah eine Möglichkeit, sein Gefühl persönlicher Verletztheit mit der Sache der modernen Kunst im allgemeinen zu verbinden.

1910, im Alter von 43 Jahren, hatte er gerade sein erstes Bild an ein deutsches Museum verkauft, aber sein Werk war noch wenig bekannt; und er und seine Frau lebten noch immer, wie schon seit Jahren, am Rande der Armut. Noldes Lage wurde durch seinen schwierigen, mißtrauischen Charakter und seine Vorurteile und Ressentiments noch erschwert. Er sah sich als einen Kämpfer für deutsche Ideale und gegen die Verbreitung französischer Ansichten und unverschämter kommerzieller Ausbeutung in der deutschen Kunstwelt, der von »einer allherrschenden Presse, die ohnehin das Deutschgeborene nur halbwegs leiden konnte«, drangsaliert und mißverstanden wurde. Nolde hatte es zwar abgelehnt, Vinnens *Protest deutscher Künstler* zu unterstützen, weil dieser den Expressionismus verdammte und gegen die Einfuhr von Werken van Goghs, Gauguins und anderer von ihm geschätzter Maler war; aber er war mit dem Protest einig in der Verurteilung der Preise, die für französische Kunst bezahlt wurden, sowie in seinem Kulturpatriotismus, der sich an den Klischees einer Rassenmythologie orientierte.[16] Er glaubte an die schöpferische Kraft reiner Rassen, deren Vitalität, wie er fürchtete, degenerieren würde, sobald sie die Stilformen anderer übernahmen und mischten. Als er zum ersten Male Bilder von Picasso sah, war er unsicher, ob er ihn mochte oder nicht, weil, wie er später schrieb, »es mich quälte, nicht zu wissen, ob Kubismus oder Konstruktivismus jüdische Urheber habe und jüdisch-geistigen Ursprungs seien?«[17] Der Band seiner Erinnerungen, der sich mit den Jahren von 1902 bis zum Ausbruch des Ersten Weltkriegs befaßt, trägt sehr zu Recht den Titel *Jahre der Kämpfe*.

Um 1910 hatte Nolde seinen frühen halbimpressionistischen Stil aufgegeben; vor kurzem hatte er begonnen, religiöse Themen in hellen, »brennenden« symbolischen Farben zu malen mit heftig gestikulierenden Figuren, deren Gesichter von Erregung verzerrt sind. Im Frühling war eines dieser Bilder, *Pfingsten*, von der Secessionsjury abgelehnt worden, und Liebermann hatte seine Abneigung gegen das Werk nachdrücklich zum Ausdruck gebracht. Daraufhin schloß sich Nolde der Neuen Secession an, während er weiter Mitglied der älteren Gruppe blieb. In seinem Brief vom 10. Dezember dankte er Scheffler dafür, daß zwei seiner Zeichnungen die Rezension der Graphikausstellung illustrierten; den Text jedoch nannte er heuchlerisch wohlwollend und in Wirklichkeit so nachteilig wie möglich. Nolde erinnerte Scheffler an sein lange zurückliegendes Versprechen, Noldes Werk einen ganzen Aufsatz zu widmen; vergab ihm jedoch dieses Versäumnis im Hinblick darauf, daß Scheffler ja nicht unabhängig sei als Herausgeber einer Zeitschrift, deren Ziel die Förderung der wirtschaftlichen Interessen der Künstler der alten Art sei, »wo ja alles mehr oder weniger unter dem Geschäftszeichen Liebermann steht.«[18] Der Rest von Noldes Brief war ein Angriff auf Liebermann, den er beschuldigte, senil und reklamesüchtig zu sein; er meinte, Liebermann malte und stellte so viel wie möglich aus, nur um seine Stellung zu halten. Die Folge davon sei, »daß die ganze junge Generation, übersatt, schon nicht mehr seine Arbeiten ansehen kann und mag. Daß sie erkennt, wie absichtlich dies alles ist, wie schwach und kitschig nicht nur seine gegenwärtigen Arbeiten, sondern auch so manche seiner früheren es sind.« Nolde sagte voraus, daß bald ganz Deutschland erkennen würde, wie hohl Liebermanns Werk sei; er schloß mit der Andeutung, daß Liebermann den Angelegenheiten der Secession soviel Energie widmete, weil seine Kunst nicht genügend Substanz hätte, um ihn völlig zu beschäftigen. Eine Kopie des Briefes schickte er an Liebermann, denn, so schrieb er in seinem Begleitbrief, er wollte nicht, daß Liebermann auf Umwegen von dem Brief erführe; »Auch will ich gern, daß Sie wissen, wie die Jugend sich zu Ihrer Kunst und Ihnen stellt.«[19] Mag der blinde Eifer, mit dem sich hier ein dreiundvierzigjähriger Fanatiker zum Sprecher der Jugend aufwarf, auch der komischen Züge nicht entbehren, die Gehässigkeit seines Angriffs hatte nichts Erheiterndes. Der Vorstand berief eine außerordentliche Generalversammlung ein, auf der man Kopien von Noldes Brief und einen von Tuaillon formulierten Antrag verteilte, der den Ausschluß Noldes forderte, weil er weit über die Grenzen der erlaubten Kritik hinausgegangen sei, dem guten Ruf und den Interessen der Secession Schaden zugefügt und sich unehrenhaft und feige benommen habe.[20] In einem Schreiben an die Mitglieder

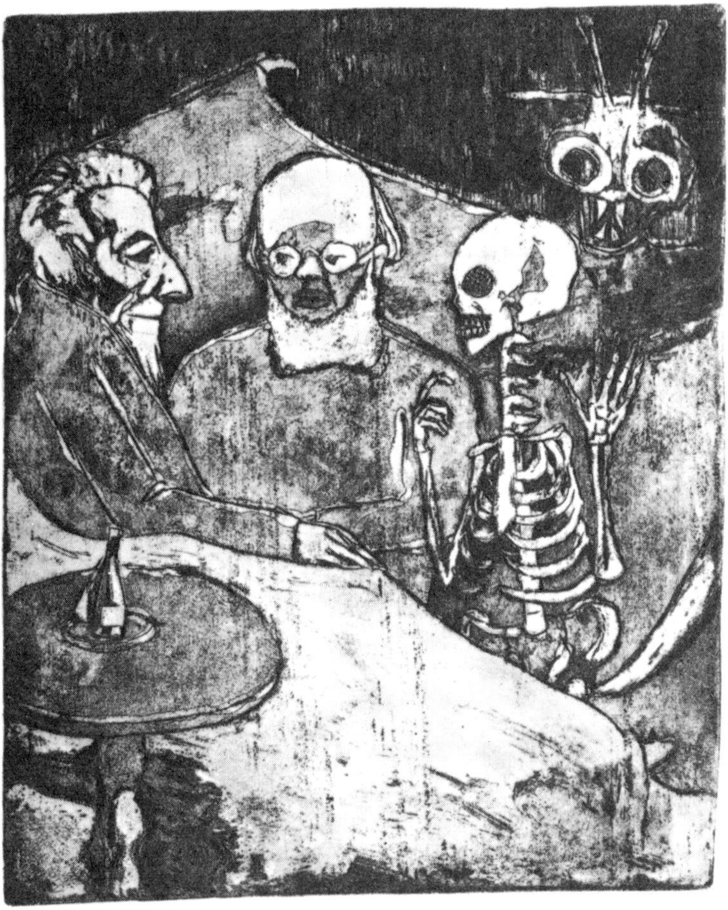

Emil Nolde, Kranker, Arzt, Tod und Teufel. Aquatintaradierung, 1911

protestierte Liebermann gegen den Antrag und warnte vor der Ausschließung: »Was der Herr über mich denkt, kann Ihnen, meine lieben Kollegen, ebenso gleichgültig sein wie mir.« Dennoch wurde Nolde am 17. Dezember ausgeschlossen, mit 40 zu 2 Stimmen bei 3 Enthaltungen, welches Ergebnis Corinth vor allem seinen eigenen Bemühungen und denen Cassirers zuschrieb. Barlach, der aus Güstrow herbeieilte, um an der Versammlung teilzunehmen, verpaßte die Abstimmung, schrieb aber an Nolde, daß er für seine Ausschließung gestimmt haben würde. Wenn man seinen

Mut und Elan nur bewahren könne, indem man andere schroff kritisierte, sollte man das, meinte er, wenigstens nur in Gedanken tun: »Die Zeit richtet über die Kämpfer, aber die Kämpfer können sich nicht in die Richterei mischen.«

Nolde verklagte die Secession wegen der Beleidigungen, die der Antrag auf Ausschließung enthielt, aber er verlor und wurde verurteilt, die Kosten des ersten Verfahrens und auch die der Berufung zu tragen. Das Berufungsgericht erklärte, daß die Beleidigungen, die im Secessionsantrag ausgesprochen wurden, normalerweise strafbar wären; aber (berichtet Liebermann einem Freund) »der unerhörte Angriff Noldes gegen den ›Altmeister‹ (das soll ich sein) ließen sie entschuldbar erscheinen. Il y a des sages à Berlin.«[21]

Das Resultat von Noldes Angriff war eine nachdrückliche Bestätigung von Liebermanns Stellung in der deutschen Kunstwelt. Da aber dieser Angriff nur der letzte einer ganzen Reihe war, wirkte er so beunruhigend auf Liebermann, daß er beschloß, den Vorsitz bei der nächsten Generalversammlung niederzulegen, die planmäßig neun Tage nach der Abstimmung über Nolde stattfinden sollte. Noldes Ausschluß befreite die Secession von einem neuen Mitglied, dessen Anschauungen zu denen der Mehrzahl – und nicht nur der älteren – in genauem Gegensatz standen; wäre er geblieben, hätte seine paranoide Intoleranz nur zu weiteren Konflikten führen können. Doch mit ihm hatte die Gruppe auch eines der stärksten Talente in der modernen Malerei verloren. Für Nolde bedeutete die Niederlage das Ende seiner Hoffnung, eine Clique zu vernichten, die seiner Vorstellung nach gegen ihn verschworen war. Da sogar seine Freunde unter den Expressionisten ihn jetzt für zu anstößig hielten, war er noch mehr isoliert. »Ich schaute um mich und war allein«, so beschrieb er die Nachwirkungen, »von den Alten ausgeschlossen, von den Jungen isoliert – von zwei Generationen verworfen.«[22] Außerhalb des weiteren Secessionskreises jedoch schadeten ihm seine Grobheiten gegen Liebermann nicht. Er wurde gelobt und gefördert von manchen der zahlreichen Feinde der Secession; sie sahen ihn entweder als einen Kämpfer für die deutsche Kunst gegen die Kräfte des Internationalismus, oder – wie Karl Osthaus, Direktor des Folkwang-Museums in Hagen – sie erkannten in ihm den Führer der neuesten deutschen Malerei, die den Impressionismus überwinden und die vorherrschende Stellung Berlins in der deutschen Kunst zunichte machen würde. Und Noldes Verzweiflung über seine Schmach hemmte seine künstlerische Entwicklung nicht. Seine jüngst begonnenen Studien der primitiven Kunst und sein Interesse an James Ensor, den er 1911 besuchte, spiegeln sich in so wichtigen Leistungen wie *Masken.* 1912 erreichte seine Folge von Bildern religiösen Inhalts einen Höhepunkt in dem neunteiligen Altar mit Darstellungen des Lebens Christi und in dem Triptychon *Das Leben der Heiligen Maria von Ägypten.* Wie andere Expressionisten malte auch er zu dieser Zeit prophetische, apokalyptische Kriegsbilder. Im Frühjahr 1913 begleitete er eine anthropologische Expedition in die Südsee, wo er wichtige Anregungen für sein weiteres Schaffen empfing.[23]

Der Konflikt zwischen Liebermann und Nolde zeigt noch einmal, wie trügerisch es war, die Kunst der Avantgarde zu Beginn des Jahrhunderts mit Sozialkritik gleichzusetzen und ihr eine demokratische oder sogar antideutsche Gesinnung zu unterstellen. Hätten sich die Anhänger der wilhelminischen Ästhetik ernsthaft mit Nolde beschäftigt, dann hätten sie Einwände gegen seinen Stil erheben können, gegen einige seiner Themen und (in diesem Fall anders als im Fall der Impressionisten) sogar zu Recht gegen des Künstlers Aggressivität und Pessimismus: Aus Noldes Bildern sprachen ja keineswegs Stolz auf das in Deutschland Erreichte und Zuversicht in Deutschlands Zukunft. Dennoch war an Noldes Loyalität zu Deutschland und zum Kaiserreich nicht zu zweifeln. Nolde war ein ebenso aggressiver Patriot wie Henry Thode, der traditionsverhaftete und antisemitische Gegner der Moderne, oder wie Thodes völkische Verbündete, die Volkers und Vinnens. Wie sie forderte auch Nolde, die Kunst sollte Deutschland dienen, womit er meinte, daß die Kunst seine spezielle Vorstellung von deutschem Geist und Genie ausdrücken sollte. Das konnte seiner Ansicht nach nur dann geschehen, wenn die Kunst von fremden Einflüssen unbefleckt blieb. Die Linie, die er zwischen wertvoller und schlechter Kunst zog, deckte sich nicht mit Thodes oder Vinnens Urteil, aber das Prinzip war dasselbe, und in diesem Denken bekam es ein besonderes Gewicht aus seiner mystischen Identifizierung der Rassenreinheit als Quelle wahrer Schaffenskraft. »Manche Menschen«, schrieb er in *Jahre der Kämpfe,* »und besonders die bereits gemischten haben den dringenden Wunsch, daß alles – Menschen, Kunst, Kulturen – gemischt werde, wodurch die Menschengemeinschaft der Erde schließlich aus Mischlingen,

Bastards und Mulatten bestehen wird. Aus Menschen mit unreinem Antlitz und negativen Eigenschaften. Manche Stätten der Tropenländer sind erschreckende Beispiele vollführter Rassenmischungen. Die Süße der Sünde ist gewissenlos. Es gibt ein Streben nach Selbstverderb.«[24] Dieses Durcheinander infantiler Ängste und Sehnsüchte begleitete Nolde sein Leben lang; offenbar wurde dadurch auch sein Haß auf Liebermann genährt, und es überrascht nicht, daß es ihn eine Zeitlang in das Lager der Nationalsozialisten trieb, obwohl er auch dort, zu seinem Erstaunen, ein unerwünschter Außenseiter blieb.

Es ist nicht verwunderlich, daß Nolde wütend auf die Ablehnung seines Bildes durch die Secession reagierte. Aber bezeichnenderweise verallgemeinerte er seinen Ärger und stellte seine Kontroverse mit der Secession als eine ideologische Konfrontation dar. Auch in dieser Hinsicht gehörte er in die neue Richtung; zwar war die Neigung, der er so hemmunglos nachgab – die Neigung, persönliche Gegensätze zu absoluten politischen und ethischen zu machen – weder in Deutschland noch überhaupt neu. Neu war aber in Deutschland zu Beginn des 20. Jahrhunderts, daß der Widerstand dagegen so nachließ, daß sie endlich den Ton aller Auseinandersetzungen zu bestimmen begann. Die vom Kaiser – dem die impressionistische Malerei nicht gefiel – in der irrigen Meinung, akademischer Kunstgeschmack bürge für politische Loyalität, erhobenen, von Thode in seinem Streit für eine deutsch-völkische Kunst aufgegriffenen und von Vinnen zur Rechtfertigung der Ressentiments des Kunstproletariats herangezogenen Anklagen gegen die moderne Kunst erwiesen bei Noldes Angriffen gegen die Secession und namentlich gegen Liebermann ihre Brauchbarkeit auch bei Auseinandersetzungen zwischen modernen Künstlern.[25]

II

Bei der jährlichen Generalversammlung der Berliner Secession am 28. Dezember 1910 kündete Liebermann an, daß er nach zwölf Jahren Amtszeit den Vorsitz niederlegen wolle. Seine engsten Mitarbeiter im Vorstand traten ebenfalls zurück. Nachdem Slevogt es abgelehnt hatte, Liebermanns Nachfolger zu werden, wurde Corinth zum Präsidenten gewählt. Liebermann wurde zum Ehrenpräsidenten mit Sitz im Vorstand ernannt; auf die freigewordenen Plätze im Vorstand rückten Barlach und einige der besten jungen Vertreter des deutschen Spätimpressionismus nach: Konrad von Kardoff, Robert Breyer und Waldemar Rösler, der häufig neben Beckmann als Pionier einer gefühlsbetonteren und mehr dekorativen Form der Malerei bezeichnet wurde, die über den Impressionismus hinausginge, ohne sich jedoch wie die der Brücke-Maler zu Extremen zu versteigen. Der Führungswechsel war für die interne Gruppenpolitik wichtig, aber er implizierte keine größere Aufnahmebereitschaft für den Expressionismus. Im Gegenteil: In seiner Ausstellungspolitik erwies sich Corinth als wesentlich konservativer als Liebermann und Cassirer. Außerdem kümmerte er sich wenig um die laufenden Secessionsgeschäfte und scheute die zeitraubenden Verhandlungen, die nötig waren, um eine gute Ausstellung zustande zu bringen. Die Folge war, daß die

Max Liebermann, »faire le lit de la peinture (Titien)« »Der Malerei das Bett machen (Tizian)«; Pferdebändiger. Zeichnung. Abgebildet im Katalog der Sechsundzwanzigsten Ausstellung der Berliner Secession, 1913

Jahresausstellung von 1911 weder Kritiker noch Publikum sonderlich beeindruckte. Sie war nicht um eine große Werkauswahl von Künstlern mit gesichertem Rang und Namen, wie Munch, Toulouse-Lautrec, van Gogh oder Liebermann gruppiert, die in den Vorjahren zahlreiche Besucher angezogen hatten; ebensowenig waren die Arbeiten der deutschen Expressionisten vertreten, die weiter unter dem Namen Neue Secession ihre eigenen Ausstellungen veranstalteten. Die am meisten diskutierten Künstler der Ausstellung waren die in Corinths Vorwort zum Katalog als »französische Expressionisten« bezeichneten: Braque, Derain, Marquet, Picasso, der Zöllner Rousseau (von dessen Bildern sich viele Besucher genarrt fühlten) und – unter den Deutschen – Beckmann, Rösler und die Bildhauer Barlach und Lehmbruck. Zudem war die Ausstellung weniger wirkungsvoll gehängt als früher. In seiner Kritik meinte Scheffler, daß ein weiterer Führungswechsel erforderlich sei: »Gute Maler taugen zum Malen, aber nicht zum Organisieren. Die Secession bedarf eines Laiendirektors.«[26]

In seiner Abschiedsrede als Vorsitzender hatte Liebermann seine Überzeugung ausgedrückt, daß die Secession leistungsfähiger sei denn je. »Nachdem es in den letzten Jahren fortwährend gekriselt hatte, sind endlich die Elemente aus ihr entfernt, die dem kameradschaftlichen Arbeiten im Vorstande und dem ruhigen Zusammenarbeiten des Vorstandes mit Ihnen im Wege standen ... Heute bedeutet die Berliner Secession im Berliner Kunstleben eine Macht, die nicht mehr übergangen, geschweige denn übersehen werden darf. Unsere Bestrebungen haben, vielleicht gerade weil man mit so unklugem Eifer versuchte, sie zu vereiteln, Berlin als Kunststadt gehoben. Sie haben kräftig dazu beigetragen, die Berliner Kunstausstellungen – auch die unserer Gegner – auf ein höheres Niveau zu bringen; sie haben bewirkt, daß Berlin der deutsche Kunstmarkt auch für moderne Kunst geworden ist.«[27] In Wirklichkeit wurde die Secession von der modernen Kunst übergangen.

Im Laufe des Jahres 1911 organisierten Expressionisten und Künstler anderer Stilrichtungen Ausstellungen in Deutschland, die insgesamt einen Überblick über eine moderne Kunst boten, von der in der Secessionsgalerie nicht viel zu sehen war. In Berlin veranstaltete die Neue Secession zwei Ausstellungen mit Werken von Heckel, Mueller, Pechstein, Schmidt-Rottluff, Marc,

Lovis Corinth. (Der neue Präsident der „Sezession".)

Ein neuer Präses ist zur Stelle,
Und bald an seiner bunten Pelle
Erkennt der Gastfreund von Corinth
Die Züge, die ihm teuer sind.

Lovis Corinth als Präsident der Secession. Karikatur von Trier. *Lustige Blätter*, Bd 16, Heft 20, 1911

Kandinsky, Jawlensky und Nolde. »In Noldes biblischen Szenen ist eine gewisse rohe Tiefe und karikierte Klassik«, notierte Scheffler in *Kunst und Künstler.*[28] Im Herbst fand in Berlin die erste »juryfreie« Ausstellung von Werken, die die Secession abgelehnt hatte, statt. In München verließen Marc, Kandinsky, Alfred Kubin und Gabriele Münter die Neue Künstler-Vereinigung, nachdem Kandinskys *Jüngstes Gericht* zurückgewiesen worden war, und im Dezember wurde die erste Ausstellung der Gruppe Blauer Reiter eröffnet, die auch Arbeiten von Malern wie Robert Delaunay und dem Zöllner Rousseau zeigte – zuerst in München, dann auch in Köln und Berlin. Eine zweite Ausstellung derselben Gruppe im Frühjahr 1912 zeigte u. a. französische Kubisten ebenso wie Vlaminck, Malewitsch und Klee.

Der Düsseldorfer Sonderbund, der bei seiner Gründung 1908 Liebermann zum Ehrenmitglied ernannt hatte, veranstaltete 1910 und 1911 wichtige Ausstellungen; unter Leitung von Karl Osthaus fand die vierte Sonderbund-Ausstellung von Mai bis September 1912 statt, die wichtigste Ausstellung moderner Kunst dieser Jahre in Deutschland, die auch 1913 den Veranstaltern der berühmten Armory Show (in New York) als Vorbild diente. Ohne die Pionierarbeit der Berliner Secession wäre die vierte Sonderbund-Ausstellung nicht möglich gewesen, und es ist bezeichnend, daß Cassirer Mitglied des Planungsausschusses war; dennoch hatte die Secession niemals eine internationale Ausstellung von vergleichbarem Umfang zuwege gebracht.[29] Schließlich begann Herwarth Waldens literarische Wochenzeitung *Der Sturm* mit der Publikation moderner Graphik; den Anfang machte eine Lithographie Liebermanns, auf die bald Arbeiten von Kokoschka, Kirchner, Mitgliedern des Blauen Reiters, von Futuristen und Kubisten folgten. Von 1912 an veranstaltete Walden in Berlin kleine Ausstellungen avantgardistischer Kunst, die 1913 zum »Ersten Deutschen Herbst-Salon« führten. Zwar nahmen Mitglieder der Berliner Secession an einigen Ausstellungen teil, doch sie gaben nicht den Anstoß dazu. An dem stürmischen Aufbruch der Avantgarde zwischen 1910 und 1912 war die Berliner Secession nicht beteiligt.

Trotz der Unzufriedenheit der Mitglieder mit seiner Führung der Geschäfte der Secession hatte Corinth nicht die Absicht, seine Geschäftsführung zu ändern; im Dezember 1911 jedoch erlitt er einen Schlaganfall, der ihn für die nächsten Monate arbeitsunfähig machte. Bei der Vorbereitung der Jahresausstellung 1912 mußte sich deshalb der Vorstand weitgehend auf Liebermann und Cassirer verlassen, die sich seit dem Vorstandswechsel von 1910 fast ganz aus den Secessionsgeschäften herausgehalten hatten. In der kurzen Zeit, die ihnen zur Verfügung stand, konnten sie eine starke einheitliche Ausstellung nicht organisieren. Ihr wichtigster Schritt war es, Pechstein zur Rückkehr zu bewegen; er zeigte in der Sommerausstellung 1912 zwölf Gemälde und wurde deswegen aus der Brücke ausgestoßen. Nach Pechsteins Ausscheiden löste sich die Neue Secession auf, und bald danach zerbrach auch Die Brücke.

Gegen Ende des Jahres war Corinths Gesundheit wiederhergestellt, und er bewarb sich um die Wiederwahl. Als eine große Zahl von Mitgliedern Cassirer für den Vorsitz nominierte, verzichtete Corinth, und Cassirer wurde auf der Generalversamm-

Ernst Ludwig Kirchner, Zwei liegende weibliche Akte. Holzschnitt. Abgebildet im Katalog der Ersten Ausstellung der Freien Secession, Berlin, 1914

lung im Dezember 1912 zum Vorsitzenden gewählt. Zum Zeichen ihrer Aussöhnung veranstalteten Corinth und Cassirer gemeinsam eine große Retrospektive von Arbeiten Corinths in der Secessionsgalerie; Liebermann hielt die Eröffnungsrede. Die Verbindung zwischen der Secession und Cassirer, die Slevogt während der Vinnenkontroverse als anfechtbar, aber fruchtbar charakterisiert hatte, war nun enger denn je.[30] Scheffler, der zwar einen Laien als Vorsitzenden gefordert hatte, doch sich selbst im Sinn gehabt haben mag, verurteilte offen die Wahl Cassirers. Dasselbe taten auch andere Kritiker, die der modernen Kunst positiv gegenüberstanden, zum Beispiel Julius Bab, der zwar glaubte, daß der Secession mit einem befähigten Geschäftsmann an der Spitze besser gedient sei als mit einem großen Maler, aber dennoch die Entscheidung für falsch hielt: »Soweit jede Malervereinigung ein Unternehmen ist, das effektvolle Ausstellungen und guten Bilderverkauf erzielen will, soweit wird die Secession unter der kundigen und energischen Leitung des Herrn Cassirer wahrscheinlich nicht schlecht fahren. Wenn man aber bedenkt, daß eine Kunstvereinigung eigentlich auch eine soziale Organisation, die Selbstvertretung freier, schaffender Geister sein soll, so wird mancher die Präsidentschaft dieses Nichtkünstlers unerfreulich finden, – zumal es sich um eine Persönlichkeit handelt, die schon als bloß geschäftsführendes Vorstandsmitglied durch ihre selbstherrliche Art in früheren Jahren zu offener Unzufriedenheit Anlaß gab. Ob der inneren Entwicklung der Secession, ihrer Freiheit und ihrem Frieden, mit dieser Wahl auf die Dauer gedient sein wird, muß man deshalb bezweifeln. Daß das Arrangement ihrer Ausstellungen vorläufig gut aufgehoben sein wird, dafür bringt Paul Cassirer sogleich einen Beweis.« Babs letzter Satz bezog sich auf die neueste Ausstellung in der Galerie Cassirer, die einen historischen Überblick der modernen Malerei gab, von Géricault, Courbet und Daumier, über Pissarro und Degas bis zu Cézanne, van Gogh und der jüngsten Generation deutscher Maler. Im ganzen, schloß Bab, »eine ungewöhnlich reichhaltige und interessante Ausstellung, die ihren Zweck, den geschichtlichen Zusammenhang der modernen, heut schon nicht mehr jüngsten Malerei, zu zeigen, glänzend erfüllt... (Mit diesem Akt trachtet) der Führer der Revolutionäre von gestern in die historisch gefestigte Position der maßvollen Entwicklung einzurücken.«[31]

Für Cassirer war es offensichtlich, daß die Secession zu ei-

»(Ver)-Führer der Secession«. Matisse, Kokoschka, Derain, Heckel, Kirchner werden von »Mephisto-Kassirer« ermuntert: »Hart an mich an, wie ich auch führe. Heraus mit eurem Pinselwisch! Nur zugestrichen! Ich kassiere! *Lustige Blätter*, Bd 28, Heft 22, 1913

ner konservativen Interessengemeinschaft herabsinken würde, wie schon die Münchner oder Wiener Secession, wenn sie nicht bereit wäre, die neueste Kunst zu fördern. Aus dieser Erkenntnis heraus zwang er die Secession, ihren Kurs zu ändern. Später urteilte der Kunsthistoriker Curt Glaser, ein aufmerksamer Beobachter der damaligen Berliner Kunstszene, die Politik Cassirers sei »an sich durchaus richtig gewesen. Es gab keinen anderen Weg als diesen einer gründlichen Erneuerung, wenn die Secession sich ferner lebensfähig erweisen sollte, da sie längst nicht mehr allein den Kampf gegen die Große Berliner Kunstausstellung, in dem sie siegreich gewesen war, sondern zugleich den Kampf gegen die vielfach sich neu bildenden Künstlervereinigungen und Ausstellungsverbände zu führen hatte ... So war die Secession gezwungen, Stellung zu nehmen. Sie mußte endlich Farbe bekennen, mußte klar zu verstehen geben, ob sie der Verein bleiben wollte, zu dem sie vor zehn Jahren geworden, und ob sie die Führung auf dem Gebiete der jungen Kunst an die neu sich bildenden Organisationen abgeben oder ob sie selbst mit Entschiossenheit in die neue Bewegung eintreten wollte. Paul Cassirer wählte den zweiten Weg, und es blieb ihm wohl keine andere Wahl, aber er tat es mehr mit dem Verstande als mit dem Herzen und mit eigener Überzeugung ...«[32]

Um die noch immer relativ starke konservative Gruppe in der Secession in Schach zu halten und eine größere Anzahl von fortschrittlichen oder wenigstens toleranten Mitgliedern zu mobilisieren, reorganisierte Cassirer die Verwaltung. Der Vorstand wurde vergrößert, und ein neuer Ausschuß für Ausstellungen wurde gebildet; beiden stand Cassirer vor. Die Jury für die jährliche Sommerausstellung leitete Slevogt. Der alte Kader im Vorstand, geführt von Liebermann, Gaul und Tuaillon, wurde von Barlach, Käthe Kollwitz und dem jungen Bildhauer Georg Kolbe verstärkt. Um den jungen Künstlern mehr Möglichkeiten zu schaffen, plante er zusätzlich zur jährlichen Sommerausstellung und zu der im Winter stattfindenden Graphikausstellung eine neue Herbstausstellung. Für die Jahresausstellung 1913 konnte Cassirer eine große Anzahl wichtiger ausländischer Bilder erhalten: drei Bonnards, sieben Cézannes, acht van Goghs, zehn Renoirs, drei Toulouse-Lautrecs, elf Seurats und Werke von Matisse, Derain, van Dongen, Friesz, Marquet und Vlaminck. Ein Raum, in dem Arbeiten von Barlach, Gaul, Lehmbruck, Kolbe und anderen deutschen Bildhauern standen, wurde von einem einzigen Bild beherrscht, dem *Reigen* von Matisse. Noch einmal wurde der feste Zusammenhang zwischen ausländischer Kunst und der Berliner Secession nachdrücklich betont. Unter den deutschen Künstlern

erhielten Liebermann und Trübner je einen Raum. Aber auch die Avantgarde war gut vertreten, darunter die früheren Brücke-Mitglieder Kirchner, Heckel, Schmidt-Rottluff und Pechstein; Kokoschka zeigte vier Bilder, Rohlfs und Beckmann je drei.

In seinem Vorwort zum Katalog schrieb Cassirer: »Die Idee der Secession macht es unmöglich, daß der Erfolg die Secession beruhigt. Sie ist kein Ruhepunkt, sie ist ein Weg; sie ist für ihre Mitglieder keine Existenzsicherung, sondern eine Existenzgefährdung, denn sie macht die Kräfte der Kommenden immer wieder mobil.«

Wirklich protestierten 13 Mitglieder, deren Arbeiten die Jury zurückgewiesen hatte, dagegen, daß man ungerechterweise Außenseiter ihnen vorgezogen hätte, doch diese undiplomatische strenge Auslese trug zum großen Erfolg der Ausstellung bei. Glaser nannte sie in seiner Rezension einen Markstein; dreizehn Jahre später beschrieb er die Ausstellung in einem Aufsatz über die Geschichte der Secession als eine brillante Leistung, die an das Beste der früheren Jahre erinnerte. Selbst Scheffler fand wenig zu bemängeln, während Bab sie zu einem Triumph erklärte, der seinem Urheber große Ehre mache. Noch einmal hatte die Secession überraschenderweise die Initiative ergriffen.[33]

Da die Beziehungen zwischen der Secession, dem Salon und der Kulturbürokratie zu dieser Zeit etwas friedlicher geworden waren, eröffneten sich dadurch, daß die Secession unerwartet einen Teil der Avantgarde an sich ziehen konnte, interessante Möglichkeiten für die moderne Kunst. In den letzten Jahren vor dem Krieg ließen mehrere Umstände von praktischer wie symbolischer Bedeutung vermuten, daß die offizielle Billigung des deutschen Impressionismus größer wurde – ein Wechsel, der der neueren Avantgarde, die mit der Secession verbunden war, nützen konnte. 1912 verlieh die Berliner Universität Liebermann die Ehrendoktorwürde und stieß damit mehrere frühere ablehnende Beschlüsse um, von denen der letzte noch ein Jahr zuvor gefaßt worden war, als ein Fakultätsmitglied geltend gemacht hatte, daß die Universität dem Kaiser einen solchen Affront nicht bieten könne.[34] 1912 wurde Liebermann überdies in den Senat der Akademie der Künste gewählt. Nur daran, daß ihm die üblichen preußischen Orden

Wilhelm Trübner, Reiterbildnis Sr. Maj. des deutschen Kaisers Wilhelm II., Gemälde, 1906 weiterhin abgingen, war der ungewöhnliche Weg zu erkennen, auf dem Liebermann zu so hohen Ehren gekommen war.[35]

Slevogt und andere Mitglieder der Secession wurden in die Akademie gewählt; Tuaillon bekam den Orden Pour le mérite und wurde Ehrendoktor der Universität Berlin, ebenso wie Leopold von Kalckreuth und Hans Thoma. 1914 wurde Wilhelm Bode, der als Direktor der preußischen Museen zur staatlichen Duldung des Impressionismus beigetragen hatte, in den Adelsstand erhoben. Das Kultusministerium zog sogar Erkundigungen ein, ob Cassirer den Titel Kommerzienrat annehmen würde, was dieser jedoch ablehnte. Diese überraschende Annäherung stand in Zusammenhang mit Plänen des Ministeriums, das fünfundzwanzigjährige Regierungsjubiläum des Kaisers mit einer Kunstausstellung zu feiern, die im Zeichen der Aussöhnung der verschiedenen Kunstrichtungen stehen sollte; auch die Secession war eingeladen teilzunehmen. Einige Wochen lang prüfte der Vorstand die Einladung, um sich dann doch dagegen zu entscheiden, zur großen Erleichterung Schefflers, der im Laufe der Verhandlungen geschrieben hatte: »Die Secession muß zu stolz sein, sich nach langer Boykottierung dulden zu lassen. Sie ist eine Macht, sie hat Legitimität, die dauerhafter ist als die des gouvermentalen Akademismus. Ihr Ehrgeiz sei auch weiterhin der der Leistung, nicht der des offiziellen Erfolges.«[36]

Es ist offensichtlich, daß der Einbruch, den der Impressionismus beim Geschmack der Ober- und Mittelschicht erzielt hatte – eine Entwicklung, die wahrscheinlich auch mit dem neuen Ansturm weit schockierenderer Arbeiten von Expressionisten und Fauves zusammenhing – im Verhalten der zu dieser Schicht gehörenden höheren Beamten an Universität und Akademie zum Ausdruck kam. Die Secession war nicht länger der Außenseiter, der sie einst gewesen war, wenn auch die Ablehnung der von ihr vertretenen Kunst weit verbreitet blieb und einige Beamte weiterhin die alte Richtung verfolgten. Bei einem Festessen, das 1912 die Eröffnung des Salons in der Lehrter Straße feierte, mißbilligte der zweite Bürgermeister von Berlin die Kunst, die die Secession förderte, und drohte dieser mit Entzug der kleinen jährlichen Zuwendung, die die Stadt ihr seit einem Jahr gewährte. Nachdem die Secession einen Widerruf der Erklärungen gefordert hatte, die, wie sie behauptete, nicht mit der Pflicht des Bürgermeisters, alle Berliner zu vertreten, vereinbar sei, ließ er verlautbaren, daß er

Der geschwärzte „Pan" und die bandagierte „Wassernymphe".

›Der geschwärzte *Pan*‹. Karikatur von Stern auf die Zensurmaßnahmen des Berliner Polizeipräsidenten Traugott von Jagow gegen die Zeitschrift *Pan*. *Lustige Blätter*, Heft 9, 1911

falsch verstanden worden wäre; er hätte nicht die deutschen Secessionisten angegriffen, sondern lediglich die französischen Gemälde in der Sommerausstellung der Secession als einen »fremden Tropfen in unserem Blute« bezeichnet; er setzte hinzu: »Ich kann mir nicht denken, daß sie der Kunstgeist und nicht vielmehr ein sensationslüsterner Geschäftsgeist uns hergeführt hat.« Zu den Gemälden, die der Bürgermeister als einen Schwindel mit dem einzigen Ziel, Geld zu machen, verurteilte, gehörten van Goghs *Arlésienne* und zehn Landschaften des Zöllners Rousseau.[37]

Im selben Jahr gab Georg Malkowsky, der 1899 versucht hatte, Geschäftsführer der Secession zu werden, ein Buch über Kunst im Dienste des Staates heraus, in dem er dafür eintrat, daß Kunstförderung durch die Regierung nur den Gemälden und Skulpturen zuteil werden sollte, die der Staatsidee Ausdruck verliehen. Er befürwortete eine Kulturpolitik, die »die Erwerbung und Erhaltung des befruchtenden Gedankens, daß die bildende Kunst in dem Schaffen ästhetischer Genußmittel nur den minderwertigen Teil ihrer Aufgaben erfüllt und erst in der Gestaltung der das ganze Volk bewegenden Gedankenwelt ihre höchste Vollen-

Max Slevogt, Der Polizeipräsident im Märchenland. Zeichnung, 1911

dung findet.« Malkowsky stand nicht allein mit seiner Ansicht, daß die Secession ein Feind des Staates sei. Der Kritiker Hans Rosenhagen, der früher die Secession unterstützt hatte, schrieb jetzt: »Es kann dem Kaiser nicht verdacht werden, daß er sich ablehnend gegen die Mitglieder einer Künstlergruppe verhält, aus deren Lager ihm beständig Schmähungen entgegenschallen und deren Existenz gegenwärtig eigentlich nur noch durch ihre Oppositionsstellung künstlich aufrechterhalten wird.« Der Kaiser mischte sich immer noch gelegentlich in die Ankaufpläne der staatlichen Museen und in die Vergabe von Aufträgen und Preisen ein; zum Beispiel lehnte er den Architekten ab, dem die Jury 1913 die große Goldmedaille verleihen wollte, und vergab diese statt dessen an seinen eigenen Kandidaten. Wurden solche Handlungen bekannt, setzte die Kritik der liberalen und sozialistischen Presse ein, was aber nur wenig Aufsehen erregte. Lichtwark schrieb an Liebermann: Die Masse des deutschen Volkes »steht in der Verneinung aller lebendigen Kräfte treu zum Kaiser. Nicht aus Politik oder Byzantinismus, sondern aus innigster Überzeugung.«[38] Zweifellos hatte Lichtwark recht; doch die Secession hatte sich ihre eigene Welt geschaffen, die vorläufig ziemlich unberührt von der ablehnenden Haltung der Mehrheit und den zeitweiligen Ausbrüchen des Kaisers und einiger Beamter und Kritiker war. Zwei Skandale, die die Secession nur mittelbar betrafen, illustrieren überdies, wie brüchig Zusammenhalt und Selbstvertrauen der herrschenden Elite in den letzten Jahren vor dem Kriege geworden waren; was unvermeidlich der Secession größeren Spielraum eröffnete. Der eine Vorfall betraf Paul Cassirer, der andere Anton von Werner.

Während die Konflikte in der Secession offenkundig wurden, hatten sich Cassirers Aktivitäten als Kunsthändler und Verleger beträchtlich ausgeweitet. Seine Galerie hatte inzwischen Filialen in Hamburg, Amsterdam und London. Das Verlagshaus verfolgte ein überzeugendes Programm im Bereich moderner Literatur, Kunst und Kunstgeschichte. Von ihrer Gründung bis zum Ausbruch des Krieges brachte die eigenständige *Pan Presse* elf Luxusausgaben mit Originallithographien und -radierungen heraus, darunter auch *Das Buch Judith* und das *Hohelied,* illustriert von Corinth, eine von Jules Pascin illustrierte Heine-Novelle und Barlachs Lithographien zu seinem Drama *Der tote Tag.*[39] 1910 begann Cassirer mit der Herausgabe einer neuen kulturellen und politischen Zeitschrift, die er nach dem früheren *Pan,* den Meier-Graefe und Richard Dehmel 1895 gegründet hatten, benannte. Gleichzeitig rief Cassirer auch eine literarische Vereinigung ins Leben, die *Pan Gesellschaft,* die die private Aufführung von modernen Theaterstücken förderte, in denen auch Cassirers zweite Frau, die Schauspielerin Tilla Durieux, auftrat.

Die sechste Nummer des *Pan* enthielt Auszüge aus Flauberts ägyptischem Tagebuch, erstmalig ins Deutsche übertragen, und wurde vom Berliner Polizeichef, Traugott von Jagow, als Pornographie beschlagnahmt. Die nächste Nummer von *Pan* brachte weitere Auszüge und wurde ebenfalls verboten. In der folgenden

Zeichnung von Bloch.

Die Schauspielerin.

„Ich könnt', weiß Gott, auch mal einen tüchtigen Posten Reklame für mich brauchen! Warum setzt sich der Polizeipräsident bei den Proben nicht mal neben mich?"

Karikatur von Bloch auf den gescheiterten Annäherungsversuch des amtlich so sittenstengen Berliner Polizeipräsidenten an Frau Cassirer. Die hier ausgedrückte Meinung, daß der Skandal die Karriere der Schauspielerin Tilla Durieux gefördert habe, war verbreitet. *Lustige Blätter,* Heft 5, 1911

Gerichtsverhandlung legte die Verteidigung entlastende eidesstattliche Erklärungen von Hauptmann, Hofmannsthal und anderen Schriftstellern vor, aber Cassirer und sein Chefredakteur, Wilhelm Herzog, wurden jeder zu einer Geldstrafe von 50 Mark verurteilt. Ein Zufall machte diesen alltäglichen Vorfall, der nur für einige Intellektuelle interessant war, zu einer Sensation von überregionaler Bedeutung. Ungefähr zur selben Zeit, als Jagow die sechste Nummer von *Pan* verbot, begleitete er Berlins Theaterzensor zu einer Probe von Carl Sternheims Posse *Die Hose,* die Max Reinhardt inszenierte, und lernte Tilla Durieux kennen. Danach schickte er ihr einen Rohrpostbrief, in dem er sie um eine private Zusammenkunft am kommenden Sonntag bat. Anscheinend hatte Jagow nicht gewußt, daß die Schauspielerin Cassirers Frau war. Cassirer paßte es nicht, daß sich der Polizeichef seiner Frau aufdrängte; er erklärte: »Ich bin ein alter Jude. Auge um Auge, Zahn umd Zahn« – und forderte Jagow zu einem Duell mit Pistolen. Am nächsten Tag erschien ein Rittmeister der Garde in voller Uniform in Cassirers Büro, um Jagows Entschuldigung anzubieten. Cassirer nahm die Entschuldigung an, fügte jedoch hinzu, daß Jagows Brief bekanntgeworden sei und er nicht dafür garantieren könne, daß die Presse ihn nicht aufgreifen würde. Einer der Redakteure des *Pan,* der Kritiker Alfred Kerr, hatte von Jagows Verhalten gehört; er widersetzte sich Cassirers und Herzogs Wunsch und bestand darauf, Jagow in *Pan* als einen Beamten bloßzustellen, der Flauberts Tagebuch als Pornographie beschlagnahmte und gleichzeitig seine Stellung dazu benutzte, ein Rendezvous mit einer Schauspielerin zu bekommen. Kerr war ein talentierter Polemiker, das Berliner Gegenstück zu Karl Kraus, aber eitel und undiszipliniert; das Porträt, das Corinth 1907 von ihm malte, bringt seine Selbstdramatisierung und sein Sendungsbewußtsein glänzend zum Ausdruck. Es fiel ihm nicht schwer, Jagow lächerlich zu machen und die Doppelmoral der wilhelminischen Zeit zu geißeln, indem er die Figur des prüden Lüstlings in Uniform ausmalte; doch seine Angriffe schossen so weit über das Ziel hinaus, daß die Aufmerksamkeit der Öffentlichkeit dadurch von dem Tatbestand – einem klaren Fall von amtlicher Dummheit und Heuchelei – eher abgelenkt wurde.[40]

Noch mehr Aufsehen erregte eine Episode, die dazu führte, daß Anton von Werner als staatsgefährdend bezeichnet wurde. In den Jahren, die seit dem Streit über die Weltausstellung in St. Louis vergangen waren, war Werners Stellung durch höchste staatliche Ehren noch mehr gefestigt worden. Er besaß den Stern des Roten Adler-Ordens Zweiter Klasse und war Ritter der Friedensklasse des Pour le mérite; 1910 war er zum wirklichen Geheimrat mit dem Prädikat »Exzellenz« ernannt worden. Seit dem Tode Adolph von Menzels waren keinem Maler, Schriftsteller oder Komponisten so außergewöhnliche Beweise kaiserlicher

Anton von Werner, Die Proklamierung des neuen deutschen Kaisertums im Versailler Schlosse am 18. Januar 1871. Gemälde, ehemals in der Ruhmeshalle des Zeughauses zu Berlin, 1885

Gunst zuteil geworden. Deshalb war es eine Sensation, als die deutsche Presse im April 1913 bekanntgab, daß der Salon eine große Zahl von Werners Gemälden aus politischen Gründen zurückgewiesen habe.

Mit Schlagzeilen wie »Der gefährliche Anton von Werner«, »Ein Skandal ohnegleichen« und »Der geopferte Anton von Werner« berichteten die Zeitungen, daß der Berliner Salon 1913, der mit dem 25jährigen Regierungsjubiläum des Kaisers und der Hundertjahrfeier von Preußens Erhebung gegen Napoleon zusammenfiel, ursprünglich auch eine Retrospektive von Werners Arbeiten zeigen sollte, um den 70. Geburtstag des Künstlers zu feiern. Die Vorbereitungen waren schon weit gediehen, als eine nicht näher genannte »hohe amtliche Stelle« erklärte, daß die Gemälde, deren Thema zum großen Teil der deutsch-französische Krieg war, die öffentliche Meinung in Frankreich aufbringen

Revanche.

Anton v. Werner: Wenn ich in Moabit nicht ausstellen darf, dann werde ich eben meine Bilder für die Sezession ummalen!

»Revanche«. Der zur eigenen Überraschung plötzlich politische Bedenken erregende Anton von Werner malt erzürnt ›Die Proklamierung des neuen deutschen Kaisertums‹ in secessionistischer Manier um. Karikatur von H. Abeking. *Lustige Blätter*, Bd 28, Heft 22, 1913

könnten und deshalb zurückgezogen werden sollten. Die Zeitungen verlangten zu wissen, wer die Entscheidung getroffen habe. Allgemein wurde beanstandet, daß sie ungebührlich große Rücksicht auf französische Empfindlichkeit verriete und den provozierenden Charakter von Werners Gemälden stark übertriebe. Die freikonservative *Post* qualifizierte die Entscheidung als »erbärmlich und würdelos« und verlangte: »Es ist die Pflicht des Reichstages, diese hahnebüchene Geschichte zur Sprache zu bringen und den Namen jener amtlichen Stelle aufzuklären.« In einem zweiten Artikel erklärte die *Post* das Auswärtige Amt zum Schuldigen und fuhr fort: »Nun frage man sich einmal ehrlich: was soll das deutsche Volk von einer Behörde, deren Organe mit einer derartigen Rückgratslosigkeit, mit einer fast hysterisch zu nennenden Empfindsamkeit und Schwachnervigkeit belastet sind, – was soll es von solchen Männern erwarten, wenn einmal in ernster Stunde das Schicksal an uns herantritt und uns die Würfel zu einem Spiel um Leben und Tod in die Hand drückt!« Die konservative *Münchener Zeitung* meinte: »Die Kritik, die an dem Verhalten der amtlichen Stelle geübt wird, ist von der äußersten Rechten bis zur äußersten Linken geradezu vernichtend und deckt sich durchaus mit der Auffassung, die wir gestern an leitender Stelle kundgaben, mit der Auffassung nämlich, daß Leute, die die nationale Würde derart mit Füßen treten, unmöglich länger an einflußreicher Stelle bleiben dürfen.« Die *Frankfurter Nachrichten* betrachteten die Zurückweisung Werners als »eine Leisetreterei, die bei uns im Lande nur Beschämung und draußen nur Spott erzeugen kann.« Sogar die *Kreuzzeitung* charakterisierte die Handlung als einen groben Fehler und gab der Hoffnung Ausdruck, daß »verantwortliche Persönlichkeiten mit diesem Mißgriff nichts zu tun haben und daß hier nur Übereifer oder Verständnismangel Unberufener im Spiel gewesen ist.«[41]

Während das Bemühen der Regierung, eine Kränkung der Franzosen zu vermeiden, die nationalistische Presse in Harnisch brachte, die schon über deutschfeindliche Demonstrationen in Lothringen erregt war, wiesen liberale und sozialdemokratische Zeitungen auf die vertauschten Rollen hin: Der *Vorwärts* spottete: »Welch eine Wendung!... Die ›Weltgeschichte‹ ist doch manchmal nicht ohne Ironie! Die Hofkreise bekehren sich zu unserer Auffassung, die in den Schlachtenbildern immer sehr wenig Kunst und sehr viel chauvinistische Hetze gefunden hat.« Die *Frankfurter Zeitung* meinte: »Da bei Urteilen über künstlerische Angelegenheiten, die in diesen letzten 25 Regierungsjahren von hoher amtlicher Stelle gefällt worden sind, immer andere als ästhetische Gründe ausschlaggebend waren, muß jetzt zur Abwechslung auch einmal ein Anton v. Werner am eigenen Leibe erfahren, was es heißt, einen Maler aus außerkünstlichen Motiven heraus zu behandeln.« Es sei eine Ironie des Schicksals, daß gerade Werner dem Chauvinismus in der Kunst zum Opfer gefallen sei: »War es nicht gerade seine Umgebung und sein Anhang, der gegen alle einen Feldzug führte und, wie man weiß, noch führt, die die Pflege der Kunst von beengenden Orts- und Landesgrenzen nicht abhängig gemacht sehen wollten?« Die Wiener *Zeit* hielt den ganzen Vorfall für absurd: »Eine Rücksicht auf Frankreich ist hier völlig unangebracht, aber in Berlin scheint man zuweilen zwischen einem Zuviel und einem Zuwenig an nationalem Gefühl hin und her zu schwanken.«[42]

Am 22. April bestritt die halboffiziöse *Norddeutsche Allgemeine Zeitung*, daß man Werner aus politischen Gründen verboten habe, seine Gemälde zu zeigen. Vielmehr habe der Künstler der Ausstellungskommission vierundzwanzig Werke angeboten, aus denen die für eine Retrospektive geeigneten Gemälde ausgewählt werden sollten; da er mit der Wahl des Ausschusses nicht zufrieden gewesen sei, habe er alle Bilder zurückgezogen. Dieses Dementi der Regierung wurde sofort von Werner bestritten und fand in der Presse keinen Glauben.[43]

Am 29. April erklärte der Kultusminister auf Anfrage im preußischen Herrenhaus, Werner selbst habe, als man im Sommer 1912 zum ersten Mal an ihn herantrat, geraten, daß die Ausstellungsleitung prüfen sollte, ob »der Ausstellung seiner Schlachtenbilder aus dem deutsch-französischen Kriege politische Bedenken entgegenstehen.« Nach Aussage des Ministers hätten weder er noch Beamte des Auswärtigen Amts einen Grund zur Besorgnis gesehen und den Künstler dementsprechend unterrichtet. Die Ausstellung sei einzig und allein deshalb nicht zustande gekommen, weil Werner seine Arbeiten zurückgezogen und es abgelehnt habe, diesen Entschluß noch einmal zu überdenken. Es fiel Werner nicht schwer, dem Minister Ungenauigkeiten und Fehler in seiner Erklärung nachzuweisen. In einem Memorandum mit dem Titel *Thatsachen und Berichtigungen*, das er an eine große Anzahl von Freunden und Anhängern verteilte, führte er Zeugen und Briefe zum Beweis dafür auf, daß man ihm wiederholt mitgeteilt habe, seine Bilder seien politisch fragwürdig, worauf er abgelehnt habe, an der Ausstellung teilzunehmen, auch nicht mit Bildern, die nicht den deutsch-französischen Krieg behandelten. Eine Fassung des Memorandums schloß mit der Erklärung: »Das Zugeständnis, daß zwei dieser Bilder ausgeschieden wurden, bestätigt nur meine Überzeugung, daß die Bilder aus *politischen Bedenken,* die der Herr Minister nach seiner unantastbaren Erklärung aber gar nicht hatte, und nicht aus künstlerischen ausgeschieden wurden. Letzteres wäre auch gar nicht möglich gewesen, da ich als Mitglied der Akademie, woran kein Minister der Welt etwas ändern kann, juryfrei bin.«[44]

Es war offensichtlich, daß die Regierung einen Fehler begangen hatte und dann log, um sich aus einer peinlichen Situation zu ziehen. Auch blieb nicht unbemerkt, daß versucht wurde, die Schuld Werner zuzuschieben, dessen Loyalität zum Kaiser allgemein bekannt war. Werner selbst verfocht die Sache nicht weiter. Nachdem er sein Dementi an die Zeitungen geschickt und die

Thatsachen und Berichtigungen privat in Umlauf gebracht hatte, ohne ihre Veröffentlichung zu erlauben, hüllte er sich in Schweigen. Eine Demonstration der Münchner Künstler zu seiner Unterstützung wurde auf seinen Wunsch abgesagt.[45] Es war genug für ihn, die Tatsachen dem Kaiser, seinen Freunden und den Beamten in den betreffenden Ministerien aktenmäßig zu belegen. Bis zu seinem Tode im Jahr 1915 blieb Werner Direktor der Königlichen Hochschule für die bildenden Künste, unbeugsam gegenüber der modernen Kunst wie gegen Minister, die von ihm unterwürfigen Gehorsam erwarteten.

Bedeutsam an den Verwicklungen um Werners Schlachtbilder und Jagows Übung in öffentlicher und privater Moral ist

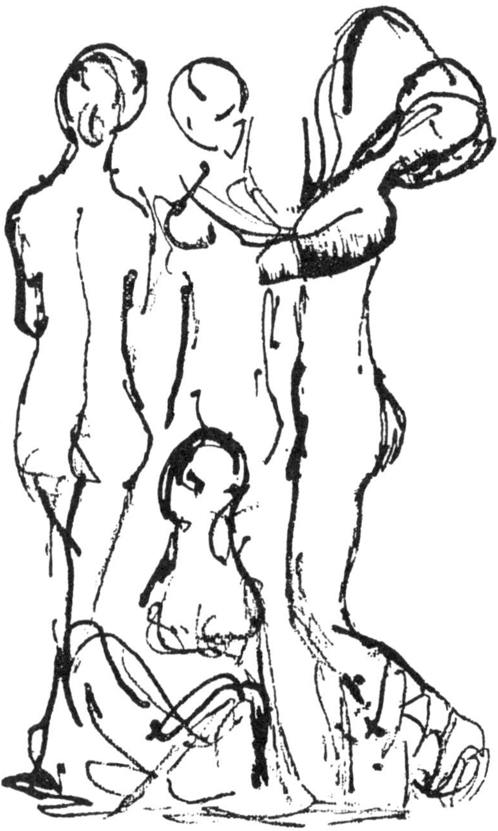

Wilhelm Lehmbruck, Stehende. Zeichnung. Abgebildet im Katalog der Ersten Ausstellung der Freien Secession, 1914

Karl Hofer, Weiblicher Akt. Zeichnung. Abgebildet im Katalog der Neunzehnten Ausstellung der Berliner Secession, Zeichnende Künste, Winter 1909–1910

nicht so sehr das Verhalten der Beamten als Stärke und Umfang der gegen sie gerichteten Kritik. Die Zeitungsberichte über den Polizeipräsidenten, den Kultusminister und das Auswärtige Amt sind nicht allein feindlich; sie geben der Verbitterung darüber Ausdruck, daß wieder, wie schon so oft, die maßgebenden Stellen sich als unzulänglich erwiesen hatten. Die Atmosphäre in Berlin hatte sich seit Ende der neunziger Jahre, als die Secession gegründet wurde, geändert. Die Kritik an offiziellen Überzeugungen und Verfahren war mutiger geworden und hatte der Moderne größere Bewegungsfreiheit verschafft. Unter diesen Umständen schien der große Erfolg, den die Sommerausstellung der Secession 1913 erzielte, ein festes Bündnis zwischen dem deutschen Impressionismus und Expressionismus einzuleiten, das die moderne Kunst in Deutschland erfolgreicher denn je fördern konnte. Doch kaum war die Ausstellung eröffnet, als das neue Bündnis zerriß. Die dreizehn Mitglieder, deren Arbeiten die Jury abgelehnt hatte, waren nicht bereit, das Urteil stillschweigend hinzunehmen. Sie mieteten wenige Schritte von der Secessionsgalerie entfernt einen Laden und stellten ihre Bilder aus – ein Protest, der ihrer Sache nach Ansicht eines Kritikers keinen Gefallen tat, weil die Bilder, die sie zeigten, nichts weiter darstellten, als »das gute, ehrliche und langweilige Epigonentum des Impressionismus.« Ein Zeitungsbericht meinte, daß die Methoden, deren sie sich bedienten, um sich an Liebermann, Cassirer und den drei Juroren Slevogt, Kollwitz und Tuaillon, die ihre Arbeiten zurückgewiesen hatten, zu rächen, nicht immer die saubersten waren, und eine Mehrheit der Secession kam zu der Überzeugung, daß es für beide Parteien unmöglich sei, unter einem Dach weiterzuleben.[46] Bei einer außerordentlichen Generalversammlung verlangte Slevogt als Sprecher der Mehrheit, daß die dreizehn die Secession verließen. Als diese sich weigerten, traten statt dessen Slevogt, Liebermann, Cassirer und neunundreißig andere aus. Zurück blieben die schwächsten Mitglieder der Secession – mit Ausnahme von Otto Modersohn und dem Kupferstecher Hermann Struck sind sie heute vergessen – und Corinth, der sich überraschenderweise auf ihre Seite schlug. Es ergab sich, wie Scheffler schrieb, »die groteske Lage, daß die Zurückbleibenden formalrechtlich die Secession repräsentierten, daß sie, als die minder Begabten, deren Ideen jedoch nicht zu vertreten vermochten, daß die Ausscheidenden dagegen sich Mitglieder der Berliner Secession nicht länger nennen durften, wohl aber Träger ihres Geistes waren.«[47]

Die ausgetretenen Künstler veranstalteten die von Cassirer bereits angekündigte Herbstausstellung, auf der neben Bildern von Munch und 21 Picassos auch Arbeiten der früheren Brücke-Maler und anderer Expressionisten gezeigt wurden. Im Frühjahr gründeten sie eine neue Vereinigung, die Freie Secession, mit Liebermann als Ehrenvorsitzendem. Cassirer, der sich nach allgemeinem Urteil während des einen Jahres seiner Präsidentschaft als schlechter Diplomat erwiesen hatte – »er hatte den Bogen überspannt« –, war nicht im Vorstand, wurde aber zum Ehrenmitglied gewählt. Da er nicht mehr Geschäftsführer sein wollte, spielte er in dem neuen Verband nur eine Nebenrolle, obwohl er mit seinen führenden Mitgliedern weiterhin eng vertraut blieb. Der Ausbruch des Krieges machte eine kontinuierliche Führung unmöglich, und ohne die administrative Unterstützung von Cassirers Firma gelang es der Freien Secession nicht, sich auf eine sichere finanzielle Basis zu stellen. Sie veranstaltete ihre Ausstellungen, die keine großen Erfolge mehr waren, in unregelmäßigen Abständen, bis sie sich auf dem Höhepunkt der Inflation 1923 auflöste. Dem Rumpf der Berliner Secession erging es ähnlich schlecht. Corinth wurde zum Vorsitzenden gewählt und behielt dieses Amt

Wilhelm von Kaulbach, Das Zeitalter der Reformation. Wandgemälde, ehemals im Treppenhaus des Neuen Museums zu Berlin, Karton, 1862. Das Bild sollte nach dem Willen des Künstlers »alle Männer der Religion, der Wissenschaft, der Künste, alle Fürsten und Kriegshelden vereinigen… die an die Befreiung der Christen aus der Macht des Mittelalters Anteil hatten«

bis zu seinem Tode 1925; doch kam er seinen Aufgaben nur sporadisch nach, und die Gruppe selbst war zu schwach, um einen eigenen Stil und eine feste Ausstellungspolitik zu entwickeln. Die Berliner Secession wurde mehr und mehr zu einer ausschließlich wirtschaftlichen Interessengemeinschaft, und ihr Einfluß auf die fernere Entwicklung der deutschen Kunst blieb gering. 1932 wurde die Berliner Secession aufgelöst.[48]

Die nationale und internationale Bedeutung der Berliner Secession für die deutsche und die internationale Kunstwelt ging im Herbst 1913 zu Ende, als die Mehrheit die Vereinigung verließ. Das neue Bündnis zwischen der jungen und älteren Generation der Avantgarde, das Cassirer für die Sommerausstellung 1913 geschaffen hatte und das eine neue Phase des Kampfes für die Moderne in Deutschland einzuleiten schien, erwies sich als unecht. Da Impressionisten, Expressionisten und die späteren Vertreter der

ZEPPELIN
1888
STERNWART
TREPTOW
BOS
MAJOR
Erlass
Erlass
Erlass

Das Wilhelm

Zeichnung von W. A. Wellner.

sche Zeitalter.

(Frei nach KAULBACH.)

Das wilhelminische Zeitalter (Frei nach Kaulbach): An namhaften bildenden Künstlern kannte dieser Darstellung zufolge das wilhelminische Zeitalter, außer dem von einem ›langen Kerl‹ auf Händen getragenen Menzel, nur Knackfuß und Anton von Werner. Karikatur von W. A. Wellner, *Lustige Blätter*, Bd 28, Heft 24, 1913

Neuen Sachlichkeit einander in der Freien Secession tolerieren konnten, waren es nicht nur die divergierenden Stilformen, die zur Auflösung der Secession führten, sondern vor allem persönliche Feindschaften und der Neid der weniger Begabten (der freilich eine schwere Belastung für alle Vereinigungen dieser Art ist). Von der ersten Ausstellung im Mai 1899 bis zur Sommerausstellung 1913 hatte die Secession 14 Jahre lang als eine Bewegung bestanden, die einer internationalen, nicht didaktischen Ästhetik verpflichtet war und diese erfolgreich gegen Andersdenkende in den eigenen Reihen und gegen Traditionalisten und Kunstpatrioten verteidigte.

Für eine solche Vereinigung sind 14 Jahre eine ungewöhnlich lange Lebensdauer. Die Münchener Secession, die die moderne Richtung nie besonders stark verfolgt hatte, entwickelte mit der Zeit denselben Konventionalismus wie die Münchener Ortsgruppe der Allgemeinen Deutschen Kunstgenossenschaft. Die Wiener Secession wurde nach 8 Jahren fast ebenso konservativ, als 1905 Gustav Klimt und seine Anhänger ausschieden. Jüngere Secessionen, wie der Sonderbund, überdauerten kaum 5 Jahre. Einige kleinere Gruppen wie die Brücke oder der Blaue Reiter, die von Künstlern mit vorübergehend gleichen Interessen gegründet worden waren, bestanden ebenfalls nie länger als einige Jahre. Nur eine oder zwei Künstlerkolonien, vor allem die Worpsweder, waren von längerer Dauer, obwohl ihre ideologischen und politischen Konzepte sich mit ihrer Mitgliedschaft änderten. Daß die Berliner Secession länger lebensfähig blieb als zu erwarten gewesen wäre, lag an einem Zusammenwirken verschiedener Faktoren: Sie umfaßte eine große Anzahl talentierter Künstler, von denen einige bewußt eine Kulturpolitik mit internationaler Orientierung betrieben; der unternehmungslustige Vorstand war ernsthaft daran interessiert, den deutschen Kunstgeschmack zu verändern; und schließlich reizte die anregende und turbulente Berliner Atmosphäre nicht allein zur Polarisierung der Parteiungen, sie setzte auch einer Rückkehr der Secessionisten zur geschlossenen Mehrheit der Künstler weit größere Hindernisse entgegen, als es beispielsweise in München gegeben hätte.

Auch die um die Jahrhundertwende, um die Zeit, als Liebermann und Slevogt ihre schönsten Bilder malten und Cassirer die lebhafteste Tätigkeit entfaltete, allmählich zu einer zaghaften Anerkennung der impressionistischen Kunst sich wandelnde Haltung eines Teils des deutschen Publikums trug natürlich zum Erfolg der Secession bei. Doch während sich die Secession eine vorherrschende Stellung in der deutschen Kunst eroberte, änderte sich die kulturelle Landschaft. Als Scheffler 1917 den Ursachen für den Niedergang der Berliner Secession und später der Freien Secession nachspürte, meinte er, der sei hauptsächlich durch den Anbruch einer neuen Ära in Kunst und Gesellschaft zu erklären: »Es ist an der Zeit, einmal mit aller Deutlichkeit auszusprechen, daß sich die Secessionen überlebt haben. Sie haben geleistet, was sie leisten sollten und konnten, haben ihre geschichtliche Mission erfüllt, haben jetzt aber nicht mehr ein inneres Recht, da zu sein. Das deutsche Kunstleben verdankt diesen Vereinigungen unendlich viel, und allen voran die Berliner Secession – die sich in der Freien Secession ja am lebendigsten fortsetzt – ist ein Mittelpunkt der besten deutschen Kunst geworden. Der Impressionismus – um es kurz mit bekannten Schlagworten auszudrücken – brauchte die eng geschlossene Kampforganisation und Ausstellungsgelegenheiten für eine Künstler- und Publikumselite. Die Berliner Secession hat sich zu einer Zeit in den Dienst des Qualitätsgedankens gestellt, als dieser Gedanke in Deutschland kaum schon begriffen wurde. Sie war in ihrer besten Zeit eine fast ideale Arbeitsgemeinschaft, in der einer vom andern lernte, sie wirkte durch ihren familiären Charakter, durch ihre Inselhaftigkeit mehr als alle großen Künstlervereinigungen. Die Kunst aber, die nun mit einem andern Schlagwort als Expressionismus bezeichnet wird, kann diese intime Organisation kaum noch brauchen. Der Geist, der die Jugend ergriffen hat und täglich mehr ergreift, quillt über die Ränder hinweg, er strebt wieder nach einem unmittelbaren Anschluß zum ganzen Volk, er will in die Breite, ins Allgemeine und Laute, er ist seinem Wesen nach nicht patrizierhaft, sondern demokratisch. Darum sind ihm die Secessionsverbände nicht mehr gemäß.«[49]

Zum wahren Nachfolger der alten Berliner Secession wurde nicht einer der Secessionsverbände, die noch einige Jahre lang eine kümmerliche Existenz führten, sondern – nach der Lücke, die durch den Ersten Weltkrieg entstanden war – die neue Preußische Akademie der Künste in der Weimarer Republik. In einer drastischen Umkehrung der Rollen wurde Liebermann 1920 ihr Präsident. Er übernahm Cassirers Politik von 1913, jetzt jedoch unterstützt durch die Autorität und Finanzkraft des Staates und das Bewußtsein, daß der Staat daran interessiert war, die Kunst dem

Volke nahezubringen. In den Ausstellungen, Veröffentlichungen und Vorlesungsreihen der Akademie brachte er die alte Garde des deutschen Impressionismus mit Expressionisten und Vertretern noch jüngerer Richtungen zusammen. Als er 1932 im Alter von 85 Jahren sein Amt niederlegte, wurde er zum ersten Ehrenpräsidenten der Akademie ernannt. Nach dem Sieg der Nationalsozialisten im folgenden Jahr schied er mit einer kurzen Erklärung aus der Akademie: »Ich habe während meines langen Lebens mit allen meinen Kräften der deutschen Kunst zu dienen gesucht: Nach meiner Überzeugung hat Kunst weder mit Politik noch mit Abstammung etwas zu tun, ich kann daher der Preußischen Akademie der Künste, deren ordentliches Mitglied ich seit mehr als dreißig Jahren und deren Präsident ich durch zwölf Jahre gewesen bin, nicht länger angehören, da dieser mein Standpunkt keine Geltung mehr hat. Zugleich habe ich das mir verliehene Ehrenpräsidium der Akademie niedergelegt.«[50]

Liebermanns Austritt und der Anlaß dafür waren frühe Stationen an dem Weg, der schließlich 1943 seiner fünfundachtzigjährigen Witwe nur die Wahl zwischen der Deportation nach Polen und dem Selbstmord ließ.

7. Der Bildermann

Der Kriegseintritt Deutschlands im August 1914 wurde von den Begründern der Berliner Secession und den Künstlern, die sich ihr später angeschlossen hatten, ebenso rückhaltlos befürwortet wie vom ganzen deutschen Volk. In einem Aufsatz mit dem Titel »Vae Victis« pries Lovis Corinth den Furor teutonicus, der den Gegnern bewies, »daß sie nicht ungestraft unser friedliches Leben stören sollten.« An anderer Stelle im selben Aufsatz schrieb er von einer Welt von Feinden, die »dem jungen Deutschen Reich in des Wortes deutlichstem Sinne das Ende bereiten« wolle, und rief: »Fort mit der gallisch-slawischen Nachäfferei unserer letzten Malereiperiode!« Max Liebermann unterzeichnete eine Erklärung dreiundneunzig Gelehrter, Wissenschaftler und Künstler, die Deutschland gegen die Anklage, einen Angriffskrieg zu führen, verteidigte. Wie Ernst Barlach, August Gaul und viele andere, begann er mit graphischen Arbeiten, um die deutsche Sache zu unterstützen. Karl Scheffler verstieg sich dazu, den Krieg als eine regenerierende Macht zu apostrophieren und ihn zu segnen: »Laßt ihn uns als eine Gnade entgegennehmen... Mag er ausgehen wie er will: ein Volk wie das Deutsche geht nicht zugrunde, und auf jeden Fall wird es neue Innerlichkeit, vertiefte Kultur und neue Kraft zum Lebendigen gewinnen.« Durch patriotische Leidenschaft ziemlich restlos um zivilisierten Anstand und gesunden Menschenverstand gebracht, veröffentlichte er einen Artikel des Kunsthistorikers Emil Schäffer, der verlangte, Belgien solle seine wertvollsten Kunstwerke als Kriegsentschädigung an deutsche Museen abtreten, wovon freilich Wilhelm von Bode entrüstet nichts wissen wollte.[1]

Andere nahmen unmittelbar am Krieg teil. Der sechsundvierzigjährige Max Slevogt benutzte seine persönlichen Verbindungen, um als Kriegsmaler an die Front zu kommen, war aber so angewidert von der Zerstörung, daß er es kaum drei Wochen in Belgien aushielt.[2] Erich Heckel und Max Beckmann meldeten sich freiwillig zur Sanitätstruppe. Oskar Kokoschka trat noch vor seiner Einberufung in die österreichische Kavallerie ein, wurde schwer verwundet und war kurze Zeit in russischer Gefangenschaft. Franz Marc und August Macke fielen an der Westfront; Martin Brandenburg und Waldemar Rösler starben an ihren Ver-

Max Liebermann, Judenpogrom in Kischinew. Lithographie. *Kriegszeit,* 1914

wundungen. Julius Meier-Graefe wurde von den Russen gefangengenommen, während er als Freiwilliger beim Roten Kreuz in Polen diente. Paul Cassirer, schon über vierzig und in dem ersten Stadium der Herzkrankheit, die 1926 seinen Tod mittelbar verschulden sollte, meldete sich im August 1914 freiwillig als Meldefahrer; im folgenden Monat erhielt er das Eiserne Kreuz.

Während er im Feld stand, setzte Cassirer weiterhin einige Verlagsprojekte in Gang und veröffentlichte bald mehrere Werke über den Krieg – einen Band Gedichte von Angehörigen seines Armee-Korps, von Beckmann mit Federzeichnungen illustriert, und eine Sammlung von Briefen eines jungen Offiziers, des Sohns des Secessions-Bildhauers Fritz Klimsch. Aber sein wichtigstes Unternehmen im ersten Kriegsjahr war eine neue Zeitschrift: *Kriegszeit*, deren erste Nummer am 31. August erschien.[3] Etwa ein Jahr lang, bis Ende des Sommers 1915, erschien sie wöchentlich, dann mehr sporadisch, bis im März 1916 die letzte Nummer herauskam. Die Zeitschrift, auf billigem Papier gedruckt und für den niedrigen Preis von 15, später 20 Pfennig zum Wohle notleidender Künstler und ihrer Familien verkauft, suchte einem größeren Leserkreis Darstellungen des Krieges von modernen Künstlern nahezubringen. Jede Nummer enthielt neben vier ganzseitigen Lithographien ein Gedicht, einen kurzen Kommentar oder Auszüge aus Kriegsberichten und amtlichen Verlautbarungen.

Die erste Nummer begann mit einer Lithographie von Liebermann, die eine Volksmenge vor dem Berliner Schloß zeigt und mit dem kaiserlichen Ausspruch überschrieben ist: »Ich kenne keine Parteien mehr, ich kenne nur noch Deutsche!« Sie enthielt eine Erklärung Meier-Graefes, daß alle politischen Parteien jetzt auf dasselbe Ziel marschierten, und die Kunst folgen müsse. Derselbe patriotische Ton wurde in den nächsten Nummern angeschlagen, bald aber kamen auch andere Themen zur Sprache: Liebermann stellte einen Pogrom in Rußland dar oder Ärzte, die zwischen Toten und Verwundeten arbeiten; eine Lithographie von Käthe Kollwitz mit dem Titel »Angst« zeigte eine Frau, die auf Nachricht wartet; Beckmann porträtierte einen gefallenen Freund. Während der kurzen Zeit ihres Bestehens veröffentlichte *Kriegszeit* sowohl patriotische Ermunterungen wie objektive Reportagen, symbolische Darstellungen des menschlichen Leidens und Karikaturen des Feindes – darunter eine Lithographie von Gaul anläßlich des Kriegseintritts Italiens: unter der Überschrift »Römischer Adler im Mai 1915« wird ein Geier gezeigt, der sich auf Michelangelos *Moses* niedergelassen hat.[4]

Da Cassirer im Felde stand, konnte er die redaktionelle Linie nur im großen ganzen bestimmen. Im einzelnen lag die Verantwortung bei dem Kunstkritiker Alfred Gold, der darauf achtete, daß genug patriotische Themen veröffentlicht wurden,

Max Beckmann, Zwei Offiziere. Radierung 1915. Der rechts Dargestellte ist Paul Cassirer

damit der Zensor auch die etwas zwiespältigeren Arbeiten durchgehen ließ. Manchmal lehnte Gold einen Beitrag als politisch zu gefährlich ab; Barlach beklagte sich beispielsweise, daß eine seiner Lithographien, *Massengrab*, aus Furcht vor den Behörden zurückgehalten wurde.[5] Daher spiegelt *Kriegszeit* nur unvollkommen die politische Haltung derer wider, die sie herausbrachten oder an ihr mitarbeiteten. Doch die Aussage ihrer Illustrationen stimmt weitgehend mit Briefen und anderen privaten Äußerungen ihrer Schöpfer aus dieser Zeit überein. Eine Haltung zeigt sich, die trotz einzelner Abweichungen und unterschiedlicher Schwerpunkte fast allen gemeinsam war, die mit der Berliner Secession verbunden gewesen waren. Wenigstens in der Anfangsphase des Krieges waren diese Leute überzeugt davon, daß Deutschland gezwungen wurde, zu den Waffen zu greifen; sie vertrauten der Armee und ihren Führern und sahen die Notwendigkeit des Opfers ein; die Propaganda der Alliierten, die die Deutschen als Barbaren darstellte, empörte sie; sie wurden sich der Schrecken eines Krieges zwischen industrialisierten Massengesellschaften bewußt und glaubten die Freiheit zu haben, ihre Ansichten über diese scheinbar nicht endenwollende Tragödie ausdrücken zu können, ohne zu glauben, daß ihre Reaktionen einer Kritik an Regierung und Oberkommando gleichkamen.

In der Krisenzeit des Ersten Weltkriegs wurde der alte Vorwurf, der sie als unpatriotisch und sogar subversiv hinstellen wollte, endgültig durch ihr Handeln und ihre Kunst widerlegt. Keine Regierung hätte sich pflichtbewußtere, tatkräftigere und intelligentere Anhänger als diese Künstler wünschen können, von denen die meisten vor dem August 1914 nur wenig Interesse für Politik bekundet hatten. Selbstverständlich kann eine unpolitische Haltung auch zu politischen Konsequenzen führen. In einem Zeitalter des fanatischen Nationalismus war es der Secession in einem Bereich des deutschen Lebens gelungen, die Kluft, die sich seit einem Jahrhundert zwischen westeuropäischer und deutscher Kultur aufgetan hatte, hier und da zu überbrücken. Wenn der Kaiser die Secession mit dem Sozialismus gleichsetzte und die radikalen Konservativen in ihr das Werkzeug des internationalen Judentums sahen, verwarfen sie wichtige Elemente des deutschen Lebens zugunsten von Hirngespinsten. Aber es mag gerade der unpolitische Charakter der von der Secession vertretenen Kunst gewesen sein, der jene Deutschen aufbrachte, die zunehmend einem Hurrapatriotismus verfielen, um ihre Ängste zu unterdrücken.

Wohin diese Phantasien führten, ist leicht zu erkennen. Das soll nicht heißen, daß die deutsche Geschichte merklich anders verlaufen wäre, wenn Wilhelm II. den Impressionismus und seine Nachfolger weniger schroff abgelehnt hätte. Aber seine heftigen Zusammenstöße mit der Kunst seiner Zeit und der Haß, den völkische Kreise dieser Kunst gegenüber empfanden, waren symptomatisch für stärkere Strömungen, die unzweifelhaft die Ansichten der Deutschen beeinflußten und die deutsche Gesellschaft spalteten. Ein aktenkundiges Beispiel wäre, daß die deutschen Sozialisten und auch die Künstler der Secession 1914 nicht als die Staatsfeinde handelten, die man in ihnen sah, sondern statt dessen den Krieg unterstützten. Wäre zehn Jahre vorher den Verantwortlichen die Furcht vor einer sozialistischen Unterwanderung des Staates genommen worden oder vergangen, hätte das den Zusammenhalt der deutschen Gesellschaft gestärkt und möglicherweise sogar die militärischen Aussichten Deutschlands verbessert.

In diesem Sinne ist die Secession zugleich exemplarisch für eine soziale Haltung und für eine verpaßte Gelegenheit. Nur wenige Deutsche wollten das kaiserliche System zerstören, aber viele

„Wenns so weiter geht, werden wir auch noch für die Civilisation kämpfen müßen."

August Gaul, »Wenns so weiter geht, werden wir auch noch für die Civilisation kämpfen müssen«. Lithographie. *Der Bildermann,* Bd 1, Heft 14, 20. Oktober 1916. Der Titel spielt auf den Einsatz farbiger Kolonialtruppen durch die Kriegsgegner Deutschlands an. Die Zeichnung des Tierbildhauers August Gaul indessen zeigt nicht Haeckelsche Untermenschen, sondern ganz unideologisch beobachtete Affen.

wollten es liberalisieren und erweitern; ganz wie die Secession an der Ausstellung in St. Louis teilnehmen wollte. Der Widerstand, auf den sie stießen, ließ sich nicht mit Rücksichtnahme auf Macht und Ansehen der Nation rechtfertigen – denn er war im Gegenteil selbstzerstörerisch –, genauso wie es nicht aus triftigen Gründen, sondern aus privaten Ängsten geschah, daß der Kaiser die Kunst der Secession als Rinnsteinkunst anprangerte. In diesem Licht betrachtet, erscheint die Secession als der ästhetische Ausdruck eines Liberalismus, der in Deutschland dem Untergang geweiht war – und das nicht nur, weil der Staat ihn ablehnte, obwohl er jede nur mögliche Unterstützung gut hätte brauchen können, sondern auch deshalb, weil Deutschlands Niederlage im Krieg und deren Folgen den Radikalismus von rechts und links nährten, der den Liberalismus schließlich zerstören sollte.

Der Widerstand gegen die moderne Kunst deutet an, wie schwer es dem Kaiserreich fiel, gewisse gesellschaftliche, ökonomische und auch kulturelle Züge des 20. Jahrhunderts in seine Politik und Institutionen einzubeziehen; darüber hinaus ist es offensichtlich, daß der Widerstand gegen die Moderne auch Auswirkungen auf die Jahre nach 1918 in sich trug. Es ist zwar wahr, daß die moderne Kunst in ganz Europa bekämpft wurde; überall protestierte man gegen ihre Werke, sie wurden mißverstanden oder nicht beachtet – bis es nach einiger Zeit zu einem neuen Konsens kam, für den teilweise das Alte und die unwesentlicheren und weniger ansprechenden Elemente des Neuen aufgegeben wurden. Aber in Deutschland war dieser Widerstand stärker. Hier war mehr als anderswo die Furcht verbreitet, daß die Moderne die Substanz der Gesellschaft und ihre politische Struktur bedrohe; hinter diesem Gefühl verbarg sich die Angst vor dem Fremden, die viele Intellektuelle, Politiker und auch einige Künstler zum Kern ihres Anliegens machten. Als die Westfront im Stellungskrieg erstarrte, wandelten sich die Gefühle der Mitarbeiter von *Kriegszeit* wie auch die anderer Deutscher von anfänglicher Euphorie und dem Vertrauen auf einen schnellen Sieg zu der Erkenntnis, daß der Krieg sich noch lange hinziehen würde und sein Ausgang ungewiß sei. Einige gingen weiter. Cassirers Briefe von der Front zeigen, daß er um die Mitte des Jahres nicht nur überzeugt war, Deutschland könne den Krieg nicht gewinnen; sondern schon fürchtete, daß der Krieg Europa zerstören würde. Anfang 1916, im Alter von fünfundvierzig Jahren, wurde er demobilisiert und kehrte nach Berlin zurück; hier entschloß er sich, *Kriegszeit* durch eine neue Zeitschrift zu ersetzen, um der Heimat die möglichen Konsequenzen des Krieges stärker bewußt zu machen und an ihre Friedenssehnsucht zu appellieren – von welcher er sich übrigens eine erhöhte Empfänglichkeit für Kunst versprach. Als Schriftleiter wählte er den Pianisten und Musikkritiker Leo Kestenberg, einen bekannten Pazifisten; aber er behielt sich ein Mitspracherecht vor, und die programmatische Ankündigung im ersten Heft der neuen Zeitschrift läßt deutlich seine Stimme erkennen. *Der Bildermann* wurde die neue Festschrift auf Vorschlag Max Slevogts genannt; Slevogt zeichnete auch die Titelvignette, auf der ein Plakatträger auf einer Bühne steht, daneben ein Marktschreier, der die Bilder auf den Tafeln erklärt und kommentiert.[6]

Wie schon sein Vorläufer bestand auch der *Bildermann* aus vier, manchmal fünf ganzseitigen Schwarz-Weiß-Lithographien, neben denen Gedichte oder Kurzgeschichten von klassischen Autoren oder Zeitgenossen wie Max Brod, Else Lasker-Schüler und Walter Hasenclever erschienen. Der Preis war wieder niedrig (auf 30 Pfennige) kalkuliert, um das breite Publikum zu erreichen, das der Untertitel auf einigen Ausgaben ansprach: »Steinzeichnungen fürs deutsche Volk«. Doch waren die Illustrationen im allgemeinen anspruchsvoller und experimenteller als in *Kriegszeit*; und Art und Vielfalt des Inhalts standen der Hoffnung des Verlegers entgegen, wenn nicht das »deutsche Volk«, so doch wenigstens das Bildungsbürgertum in Berlin anzusprechen. Aber einem kleinen Leserkreis bot *Der Bildermann* gedankenvolle und entschiedene Kommentare zur gegenwärtigen Lage. Obwohl die Mitarbeiter der Zeitschrift – von Gaul bis zu Kirchner, Heckel und Kokoschka – aus ganz verschiedenen Lagern kamen, bildeten ihre Beiträge eine bemerkenswerte visuelle und emotionale Einheit. Das Bedürfnis, die schrecklichste Erfahrung ihrer Generation auszudrükken, brachte die Künstler einander näher; dazu kam der Schmerz der Kosmopoliten, die jetzt zum Nationalismus gezwungen waren und das Ende des europäischen Konsens erlebten, den sie vertreten hatten. Auf den in Druck und Gestaltung einfach gehaltenen Seiten harmonieren Barlachs apokalyptische Visionen mit Liebermanns ruhig beobachteter Darstellung von Gästen eines Restaurants am Ufer eines Sees; tatsächlich spiegelten solche Zusammenstellungen die Realität einer Zeit wider, in der Alltagsroutine und Massenvernichtung nebeneinanderher existierten.

Zur Einführung!

Die Herausgabe einer neuen Zeitschrift, die jedem künstlerisch behandelten Stoff offensteht und sich nicht ausschließlich auf die Bilder des Krieges beschränkt, scheint uns eine Notwendigkeit, weil wir sahen, daß in unserem Volke während dieser Kriegsmonate neben dem natürlichen und selbstverständlichen Interesse für die Empfindungen und die Bilder des Krieges die Liebe und die Freude an den Werken jeglicher Kunst, gleichgültig welcher Gegenstand behandelt ist, von Tag zu Tag erstarkte und sogar stärker wurde, als sie im Frieden war. Trotz aller Schicksalsschläge und Mühsale ist die Sehnsucht nach Schönheit und Innerlichkeit in allen gewachsen, und es scheint, daß mit dem Glauben an den endgültigen moralischen Sieg auch die Hoffnung erwachsen ist, der Kunst und der Kunstpflege erstehe ein neuer Frühling.

Trotz der Schrecken unserer Zeit blieb unsere Seele den alten Göttern treu. Mitten im Krieg will sie schauen, wie sie vor dem Kriege geschaut hat, sogar genießen, wie sie vordem genossen hat. Die Not des Krieges hat uns gelehrt, dem Schrecken ruhig in die Augen zu sehen, aber sie hat auch unser Sehnen aus dem Schrecken heraus nach Reinem, Höherem wieder erweckt und innerlicher gemacht. Zweimal monatlich wird „Der Bildermann" Originallithographien von Meisterhand bringen. Slevogt, Gaul, Liebermann, Käthe Kollwitz, Walser, Kalckreuth werden neben den jüngeren strebenden Begabungen wie Purrmann, Kokoschka, Pechstein, Barlach, Meidner, Großmann, Kirchner, Heckel u. a. an ihm mitarbeiten.

Was wir bringen, sind keine Reproduktionen. Der Druck vom Stein ist ein Original. Die photographische Platte ist nicht zwischen die Zeichnung des Künstlers und den Druck getreten. Der Strich der Lithographie ist so lebendig wie der Strich der Zeichnung. Das Unbewußte des Künstlers, das sich ausdrückt in den leisen, niemals zu reproduzierenden Bewegungen der zeichnenden Hand, bleibt der Künstlersteinzeichnung erhalten.

„Der Bildermann" will weite Kreise mit der Kunst in unmittelbare Fühlung bringen, nicht in die Fühlung, die durch Wissen über Kunst erreicht wird, sondern in die, die mittels der Empfindung sich vom Künstler direkt zum Kunstfreund überträgt. Wir glauben, daß wir der bildenden Kunst nicht allein diese Wirkung überlassen dürfen; aus dem Reiche der Poesie werden wir alte und neue Volkslieder bringen, sorgfältig auf einzelne Blätter gedruckt, mit Künstlerzierrat geschmückt, geeignet, an den Wänden als sprechendes Bild angeheftet zu werden. Die Lieder, die das Volk singt und spricht, stehen wohl gedruckt in fast aller Leute Bücherkasten, aber wie selten ist es dem Vielbeschäftigten gegönnt, das Buch aufzuschlagen; und wie unmöglich ist es dem Kinde, in den dicken Bänden das zu finden, was sein Herz begehrt. Wir hoffen, daß diese Volkslieder, von unseren besten Künstlern geziert, dazu beitragen werden, den Genuß, den sich unser Volk aus der Blüte des Liedes holt, zu erhöhen und zu vergrößern.

So wollen wir versuchen, mit dem Besten, was deutsche Kunst und Dichtung schafft, ein Volksblatt zu gründen, und wir hoffen, durch diese Blätter festzuhalten, was unser Volk während des Krieges erlebt, nicht nur die kriegerische Gegenwart, der wir uns nicht entziehen werden, sondern auch die Vergangenheit und die schönere Zukunft.

Verlag und Redaktion „Der Bildermann"

Paul Cassirer Leo Kestenberg

Einige der Illustrationen feierten weiterhin deutsche Siege – so Gauls großartige Variation eines alten assyrischen Frieses, der die englische Kapitulation von Kut in Mesopotamien zeigt, oder auch seine Skizze eines englischen Seelöwen, den ein Sieg der deutschen Marine völlig benebelt hat –, doch Abbildungen dieser Art waren in der Minderzahl.[7] Einen weit größeren Raum nahmen Darstellungen des Lebens in der Heimat ein; einige waren romantisch – die unvermeidlichen nackten Badenden von Otto Mueller oder eine Illustration zu Eichendorffs Gedicht *Heimweh,* das jeder Gymnasiast kannte – aber die meisten zeigten nicht den Wunsch, die Vergangenheit zu beschwören oder die Gegenwart zu verschönern. Typisch sind andere Bilder: die in energischem Realismus gezeichneten Stadtszenen Rudolf Grossmanns, der mit der Neuen Secession ausgestellt hatte; eine grell emotionale Landschaft von Ernst Kirchner; Heckels *Reise,* ein Blatt, das zwei Frauen zeigt – die eine jung, halb lächelnd, die andere vom Leben gezeichnet – im Abteil eines Zuges, der durch eine Stadt fährt; und Heinrich Zilles liebevolle oder ironische Vignetten aus der Welt der Arbeiter – spielende Kinder, ein Kneipenwirt, der stolz ist auf seine Blutwürste.[8] Zwei Zeichnungen Zilles kommen sozialem und politischem Protest schon sehr nahe: eine stellt eine Kneipe dar, in der sich Erwachsene und Kinder betrinken, die andere eine Mutter mit ihren Kindern in einer Mietskaserne, auf einen Brief starrend, der ein Eisernes Kreuz enthielt und damit der Familie den Tod des Vaters im Felde anzeigt. Eine schwunglose Skizze von Käthe Kollwitz, auf der Mutter und Kind sich anlächeln, wird durch die Überschrift zu einer Anklage: ein Vers beklagt die Armut der Mutter, die kein Essen für ihr Kind hat.[9]

Quer durch dieses vielseitige Bild des Lebens in der Heimat – schwierig, aber doch lebenswert – schnitt eine Bilderfolge mit dem Titel *Die neue Gesellschaft* wie ein Schwertstreich. Mit kräftigen Linien und übertriebener Gestik und Ausdrucksweise enthüllte der Künstler, Ottomar Starke, die brutale Gewöhnlichkeit und Gemeinheit der Kriegsgewinnler: auf einem Blatt sagt ein Mann seiner Frau, sie brauche Bekannte nicht mehr zu grüßen, »wir sind reicher als sie«; ein anderes stellt einen gut gekleideten Mann dar, der einem ordengeschmückten Bettler aus dem Weg geht.[10] Zwei andere Bilderfolgen wurden von größeren Talenten geschaffen und drückten ohne Rücksicht auf wirtschaftliche und gesellschaftliche Unterschiede Entsetzen angesichts menschlichen

Max Slevogt, »Mars regiert die Stunde«. Lithographie. *Der Bildermann*, Bd 7, Heft 2, 20. April 1916. Die Wählscheibe dieses Feldtelephons ist das offene Hirn eines, obwohl abgeschnitten und verdrahtet, unheimlich lebendigen menschlichen Kopfes.

Leidens aus: Kokoschkas acht Illustrationen aus dem Leben Christi erörtern die zusammenhängenden Themen Verrat und Opfer mit ungestümer Virtuosität; und zehn Blätter von Slevogt, *Zeichen unserer Zeit,* in denen er eine Ausdruckskraft erreicht wie nie zuvor. Einige waren glänzende Karikaturen, die stark an Daumier erinnerten: *Pax vobiscum* zeigt den Papst bei dem Versuch, die Kinder Europas zu beruhigen, die sich auf einem Schaukelpferd streiten; auf einer Lithographie ohne Überschrift sieht man Soldaten, die mit ihren Bajonetten nach einer Seifenblase stoßen, in der die Friedenstaube flattert – eine stürmischere Version von Daumiers *L'Equilibre européen* von 1866. Andere vermieden jeden, auch den bittersten Humor, um die Greuel des Krieges unmittelbar anzugehen: Ein offenes Massengrab mit Tausenden von

Leopold von Kalckreuth, »Götz von Berlichingen«. Lithographie. *Der Bildermann,* Bd 1, Heft 9, 5. August 1916

Ottomar Starke
Die neue Gesellschaft
Blatt 1

Ottomar Starke, »Die neue Gesellschaft, Blatt 1«. Lithographie. *Der Bildermann,* Bd 1, Heft 9, 5. August 1916

Trauernden, die sich bis an den Horizont über die Landschaft ausbreiten, trägt die Unterschrift: »Über die Grenzen in weitem Land unendlicher Schmerz die Flügel spannt«; eine Skizze ohne Titel, die man später *Paroxysmus der Vernichtung* nannte, in der die Geister toter Krieger mit ihren eigenen abgehackten Gliedern den Kampf fortsetzen.[11]

Ähnlich starken Gefühlsausdruck erreichte auch Barlach. Für die erste Nummer zeichnete er eine männliche Figur mit niedergeschlagenen Augen, auf eine unvermeidliche Reise ausschreitend. Ein anderes Bild der Menschheit in den Klauen unerbittlicher Mächte entwirft eine Skizze, die später den Titel *Der Müde* erhielt und einen erschöpften oder leidenden Mann zeigt, den ein Geist tröstet. In einer Septembernummer wurde der Krieg selbst als riesenhafter Berserker dargestellt, der über einem Berg von Gerippen steht und das Leben mit einem Vorschlaghammer zerschmettert. Mehrere Lithographien enthalten Anspielungen auf die Bibel: eine heißt *Selig sind die Barmherzigen, denn sie werden Barmherzigkeit erlangen;* in *Anno Domini MCMXVI Post Christum Natum* zeigt der Teufel dem seinen Augen kaum trauenden Christus eine Welt, die nur noch aus Gräbern besteht. In *Dona Nobis Pacem* schließlich, das in der Weihnachtsausgabe erschien, schwebt eine flehende weibliche Figur über der Welt; sie strahlt ein helles Licht aus, das sie wie eine Aureole umgibt und das einen Kreis von Schwertern sprengt oder zurückdrängt.[12] Das Empfinden der Tragödie, das diese Seiten vermitteln, der sinnlosen, nicht endenwollenden Vernichtung eines Krieges, der nicht für ein wichtiges moralisches Ziel, sondern für begrenzte politische Zwecke geführt wurde, ist überwältigend.

Mit der Weihnachtsausgabe stellte *Der Bildermann* sein Erscheinen ein. Es war nicht gelungen, genügend Abonnenten zu gewinnen, die Zensoren waren nicht mehr so duldsam, und Cassirer befand sich in Schwierigkeiten, die ihm nicht länger gestatteten, sich um die Zeitschrift zu kümmern. Vermutlich, um einen Verleger mundtot zu machen, dessen Meinungen Anstoß erregten, wurde Cassirer im Sommer 1916 eingezogen, obwohl er aus gesundheitlichen Gründen und da er schon gedient hatte, zurückgestellt worden war. Als eine ärztliche Kommission seine Dienstuntauglichkeit feststellte, wurde ihr Attest nicht beachtet oder von einer anderen Verwaltungsabteilung nicht anerkannt, die befahl, ihn zu verhaften und zu einem Ersatzbatallion zu bringen, aus dem er gegen Ende des Jahres schließlich entlassen wurde. Wenige Monate später ging er im Auftrag des Auswärtigen Amtes in die Schweiz, in einer Mission, die Harry Graf Kessler arrangiert hatte; dort bemühte er sich, durch seine französischen Kontakte die Möglichkeiten für einen Verhandlungsfrieden zu sondieren. Bis Kriegsende blieb Cassirer in der Schweiz.

Es war naiv von Cassirer und seinen Mitarbeitern, zu hoffen, daß Deutschland im Kriege die moralische und ästhetische Botschaft des *Bildermann* begrüßen würde, aber wenigstens unterwarfen sie sich nicht passiv dem Chaos. Sie suchten nicht nur die Erfahrung des Krieges künstlerisch zu verarbeiten, sondern überdies dem deutschen Volk die Resultate dieser Arbeit zugänglich zu machen – in einem Medium, das dem Künstler gestattet, sich, ohne die Verzerrung seiner Aussage durch ein Reproduktionsverfahren befürchten zu müssen, unmittelbar an ein großes Publikum zu wenden – dem der Steinzeichnung oder Lithographie. Mit ihrer Arbeit am Bildermann bewiesen sie noch einmal das Vertrauen der Gründer der Secession in die Allgemeinverständlichkeit guter Kunst. Als *Der Bildermann* sein Erscheinen

Ernst Barlach, »Dona Nobis Pacem!« Lithographie. Titel der letzten Ausgabe des *Bildermann,* Bd 1, Heft 18, 20. Dezember 1916

einstellte, suchten mehrere seiner Mitarbeiter nach anderen Möglichkeiten, ihr Bild des Krieges zu verbreiten. Das eindrucksvollste Ergebnis war ein Buch von Slevogt mit dem Titel *Gesichter.* In dieser erweiterten und überarbeiteten Version seiner Serie *Zeichen der Zeit* bewies er, daß die stärksten Talente des deutschen Impressionismus aus dem Rahmen der hohen bürgerlichen Kultur ausbrechen konnten und der Herausforderung einer Welt in der Krise gewachsen waren. Die erste Seite von *Gesichter* zeigt eine fackeltragende Frau, die ins Unbekannte taumelt. Auf einer anderen Seite zieht *Pegasus im Kriegsdienst,* dem man die Flügel zusammengebunden hat, eine Kanone, während der Tod ihn voranpeitscht. Den Abschluß bilden ein Kampfflieger, der die Tiere des Tierkreises abschießt, *Der Verantwortliche,* dessen Gesicht maskiert ist und der Leichen durch ein Meer von Blut trägt, sowie *Die Vergessenen.*[13]

Die Werte, die *Der Bildermann* vermittelte, als die Lage in Europa hoffnungslos wurde, und die Slevogt in *Gesichter* beschwor, waren vor dem Kriege in der Berliner Secession beheimatet gewesen. Ihre Führer hatten die Secession zu einer Institution gemacht, die ihre Persönlichkeit und ihre Anschauungen zum Ausdruck brachte; sie hatten ihre Ansichten auf die vielen Mitglieder übertragen, die nicht so gute Künstler waren wie sie selbst und die sich auch nicht so entschlossen gegen die bestehende Ordnung stellten. In den Händen Liebermanns und Leistikows wurde die Secession zu einer Waffe, die sich gegen die wilhelminische Ästhetik und die staatliche Kulturpolitik wendete. Eine Zeitlang brachte der Kampf ein Gemeinschaftsgefühl hervor, das andere anregen und ermutigen konnte. Aber die entscheidenden Schritte waren schon getan, ehe die Secession gegründet wurde, oder ereigneten sich fern von ihr – wo begabte Maler und Bildhauer einen eigenen Stil entwickelten. Selbst wenn Männern wie Slevogt und Barlach Anerkennung und Verkauf ihrer Bilder weiterhin versagt geblieben wäre, hätten sie doch nicht aufgehört, in ihrem Stil zu arbeiten, und da sich langfristig die starken Begabungen durchsetzen, wäre die Entwicklung der deutschen Kunst ohne die Secession nicht wesentlich anders verlaufen.[14]

Bei dem Streit zwischen der Secession und den Kräften der Tradition in Berlin ging es nicht um die Entwicklung eines neuen Stils (was allein Sache des einzelnen Künstlers sein kann), sondern um dessen Anerkennung. Aus diesem Grunde gehören der Kampf für die moderne Kunst und der Widerstand gegen sie ebenso zur gesellschaftlichen und politischen Geschichte des Wilhelminischen Deutschland wie zur deutschen Kunstgeschichte. Obwohl ihre Gegner das nicht wahrhaben wollten, waren es deutsche Werte, die die Berliner Secession vertrat, aber sie setzte ein Deutschland voraus, das seine Eigentümlichkeit nicht in der Ab-

Arthur Kampf, Im Luftschutzraum. Zeichnung, 1943

sonderung von der übrigen Welt, sondern im freien Verkehr mit ihr bewiese. Es war ein Sieg im Kampf um die moderne Kunst in Deutschland, daß sich die Secession fast fünfzehn Jahre lang für die deutsche und ausländische Avantgarde einsetzte und ein Publikum für ihre Arbeiten gewann. Damals hielten sowohl die Anhänger der Secession wie ihre Feinde diesen Sieg für bedeutend und hatten damit recht; auch wenn nach Niedergang und Zusammenbruch des Kaiserreiches und dem Untergang der Weimarer Republik der Kampf selbst schließlich verloren ging.

Anmerkung zu den Quellen

Für Informationen über die Kunstpolitik der Preußischen Regierung und die Haltung des Kaisers gegenüber der bildenden Kunst habe ich nachfolgende archivarische Quellen benutzt: Zentrales Staatsarchiv, Dienststelle Merseburg, Königliches Geheimes Civil-Cabinett, Rep. 2.2.1, und Kultusministerium, Rep. 76 Ve.

Ebenso nützlich war der große, wenn auch unvollständige Nachlaß des Direktors der Königlichen Hochschule für die bildenden Künste in Berlin im selben Archiv, Rep. 92, Nachlaß Anton von Werner. Die Tagebücher des Kultusministers Robert Bosse, jetzt im Geheimen Staatsarchiv in Berlin-Dahlem, enthielten Interessantes zum Hintergrund der Ereignisse, aber nichts unmittelbar diese selbst Betreffendes. Die Untersuchung der Teilnahme Deutschlands an der Weltausstellung in St. Louis gründet sich teilweise auf die umfassenden Akten des Auswärtigen Amts im Zentralen Staatsarchiv, Potsdam, Auswärtiges Amt, Rep. 09.01.

Als Quelle zur Anfangszeit der Secession habe ich die Vorstandsprotokolle der Cassirer Collection in der neuen Stanford Collection of German, Austrian and Swiss Culture benutzt. Spätere Protokollbücher scheinen verlorengegangen zu sein. Gleichfalls herangezogen wurden Schriften und Briefwechsel von Paul Cassirer, Max Liebermann, Walter Leistikow und anderen Mitgliedern und Zeitgenossen der Secession in der Cassirer Collection; wie auch einige Dokumente in den Archiven der Akademie der Künste in West-Berlin und im Leo Baeck Institute in New York.

Besonders wertvoll unter den veröffentlichten Dokumenten waren die Kataloge der Berliner Secession und der Galerie Cassirer, die Reden des Kaisers und die Berichte über Verhandlungen des Reichstags und des Preußischen Landtags. Meine Erörterung zeitgenössischer Kunstkritik und der Reaktion der Öffentlichkeit auf den Konflikt zwischen traditioneller und avantgardistischer Kunst stützt sich weitgehend auf Zeitungen und Zeitschriften, die ihrer politischen Richtung nach von der monarchistisch-konservativen *Kreuzzeitung* bis zum sozialistischen *Vorwärts* reichen, und Bücher, Pamphlete und Artikel so unterschiedlicher Autoren wie Julius Meier-Graefe und Henry Thode. Ebenso aufschlußreich war die veröffentlichte Korrespondenz von Mitgliedern, Anhängern und Gegnern der Secession sowie die umfangreiche autobiographische Literatur.

Zwei ungewöhnlich problematische Memoiren sollten auch in dieser kurzen Anmerkung hervorgehoben werden: Emil Noldes *Jahre der Kämpfe*, Flensburg 1965, eine vielsagende Darstellung der Entwicklung des Künstlers, die zwar ein beeindruckendes psychologisches Porträt ergibt, wegen ihrer vielen Fehler und Verzerrungen aber kaum ein Tatsachenbericht; und die Autobiographie von Paul Cassirers zweiter Frau, der Schauspielerin Tilla Durieux, *Eine Tür steht offen,* Berlin 1954; oder die erweiterte Fassung, *Meine ersten neunzig Jahre,* Berlin 1971. Das Buch ist direkter als Noldes mystische Beschwörung der Vergangenheit, aber es enthält ebenfalls offenbare Fehler, verwechselt Begebenheiten und versäumt, einige seiner interessantesten Behauptungen und Zitate zu belegen. Ich habe es deshalb nur sparsam benutzt.

Die umfangreiche Sekundärliteratur wird in den Anmerkungen erörtert, so daß einige Hinweise darauf hier genügen mögen. Die wichtigsten Untersuchungen der Secession sind Curt Glasers Artikel Die Geschichte der Berliner Secession, in *Kunst und Künstler,* Bd. 26 (1927–1928), S. 14–20, 66–70; Rudolf Pfefferkorns *Die Berliner Secession,* Berlin 1972, ein anregendes kurzes Buch, das sich auf Sekundärquellen stützt und weniger eine fortlaufende historische Darstellung als eine Reihe ineinander übergreifender Aufsätze und biographischer Skizzen ist; und Werner Doedes *Die Berliner Secession,* Berlin 1977, deren 325 Bildtafeln, die einen nützlichen Überblick über die Werke der Secession geben, von einem wichtigen, aber mit nur 62 Seiten sehr knappen Kommentar begleitet sind. Kein Werk über den deutschen Impressionismus kann sich mit Peter Selz' informativer Synthese *German Expressionist Painting,* Berkeley 1974, vergleichen. Die meisten der bedeutenderen Künstler, auf die ich eingehe, sind in Biographien behandelt worden, aber bisher gibt es nur eine moderne, umfassende Arbeit, die nicht nur die ästhetischen Probleme einer künstlerischen Existenz, sondern auch deren soziale, ökonomische und politische Aspekte anspricht: Hans-Jürgen Imielas Buch *Max Slevogt,* Karlsruhe 1968; zwei hervorragende ältere Biographien stammen von Malern, die über eigene Zeitgenossen geschrieben haben: Erich Hanckes *Max Liebermann,* Berlin 1914, erweiterte Ausgabe 1923; eine 550 Seiten lange, kenntnisreiche Analyse, die allerdings einige Fehler enthält, z. B. bei der Chronologie der Gründung der Secession; sowie *Das Leben Walter Leistikows* von Lovis Corinth, Berlin 1910, eine gut informierte Geschichte eines der führenden Köpfe der Secession, von einem intimen Freund, der selber eine wichtige Rolle bei den Erfolgen und Mißerfolgen der Secession spielte.

Anmerkungen

Einleitung

1 Siehe: »Anmerkung zu den Quellen«.

2 Als ein interessantes Beispiel für die Macht, die die Mode über Tatsachen hat, enthielt die große Ausstellung im Centre national Georges Pompidou von 1978, »Paris–Berlin: 1900–1933« fast gar keine Bezüge zur Berliner Secession, obwohl die Secession das wichtigste institutionelle Bindeglied zwischen der bildenden Kunst in Deutschland und Frankreich während des ersten Jahrzehnts dieses Jahrhunderts war und obwohl sie in Deutschland ständig gelobt oder angegriffen wurde für den Versuch, französische Kunst und Gedanken zur Kunst dem deutschen Volk näherzubringen.

3 Peter Gay, *Freud, Jews and other Germans,* New York 1978, S. 21–22.

Staat und Kunst im Berlin der Kaiserzeit

1 Die Geschichte der Abteilung für die bildenden Künste wird in der Festschrift behandelt, die Hans Müller (ohne Namensangabe) herausgab: *Zur Jubelfeier 1696–1896,* Berlin 1896. Im selben Jahr veröffentlichte eines ihrer Mitglieder, der spätere Generaldirektor der Preußischen Museen, Wilhelm Bode, sehr kritische Anmerkungen zur vergangenen und gegenwärtigen Arbeit der Abteilung, »Die Berliner Akademie«, *Pan, Band 2, Heft 1* (1896), S. 45–48. Das Budget der Akademie, vergleichbar mit dem einer kleinen Universität, wird von Wilhelm Wogodzinski erörtert: Die Kunst im preußischen Etat, *Kunst für Alle,* Bd. 19 (1903–1904), S. 281–285. Interessante Einzelheiten über Persönlichkeiten und Verwaltung der Akademie werden in den Memoiren eines ihrer politisch einflußreichsten Mitglieder erwähnt: Anton von Werner, *Erlebnisse und Eindrücke, 1870–1890,* Berlin 1913.

2 Das Ministerium war in drei Abteilungen gegliedert; eine Unterabteilung des Erziehungssektors war für die Künste zuständig. 1907 wurde dieser Zweig zu einer vierten Abteilung für Künste und Wissenschaften erweitert.

3 Ein Beispiel für die Rolle der Krone: 1876, als Theodor Fontane zum ständigen Sekretär der Akademie vorgeschlagen wurde (ein Amt, das auch Mitgliedschaft im Senat mit sich brachte), riet Wil-

Reinhold Begas, Der
elektrische Funke, 1887

helm I., Fontane nur vorläufig zu ernennen, um überprüfen zu können, ob er sich für den Posten eigne. Der Kaiser wurde überredet, nicht auf dieser Bedingung zu bestehen, aber seine Zweifel erwiesen sich als berechtigt, als Fontane einige Monate später zurücktrat, weil er die bürokratische Beschränktheit dieser Stellung unerträglich fand. (Die Unterlagen zu dieser Episode hat ein späterer Archivar der Akademie veröffentlicht: Walther Huder, *Theodor Fontane und die preußische Akademie der Künste,* Berlin 1971.)

4 Die Akademie hatte das Recht, drei Kandidaten für jede freie Stelle vorzuschlagen; der Kaiser traf die letzte Entscheidung. Wie sein Großvater weigerte sich auch Wilhelm II., diese Verantwortung zu delegieren; im Gegenteil, er betrachtete Berufungen in die Akademie und die Verleihung des Pour le mérite als Gelegenheiten, die ästhetische Erziehung des deutschen Volkes zu befördern. 1908 z. B. wies er die ausländischen Anwärter auf eine Neuverleihung des Ordens zurück, darunter Anders Zorn und Albert Besnard, nachdem er Reproduktionen ihrer Arbeiten gesehen hatte. Als die Namen der drei neuen Kandidaten unterbreitet wurden, wählte er John Singer Sargent, der als dritter eingestuft worden war. Zorn wurde 1909 wieder nominiert und noch einmal 1912, aber ohne Erfolg. Archiv der Akademie der Künste, Friedensklasse des Ordens Pour le mérite, Abt. 3, Nr. 7, ohne Seitenangabe; Berichte vom 19. Juni und 17. Juli 1908, 25. Januar 1909.

5 Die »Meisterateliers« gaben einer kleinen Anzahl fortgeschrittener Studenten Gelegenheit, »in selbständiger künstlerischer Tätigkeit unter unmittelbarer Aufsicht und Leitung des Meisters« zu arbeiten. Nikolaus Pevsner nennt diese Einrichtung eine deutsche Erfindung, die in der zweiten Hälfte des 19. Jahrhunderts von einigen ausländischen Akademien übernommen wurde, nicht jedoch von der Royal Academy in England. *Academies of Art, Past and Present,* New York 1973, S. 218–221.

6 Im Frühjahr 1875 hatte die Hochschule 77 Schüler, eine Zahl, die sich schnell vergrößerte, als Anton von Werner zum Direktor ernannt worden war. Zwölf Jahre später, als die Zahl sich auf 350 belief, setzte der Kultusminister – gegen Werners Willen – die Aufnahmegrenze bei 250 fest. Werner, *Erlebnisse und Eindrücke,* S. 363, 442, 519. Zusätzliche Information über das Institut findet sich in den privat gedruckten jährlichen Berichten.

7 Alfred Lichtwark, Briefe an die Kommission für die Verwaltung der Kunsthalle, *Kunst und Künstler,* Bd. 21 (1922–1923), S. 48–49.

Ein langjähriges Mitglied der Ausstellungskommission erklärte offen, daß es ihr Zweck sei, »die große Anzahl von Künstlern in die

Lage zu versetzen, ihrem Beruf nachzugehen.« Heinrich Deiters, *Geschichte der Allgemeinen Deutschen Kunstgenossenschaft,* Düsseldorf 1906, S. 8.

8 Einige Dokumente zur Geschichte des Vereins befinden sich im Zentralen Staatsarchiv (zitiert als ZStA) Merseburg, Kultusministerium, Rep. 76 Ve, Sekt. 4, Abt. IV, Teil IV, Nr. 2, I.

9 Die rechtliche Trennung zwischen dem Verein und der örtlichen Abteilung der Kunstgenossenschaft blieb zwar bestehen, aber in der Praxis wurden sie fast identisch. Deiters, *Geschichte der Kunstgenossenschaft,* S. 38. Nicht nur soziale und berufliche, auch politische Belange führten zur Gründung der Kunstgenossenschaft. Ihre Satzung erklärte, daß »obgleich Deutschland politisch geteilt ist, wenigstens die deutschen Künstler in ihrer (neuen) Vereinigung versuchen werden, soweit es möglich ist, deutsche Einheit zu repräsentieren.«

10 *Verein Berliner Künstler. Mitglieder Verzeichnis,* Februar 1889, Berlin 1889; Werner, *Erlebnisse und Eindrücke,* S. 593.

11 Werner, *Erlebnisse und Eindrücke,* S. 108–110, 411–412, 466–467.

12 Ebd., S. 477–479.

13 Adolf Rosenberg, *A. von Werner,* Bielefeld und Leipzig 1895, S. 109–110. Der Munch-Skandal wird im 2. Kapitel erörtert.

14 Werner an Wilhelm II., 6. November 1891, ZStA Merseburg, Königliches Geheimes Civil-Cabinett, Rep. 2.2.1., Nr. 20564, S. 100–101.

15 Der Bildhauer Fritz Klimsch, einer der Mitbegründer der Berliner Secession, war als junger Mann häufig in Werners Haus zu Gast; er entsinnt sich eines Diners, nach dem Werner, ein exzellenter Cellist, mit dem Violinisten Waldemar Meyer und Richard Strauss am Flügel, musizierte. Nach Beendigung eines Trios von Strauss bedeutete er dem Komponisten in seiner »gewohnten rücksichts-

Fritz Klimsch, Sitzende. Zeichnung.
Abgebildet im Katalog der Zwanzigsten Ausstellung der Berliner Secession, 1910

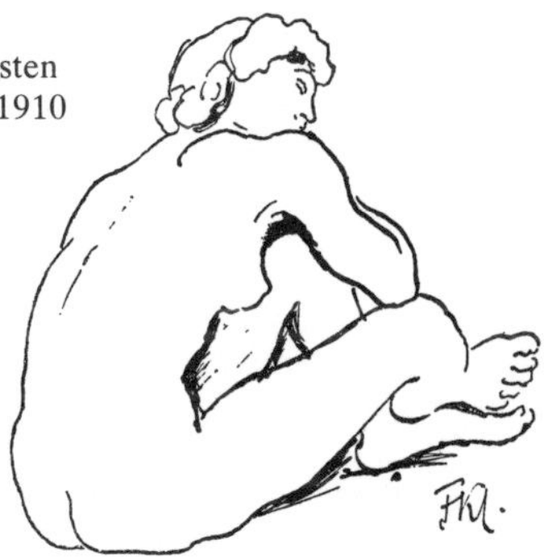

losen Offenheit«, daß er sich besser an Beethoven und andere Klassiker halten sollte, statt so merkwürdige Musik zu schreiben. »Strauss quittierte diese Zurechtweisung nur mit einem höhnischen Lächeln.« Fritz Klimsch, *Erinnerungen und Gedanken eines Bildhauers,* Stollhamm und Berlin 1952, S. 37.

16 Rosenberg, *A. von Werner,* S. 121–122. Werner veröffentlichte eine Sammlung seiner Reden unter dem Titel *Ansprachen und Reden an die Studierenden der kgl. akademischen Hochschule f. d. bild. Künste zu Berlin,* Berlin 1896. Mehrere seiner Ansprachen aus späterer Zeit befinden sich in der Stanford Collection of German, Austrian, and Swiss Culture (zitiert als Stanford Coll. GASC), Cassirer Collection V, Miscellaneous Papers.

17 Werner, *Erlebnisse und Eindrücke,* S. 270–271, 577–578.

18 Siehe Werners langen Beschwerdebrief an Kultusminister Konrad von Studt vom 20. August 1904 und Studts Brief vom 29. August 1904 an den Finanzminister, dessen Abteilung Nachträge zum Budget der Hochschule billigen mußte, ZStA Merseburg, Kultusministerium, Rep. 76 Ve, Sekt. 17, Abt. IV, Teil IV, Nr. 21, XIV, nicht numeriert. Der Vorfall endete mit einer Erhöhung der Gelder und Werners Ernennung auf Lebenszeit.

19 Werner, *Erlebnisse und Eindrücke,* S. 34. Werner hielt diese Rede vom 7. Juli 1883 für eine wichtige Darlegung seiner Vorstellung von Kunst und von der Aufgabe der Hochschule, und er nahm den gesamten Text in seine Memoiren auf. Zwanzig Jahre später nannte er »Fleiß und Pflichtbewußtsein« die Grundvoraussetzungen für einen Künstler. Eine charakteristische Würdigung Werners durch einen modernen Historiker findet sich bei Golo Mann in dessen *Deutscher Geschichte des neunzehnten und zwanzigsten Jahrhunderts,* Frankfurt am Main 1960, S. 455: »Zufrieden mit sich war die vom Staat unterstützte, repräsentative Literatur und Kunst; die Emanuel Geibel und Paul Heyse, die Felix Dahn und Viktor von Scheffel, die Karl von Piloty oder Anton von Werner. Mag ihnen manches anständige Gemälde, manches prunkvolle, selbst schöne Gedicht oder erzählende Werk noch gelungen sein, es war doch Epigonentum, verspäteter Klassizismus, falsche Renaissance; kein eigenständiger Stil, wie er veränderten Zeiten gemäß gewesen wäre.«

20 Kabinettsbeschluß vom 19. November 1891; Bericht des Kultusministers an den Chef des Civil-Cabinetts, 14. November 1892 (über den Hergang der Verhandlungen); *Satzungen für die großen Berliner Kunstausstellungen,* wirksam von 1893 an, ZStA Merseburg, Königliches Geheimes Civil-Cabinett, Rep. 2.2.1., Nr. 20564, S. 108–115, 163–170. Nach den neuen Regelungen bestand der Vorstand der Ausstellung aus ein oder zwei Regierungsbeauftrag-

ten und je sechs Vertretern der Akademie und des Vereins; Düsseldorf konnte auf Wunsch bis zu drei Mitglieder benennen. Die Interessen der offiziell anerkannten Künstlergruppen in anderen preußischen Städten wurden durch zusätzliche ein bis drei Mitglieder gewährleistet. Anton von Werners Unterlagen enthalten Pläne für eine Organisation, die eine etwas andere geographische Mitgliederaufteilung vorsehen: *Satzungen der Landes-Kunst-Ausstellungs-Gemeinschaft* (1892). Auch nach der Neuordnung war die Akademie überproportional repräsentiert, da ihre Gesamtmitgliederzahl wesentlich geringer war als die des Vereins.

21 Bosse an Wilhelm II., 15. November 1892, ZStA Merseburg, Königliches Geheimes Civil-Cabinett, Rep. 2.2.1., Nr. 20564, S. 102–107.

22 Siehe z.B. das Ersuchen des Vorstandes, 16. Dezember 1896, und die Antwort des Kaisers in Form eines Allerhöchsten Erlasses, 3. Februar 1897, ZStA Merseburg, Kultusministerium, Rep. 76 Ve, Sekt. 1, Abt. IV, Teil IV, Nr. 9, III, S. 25–26, 31–32. Die Verleihung der großen Goldmedaille verhalf nicht nur zu Ansehen, sondern brachte auch bedeutende wirtschaftliche und berufliche Vorteile. Der so Ausgezeichnete wurde Mitglied der Ausstellungsjury, und seine eigenen Arbeiten wurden jury-frei, d.h., er konnte eine gewisse Anzahl von Bildern ausstellen, ohne sie zuerst der Jury unterbreitet zu haben. Mitglieder der Akademie waren automatisch jury-frei.

23 Bosse an Wilhelm II., 23. Mai 1897, und die Zustimmung des Kaisers, ZStA Merseburg, Königliches Geheimes Civil-Cabinett, Rep. 2.2.1., Nr. 20564, S. 200–202.

24 Bosse an Wilhelm II., 12. Juni 1898, ebd., S. 206–207.

25 Die Vermutung, daß man Käthe Kollwitz die Medaille versagte, weil sie eine Frau war – wie z.B. Annemarie Lange in *Das Wilhelminische Berlin,* Berlin 1976, S. 514, es darstellt – ist nicht richtig. Mehrere Frauen erhielten in den neunziger Jahren Preise, einige sogar die große Goldmedaille.

26 Zum Beispiel behauptet Rudolf Pfefferkorn in seinem ausgezeichneten Überblick *Die Berliner Secession,* Berlin 1972, S. 22–23, meiner Meinung nach zu Unrecht: »Wilhelm II. hatte keine wirkliche Beziehung zur Kunst«; er nimmt das Fehlen von Bezügen auf Kunst und Künstler in den Memoiren des Kaisers als Zeichen für seine wahre Haltung.

27 Selbstverständlich konnte Wilhelm II. nicht jeden der zehntausende von Berichten lesen, die das Civil-Cabinett alljährlich erreichten, aber Randbemerkungen bewiesen, daß er die zahlreichen Dokumente, die sich mit Kunst befaßten, entweder las oder sich darüber berichten ließ. Es kann angenommen werden,

daß Entscheidungen in diesem Gebiet durch Beamte des Civil-Cabinetts für gewöhnlich die Ansichten des Kaisers widerspiegelten; siehe auch Rudolf von Valentin, *Kaiser und Kabinettschef,* Oldenburg 1931, S. 49 und 55.

28 Werner, *Erlebnisse und Eindrücke,* S. 545; Max Jordan, *Koner,* Bielefeld und Leipzig 1901, S. 38; Walter Schott, *Ein Künstlerleben und gesellschaftliche Erinnerungen aus kaiserlicher Zeit,* Dresden 1930, passim. Max Koners Gemälde und Zeichnungen des jungen Kaisers wurden seinerzeit für die besten ihrer Art gehalten. Nachdem Koner einen dem Kaiser mißliebigen Politiker porträtiert hatte, saß Wilhelm II. ihm niemals wieder Modell.

29 Zum Beispiel bat der »Tier- und Genremaler« Franz Ulrich am 3. Mai 1897 den Kaiser, die Entscheidung der Jury zu widerrufen, die ein Gemälde und zwei Scherzzeichnungen von Katzen abgelehnt hatte, die er zur jährlichen Berliner Ausstellung eingereicht hatte. Das wurde, wie alle solche Forderungen, verweigert. ZStA Merseburg, Kultusministerium, Rep. 76 Ve, Sekt. 1, Abt. IV, Teil IV, Nr. 9, III, S. 78–81.

30 Cabinettsbeschluß, 24. November 1897, ZStA Merseburg, Königliches Geheimes Civil-Cabinett, Rep. 2.2.1., Nr. 20002, Bd. 1, S. 46.

31 Schott, *Ein Künstlerleben,* S. 142.

32 Rede vom 18. Dezember 1901, in *Die Reden Kaiser Wilhelms II.* Herausg. Johannes Penzler, Leipzig 1907, III, S. 60. Die These, daß die klassische Kunst ein ewig gültiges, doch nie erreichtes Vorbild sei, kehrt in anderen Reden wieder, so in den Ansprachen vom 25. Januar und 2. November 1902.

33 Thomas Nipperdey, Nationalidee und Nationaldenkmal in Deutschland im 19. Jahrhundert, in *Gesellschaft, Kultur, Theorie,* Göttingen 1976, S. 142.

34 Ebd., S. 163–170.

35 *Die Reden Kaiser Wilhelms II.,* Bd. III, S. 61–62. Den Ausdruck »Rinnsteinkunst«, der aus dieser Passage abgeleitet wurde und der eine bekannte, abfällige Bezeichnung für moderne deutsche Kunst wurde, hat der Kaiser tatsächlich nicht benutzt.

Deutsche Secessionen und die Elf

1 Jean Bouret, *The Barbizon School,* London 1973, S. 115, 138.

2 Alfred Lichtwark, Aus München, *Pan,* Bd. 2, Heft 3 (1896), S. 25.

3 Heinrich Deiters, *Geschichte der Allgemeinen Deutschen Kunstgenossenschaft,* Düsseldorf 1906, S. 37. Die Verkäufe während der

internationalen Kunstausstellung, die drei Jahre später in Berlin stattfand, erbrachten annähernd 920000 Mark.

4 Ebd., S. 43. Das Problem war schon zu Beginn des Jahrhunderts offenkundig, als ein Künstler wie der deutsche Neoklassizist Eberhard von Wächter eine Professur an der Stuttgarter Akademie ablehnte, weil er meinte, daß diese mehr Künstler ausbildete, als die Gesellschaft unterhalten konnte oder wollte. Die nachfolgende Entwicklung beschreibt Nikolaus Pevsner: »Die Regierungen unterstützten akademisch gebildete Künstler; das gab den Hochschulen mehr Ansehen und verschaffte ihnen steigende Studentenzahlen. So kam es zu einem immer größer werdenden Überangebot akademisch ausgebildeter Künstler, die sich darauf verließen, bei einem Bürgertum mit unbestimmtem Geschmack Erfolg zu haben. Arbeiteten sie im offiziellen Stil, hofften sie auf öffentliche Aufträge; wenn sie Genre, Landschaft oder Stilleben bevorzugten, rechneten sie damit, auf Ausstellungen eines Kunstvereins oder einer sonstigen Institution verkaufen zu können (...). Ein Künstlerproletariat, das eine große Zahl von Mittelmäßigen und wenige der Besten umfaßte, ist typisch für das 19. Jahrhundert.« *Academies of Art, Past and Present*, New York 1973, S. 222–223.

5 Deiters, *Geschichte der Kunstgenossenschaft*, S. 38. Siehe auch die Darstellung eines Anhängers der Münchner Secession, die identisch ist mit der von Deiters bis auf ihre Billigung des Elitedenkens der Secession: Benno Becker, Die Sezession, *Pan*, Bd. 2, Heft 3 (1896), S. 243, 245; und Adolf Paulus, Zwanzig Jahre Münchner Secession 1893–1913, *Kunst für Alle*, Bd. 38, 1912–1913, S. 326–327.

6 Peter Selz, *German Expressionist Painting*, Berkeley und Los Angeles 1974, S. 36. Siehe auch Fritz von Ostini, *Uhde*, Bielefeld und Leipzig 1911, S. 8, 25–29. Die vernichtendste Kritik zu Uhdes »neuem Typ des modernen Christus« findet sich in Rainer Maria Rilkes Artikel aus dem Jahre 1897, »Uhdes Christus«, veröffentlicht in *Sämtliche Werke*, Frankfurt am Main 1965, Bd. 5, S. 351–357.

7 Hans Rosenhagen, *Albert von Keller*, Bielefeld und Leipzig 1912, S. 113–114.

8 Ein Faksimile der handschriftlichen progammatischen Erklärung der Elf findet man zuerst bei Lovis Corinth, *Das Leben Walter Leistikows*, Berlin 1910, S. 37. Siehe hier S. 64.

9 Richard Graul, Die XI, *Pan*, Bd. 2, Heft 1 (1896), S. 50.

10 Julius Elias, Nachruf ohne Titel, *Kunst und Künstler*, Bd. 9 (1910–1911), S. 110.

11 Corinth, *Das Leben Walter Leistikows*, S. 12–13.

12 Ebd., S. 52.

13 Berthold Nothmann, »Meine Lebenserinnerungen«, maschinengeschriebener Text (1936), S. 49. Eine Kopie dieser Memoiren befindet sich in den Archiven des Leo Baeck-Institutes, New York.

14 Liebermann an Carl Sachs, 28. Februar 1934, in Max Liebermann, *Siebzig Briefe,* herausgegeben von Franz Landsberger, Berlin 1937, S. 86. Dieses kleine, sehr sorgfältig ausgestattete Buch, veröffentlicht durch den Jüdischen Verlag und für jüdische Leser bestimmt, ist ein Erzeugnis der jüdischen Gemeindeorganisation, die die Nationalsozialisten in den dreißiger Jahren eine gewisse Zeit duldeten.

15 Zit. bei Erich Hancke, *Max Liebermann,* Berlin 1914, S. 55. Siehe auch Mathias Eberle, »Max Liebermann zwischen Tradition und Opposition,« in *Max Liebermann in seiner Zeit,* München, 1979, S. 16, 25–26.

16 Karl Scheffler, *Max Liebermann,* 3. neu umgearbeitete Ausgabe, 1953, S. 12.

17 Hanckes Erörterung des Bildes und seiner Wirkung enthält das Protokoll der Debatte; s. *Max Liebermann,* S. 131–142. Die Reaktion schockierte oder erschreckte gerade diejenigen Leute, von denen man hätte annehmen können, daß sie das Bild begrüßten. Liebermann schrieb später mit einer gewissen Übertreibung: »Stöcker behauptete, daß das Bild ihn zu seiner Judenhetze veranlaßt hätte, was meine Glaubensgenossen mich schwer büßen ließen, indem es wohl 15 Jahre dauerte, bis sie wieder meine Bilder kauften.« Liebermann an Lichtwark, 5. Juni 1911, in *Künstlerbriefe aus dem neunzehnten Jahrhundert,* herausg. von Else Cassirer, Berlin 1919, S. 407–408.

18 Hancke, *Max Liebermann,* S. 262–267.

19 Als ein Beamter des Kultusministeriums Adolph von Menzel erklärte, daß es sich für ihn nicht schicke, an der Jahrhundertfeier der französischen Revolution teilzunehmen, antwortete Menzel: »Ich bin jetzt dreiundsiebzig Jahre alt, ich habe immer gewußt, was sich für mich schickt, und ich werde es weiter wissen«, und ließ seine Bilder in Paris. Max Liebermann, Menzel, *Die Phantasie in der Malerei,* Frankfurt am Main 1978, S. 144.
Außerdem erklärte Menzel in einer Berliner Zeitung, daß die deutschen Maler der französischen Kunst viel verdankten und er keinen Grund sehe, politische Rücksichten bei Kunstausstellungen zu nehmen. In seinen Erinnerungen schrieb Anton von Werner, daß die deutsche Ausstellung eine Statue von Reinhold Begas enthielt, dem Doyen der akademischen Plastik in Preußen, und fuhr fort:
»Es erfolgte bald eine amtliche Aufforderung... anscheinend auf höhere Veranlassung – zum Bericht darüber, ob das betreffende Werk von dem *akademischen Meisterateliervorsteher* R. Begas

Stoecker und Roeren, »Die Verbrüderung der ›Frumben‹ beider Konfessionen«. Karikatur von Vanselow. *Lustige Blätter,* Bd 15, Heft 14, 1900

ausgestellt sei. Fürst Bismarck hatte seine Augen überall und verstand in solchen Sachen keinen Spaß.« (S. 566).
Es stellte sich heraus, daß die Statue nicht vom Künstler, sondern vom Besitzer, einem Privatmann ohne offizielle Verbindungen, eingereicht worden war.

20 Hancke, *Max Liebermann,* S. 266.

21 Scheffler, *Max Liebermann,* S. 10.

22 Zit. in *Das Liebermann-Buch,* herausg. von Hans Ostwald, Berlin 1930, S. 34–36.

23 Corinth, *Das Leben Walter Leistikows,* S. 32.

24 Zit. in Hancke, *Max Liebermann,* S. 314. Siehe auch Hans Schliepmann, Die Ausstellung der XI, *Neue Deutsche Rundschau,* Bd. 3, Heft 1 (1892), S. 519; er charakterisierte die Ausstellung als einen »wahrhaften Jungbrunnen der Kunst«; weniger günstig äußerten sich Alfred Rosenberg, Die Ausstellung des Vereins der Elf in Berlin, *Kunst für Alle,* Bd. 3 (1892–1893), S. 359–360; und die konservative *Kreuzzeitung,* 14. November 1892.

25 »Die Affaire Munch«, veröffentlicht von Leistikow unter dem Pseudonym Walter Selber in *Freie Bühne,* Bd. 3 (1892), S. 1297.

26 *Vossische Zeitung,* 14. November 1892. Über Eschke s. Corinth, *Das Leben Walter Leistikows,* S. 12–16; Anton von Werner, *Erlebnisse und Eindrücke,* (1870–1890), Berlin 1913, S. 61, 64.

27 Möglicherweise hatten Mitglieder, die die Versammlung nicht besuchten, Gelegenheit, ihre Stimme später abzugeben. Wenigstens

gibt Curt Glaser in *Edvard Munch,* Berlin 1922, S. 18, die Gesamtzahl mit 200 Stimmen für und 130 Stimmen gegen die Schließung der Ausstellung an, während Zeitungsberichte über die Sitzung die niedrigeren, genaueren Zahlen enthalten.

28 *Freie Bühne,* Bd. 3 (1892), S. 1299–1300.

29 *Vossische Zeitung,* 21. November 1892.

30 Werner an Bosse, 21. November 1892, ZStA Merseburg, Königliches Geheimes Civil-Cabinett, Rep. 2.2.1., Nr. 20002, Bd. 1, S. 146. In einer Aufzählung (ohne Titel) der bedeutenden Ereignisse des Jahres 1892 erwähnt Werner kurz die Munch-Affäre und schreibt: »Meinerseits in der ganzen Sache nichts geschehen, bis beleidigender Brief von H. Vogel gegen mich... erscheint.« ZStA Merseburg, Rep. 92, Nachlaß Anton von Werner, VId, S. 116 verso.

31 Heyden an Bosse, November 1892, ZStA Merseburg, Königliches Geheimes Civil-Cabinett, Rep. 2.2.1., Nr. 200002, Bd. 1, S. 143–144.

32 Wilhelm Doede, *Die Berliner Secession,* Berlin 1977, S. 56, Anm. 19, schreibt, daß die drei unter Protest zurücktraten, aber Werners Brief an den Kultusminister und sein Bericht über das Jahr 1892 lassen darauf schließen, daß man ihnen keine andere Wahl ließ.

33 *Freie Bühne,* Bd. 3 (1892), S. 1299.

34 Corinth, *Das Leben Walter Leistikows,* S. 48–50. Ehe Munch Berlin verließ, arrangierten die Elf eine Ausstellung seiner zurückgewiesenen Werke in einer Privatgalerie.

35 Die Beziehungen zwischen beiden Organisationen wurden weiterhin gestört durch die Unzufriedenheit vieler Künstler mit den Privilegien der Akademie. 1895 z. B. bat man den Kultusminister vergeblich, die Jury des jährlichen Salons abzusetzen oder wenigstens den Mitgliedern des Berliner Vereins dieselbe Juryfreiheit einzuräumen, die die Mitglieder der Akademie genossen; bezeichnenderweise gab man als Rechtfertigung dieser Forderung an, es wäre die Pflicht des Staates, jedem Künstler, der sich redlich mühte, Raum zu geben.

36 Julius Elias, Leistikow, *Kunst für Alle,* Bd. 18 (1902–1903), S. 346.

37 Unbezeichnete Einführung, *Pan,* Bd. 1, Heft 1 (1895), Innendekkel. Die Zeitschrift, die Wilhelm II. und andere deutsche Fürsten zu ihren Abonnenten zählte, erreichte eine Auflage von 837 Exemplaren und wurde nach fünf Jahren eingestellt.

38 Der Konflikt mit Wilhelm II. wurde offenbar, als Tschudi in einer Rede vor der Akademie anläßlich des Geburtstags des Kaisers alle akademische und patriotische Kunst verurteilte. Die Ansprache,

»Kunst und Publikum«, findet sich in Hugo von Tschudi, *Gesammelte Schriften zur neueren Kunst,* herausg. von E. Schwedeler-Meyer, München 1912. Trotz der Unzufriedenheit des Kaisers behielt Tschudi seinen Posten bis 1908, als er sein Budget eigenmächtig überschritt, um Bilder fürs Museum zu kaufen (s. Kap. 5).

39 Katalog: *Große Berliner Kunst-Ausstellung,* Berlin 1897.

40 Liebermann an seinen früheren Lehrer Karl Steffek, undatiert, in *Das Liebermann-Buch,* S. 158.

41 Liebermann an einen ungenannten »Lieben Kollegen«, 7. Mai 1898, Bodenheimer Collection, Leo Baeck Institute, New York.

Die Anfänge der Secession

1 Die Mitgliederzahl änderte sich in den ersten drei Jahren kaum, da sich die wenigen frühzeitigen Rücktritte durch Neuaufnahmen ausglichen. So erklärte beispielsweise der Bildhauer Fritz Henemann seinen Rücktritt am 31. Januar 1899; s. Vermerk im *Protokoll Buch der Vorstand Sitzungen der Berliner Secession* unter diesem Datum. Das Protokollbuch, hauptsächlich von Otto Engel geführt, umfaßt die Zeit vom 18. Januar bis zum 25. März 1899. Es befindet sich in der Stanford Coll. GASC, Cassirer Collection VI, Berliner Secession. Spätere Protokolle des Vorstandes sind unauffindbar.
Im März 1899 hatte die Secession 68 Mitglieder laut Protokoll Buch vom 16. März 1899. Die gedruckte Mitgliederliste für das Jahr 1900 weist drei Ehrenmitglieder und 65 ordentliche Mitglieder auf, darunter vier Frauen. Im folgenden Jahr starben zwei Ehrenmitglieder (Wilhelm Leibl und Arnold Böcklin), wurden aber durch zwei andere ersetzt. Die Gesamtzahl der ordentlichen Mitglieder war auf 62 abgesunken, doch die neue Gruppe der »außerordentlichen Mitglieder« umfaßte 96 Namen. Das allmähliche Anwachsen der Secession von diesem Zeitpunkt an wurde auch durch das Ausscheiden von 16 Mitgliedern zwischen 1901 und 1902 nicht aufgehalten. 1904 führte die Namensliste sechs Ehrenmitglieder auf, 72 ordentliche und 74 außerordentliche Mitglieder. Im Jahr 1909 hatten sich diese Zahlen geändert in fünf Ehrenmitglieder, 97 ordentliche und 119 außerordentliche Mitglieder.

2 Protokoll Buch, 26. Januar 1899.

3 Julius Elias, Der Berliner Glaspalast, *Kunst und Künstler,* Bd. 5 (1906–1907), Die Große Berliner Kunstausstellung 1910, ebd., Bd. 8 (1909–1910), 565 ff., 568.

4 Fritz Klimsch, *Erinnerungen und Gedanken eines Bildhauers,* Stollham und Berlin 1952, S. 72–76.

5 Liebermanns Beschreibung in seinem unsignierten Vorwort zum Katalog der 10. Jahresausstellung der Secession, der ersten nach Leistikows Tod, *Secession 1909,* Berlin 1909, S. 11. Ein Freund Leistikows, der Kritiker Julius Elias, schrieb über seine Rolle bei der Gründung der Secession: »Im Werbedienst war er groß (er zog sogar Max Liebermann an sein radikal schlagendes Herz), in der Organisation noch größer.« »Leistikow«, *Kunst für Alle,* Bd. 18 (1902–1903), S. 349.

6 Müller wurde 1903 versetzt, wahrscheinlich auf Betreiben von Anton von Werner. Der Vorfall wird im 4. Kapitel behandelt. In »Über den deutschen Künstlerbund und die Tage von Weimar«, *Kunst für Alle,* Bd. 19 (1903–1904), S. 201–202, beschreibt Leistikow Müller als einen »ungewöhnlich weitsichtigen, vorurteilslosen Mann, der schon begriffen hatte, daß Uhde kein Anarchist sein müsse, weil er arme Leute male, daß Liebermann nicht Ehrenmitglied der Sozialdemokratie, weil er das Leben der Arbeiter und Bauern mit künstlerischem Auge ansieht, daß diejenigen noch nicht Rinnsteinkünstler genannt werden brauchen, die die Natur nach selbstangestellten Beobachtungen wiederzugeben sich bemühen, statt bequem die ausgetretenen Pfade der staatlichen Akademie zu wandern.« Über Müller siehe auch Reinhard Lüdicke, *Die Preußischen Kultusminister und ihre Beamten,* Stuttgart und Berlin 1918, S. 18; und die Erinnerungen seines Nachfolgers im Kultusministerium, Friedrich Schmidt-Ott, *Erlebtes und Erstrebtes, 1860–1950,* Wiesbaden 1952.

7 S. Kapitel 1.

8 Im nächsten Jahr wurde Koner zum Vorsitzenden des Salons wiedergewählt. In seiner Eröffnungsrede vom 5. Mai 1900 forderte er noch einmal die Versöhnung der verschiedenen Gruppen. Max Jordan, *Koner,* Bielefeld und Leipzig 1901, S. 3. Koner starb plötzlich im Juli 1900, kurz vor seinem 46. Geburtstag.

9 Berichte der Ausstellungskommission und des Präsidenten der Königlichen Akademie der Künste an Kultusminister Robert Bosse, 11. November und 8. Dezember 1898; ZStA Merseburg, Kultusministerium, Bericht 76 Ve, Sekt. 1, Abt. IV, Teil IV, Nr. 9, III, S. 184–185, 200, S. 62.

10 Ebd., S. 208.

11 Müller an Bosse, 12. Dezember 1898, ebd., S. 201–204, S. 6.

12 Siehe z. B. *Der Reichsbote,* 10. Dezember 1898; *Berliner Tageblatt,* 16. Januar 1899; s. auch den späteren Bericht von Julius Elias, Chronik, *Kunst und Künstler,* Bd. 6 (1907–1908), S. 174, S. 64.

13 Leistikow, Über den deutschen Künstlerbund, S. 201.

14 Vorstand des Berliner Männerbundes zur Bekämpfung der Unsittlichkeit an Bosse, 28. Dezember 1896, ZStA Merseburg, Kultus-

ministerium, Rep. 76 Ve, Sekt. 1, Abt. IV, Teil IV, Nr. 9, III, S. 30, S. 64.

15 Werner Schuch, Internationale Kunstausstellungen, *Zukunft,* 21. November 1896.

16 *Reichsbote,* 14. Februar 1897.

17 Bosse an Lucanus, 3. März 1899, ZStA Merseburg, Königliches Geheimes Civil-Cabinett, Rep. 2.2.1., Nr. 20564, S. 213–214.

18 Werner an Lucanus, 14. Mai 1899, ebd., S. 215–216. Werner gab immer unverhohlen zu verstehen, daß seines Erachtens die Trennung, die die Secession eingeleitet hatte, absolut werden sollte. Siehe z.B. ein Interview, das im Winter 1900 veröffentlicht wurde und später in einem Buch über Berliner Künstler erschien, in dem Werner indirekt wie folgt zitiert wird: »Der Herr Vorsitzende des Vereins Berliner Künstler betonte denn auch noch einmal aufs entschiedenste, daß ihm nichts ferner liege, als gegen irgendeine Richtung als solche Front zu machen.

Die künstlerische Frage käme hierin bei ihm gar nicht in Betracht. Möge doch jeder malen, was und wie er wolle. Nur die Künstler-Frage sei für ihn das Maßgebende und für den Stand als solchen sei er in seiner Doppelstellung allzeit eingetreten. Er wünsche einen wirklich freien und unabhängigen Künstlerstand. Darum allein sei er gegen die Secessionisten in der bekannten Weise aufgetreten. Entweder – oder! Wenn die Herren nicht mit uns ausstellen wollen – gut. Aber dann müßten sie konsequent verfahren. Sie müßten aus dem Verein Berliner Künstler austreten und sie müßten, wofern sie Mitglieder der Akademie sind, nicht beanspruchen, in der Jury Sitz und Stimme zu haben. Aber nein – sie wollen wohl bloß an den Rechten und Prärogativen des Vereins ihren Anteil haben und im übrigen ihren eigenen Weg gehen. Was kann da Gutes herauskommen! Die ganze Einheitlichkeit der Berliner Künstler geht in die Brüche, und der ganze Stand und die Interessen seiner Vertretung nach außen hin müssen ja darunter leiden. Und dann – wir agitieren und intriguieren doch nicht; ich habe aber untrügliche Beweise dafür in den Händen, daß man auf der anderen Seite minder Skrupel hat. Das erschwert natürlich die Beziehungen zu ihnen im Verein und sonst noch weit mehr... Da gehe ich rücksichtslos vor, wie ich es für richtig halte. Und kann man sich wundern über eine Verfügung, durch die die Mitglieder der Secession, die zur Akademie gehören und als Inhaber goldener Medaillen an der Auszeichnungs-Jury beteiligt sein könnten, hiervon ausgeschlossen wurden? Es ist doch unerhört, daß sie sich unseren Ausstellungsbestimmungen nicht unterwerfen, ihre eigene Ausstellung veranstalten und doch über die Ausstellung der ›Großen‹ [Berliner Kunstausstellung] ihr Urteil sprechen wollen. Das geht doch nicht!« Später im Interview wiederholt Werner: »Noch einmal – mag jeder malen, was und wie er will, aber die Interessen des Standes und der großen Sache müssen gewahrt werden. Das ist viel wichtiger, als alle die ›Stimmung‹ und ›Empfindung‹.« Julius Norden, Bei Anton von Werner, in *Berliner Künstler-Silhouetten,* Leipzig 1902, S. 25–25, 27.

19 Lucanus an Werner, 17. Mai 1899, ZStA Merseburg, Königliches Geheimes Civil-Cabinett, Rep. 2.2.1., Nr. 20564, S. 217.

20 Bosse an Wilhelm II., 4. Juni 1899, ebd., S. 218–222.

21 Lucanus an Bosse, 8. Juni 1899, ebd., S. 224.

22 Protokoll Buch, 7. Februar 1899. Ähnliche Besorgnisse werden im Sitzungsbericht vom 16. Februar ausgedrückt. Während der kritischen Zeit vom Januar bis März trat der Vorstand einundzwanzigmal zusammen. Im März beschloß der Vorstand, daß man sich weiterhin jeden Dienstag und Donnerstag abend treffen müsse.

23 Ebd., 26. Januar und 3. März 1899.

24 Ebd., 26. Januar und 22. Februar 1899.

25 Ebd., 10. März 1899; »Ein Protest der Münchner Künstler«, *Berliner Tageblatt,* 9. März 1899.

26 Protokoll Buch, 31. Januar 1899.

27 Ebd., 16. und 27. Februar, 6., 10. und 13. März 1899. Am 22. Februar beschloß der Vorstand, die Ausgaben durch eine Erhöhung der Mitgliedsbeiträge von 60 auf 80 Mark im Jahr zu bestreiten.

28 Ebd., 31. Januar 1899. Israel hatte die Leistikow-Landschaft gekauft, deren Ablehnung durch den Salon der unmittelbare Anlaß der Secession war. Aus Protest gegen die Entscheidung der Jury bot er das Bild der Nationalgalerie an, ein Angebot, das Tschudi erfreut entgegennahm. Noch Jahre danach führten Gegner der Secession, darunter Werner, die Präsenz des Gemäldes in der Nationalgalerie als Beweis dafür an, daß der Staat Künstler der Secession nicht benachteilige, ohne jedoch zu erwähnen, daß das Bild das Geschenk eines Privatmanns gewesen war. Stern war ein bedeutender Sammler moderner Kunst. Fürstenberg unterstützte die Secession aus persönlicher Hochachtung für Leistikow und Liebermann; sein Kunstgeschmack war ziemlich konventionell. Siehe seine Memoiren, Carl Fürstenberg, *Die Lebensgeschichte eines deutschen Bankiers,* herausg. von Hans Fürstenberg, Wiesbaden 1961, S. 139–140, 142, 331–332, 334.

29 Ebd., 25. und 27. Februar 1899.

30 Ebd., 25. und 27. Februar 1899.

31 Heinz Sarkowski, Bruno Cassirer: Ein deutscher Verlag 1898–1938, *Imprimatur,* Neue Folge, Bd. 7 (1972), S. 107, nimmt irrtümlich an, »daß die Gründung der Secession zur Eröffnung des Kunstsalons geführt hat.« Die Secession, deren erste Ausstellung

im Mai 1899 stattfand, war noch im Werden, als die Cassirers ihre Galerie eröffneten.

32 Rainer Maria Rilke, Der Salon der Drei, *Sämtliche Werke,* Frankfurt am Main 1965, Bd. 5, S. 451, 453. Man vergleiche Rilkes Eindrücke mit der Beschreibung durch einen Maler, dessen Arbeiten in der Galerie ausgestellt wurden: »Die sehr einfache Einrichtung, deren kleinste Details, von den mit grauem Rupfen statt mit den althergebrachten dunkelroten Tapeten bedeckten Wänden bis zu der Befestigung der Bilder an Goldschnüren statt an Nägeln, für Berlin Neuerungen waren, stimmte zu dem exklusiven Charakter des Unternehmens. Eine Neuerung war auch das von van de Velde geschaffene Lesezimmer, wo auf einen runden Mahagonitisch Kunstschriften auslagen. Dort pflegten, über ihre Lektüre gebückt, künstlerhaft aussehende Jünglinge und Damen in der Erwartung des großen Augenblicks, da einst auch ihre Werke an den Wänden zugelassen würden, sich an der geheiligten Atmosphäre des Ortes zu weiden.« Erick Hancke, *Max Liebermann,* Berlin 1914, S. 391.

33 In seinen Memoiren, *Und alles ist zerstoben,* Wien 1937, S. 296, schreibt der Kunsthistoriker Werner Weisbach über die ersten Ausstellungen in der Cassirer-Galerie: »Eine große Regsamkeit zur Verbreitung moderner Kunst setzte gerade jetzt in Berlin ein. Nicht unwesentlich trug dazu der im Jahr 1898 begründete Kunstsalon von Bruno und Paul Cassirer bei, der nach der Trennung der beiden Vettern von dem letzteren allein mit großer Sachkenntnis und Umsicht weitergeführt wurde... In den monatlich wechselnden Ausstellungen, die meist künstlerische Ereignisse waren, wurden die herrlichsten Werke französischer Impressionisten und van Goghs gezeigt, deutsche Zeitgenossen zur Geltung gebracht, junge Talente eingeführt. Wer diesen durch hohe Qualität ausgezeichneten Veranstaltungen folgte, vermochte sich eine weitgreifende Anschauung von dem, was damals an verschiedenen Stellen und in

Karl Walser, Zeichnung. Abgebildet im Katalog der Fünfundzwanzigsten Ausstellung der Berliner Secession, Zeichnende Künste, Winter 1911–1912

verschiedenen Ländern geschaffen wurde, zu erwerben.« Sein ganzes Leben lang fuhr Paul Cassirer fort, die Entwicklung von früherer zur modernen Kunst zu betonen, und er liebte es, diese Verbindungen in seinen Ausstellungen deutlich zu machen. Bezeichnend für seine Auffassung ist eine Ausstellung von 1911, die deutsche und skandinavische impressionistische und expressionistische Graphiken zeigte, die der Besucher vergleichen und in Beziehung setzen konnte mit den Arbeiten von Goya, Guys, Daumier, Degas, Manet und Renoir. Siehe die Besprechung durch Johannes Sievers, Ausstellung ›Zeichnende Künste‹ in der Berliner Secession, *Kunst für Alle,* Bd. 26 (1911–1912), S. 211.

34 Günter und Ursula Feist haben eine Anthologie von Artikeln dieser Zeitschrift unter dem Titel *Kunst und Künstler: Aus 32 Jahrgängen einer deutschen Kunstzeitschrift* herausgegeben, Mainz und Berlin 1971. Siehe auch meine Rezension dieser Ausgabe in *American Historical Review,* Bd. 77, Heft 5 (1972), S. 1472–1473.

35 *Almanach 1920 des Verlags Bruno Cassirer,* Berlin 1919, zit. in Sarkowski, *Bruno Cassirer,* S. 116.

36 In seinem Beitrag zur Festschrift für Bruno Cassirer, *Vom Beruf des Verlegers,* Berlin 1932, zit. in Sarkowski, *Bruno Cassirer,* S. 134–135.

37 Georg Schwarz, *Almost forgotten Germany,* London 1936, S. 214; Stefan Grossmann, Paul Cassirer, *Das Tagebuch,* Bd. 7 (1926), S. 93.

38 Karl Scheffler, *Die fetten und die mageren Jahre,* München 1948, S. 122.

39 Paul Cassirer, Nachtstück, *Blätter für die Kunst,* Bd. 3 (August 1894), S. 95; *Fritz Reiner, der Maler,* Dresden und Leipzig 1894.

40 Paul Cahrs (Paul Cassirer), *Josef Geiger,* Paris und Leipzig 1895, S. 98.

41 P. Cassirer, *Fritz Reiner,* S. 46, 67, 75.

42 Scheffler, *Die fetten und die mageren Jahre,* S. 121–122.

43 Siehe z.B. das undatierte Fragment über Ruisdael, geschrieben zwischen 1898 und 1901; und *Das Märchen vom ewigen Weh,* Privatdruck, beide in der Stanford Coll. GASC, Cassirer Collection I, Paul Cassirer Correspondence and Manuscripts, und II, Publications. Cassirers spätere Artikel über Kunst und den Kunstmarkt werden in Kapitel 6 und 7 erörtert.

44 Wolfgang von Löhneysen, Paul Cassirer – Beschreibung eines Phänomens, *Imprimatur,* Neue Folge, Bd. 7 (1972), S. 161–162, 172–176.

45 Malkowsky, der bereit war, *Deutsche Kunst* in modernere Bahnen zu lenken, drohte mit Prozessen und negativer Presse, wenn er nicht zum Geschäftsführer ernannt würde. Die Verhandlungen mit

ihm sind im Protokoll Buch verzeichnet bei den Eintragungen für den 18. Januar, 11. Februar (mit Bezügen auf die Unterredungen am 14. und 16. Mai 1898), und für den 3., 16. und 25. März 1899.

46 Ebd., 25. März 1899. Das Eintreten der Cassirers für Kunst des Auslandes brachte sie in Gegensatz zu den Konservativen im Vorstand. Es war beschlossen worden, daß die Secession mit einer Ausstellung deutscher Arbeiten eröffnen sollte. Am 16. März brachte einer der Vettern, im Protokoll nicht weiter identifiziert, die Möglichkeit zur Sprache, in die zweite Jahresausstellung, die 1900 stattfinden sollte, auch ausländische Künstler aufzunehmen. Engel, Herrmann, Klimsch und Frenzel hatten Einwände: Das Publikum sollte wissen, »daß es bei uns eine spezifisch deutsche Ausstellung findet«. Dennoch zeigte die Secession 1900 zahlreiche Werke ausländischer Künstler, was dann im Verein mit anderen Ursachen zum Ausscheiden von Frenzel, Engel und anderen führte, von denen einige später die Secession und Paul Cassirer beschuldigten, ausländische Kunst der deutschen vorzuziehen. Siehe auch die Bemerkung, die während einer Diskussion über die Ausgestaltung der neuen Galerie fiel: »Mit van de Velde will man deshalb, weil er ein Ausländer ist, nur im Notfalle sich [sic] wenden. Unsere erste Ausstellung soll ja eine *deutsche* werden.« (Protokoll Buch, 20. März 1899). Offensichtlich trat der Notfall ein, denn die Galerie wurde mit Stühlen und Bänken aus van de Veldes Werkstatt ausgestattet.

47 Protokoll Buch, 3. März 1899.

48 Ebd., 6. März 1899.

49 Ebd.

50 Ebd.

51 Ebd., 10. und 13. März 1899.

52 Ebd., 6., 10. und 13. März 1899.

53 Ebd., 25. März 1899.

54 *Berliner Lokal-Anzeiger,* Morgenausgabe, 29. März 1899. Zu dieser Zeit wurde die Secession in zwei Körperschaften neu organisiert: die Künstlervereinigung, deren Arbeiten in den Ausstellungen der Secession gezeigt werden sollten, und das Ausstellungshaus der Berliner Secession, eine Aktiengesellschaft mit beschränkter Haftung, die für den Bau der Galerie und andere finanzielle Dinge verantwortlich war, mit Leistikow und Liebermann als Geschäftsführer. Protokoll Buch, 10. und 20. März 1899.

55 Lovis Corinth, *Das Leben Walter Leistikows,* Berlin 1910, S. 54–55.

56 Die Berliner Presse brachte ausgiebige Berichte über die Eröffnung. Siehe z.B. das *Berliner Tageblatt,* die *Vossische Zeitung* und

National-Zeitung, alle vom 20. Mai 1899; die *Kreuzzeitung* und die *Freisinnige Zeitung* vom 21. Mai 1899.

57 Charakteristische Besprechungen sind die sehr freundliche Kritik von Georg Voss in der *National-Zeitung,* 20. und 21. Mai 1899, und die von Fritz Stahl im *Berliner Tageblatt,* 20. und 27. Mai 1899; die kurze, aber relativ positive Notiz in der *Kreuzzeitung,* 21. Mai 1899; die Rezension in der Kunstzeitschrift *Kunst für Alle,* Bd. 14 (1898–1899), S. 314; und der feindselige Artikel in der *Vossischen Zeitung,* 24. Mai 1899, vom Doyen der Berliner Kunstkritiker, Ludwig Pietsch, verfaßt, dessen Standpunkt noch konservativer war als die redaktionelle Linie seines Blattes. Pietsch hatte einen gewissen Einfluß auf den Kaiser, den er auf einigen seiner Ferienreisen als Gast begleitet hatte, und er war ein Freund von Werner. Sein Artikel »Die Ausstellung der Secession« lobte die Arbeiten einiger Münchner Maler, nannte weder Liebermann und Leistikow noch andere Berliner Maler, beschrieb aber ihre Bilder mit Ausdrücken wie »die Wände verunzierende Stümpereien und Kunstfrevel... widerwärtige Schmierereien, Zeugnisse theils der Talentlosigkeit, des Nichtskönnens und Nichtsgelernthabens, theils des gänzlichen Mangels an Sinn für die Wahrheit und Schönheit der Natur, theils bedenklicher Augen- oder gar Gehirnkrankheiten.«

58 Julius Bab, Vom Berliner Bildermarkt, *Pester Lloyd,* 7. September 1911.

59 Auch eine Luxusausgabe wurde herausgebracht. Der Katalog von 1899 war ein unklares Gemisch gotischer und lateinischer Schrifttypen mit einer unharmonischen Ausstattung, der unaufdringlichen Eleganz späterer Bände weit unterlegen. Dem Text vorangestellt war ein verschwommenes Federsignum von Martin Brandenburg, das Sisyphos' Kampf mit dem Felsblock zeigt und das nach Ansicht des Vorstandes die Aufgabe der Secession gelungen versinnbildlichte; Protokoll Buch, 20. März 1899. Die Rückseite war mit einem anderen symbolischen Emblem bedruckt, das von Ludwig von Hofmann stammte. Beide Zeichnungen wurden in späteren Jahren entfernt; die von Hofmann wurde 1901 durch eine Schwarz-Weiß-Version von Thomas Theodor Heines reizendem Secessionsplakat ersetzt.

60 Die zwei internationalen Kunstausstellungen, die in den neunziger Jahren in Deutschland stattfanden, erzielten weitaus höhere Verkaufserlöse als die 33000 Mark der Secession: 915905 Mark in Berlin 1891 und 681873 Mark im folgenden Jahr in München. Doch diese Zahlen umfassen die Verkäufe von Künstlern aus allen vertretenen Ländern. Bei der internationalen Ausstellung in Paris 1900 verkauften die 303 deutschen Aussteller Arbeiten für die

Gesamtsumme von 28881 Mark. Die Kosten für die deutsche Teilnahme lagen bei über 200000 Mark. Heinrich Deiters, *Geschichte der Allgemeinen Deutschen Kunstgenossenschaft,* Düsseldorf 1906, S. 38, 46; *Bericht des Hauptvorstandes der Allgemeinen Deutschen Kunstgenossenschaft über die Beteiligung der deutschen Künstlerschaft an der Weltausstellung in Paris 1900,* Berlin 1901, S. 34.

61 *Katalog der Deutschen Kunstausstellung der »Berliner Secession«,* Berlin 1899, S. 13–15.

62 J. P. Hodins Behauptung in seiner Monographie *Edvard Munch,* New York 1972, S. 103, daß die Secession Munch nicht einlud, weil »er als ein Exzentriker, als unerwünschter Eindringling« angesehen wurde, ist eine jener unwissend leichtfertigen Erfindungen, denen man in bezug auf die Secession namentlich in der außerdeutschen Literatur häufig begegnet. Es gab um die Jahrhundertwende kaum lebhaftere Bewunderer dieses Künstlers als die Gründer der Secession, die ja schon einige Jahre vor dieser Gründung gegen die Schließung seiner Berliner Ausstellung protestiert hatten. Munch wurde 1899 nicht eingeladen, weil die Eröffnungsausstellung ausschließlich deutsch sein sollte; in späteren Ausstellungen wurden viele Bilder dieses »slightly undesirable interloper« gezeigt.

63 Nach Böcklins Tod im Jahre 1901 klagte der akademische Bildhauer Reinhold Begas, der von der Bereitschaft des Künstlers schockiert war, mit der Secession auszustellen, Liebermann und seine Kollegen im Vorstand an, den »sterbenden Adler« für ihre Zwecke mißbraucht zu haben. Dieselbe bittere Feindseligkeit hatte den Ausschluß der Werke Menzels von der Eröffnungsausstellung zur Folge. Private Sammler hatten dem Vorstand mehrere Ölbilder, Gouachen und Zeichnungen Menzels geliehen, die, wie man hoffte, die Verbindung zwischen moderner deutscher Kunst und einem der großen Maler der vorigen Generation deutlich machen würde. Um sicherzugehen, daß der 84jährige Menzel, den der Kaiser mit Ehrungen überschüttet hatte, nichts dagegen hätte, mit der neuen Gruppe auszustellen, erbat der Vorstand seine persönliche Zustimmung, die Menzel erteilte. Aber zwei Tage vor der Eröffnung der Ausstellung druckte die *Kreuzzeitung* einen Brief, in dem Menzel behauptete, seine Bilder seien ohne sein Wissen von der Secession ausgestellt worden. Als der Vorstand auf seine schriftliche Zustimmung verwies, veröffentlichte Menzel eine zweite Erklärung des Inhalts: Er habe vergessen, daß er »in einem Augenblick der Zerstreuung« tatsächlich seine Zustimmung gegeben habe. Der Vorstand dankte ihm »für die loyale Erklärung, in der er den uns gemachten Vorwurf zurücknimmt; wir sehen aber

davon ab, von einem uns in einem Augenblick der Zerstreuung gegebenen Recht Gebrauch zu machen und verzichten auf die Ausstellung seiner Werke.« Man erfuhr dann, daß der alte Mann wahrscheinlich von Werner oder seinem Freund, dem Maler Paul Meyerheim, überredet worden war, der Secession unehrenhaftes Verhalten vorzuwerfen; der Vorfall, der einiges über die Atmosphäre der Zeit aussagt, kann aus Berichten der Berliner Presse zusammengesetzt werden; siehe z. B. *Kreuzzeitung*, 18., 20., 24. und 26. Mai 1899, *Berliner Tageblatt*, 19. Mai 1899, *Freisinnige Zeitung*, 25. Mai 1899.

64 Corinth erwähnt in *Das Leben Walter Leistikows*, S. 62, Leistikows literarischen Umgang in den neunziger Jahren: Hauptmann; den Kritiker und Sammler Julius Elias, der mit den Cassirers verwandt war; Otto Brahm, den Direktor der *Freien Bühne* (des Privattheaters, das zuerst Hauptmanns Dramen aufführte); den Verleger Samuel Fischer; die Autoren Max Halbe, Otto Erich Hartleben und Peter Hille. Paul Cassirer, den seit seiner Niederlassung in Berlin eine enge Freundschaft mit Leistikow verband, teilte Leistikows Wertschätzung Hauptmanns nicht, sagte aber voraus, die Avantgarde würde »erst nach Jahren die brutale Sentimentalität erkennen, die in Hauptmanns sozialem Mitgefühl versteckt ist«.

65 Ferdinand Stuttmann, *Max Liebermann*, Hannover 1961, S. 47, glaubt, »selbst eine so liberal gesinnte Gruppe wie die Secession konnte es sich offensichtlich nicht leisten, dem allgemeinen Brauch entgegenzutreten, und so erscheint an erster Stelle eine jener kitschigen Gipsbüsten Kaiser Wilhelms II.« Aber Kataloge aus dieser Zeit enthielten keineswegs immer ein solches Porträt; auch erschien das Bild des Kaisers nie wieder in einer Publikation der Secession. Der Grund für die Abbildung der Büste ist wahrscheinlich eher der (in der Familie Cassirer überlieferte): deutlich zu zeigen, daß die Secession die beste deutsche Kunst ausstellte; und auf die Kehrseite des Kaiserbildnisses das Bild eines müden Bauern zu setzen, war ein typischer Scherz Paul Cassirers.

66 Max Liebermann, *Die Phantasie in der Malerei*, Frankfurt am Main 1978, S. 49.

67 1897 hatte die Landeskunstkommission mit elf zu fünf Stimmen den Ankauf eines weiteren Ölgemäldes von Liebermann und einer Studie für die *Schusterwerkschaft* abgelehnt, das Bild, das 1899 erworben wurde. Siehe Beschlüsse der Kommission, 11. Mai 1897, 18. Mai 1899 und 9. Juni 1900, ZStA Merseburg, Königliches Geheimes Civil-Cabinett, Rep. 2.2.1., Nr. 19908, ohne Seitenangabe. Zu dieser Zeit hatte ein höherer Beamter des Kultusministeriums den Vorsitz in der Kommission, die aus dem Präsidenten der Akademie, Museumsdirektoren, Direktoren von Kunstakademien

(darunter Anton von Werner) sowie Malern, Bildhauern und Architekten bestand. In späteren Jahren änderte sich die Organisation etwas. 1911 war der Vorsitzende August Graf von Dönhoff-Finckenstein, Landhofmeister im Königreich Preußen. Zwei Geheimräte des Kultusministeriums standen ihm als Regierungsvertreter zur Seite sowie sechzehn Beamte und Künstler. Wie bei der Verteilung von Medaillen des jährlichen Salons, besaß der Kaiser bei Ankäufen der staatlichen Museen ein Einspruchsrecht, von dem er hin und wieder auch Gebrauch machte. Die im allgemeinen konservative Gesinnung der Kommission garantierte nicht den Ankauf traditioneller oder patriotischer Werke. Am 8. Mai 1911 zum Beispiel wies die Kommission Bilder von zwei bekannten Mitgliedern der Akademie zurück, von Max Schlichting (der früher der Secession angehörte) und Hans von Petersen, beide energische Anführer des Widerstandes gegen moderne Kunst in Berlin. Im Oktober 1913 wurde Liebermann von der Akademie als einer ihrer Vertreter in die Kommission gewählt und vom Kultusministerium bestätigt. ZStA Merseburg, Kultusministerium, Rep. 76 Ve, Sekt. 1, Abt. I, Teil I, no. 3, ohne Seitenangabe, Eintragungen vom 8. Mai 1911 und 27. Oktober 1913.

68 1899 stellten Mitglieder der Berliner Secession Porträts der Herzogin von Schleswig-Holstein aus, der Baronessen Mumm und Reibnitz und des Barons Gleichen-Russwurm (der jedoch der Maler gleichen Namens gewesen sein könnte). Zu den Porträts akademischer und literarischer Größen gehörte ein Bild Ernst Dümmlers, des Vorsitzenden der Monumenta Germaniae Historica von Dora Hinz, der neben Käthe Kollwitz bedeutendsten Künstlerin der Secession. Mitglieder anderer secessionistischer Gruppen reichten Bilder von Bismarck, einer bayerischen Prinzessin und anderer Persönlichkeiten der Gesellschaft ein.

Deutscher Impressionismus und der Streit über die Kunst in St. Louis

1 Nach einer vielleicht apokryphen Anekdote, die damals in Berlin kursierte, wollte Hugo von Tschudi ein Gemälde von Whistler für die Nationalgalerie erwerben und bat Leistikow, den Kauf zu vermitteln. Whistler lehnte ab: sein Werk gehöre nicht in die Galerie eines Herrschers, der Kunst nicht verstünde. Die Anekdote steht in Werner Weisbachs Memoiren: *Und alles ist zerstoben,* Wien 1937, S. 256.

2 Vorwort, *Katalog der vierten Kunstausstellung der Berliner Secession,* Berlin 1901, S. 7–8.

3 Oscar Bie, Berliner Kunstausstellungen, *Neue Deutsche Rundschau*, Bd. 14 (1903), S. 515, 517; s. auch Hans Rosenhagens ähnliche Würdigung in: Die Kunstausstellungen von 1902: Berlin, in: *Jahrbuch der bildenden Künste* (1903), S. 8. Dennoch klagte Liebermann noch Jahre später, daß das Publikum nicht genügend an der Graphik interessiert sei; s. seine Ansprache anläßlich der Eröffnung der Ausstellung von Zeichnungen 1909, veröffentlicht in seinen gesammelten Schriften, *Die Phantasie in der Malerei*, Frankfurt am Main 1978, S. 180.
Die Akademie zeigte selten Graphiken. 1911 schrieb Karl Scheffler: »Das Zeichnen ist ein selbständiges Ausdrucksmittel wieder geworden, eine Sprache für sich. Eine Sprache, von der man an der Akademie überhaupt nichts weiß«; Notizen über die 23. Ausstellung der Berliner Secession, *Kunst und Künstler*, Bd. 10 (1911–1912), S. 188.

4 1903 zeigte die Galerie Arbeiten von Munch, Bonnard, Vuillard, Degas, Monet, Goya, El Greco und Fantin-Latour ebenso wie Ölgemälde und Graphiken von Mitgliedern der Secession. Im folgenden Frühjahr veranstaltete sie die erste große Ausstellung in Deutschland mit Gemälden und Aquarellen von Cézanne, dessen Ruhm damals noch keineswegs gefestigt war. *Kunst und Künstler*, Bd. 2 (1903–1904), S. 378, bemerkte: »Bei Paul Cassirer findet eine Ausstellung des schwer verständlichen, herrlichen, gewaltigen Künstlers Cézanne statt.« Hans Rosenhagen schrieb: »Nachdem schon wiederholt einzelne Bilder von ihm im Salon Cassirer gezeigt und vom Publikum und vom größten Teil der Kritik entschieden abgelehnt worden waren, mußte einmal der Versuch gemacht werden, durch eine umfassendere Ausstellung die Bedeutung Cézannes den Kunstfreunden darzulegen.« Von Ausstellungen und Sammlungen, *Kunst für Alle*, Bd. 19 (1903–1904), S. 401. In der Saison 1907–1908, die vom September bis zum nächsten Juni dauerte, zeigte die Galerie zehn verschiedene Ausstellungen. Schon die erste bot 69 Aquarelle Cézannes, 6 Ölgemälde von Matisse und 35 Werke von Munch. Zu den Künstlern, die in den folgenden Ausstellungen vertreten waren, gehörten Leistikow, Beckmann, Liebermann, Corinth, Slevogt und Nolde. Im März zeigte die Galerie für zwei Wochen 27 van Goghs zusammen mit Arbeiten französischer Impressionisten. Die Saison schloß mit einer Ausstellung von Kunst des 19. und 20. Jahrhunderts, die von 28 Gemälden und 38 Zeichnungen Goyas beherrscht wurde. Paul Cassirer, *X. Jahrgang: Ausstellung 1–10*, Berlin 1907–1908.

5 Über die Einkünfte des Salons gibt Auskunft: Große Berliner Kunstausstellung, *Kunst für Alle*, Bd. 18 (1902–1903), S. 98.

6 Vorwort, *Katalog der siebenten Kunstausstellung der Berliner Secession,* Berlin 1903, ohne Seitenangabe.

7 Weisbach, *Und alles ist zerstoben,* S. 372.

8 *Das Tagebuch der Baronin Spitzemberg,* Herausg. Rudolf Vierhaus, Göttingen 1960, Eintragung vom 19. Juni 1900, S. 396.

9 Tilla Durieux, *Meine ersten neunzig Jahre,* Hrsg. Joachim Werner Preuss, Berlin 1971, S. 108–109.

10 Der Vorfall wurde mehrfach berichtet; s. z. B. die Spalte Nachrichten von Berlin, *Kunst für Alle,* Bd. 18 (1902–1903), S. 416.

11 Der Brunnen, der bald den Spitznamen *Streichelbrunnen* erhielt, weil so viele Passanten die Bronzetiere streichelten, steht immer noch vor dem Renaissance-Theater an der Hardenbergstraße, nicht weit vom Standort der ersten Galerie der Secession entfernt.

12 Erich Hancke, August Gaul, *Kunst und Künstler,* Bd. 21 (1922–1923), S. 199; Siehe auch Fritz Stahl, August Gaul, ebd., Bd. 2 (1903–1904), S. 89–98; Curt Glaser, August Gaul, *Kunst für Alle,* Bd. 28 (1912–1913), S. 232–239.

13 Hilton Kramer, Lovis Corinth; abgedruckt in *The Age of the Avant-Garde,* London 1974, S. 98–99.

14 Lovis Corinth, *Selbstbiographie,* Leipzig 1926.

15 Ebd., S. 118.

16 Karl Scheffler, *Talente,* Berlin 1921, S. 57.

17 Hans-Jürgen Imiela, *Max Slevogt,* Karlsruhe 1968, S. 28.

18 Cassirer an Slevogt, 24. September 1899, zitiert ebd., S. 52. Damals entsprachen 4000 Mark ungefähr dem Gehalt eines Gymnasiallehrers oder dem Sold eines Hauptmanns.

19 Corinth, *Selbstbiographie,* S. 149, 151.

20 Nach Corinths Witwe, der Malerin Charlotte Berend-Corinth, stammte der Ausdruck von Cassirer; s. Imiela, *Max Slevogt,* S. 107, 383, Anm.

21 Kramer, *Avant-Garde,* S. 98.

22 Scheffler, *Talente,* S. 61.

23 Liebermann an Hugo von Habermann, 31. Dezember 1901, zitiert bei Werner Doede, *Die Berliner Secession,* Berlin 1977, S. 24. Zur Rede des Kaisers s. das erste Kapitel.

24 Berichte über den Streit erschienen in *Kunst für Alle,* Bd. 18 (1902–1903), S. 224, und in *Kunst und Künstler,* Bd. 1 (1902–1903), S. 151–152.

25 *Kunst für Alle,* Bd. 19 (1903–1904), S. 152.

26 Die Anekdote wird von Hoffmanns Schwager Werner Weisbach berichtet in *Und alles ist zerstoben,* S. 297–298.

27 Nachrichten von Berlin, *Kunst für Alle* (1902–1903), S. 317.

28 Hans Holtzbecher, *Die große Berliner Kunstausstellung: Eine Flucht der Künstler in die Öffentlichkeit,* Berlin 1903. Siehe auch:

Chronik, *Kunst und Künstler,* Bd. 1 (1903), S. 441–442; und die sarkastische Erörterung von Holtzbechers Behauptungen durch H(ans) R(osenhagen) in *Kunst für Alle,* Bd. 18 (1902–1903), S. 512.

29 Berichtet in *Kunst für Alle,* Bd. 18 (1902–1903), S. 576. Kampf stellte wenigstens einmal als Gast der Berliner Secession aus. Sein Erscheinen bei einem der offiziellen Diners der Secession wurde als seltenes Beispiel für Zivilcourage bei einem Mann vermerkt, der eine wichtige halbamtliche Stellung bekleidete. Alfred Lichtwark, Brief vom 7. April 1903, in *Briefe an die Kommission für die Verwaltung der Kunsthalle,* Herausg. Gustav Pauli, Hamburg 1924, Bd. 2, S. 44. Kampf, der 1950 starb, wurde nach Werners Tod 1915 Direktor der Königlichen Hochschule für die bildenden Künste. Als Hitler an die Macht kam, malte Kampf Bilder, die das neue Regime verherrlichten.

30 Albert Dresdner, Berliner Kunst – Die Große Berliner Kunstausstellung, *Der Kunstwart,* Bd. 16, Heft 23 (1902–1903), S. 525–526.

31 Albert Dresdner, Berliner Kunst, ebd., S. 16, Heft 3 (1902–1903), S. 144–147; Berliner Kunst – Die Ausstellung der Berliner Secession, ebd., S. 16, Heft 18 (1902–1903), S. 286–290.

32 Dr. Volker, Die Berliner Kunstausstellungen, *Hochland,* Bd. 1 (1903), S. 252, 253.

33 Ebd., S. 254.

34 *Der Kunstwart,* Bd. 20, Heft 20 (1906–1907), S. 413–421, 467. Schefflers Artikel erschien ebd., Bd. 19, Hefte 4, 5, 6 (1905–1906), S. 177–182, 251–267, 312–315. *Der Kunstwart* wird zu oft als eine durch und durch antisemitische und nationalistische Zeitschrift abgelehnt; s. z. B. die Behauptung, »alle Künstler der Secession, die internationale Beeinflussung, also Tendenzen zum ›Franzosentum‹ zeigten, bekämpfte der ›Kunstwart‹ unerbitt-

Arthur Kampf, Vignette am Ende des Erinnerungsbuches ›Aus meinem Leben‹, 1950

lich«, in Sigrun Paas' naiver Dissertation *Kunst und Künstler,* Heidelberg 1976, S. 46.

35 Beispielsweise lobt sein Bericht über die Frühjahrsausstellung der Secession im Jahre 1903 ihre elitären Maßstäbe und ihre außergewöhnliche Beschaffenheit; *Kunst für Alle,* Bd. 18 (1902–1903), S. 393–406. In einem zweiten Artikel über dasselbe Thema stellt er fest: »Man mag effektvollere Ausstellungen in Deutschland gesehen haben als diese, aber kaum eine, die so viele absolute große Kunst enthielt.« Und er gratuliert den Veranstaltern der Ausstellung zu ihrer Selbstlosigkeit, den zahlreichen wichtigen Werken einheimischer und ausländischer Gäste so viel Raum zu überlassen, ebd., S. 422. Andere sehr lobende Berichte s. ebd., S. 93, 186–190, 244, 264–265, 356–360. Im Herbst desselben Jahres wurde eine Ausstellung in der Galerie Cassirer als noch eine weitere in einer Reihe von »seinen immer vorzüglichen Ausstellungen« charakterisiert; ebd., Bd. 19 (1903–1904), S. 100.

36 Kenworth Moffett, *Meier-Graefe as Art Critic,* München 1973, S. 42.

37 Henry Thode, *Schauen und Glauben,* Heidelberg 1903.

38 Siehe das 6. Kapitel.

39 In ihrer (gedruckten) Dissertation *Kunst und Künstler,* S. 16, ordnet Sigrun Paas Rosenhagen »unbedingt... an die Seite derer, die der ›neuen Kunst‹... zum Siege verhelfen wollten«, und unterläßt es, seinen Frontwechsel zu erwähnen.

40 Eine bayerische Zeitung berichtete, daß der Befehl des Kaisers, »das ›Deutsche Haus‹ in St. Louis nach dem Vorbild des Charlottenburger Schlosses zu gestalten, außerhalb Berlins keinerlei Begeisterung erweckt hat!«, Die deutsche Kunst in St. Louis 1904, *Münchner Neueste Nachrichten,* 21. April 1903. Deutschland verließ sich nicht als einziges Land auf die architektonischen Leistungen früherer Generationen, um den gewünschten Eindruck zu vermitteln. Der französische Pavillon in St. Louis war dem Grand Trianon nachgebildet; der englische einem Flügel von Kensington House. Zum Prestigekonzept in der deutschen Außenpolitik der Zeit s. u. a. Ilse Kunz-Lack, *Die deutsch-amerikanischen Beziehungen, 1890–1914,* Stuttgart 1935, S. 232–233, in dem die Autorin von den »zum Teil übertriebenen Anstrengungen des Außenministeriums, das Wohlwollen der Vereinigten Staaten um die Jahrhundertwende und auch danach zu gewinnen« berichtet; s. auch Emil Wächter, *Der Prestigegedanke in der deutschen Politik von 1890–1914,* Aarau 1941. Übrigens habe auch ich selbst die erwähnten Ereignisse und die in ihnen wirksam gewordenen Vorstellungen schon an anderer Stelle kurz erörtert und untersucht: Vergleiche: Peter Paret, Art and the National Image: The Conflict over Ger-

many's Participation in the St. Louis Exposition, *Central European History*, Bd. 11, Heft 2 (1978), S. 173–183.

41 Posadowsky an Richthofen, 25. Oktober 1901, ZStA Potsdam, Auswärtiges Amt, Rep. 09.01, Bd. 1, Nr. 51 (500), S. 90–94. Die zitierten Zeilen sind von S. 93 verso.

42 Die Akten des Auswärtigen Amts enthalten ausgedehnte Schriftwechsel über die Antworten verschiedener Regierungen auf die amerikanische Einladung; s. z.B. ebd., S. 97–98, 102–103, ebd., Rep. 09.01, Bd. 2, Nr. 51 (501), S. 12–13, 51.

43 Amerikanische Botschaft an das Auswärtige Amt, 10. Januar 1902, ebd., S. 17.

44 Theodor von Holleben an Bülow, 9. Januar 1902, ebd., S. 19.

45 Posadowsky an H. Kayser, 14. April 1902, ebd., S. 53.

46 Studt an Richthofen, 24. April 1902, ebd., S. 64.

47 Robert von Zedlitz-Trützschler, Kultusminister von 1891 bis 1892, zitiert in J. C. G. Röhl, *Germany without Bismarck,* Berkeley und Los Angeles 1967, S. 267.

48 Studt an Bülow, 26. Juni 1902, ZStA Potsdam, Auswärtiges Amt, Rep. 09.01, Bd. 3, Nr. 51 (502), S. 71. Sogar der offizielle Bericht der Kunstgenossenschaft über die deutsche Kunstausstellung in Paris gab gewisse Schwächen zu, die weitgehend auf organisatorische Probleme geschoben wurden, die außerhalb der Kontrolle der Vereinigung lagen. Aber der Bericht wies auch die allgemeine Kritik an der Ausstellung als übertrieben zurück und dementierte insbesondere, daß die Arbeit secessionistischer Künstler unzureichend vertreten war. *Bericht des Hauptvorstandes der Allgemeinen Deutschen Kunstgenossenschaft über die Beteiligung der Deutschen Künstlerschaft an der Weltausstellung in Paris 1900,* Berlin 1901, S. 24–25.

49 Posadowsky an Richthofen, 7. August 1902, ZStA Potsdam, Auswärtiges Amt, Rep. 09.01, Bd. 3, Nr. 51 (502), S. 68.

50 Auswärtiges Amt an den Kaiser und Bülow an den Kaiser, 2. Oktober 1902, ebd., S. 75–79, 95.

51 Wilhelms II. Randbemerkungen zu Bülows Bericht; Ablehnung von Geheimrat Richter, 17. Oktober 1902; und Bülow an den Kaiser, 27. Oktober 1902, mit den Randbemerkungen Wilhelms II.; ebd., S. 95, 98, 101, 106. Adolf Wermuth, später Reichsschatzsekretär und Oberbürgermeister von Berlin, der bei den Ausstellungen von Melbourne und Chicago als Reichskommissar fungierte, beschreibt die Befugnisse dieses Amts und das Interesse, das der Kaiser an den deutschen Ausstellungen nahm, in seinen Memoiren *Ein Beamtenleben,* Berlin 1922.

52 Bundesrat Nr. 107, 23. Oktober 1902, ZStA Potsdam, Auswärtiges Amt, Rep. 09.01, Bd. 3, Nr. 51 (502), S. 90–93.

53 Angefangen mit Mailand 1906, übernahm das Auswärtige Amt leitende Verantwortung für die deutsche Teilnahme bei Weltausstellungen, ein Wechsel, der sich mit der führenden Rolle des Ministeriums bei den Vorbereitungen für St. Louis anbahnt.

54 Lewald an das Auswärtige Amt, 22. November 1902, ZStA Potsdam, Auswärtiges Amt, Rep. 09.01, Bd. 3, Nr. 51 (502), S. 179.

55 S. z.B. *Kölnische Zeitung,* 14. Januar 1903.

56 Lewalds Bericht, 18. Februar 1903, an die Chefs der Ministerien verteilt, ZStA Potsdam, Auswärtiges Amt, Rep. 09.01, Bd. 4, Nr. 51 (503), S. 122–123, 124–125.

57 *World's Fair Bulletin,* 4, no. 3 (Januar 1903), S. 1

58 *Official Guide to the Louisiana Purchase Exposition* (St. Louis 1904), S. 123. Amerikanischen Statistiken zufolge waren am Ende die Ausgaben des Deutschen Reiches für Gebäude und Einrichtungen, gefolgt von denen Japans und Frankreichs, die höchsten aller an der Ausstellung beteiligten Staaten. J. W. Buel, Hrsg., *Louisiana and the Fair,* St. Louis 1904, Bd. 4, S. 1399–1400.

59 A. Quadt, Promemoria, 17. Oktober 1902, ZStA, Auswärtiges Amt, Rep. 09.01, Bd. 3, Nr. 51 (502), S. 155.

60 Ebd., S. 144, 147–148, 149, 151–152.

61 P(aul) H(ennig), Einfuhr von Kunstwerken in Amerika, *Kunst und Künstler,* Bd. 10 (1911–1912), S. 621.

62 Quadt, Promemoria, S. 159–160.

63 Frederick C. Rieloff an Theodor von Holleben, 10. Juni 1902, ZStA Potsdam, Auswärtiges Amt, Rep. 09.01, Bd. 3, Nr. 51 (502), S. 10, 14. Holleben leitete den Bericht nach Berlin weiter mit einem Vermerk, der seine unbedingte Zustimmung ausdrückte.

64 Bünz an Speck von Sternburg, weitergeleitet an Bülow, 6. Februar 1903, ebd., Rep. 09.01, Bd. 4, Nr. 51 (503), S. 198–200.

65 Ende an Studt, 28. Juni 1902, ebd., S. 6–7.

66 Kopie von Uechtritz' Memorandum vom 14. Februar 1903, ebd., Rep. 09.01, Bd. 5, Nr. 51 (504), S. 100–102 verso; Begleitbriefe von Uechtritz, 14. März 1903, und internes Memorandum des Auswärtigen Amtes, 15. März 1903, ebd., S. 99, 103–106.

67 Chronik, *Kunst und Künstler,* Bd. 3 (1904–1905), S. 131–132; *Kunst für Alle,* Bd. 18 (1902–1903), S. 290.

68 Uechtritz, Memorandum vom 14. Februar 1903, S. 101–102.

69 Ebd., S. 100–100 verso, 102–102 verso.

70 Undatiertes Memorandum (Ende Mai 1903), dem Kultusministerium vorgelegt, weitergeleitet an das Auswärtige Amt am 24. Juni 1903, ZStA Potsdam, Auswärtiges Amt, Rep. 09.01, Bd. 6, Nr. 51 (505), S. 103.

71 Kopie von Uechtritz an Posadowsky oder Studt, 25. April 1903, ebd., Rep. 09.01, Bd. 5, Nr. 51 (504), S. 145 verso.

72 Studt an Richthofen, 24. Juni 1903; Uechtritz, undatiertes Memorandum; ebd., Rep. 09.01, Bd. 6, Nr. 51 (505), S. 98–99, 106.

73 Lewald scheint von Anfang an in diese Richtung tendiert zu haben. Siehe Lichtwarks Bericht über Gespräche mit Lewald und deutschen und amerikanischen Beamten im Dezember 1902, in *Briefe an die Kommission,* II, 37–39, 41–43. Zu Lewalds Ansicht, daß Deutschland einer entschlossenen ausländischen Konkurrenz gegenüberstand, siehe seine Ansprache an Münchner Künstler, veröffentlicht in seinem Rundschreiben *Mitteilungen betreffend die Weltausstellung in St. Louis 1904,* Heft 1 (5. März 1903).

74 Ebd., Heft 5 (2. April 1903); siehe auch Presseberichte wie: Die deutsche Kunst in St. Louis 1904, *Münchner Neueste Nachrichten,* 21. April 1903; Die Frage der Organisation der deutschen Kunstabteilung..., *Vossische Zeitung,* 26. April 1903; und *Kunst für Alle,* Bd. 18 (1902–1903), S. 366–368.

75 Heinrich Deiters, *Geschichte der Allgemeinen Deutschen Kunstgenossenschaft,* Düsseldorf 1906, S. 48–49.

76 Die Weltausstellung in St. Louis und die deutsche Kunst, *Weser-Zeitung,* 31. Dezember 1903. Diese lange, rückblickende Analyse des Konfliktes zwischen der Kunstgenossenschaft und ihren Kritikern, der Beitrag eines anonymen Korrespondenten in Berlin, war von Anton von Werner verfaßt. Ein Entwurf des Briefes in Werners Handschrift befindet sich unter seinen Papieren, ZStA Merseburg, Rep. 92, Nachlaß Anton von Werner, VId, S. 126–136.

77 *Weser-Zeitung,* 31. Dezember 1903, s. auch Deiters, *Geschichte der Kunstgenossenschaft,* S. 46, 48–51.

78 *Weser-Zeitung,* 31. Dezember 1903.

79 Holstein, *Lebensbekenntnis,* Hrsg. Helmuth Rogge, Berlin 1932, S. 221–222.

80 Lichtwark berichtet von Müllers diesbezüglicher Erklärung in *Briefe an die Kommission,* II, 61. Durch Müllers Entlassung wurde sein Amt im Kultusministerium nicht zu einem konservativen Bollwerk. Sein Nachfolger, Friedrich Schmidt-Ott, der im letzten Jahr des Kaiserreichs selbst Kultusminister wurde, versuchte bald, den Kaiser zu mehr Toleranz zu bewegen. Auf seinen Vorschlag hin benutzte der Berliner Kunsthistoriker Heinrich Wölfflin die Gelegenheit einer Begegnung mit dem Kaiser, um die Bedeutung des Impressionismus hervorzuheben, er wurde jedoch sofort mit dem Auftrag, der weite Verbreitung in der Presse fand, unterbrochen, der modernen Richtung gegenüber festzubleiben, s. z. B. den Bericht über den Vorfall in der *Rheinisch-Westfälischen Zeitung,* 14. Juni 1904.

81 Hans Rosenhagen, Deutsche Kunstzustände, *Kunst für Alle,* Bd. 19 (1903–1904), S. 65–67. Wenige sichere Einzelheiten sind über die im Frühjahr 1903 stattfindenden Unterredungen zwischen Wilhelm II. und Werner bekannt. Lewald behauptete später, daß Werner den Kaiser beeinflußte, sich Lewalds Plan zu widersetzen; Holstein, *Lebensbekenntnis,* S. 222 Anm. Zu der Zeit glaubten Anhänger wie Gegner der Kunstgenossenschaft, daß die beiden Männer sich zusammengetan hätten, um das Kunstparlament zu zerstören. In einer Broschüre, die er zur Verteidigung seiner Haltung veröffentlichte, bestritt Werner die Behauptung, die ein Mitglied der gemäßigt-liberalen Freisinnigen Volkspartei im Reichstag aufgestellt hatte, er hätte im August 1903 eine Anordnung des Kaisers dem Staatssekretär des Innern übermittelt, welche die Rückkehr der Ausstellung unter die Kontrolle der Kunstgenossenschaft forderte; Anton von Werner, *Die Kunstdebatte im Deutschen Reichstag am 16. Februar 1904,* Berlin 1904, S. 7–8. Die Beschuldigung war falsch, da die entscheidenden Schritte bis Juli unternommen worden waren, aber Werner verschwieg seine früheren Unterredungen mit dem Kaiser.

82 Nach einem Schreiben des Vorsitzenden und Schriftführers der Kunstgenossenschaft an die Münchner Secession vom 29. November 1903, »In der Abteilung für Malerei dieser Zentraljury, welche aus zwölf Personen besteht, würden die Secessionen und die mit ihnen stimmenden Vereine durch vier Bevollmächtigte vertreten sein.« *Kunst für Alle,* Bd. 19 (1903–1904), S. 195. Als Posadowsky die Aktionen der Regierung im Reichstag verteidigte, versuchte er dennoch zu behaupten, daß man den Secessionen und ihren Sympathisanten die Hälfte der Stimmen in der zentralen Jury gegeben hätte; Posadowsky, Sitzung vom 16. Februar 1904, *Verhandlungen des Reichstags: Stenographische Berichte,* Berlin 1904, Bd. 198, S. 1004.

83 Hans Rosenhagen, Deutsche Kunstzustände, *Kunst für Alle,* Bd. 19 (1903–1904), S. 68. Siehe auch: Die deutsche Kunstabteilung in St. Louis, eine anonyme Widerlegung von Rosenhagens Analyse, ebd., S. 141–147.

84 Siehe z.B. Posadowsky, Sitzung vom 16. Februar 1904, *Verhandlungen des Reichstags,* Bd. 198, S. 1004.

85 *Kunst für Alle,* Bd. 19 (1903–1904), S. 194–196.

86 Waldemar Graf Oriola, Sitzung vom 16. Februar 1904, *Verhandlungen des Reichstags,* Bd. 198, S. 1009.

87 Werner, *Die Kunstdebatte,* S. 8, 20.

88 Walter Leistikow, Über den Deutschen Künstlerbund und die Tage von Weimar, *Kunst für Alle,* Bd. 19 (1903–1904), S. 204, 205.

89 Vermischte Nachrichten, ebd., S. 199. Zur Gründung des Künst-

lerbundes s. auch Lovis Corinth, *Das Leben Walter Leistikows,* Berlin 1910, S. 71, 76–77; Johannes Kalckreuth, *Wesen und Werk meines Vaters: Lebensbild des Malers Grafen Leopold von Kalckreuth,* Hamburg 1967, S. 295–298.

90 Harry Graf Kessler, *Der deutsche Künstlerbund,* Berlin 1904, S. 13. Im Juli 1904 reiste Kessler nach London, um als Experte vor einem Sonderausschuß des Oberhauses zu erscheinen, der Ermittlungen über die Ausgabe öffentlicher Mittel für die Kunst anstellte. Im Verlaufe seiner Aussage erklärte Kessler: »Es ist eine alte Gewohnheit in Deutschland, die Kunstgenossenschaft mit der Organisation von Ausstellungen zu betrauen, insbesondere bei Ausstellungen im Ausland. Die Folge war, daß diese ausländischen Ausstellungen nach sehr demokratischen Richtlinien organisiert wurden – das heißt, nach kunstdemokratischen Richtlinien: die echten Künstler wurden von Amateuren herausgedrängt oder von Leuten, die irgendwie großen Einfluß in der Vereinigung gewonnen hatten.« Großbritannien, *Parliamentary Papers,* Bd. 1 (Reports, 5, February–August 1904), »Select committee on the Chantrey Trust«, S. 179.

91 Kessler, *Der deutsche Künstlerbund,* S. 26–28.

92 J. Kalckreuth, *Wesen und Werk,* S. 214 (Diltheys Urteil); S. 256 (H. St. Chamberlain); S. 297 (Sozis).

93 *Simplicissimus,* Bd.8, Heft 43 (19. Januar 1904). Siehe hier S. 199. Eine ähnliche Karikatur erschien in ebd., Heft 45 (2. Februar 1904).

94 Zuschrift, *Düsseldorfer Anzeiger,* 24. Dezember 1903.

95 Die deutsche Kunst in St. Louis, *National-Zeitung,* 23. Januar 1904. Ähnliche Kommentare in großen Teilen der liberalen und fortschrittlichen Presse.

96 Die Beschuldigung war Anlaß für eine Karikatur im *Simplicissimus,* Bd. 8, Heft 48 (23. Februar 1904), in der ein früherer Herrscher von Sachsen-Weimar zu seinem Minister sagt: »In Berlin wollen sie uns die Kunst kommandieren, mein lieber Göthe, ich gedenke aber dort erst um Rat zu bitten, wenn wir neue Militärstiefel einführen.« Siehe hier S. 203.

97 Theodor Kirsch, Sitzung vom 16. Februar 1904, *Verhandlungen des Reichstags,* Bd. 198, S. 1024–25.

98 Ebd., S. 1016, Müller-Meiningen war einer der jüngeren Führer seiner Partei. 1917 stimmte er gegen die Friedensresolution. Nach dem Ersten Weltkrieg wurde er Bayerischer Justizminister.

99 Ebd., S. 1004.

100 Ebd., S. 1022. Kardoff, eine der bemerkenswertesten Persönlichkeiten im Reichstag, war Gründer des Zentralverbands Deutscher Industrieller und Vorsitzender seiner Partei von 1880 bis zu seinem Tod im Jahre 1907.

101 Singer, den Lenin bewunderte, war Mitbegründer der Berliner Arbeitervereinigung und Leiter der sozialdemokratischen Fraktion im Reichstag.

102 Ebd., S. 1006.

103 Ebd., S. 1018–20. In derselben Rede verglich Müller-Meiningen Wilhelm II. mit Karl X. von Frankreich zugunsten des letzteren.

104 Ebd., S. 1023. Zwischen 1910 und 1918 war Dove Vorsitzender seiner Partei. Einige Jahre lang war er auch Vizepräsident des Reichstags.

105 Ebd., S. 1026; Südekum, ein Fachmann für kommunale Fragen und Verfasser des bekannten Buches *Großstädtisches Wohnungselend,* gehörte zu der revisionistischen Gruppe um Bernstein. Während der Weimarer Republik war er einer der Führer der sozialdemokratischen Partei.

106 Peter Spahn, Otto Henning, Ernst Müller-Meiningen, Albert Südekum, ebd., S. 992, 999, 1017, 1025. Zwischen 1912 und 1917 war Spahn Führer seiner Fraktion im Reichstag. Während des letzten Kriegsjahres war er preußischer Justizminister.

107 Singer, Dove, ebd., S. 996, 1023.

108 Oriola, ebd., S. 1010.

109 *Times* (London), 17. Februar 1904; Kaiser, as Art Critic, Flouted in Reichstag, *New York Times,* 17. Februar 1904. Siehe auch den Leitartikel: Gutter Art, ebd., 18. Februar 1904. *Die Jugend,* 1904, Bd. 1, S. 180 (siehe hier S. 209, widmete Anton von Werner ein Gedicht, weil er auf wunderbare Weise Einheit in die deutsche Politik gebracht hätte:
Die herrliche, junge, deutsche Kunst,
die man geschmäht und gesteinigt,
Sie hat das größte der Wunder vollbracht,
hat des Reichstags Parteien vereinigt!

110 *Berliner Tageblatt,* 17. Februar und 21. Februar 1904; siehe auch die scharfe Kritik derselben Zeitung an Werners Rolle, Deutsche Kunst in St. Louis, 16. Februar 1904, und ihren Leitartikel, Krone und Presse, 18. Februar 1904. Zu einer ebenso hoffnungsvollen Schlußfolgerung kam Ferdinand Avenarius, der Herausgeber des *Kunstwart,* in einem der gründlichsten und ausgewogensten Berichte über die Episode: Zur Reichstagsverhandlung, *Der Kunstwart,* Bd. 17, Heft 11 (1903–1904), S. 613–618.

111 *Der Reichsbote,* 17. Februar 1904; s. auch den Leitartikel: Der Staat und die Kunst, in der *National-Zeitung* desselben Datums.

112 Der Reichstag und die deutsche Kunst: Ein Protest gegen die Berliner autokratische Kunstpolitik, *Frankfurter Zeitung,* 18. Februar und 17. Februar 1904.

113 *Vossische Zeitung,* 16. Februar 1904.

114 *Vorwärts,* 16. Februar 1904.
115 *Die Post,* 18. Februar 1904.
116 Posadowsky, Sitzung vom 16. Februar 1904, *Verhandlungen des Reichstags,* Bd. 198, S. 1020.
117 Hauptvorstand des Allgemeinen Deutschen Künstlerbundes, *St. Louis und die deutschen Künstler,* Berlin 1904.
118 Vorstand des Vereins Berliner Künstler, *Kunstgenossenschaft und Secession,* Berlin 1904, S. 6.
119 Max Schlichting, *Staat und Kunst,* Berlin 1904, S. 13, 18–20. Maßvollere Äußerungen aus demselben Lager waren Hermann Knauers *St. Louis und seine Weltausstellung,* Berlin 1904, der für eine Aussöhnung der deutschen Künstler plädierte, und die Bemühung des Berliner Landschaftsmalers Carl Langhammer um eine ausgewogene Analyse des Konflikts: Zum deutschen Künstlerstreit, *Kunst für Alle,* Bd. 19 (1903–1904), S. 357, 359, der jedoch die Berliner Secession als »geschäftliche Unternehmung« und »eine ihre Geschäfte verfolgende Partei« herabsetzte.
120 Werner, *Die Kunstdebatte,* S. 10–11. Kellers Dementi wurde in *Kunst für Alle,* Bd. 19 (1903–1904), S. 314, veröffentlicht. In ihrer Ausgabe vom 2. März tat die *Kreuzzeitung* die Episode als unbedeutend ab und bemühte sich, Werners Verfahren zu verteidigen. In einem von der *Vossischen Zeitung* am 17. März veröffentlichten Brief beharrte Werner darauf, daß Keller die Frage der Präsidentschaft der Münchner Secession mit ihm erörtert hätte.
121 Sitzung vom 14. April 1904, *Verhandlungen des Preußischen Hauses der Abgeordneten: Stenographische Berichte,* Berlin 1904, Bd. 470, S. 3682–3768. Eine Parodie der Debatte erschien in der *Jugend,* 1904, Bd. 1, S. 358, nach der Kultusminister v. Studt erklärte, er seinerseits sei immer für die uneingeschränkte Freiheit der Kunst eingetreten. Nur dürfe diese Freiheit nicht in Eigenmächtigkeit ausarten. Der Staat wache darüber, daß die Freiheit, die er meine, sich auf das ›wahrhaft‹ Künstlerische beschränke, und was das wahrhaft Künstlerische sei, finde jeder Kunsttreibende im Kgl. preußischen Kunstregulativ § 17, Absatz 5–7 deutlich klargelegt.
122 Sitzung vom 10. Mai 1904, *Verhandlungen des Reichstages,* Bd. 200, S. 2836.
123 *Simplicissimus,* Bd. 8, Heft 46 (9. Februar 1904), siehe hier S. 215.
124 Natürlich wurden sie von der deutsch-amerikanischen Presse weit übertroffen, die auf den ersten Seiten Schlagzeilen veröffentlichte wie »Germany Far in Lead. Exhibit at World's Fair Is Superior to That of Any Other Country« (*Chicago Record-Herald,* 1. Oktober 1904).
125 Bericht vom 8. Februar 1905, ZStA Potsdam, Auswärtiges Amt,

Rep. 09.01, Bd. 14, Nr. 51 (513), S. 7. Mehrere Jahre danach wurde eine staatlich geförderte Ausstellung von moderner deutscher Malerei und Plastik, die auch das Werk vieler Mitglieder der Berliner Secession einschloß, schließlich nach Chicago und in andere amerikanische Städte geschickt. In seiner englischen Einführung zum Katalog schrieb der deutsche Kunsthistoriker Paul Clemen: »Naturally, the official exhibitions at Chicago and St. Louis comprised, more or less, representations of official art, and the voices that spoke at those world fairs were too many and too loud for the quiet and pure voice of art to be heard.« *Exhibition of Contemporary German Art,* Chicago 1909, S. 5. Siehe auch W. R. Valentiner, Die deutsche Ausstellung in New York, *Kunst und Künstler,* Bd. 7 (1908–1909), S. 373–375.

126 Richard Müller, Hans von Petersen und Max Schlichting, Bildende Kunst, *Amtlicher Bericht über die Weltausstellung in St. Louis 1904, Erstattet vom Reichskommissar,* Berlin 1906, Bd. 2, S. 172–175.

127 Die folgende Beschreibung gründet sich weitgehend auf den *Official Catalogue of Exhibitors: Universal Exposition St. Louis, USA 1904; Department B Art,* St. Louis 1904; *Official Guide to the Louisiana Purchase Exposition,* St. Louis 1904; die englische Ausgabe *International Exposition St. Louis 1904: Official Catalogue of the Exhibition of the German Empire,* Hrsg. Theodor Lewald, Berlin 1904; und *Art,* Bd. 7 von *Louisiana and the Fair,* Herausg. J. W. Buel, St. Louis 1905, deren Angaben und Statistiken nicht immer mit den Angaben der Kataloge übereinstimmen. Abbildungen vieler der in St. Louis gezeigten Werke sind in früheren Katalogen des jährlichen Berliner Salons enthalten. Es ist eine Ironie, daß die Einführung zu dem Abschnitt über Kunst des *Official Catalogue of the German Empire* von einem Vorkämpfer der modernen Kunst geschrieben wurde, von Alfred Lichtwark: Lewald hatte seinen Beitrag zur Zeit des Kunstparlaments erbeten. Die Einführung ist ein nüchterner, versteckt anti-akademischer historischer Überblick; der Verfasser lobt Liebermann und bedauert, daß »moderne

Leo von König, Reiter. Zeichnung. Abgebildet im Katalog der Zwanzigsten Ausstellung der Berliner Secession

deutsche Kunst unzureichend mit dem Leben der Nation verknüpft ist« (S. 54).

128 Man hatte der Secession einen Raum für die Arbeiten ihrer Mitglieder zugewiesen, den sie jedoch vorwiegend einer Ausstellung von Bildern und Wandgemälden Gustav Klimts widmen wollte. Als das österreichische Unterrichtsministerium sich gegen eine solche Konzentration auf das Werk eines einzelnen Künstlers wandte, zog sich die Secession zurück. Der Unmut einiger Mitglieder über die geplante »Klimt-Ausstellung« trug im nächsten Jahr zur Zersplitterung der Secession bei und zu ihrem Niedergang als künstlerische Kraft.

129 Eine Sonderausstellung von Werken aus amerikanischen Museen und aus Privatbesitz enthielt einige Bilder von modernen deutschen Künstlern wie Uhde, die, nach der Beschreibung des *Official Guide* (S. 68), »kaiserlicher Kritik trotzen, indem sie das Joch akademischer Tradition abschütteln.«

130 Es wurde weithin übelgenommen, daß der politisch einflußreichste Maler in Deutschland durch die Jury bevorzugt wurde und dies auch akzeptierte. Max Creutz z.B. nannte die deutsche Abteilung »eine Sonderausstellung« von Werner; »Hinter dem ungeheueren Flächeninhalt von sechs großen Werken, darunter ›Der Europäische Kongreß in Berlin‹ und ›Moltkes 90. Geburtstag‹ verschwindet alles übrige.« Die ›Fine Arts‹ auf der Weltausstellung in St. Louis, *Kunst für Alle,* Bd. 19 (1903–1904), S. 569. Werners Verhalten während des Konflikts über St. Louis machte ihn nicht beliebter. Als Hermann Ende kurz nach der Reichstagsdebatte als Präsident der Akademie der Künste zurücktrat, bot Werner sich selbst als Kandidat an, verlor aber die Wahl gegen den Architekten Johannes Otzen mit großem Abstand. Obwohl er auch weiterhin wichtige Ehrungen empfing, wurde Werners politischer Einfluß nach 1904 schwächer, wie auch der Einfluß der Vereinigungen abnahm, mit denen er am engsten verbunden war.

131 Kuehl hatte Liebermann bei der Organisation der nichtamtlichen Ausstellung deutscher Kunst auf der Pariser Weltausstellung 1889 unterstützt. 1903 lehnte er den Vorsitz der Kunstgenossenschaft ab und schloß sich bald darauf dem Künstlerbund an. Nach der Ausstellung von St. Louis stellte Martini als Gast der Berliner Secession aus.

132 Der konventionelle Charakter anderer Abteilungen hatte seinen Grund weniger in der Regierungspolitik als in der Tatsache, daß die große Mehrheit der Künstler in konventioneller Manier arbeitete. Viele Gruppen und Galerien arbeiteten bei dem Aufbau der amerikanischen und französischen Ausstellung zusammen. In England beherrschte die Royal Academy die Ausstellungsorgani-

sation. 1903 wurde die Royal Academy wegen ihrer Verwaltung bestimmter zur Unterstützung der Kunst vorgesehener Gelder, des Chantrey Trust, angegriffen; aber sie scheint die Werke für St. Louis unparteiisch ausgewählt zu haben. Eine Künstlervereinigung schied aus, als man ihren Mitgliedern nicht ein Viertel des für England bestimmten Raumes zugestand. Wie bereits in Anmerkung 128 erwähnt, wurde das Fehlen der Wiener Secession bei der österreichischen Ausstellung durch die Absicht der Secession verursacht, den größten Teil des zugewiesenen Raumes für eine Ausstellung von Gustav Klimts Werk zu verwenden.

133 *Der Reichsbote,* 17. Februar 1904.

134 *Vorwärts,* 18. Februar 1904.

135 *Times* (London), 17. Februar 1904.

Die Berliner Secession als deutsches Ereignis

1 Vorwort, *Katalog der dreizehnten Ausstellung der Berliner Secession,* in Max Liebermann, *Die Phantasie in der Malerei,* Frankfurt am Main 1978, S. 174.

2 Vorwort, *Katalog der achtzehnten Ausstellung der Berliner Secession,* ebd., S. 177.

3 Nach dem Ersten Weltkrieg beschrieb der Kunsthistoriker Julius Meier-Graefe die Haltung mancher Künstler und Intellektuellen der Generation, »die sich um 1890 zu regen begann«, mit diesen Worten: »Wir wußten, wohin wir trieben... Da oben, da hinten, da, wo regiert wurde, da, wo man goß und hämmerte, wo die Räder und die Walzen liefen und die Rechner Zahlen addierten und, was uns schmerzlicher war, auch da, wo man predigte und lehrte, in der Schule, in der Kirche, auf dem Katheder, geschahen heillose Dinge. Der Kaiser mit seinen Trabanten gehörte dazu, ein unentwirrbares Brimborium von Fiktionen. Was ging es uns an? – Alles das existierte draußen, hatte draußen zu bleiben. So wollte es unser Hochmuth. Schon der Versuch, sich anders als in Spott damit abzugeben, hätte den Redner der Albernheit verdächtigt. Wir rührten uns nicht. Unsere Gespräche, die mit Leidenschaft geführt wurden, drehten sich um Gott und den Teufel, nur nicht um die Welt, deren Schicksal sich erfüllte. Jene Welt stellte uns Modelle für unsere Bilder und Geschichten und war im übrigen ein notwendiges Übel, mit dem man sich so passiv wie möglich verhielt; ein Omnibus, eine Briefmarke. Man schrieb soziale Dramen, und dachte nicht im Traum an Sozialismus.« Einleitung, *Die Doppelte Kurve,* Berlin 1924, S. 9–10.

4 *Das persönliche Regiment,* Hrsg. von Wilhelm Schröder, München 1907, S. 170.

5 Bernhard von Bülow, *Denkwürdigkeiten,* Berlin 1930, II, S. 378. Der Versuch einer Ehrung Liebermanns wird von Wilhelm von Bode in seinen Memoiren *Mein Leben,* 2 Bde., Berlin 1930, Bd. 2, S. 198–199, berichtet. Aus Holland schrieb Liebermann seiner Schwester über die Flut von Briefen und Telegrammen, die ihm zu seinem Geburtstag gratulierten: »Nur der Kaiser fehlte unter den Gratulanten, aber ich hoffe, auch das zu ertragen, zumal die Lieblinge von S. M. in der Kunst nicht gerade Lieblinge der Götter sind. Aber die Akademie, das Kupferstichkabinett, das Kaiser-Friedrich-Museum und die übrigen Kunstinstitute haben mir gratuliert.« Rudolf Pfefferkorn, *Die Berliner Secession,* Berlin 1972, S. 70. Aus Anlaß des Geburtstages veröffentlichte Bode einen Artikel über Liebermann in *Kunst und Künstler,* in dem er ihn als den deutschesten der zeitgenössischen Künstler charakterisierte. Dieses Urteil, schrieb er später, »löste den *furor teutonicus* bei allen Überdeutschen und Antisemiten aus«; *Mein Leben,* Bd. 2, S. 199.

6 Zum Konflikt zwischen Tschudi und dem Kaiser siehe besonders die Autobiographie von Bode, der bei dem Streit zwischen beiden zugegen war; ebd., Bd. 2, S. 200–204: Siehe auch die etwas abweichenden Versionen in den Memoiren von Karl Scheffler, *Die fetten und die mageren Jahre,* München 1948, S. 238–240; und Hermann Uhde-Bernays, *Im Lichte der Freiheit,* Wiesbaden 1947, S. 403–404, sowie die verschiedenen Ausgaben von Lichtwarks Korrespondenz. Damals wurde der Vorfall ausführlich in der Presse erörtert und führte zu einer erneuten Debatte über die Neigung des Kaisers, preußische Kunstpolitik als seine ureigenste Domäne anzusehen. Unterlagen in Werners Nachlaß beweisen seine enge Zusammenarbeit mit dem Kaiser bei dem Versuch, Tschudi zu vertreiben. Ich habe diese Episode in einer besonderen Studie behandelt, die demnächst erscheinen wird.

7 Christopher With, The Emporer, the National Gallery, and Max Slevogt, *Zeitschrift des deutschen Vereins für Kunstwissenschaft,* Bd. 30 (1976), S. 80–94.

8 Ferdinand Avenarius, Kaiserliche Äußerungen, *Der Kunstwart,* Bd. 20, Heft 20 (1906–1907), S. 541.

9 Curt Glaser, Die Geschichte der Berliner Secession, *Kunst und Künstler,* Bd. 26 (1927–1928), S. 19. Wie stark die Secession mit der Planung der Ausstellung beschäftigt war, zeigt ein Brief von Leistikow an Kalckreuth vom 22. September 1904: »Wir sind hier der Meinung, daß man nicht viel tun kann, um die kommende Ausstellung so großartig und bedeutend wie möglich zu machen. (Paul) Cassirer hat deshalb vorgeschlagen (...), daß wir Drei-Mann-

Komitees in die verschiedenen Kunstzentren schicken, um mit Künstlern persönlich zu sprechen und, wenn möglich, Werke für die Ausstellung auszusuchen!« Stanford Coll. GASC, Cassirer Collection V, Miscellaneous Papers. Die Ausstellung war ein beachtlicher Erfolg für das Bestreben, die Sache der modernen Kunst voranzubringen. – Nach den Worten des Berliner Korrespondenten der größten bayerischen Zeitung veranschaulichte sie den moralischen und ästhetischen Bankrott der offiziell sanktionierten Kunst; Georg Fuchs, Der Deutsche Künstlerbund in Berlin, *Münchner Neueste Nachrichten,* 31. Mai 1905. Zur Ankündigung der Ausstellung entwarf Th. Th. Heine ein Plakat, auf dem ein Mädchen einen Strauß Rosen pflückt, die im Rinnstein wachsen – eine deutliche Anspielung auf den berühmten Ausspruch des Kaisers.

10 *Katalog der zwölften Kunstausstellung der Berliner Secession: Zeichnende Künste,* Berlin 1906. Mit 1000 Mark waren die großen van-Gogh-Zeichnungen die teuersten Objekte der Ausstellung, abgesehen von fünf Studien des heute ziemlich vergessenen Hugo Vogel, einst Mitglied der Elf, der seine Professur an der Hochschule für Bildende Künste als Folge der Munch-Affäre verloren hatte.

11 Werner Doede, *Die Berliner Secession,* Berlin 1977, Tabelle E.

12 Renato Poggiolo, *The Theory of the Avantgarde,* Cambridge/Mass. 1968, S. 82.

13 Liebermann, *Die Phantasie in der Malerei,* S. 170.

14 Ebd., S. 171.

15 Ebd., S. 172–173.

16 Ebd., S. 173, 174, 175.

17 Ebd., S. 176.

18 Zehn Jahre Secession, ebd., S. 179.

19 Die statistischen Tabellen für 1895 und 1907 sind veröffentlicht bei Paul Drey, *Die wirtschaftlichen Grundlagen der Malkunst,* Stuttgart und Berlin 1910, S. 307; s. auch S. 80, 247, 312.

20 Konrad Lange, Über Bilderpreise, *Kunst für Alle,* Bd. 18 (1902–1903), S. 15. Lange glaubte, daß die Preise hauptsächlich deshalb zu hoch waren, weil die Künstler sie aus Prestigegründen und aus falschem Konkurrenzdenken erhöhten und damit den Markt verdarben.

21 Lu Märten, *Die Wirtschaftliche Lage der Künstler,* München 1914, S. 76–86. Siehe auch Joachim von Bülow, *Künstler-Elend und -Proletariat,* Stettin 1911; Arthur Dobsky, Kunst und Sozialpolitik, *Kunst für Alle,* Bd. 28 (1912–1913), S. 520–525.

22 Märten, *Die Wirtschaftliche Lage,* S. 177. Theda Shapiro, *Painters and Politics,* New York 1976, S. 122, glaubt, daß die Sozialisten als

einzige politische Partei die moderne Kunst unterstützten – was im Streit über die Weltausstellung von St. Louis nicht der Fall war –, und bezieht sich auf »eine einzigartige Diskussion im Reichstag über die wirtschaftliche Lage der Künstler, (in der) ein Abgeordneter der Sozialisten unter dem Beifall der Linken empfahl, 75 000 Mark über den gewöhnlichen Kunstetat der Länder für junge Künstler zu bewilligen, um, wie er sagte, ihnen zu ermöglichen, in völliger Freiheit zu arbeiten, ohne zu verhungern.« Die Debatte, auf die sie sich bezieht, dauerte jedoch kaum länger als eine Minute und bestand lediglich aus dem Vorschlag eines Abgeordneten der katholischen Zentrumspartei, nicht eines Sozialisten, der im Laufe einer Aussprache über den Reichshaushalt meinte, daß die Summe von 75 000 Mark, die in den letzten Jahren für die Restaurierung eines mittelalterlichen Schlosses zurückgelegt worden war, im kommenden Jahr für Künstlerstipendien verwendet werden sollte. Da der Redner Komponisten, Journalisten und Dichter in diese Gruppe einbezog, trat er für die Unterstützung von bestenfalls einem halben Dutzend Malern und Bildhauern ein. Der Bericht von der Debatte verzeichnet keine Reaktion auf diesen Vorschlag, der im Budget nicht berücksichtigt wurde. Sitzung vom 11. März 1908, *Verhandlungen des Reichstags: Stenographische Berichte,* Berlin 1908, Bd. 231, S. 3761–67.

23 Julius Meier-Graefe, *Dee Entwicklungsgeschichte der modernen Kunst: Ein Beitrag zur modernen Ästhetik,* Stuttgart 1904, Bd. 2, S. 452.

24 Kenworth Moffett, *Meier-Graefe as Art Critic,* München 1973, S. 52. Ich bin dieser sorgfältigen, informativen Arbeit sehr zu Dank verpflichtet.

25 Ferdinand Avenarius, Zu Böcklins Heimgang, *Der Kunstwart* Bd. 14, Heft 9 (Februar 1901) S. 396 zitiert bei Moffett S. 53.

26 Julius Meier-Graefe, *Der Fall Böcklin,* Stuttgart 1905, S. 269–270. 1933, zwei Jahre vor seinem Tod, wiederholte Meier-Graefe diesen Vorwurf in einem bemerkenswerten Passus eines Essays über die Zukunft der Kunst: »Nicht der Unwert der Werke Böcklins und seines Kreises war bedenklich – wir hatten Überfluß an schlechten Bildern –, sondern die Art und Inbrunst der Bewunderer... Die sahen in Böcklin nicht den Zerstörer gesetzmäßiger Formen, nicht den Dramaturgen einer barbarischen Phantasmagorie, sondern den Schöpfer neuer deutscher Symbole. Dies der Bazillus. Er vergiftete die Intellektuellen des Volkes... Für die Unfähigkeit der Phantasten (wie Böcklin), den Formgesetzen zu genügen, machte man die Grenzen der Kunst verantwortlich und hielt es für geboten, sie zu erweitern. Es geschah im Namen eines mehr oder weniger bewußten Nationalismus;... Das führte zu einer Isolierung der

deutschen Kunst, Gegenstück zu der politischen Konstellation... Die Romantiker mochten glauben, eine Gemeinde hinter sich zu haben. In Wirklichkeit sprachen sie nach, was der Imperialismus des Regimes mit anderen Worten diktierte.« Was wird aus der Kunst?, *Neue Rundschau,* Bd. 44, Heft 7 (1933), S. 11–12.

27 Einige Titel sind aufgeführt unter *Writings about Meier-Graefe* in Kenworth Moffetts *Meier-Graefe as Art Critic,* S. 194–197. Nicht alle Reaktionen waren sehr polemisch. Unter den Kritikern, die einen gemäßigten Ton behielten, war Ferdinand Avenarius, der Meier-Graefes Dogmatismus bedauerte und die literarischen Bezüge in Böcklins Werk verteidigte in *Worauf kommt's an?, Der Kunstwart,* Bd. 19, Heft 1 (1905–1906), S. 1–5; s. auch Alexander von Gleichen-Russwurms lange und nicht ganz ungünstige Rezension in der *Frankfurter Zeitung,* 7. Juli 1905.

28 Henry Thode, *Arnold Böcklin,* Heidelberg 1905, S. 7. Der Essay erschien ursprünglich 1901. Thodes Kunstauffassung wird in seiner Erklärung für die »befremdende« Tatsache deutlich, daß Böcklin seine Themen aus der griechischen Antike statt aus der germanischen Mythologie entnahm: Wagners *Ring* war noch nicht vollendet, als Böcklins Ideen heranreiften; s. ebd., S. 10.

29 Thodes Briefe in Hans Thoma, *Briefwechsel mit Henry Thode,* Leipzig 1928, S. 242–243, 247, enthalten einige Auskünfte über den Hintergrund der Vorlesungen und die Reaktion des Publikums.

Arthur Degner, Frauenraub. Zeichnung. Abgebildet im Katalog der Fünfundzwanzigsten Ausstellung der Berliner Secession, Zeichnende Künste, Winter 1911–1912

30 Henry Thode, *Böcklin und Thoma,* Heidelberg 1905, S. 2, 3, 9–10. Die Anklage, Impressionismus und Neoimpressionismus würden aus materiellen Gründen gefördert, blieb eine Säule von Thodes Ästhetik. Noch am Ende des Krieges warnte er, daß die deutsche Kunst einer internationalen Bedrohung ausgesetzt sei, die mit der unreinen und verderblichen Waffe des Geldes kämpfte: *Das Wesen der deutschen bildenden Kunst,* Leipzig und Berlin 1918.

31 Thode, *Böcklin und Thoma,* S. 16–17, 19, 35. Diese Vorlesung erschien auch separat als: Deutsche Weltanschauung und Kunst, *Süddeutsche Monatshefte,* Bd. 2, Heft 10 (1905).

32 Thode, *Böcklin und Thoma,* S. 46, 97.

33 Ebd., S. 108–111, 126. Seltsamerweise schrieb Thode gegen Ende seines Lebens ein Buch über den heute vergessenen Maler Paul Thiem, dem er nachrühmte, bewiesen zu haben, daß ein gesunder und folglich deutscher Impressionismus tatsächlich möglich sei.

34 Ebd., S. 177.

35 Karl Storck, Deutsche Kunst, *Deutsche Welt,* Bd. 8, Heft 2 (1905).

36 Zit. in Moffett, *Meier-Graefe as Art Critic,* S. 59. Privat unterstellte Thode auch Meier-Graefe wirtschaftliche Motive. Siehe Thode an Thoma, 31. Juli 1905, in Thoma, *Briefwechsel,* S. 249.

37 Willy Pastor, Zwei deutsche Kunstausstellungen, *Der Kunstwart,* Bd. 19, Heft 2 (1905–1906), S. 112–113.

38 Brief vom 28. Juni 1905, *Frankfurter Zeitung,* 7. Juli 1905.

39 Brief vom 10. Juli 1905, ebd., 13. Juli 1905.

40 Brief vom 14. Juli 1905, ebd., 18. Juli 1905. Siehe auch Liebermann an Bode, 15. Juli 1905, in *Künstlerbriefe aus dem neunzehnten Jahrhundert,* Herausg. Else Cassirer, Berlin 1919, S. 401–402.

41 Brief vom 19. Juli 1905, *Frankfurter Zeitung,* 21. Juli 1905.

42 Thode, *Böcklin und Thoma,* S. 100–101.

43 Thode an Thoma, 26. Juli 1905, in Thoma, *Briefwechsel,* S. 247.

44 Brief vom 22. Juli 1905, *Frankfurter Zeitung,* 25. Juli 1905. Der Briefwechsel zwischen Liebermann und Thode ist mehrere Male im Ganzen oder in Auszügen gedruckt worden; s. z.B. *Kunst und Künstler,* Bd. 3 (1904–1905), S. 484–488, 529–531; s. Anhang zu Joachim Geissler, *Die Kunsttheorien von Adolf Hildebrandt, Wilhelm Trübner und Max Liebermann,* Berlin 1963, S. 302–319. Für Geissler ist die Auseinandersetzung »nach der Gründung der ›Secession des Vereins Berliner Künstler‹ das entscheidende Ereignis im weltanschaulichen Kulturkampf der Jahrhundertwende« (S. 302), aber er erörtert ihn nicht. Liebermanns drei Briefe sind veröffentlicht in *Die Phantasie in Malerei,* S. 156–160.

45 Liebermann an Bode, 27. August 1905, *Künstlerbriefe,* S. 405.

46 Undatierter Brief, *Frankfurter Zeitung,* 26. Juli 1905. Meier-Graefe fand Liebermanns Angriff auf Thodes antisemitische Anspielungen ungeschickt, da er Thoma so die Gelegenheit gab, eine Antwort auf die wesentlichen Argumente zu vermeiden. Meier-Graefe fuhr fort: »Übrigens könnte aus dieser Paranthese Liebermanns geschlossen werden, daß ich Jude oder von jüdischer Abstammung bin; ich benutze gern die Gelegenheit, um das Gegenteil festzustellen, nicht weil ich mich nicht mit Vergnügen mit Liebermann einer Stammesgenossenschaft wüßte, sondern weil ich wenigstens dieses verwirrende Moment persönlicher Art aus der Diskussion ausscheiden möchte.« Meier-Graefe, dessen Großvater väterlicherseits Jude war, fand keinen Glauben. Thoma schrieb am 30. Juli 1905 an Thode: »Der Meier-Graefe, der, wie er sagt, kein

Jude ist, übertrifft womöglich den Liebermann an Unverschämtheit.« Thoma, *Briefwechsel*, S. 247. Wenige Jahre danach wurden Meier-Graefes Schriften als »Französeln und Jüdeln« bezeichnet. Es ist nicht zu verwundern, daß er nach seinem Tod 1935 im *Völkischen Beobachter* geschmäht wurde; siehe Moffett, *Meier-Graefe as Art Critic*, S. 59, 127.

47 Anton von Werner, *Rede bei der Preisverteilung in der Königlichen akademischen Hochschule für die bildenden Künste*, Berlin 1905, S. 4.

48 Es ist nicht möglich zu sagen, wie Thode, der 1920 starb, auf den Nationalsozialismus reagiert hätte, aber es mag vermerkt werden, daß zumindest ein nationalsozialistischer Kritiker ihn als einen Vorläufer betrachtete. In einem Artikel mit dem gewichtig-ominösen Titel »Was zu Heidelberg begann« schrieb Edgar Schindler: »Heute ist es anders geworden. Der große Führer selbst und seine Paladine rufen die deutschen Künste auf, zuerst und vor allem anderen deutsch zu sein! Was zu Heidelberg begann, als zum erstenmal ein Tapferer in öffentlicher Stellung dem Internationalismus in der Kunst Einhalt gebot und mehr und mehr in das Allbewußtsein der Nation einsenkte das Wissen um das, was deutsch ist in der Kunst.« Zit. bei Moffett, *Meier-Graefe as Art Critic*, S. 127.

49 Ebd., S. 59. Eine ähnliche Beurteilung bei Richard Hamann und Jost Hermand in *Stilkunst um 1900*, München 1973, S. 366–367.

50 Zwei Jahre nach seiner Heidelberger Vorlesung versuchte Thode selbst, seine Ideen in die Praxis umzusetzen, indem er mit Siegfried Wagner und anderen eine Vereinigung zur Erneuerung Deutschlands durch die deutsche Kunst gründete, den Werdandibund. Die neue Gruppe zog sogar einige Mitglieder der Berliner Secession an, darunter einen so sozial engagierten Künstler wie Hans Baluschek; sie traten wieder aus, als sie das antisemitische und antisecessionistische Programm des Werdandibundes erkannten. Der Werdandibund konnte eine Ausstellung organisieren und löste sich dann auf. Siehe Karl Scheffler, Werdandi, *Kunst und Künstler*, Bd. 6 (1907 bis 1908), S. 195–199.

52 Carl Vinnen, *Ein Protest deutscher Künstler*, Jena 1911. Das Pamphlet wurde von Eugen Diederichs herausgegeben, den Karlheinz Rossbacher Deutschlands führenden Verleger für konservative, nationalistische und völkische kulturelle Literatur im Jahrzehnt vor dem Ersten Weltkrieg nennt; *Heimatkunstbewegung und Heimatroman*, Stuttgart 1975, S. 102. Die Liste von 134 Namen, die Vinnen im Anhang seines »Protest« gibt, enthält nicht die Namen der sechs Schreiber, die in dem Manifest zitiert oder erwähnt werden. Zum »Protest« siehe auch Lother-Günter Buchheim, *Der blaue Reiter*, Feldafing 1959, S. 32–34.

52 Vinnen, *Enn Protest deutscher Künstler,* S. 2, 3–5, 6.
53 Ebd., S. 7, 8, 9–10, 11–12.
54 Ebd., S. 13–14.
55 Ebd., S. 16.
56 Ebd., S. 78, 80.
57 Ebd., S. 75, 60–62.
58 Ebd., S. 27, 29, 41, 50.
59 Ebd., S. 37, 45.
60 Ebd., S. 58, 59, 66.
61 Ebd., S. 16. In einem kurzen Artikel in den *Süddeutschen Monatsheften* distanzierte sich Thoma von dem »Protest«.
62 Brief vom 20. Mai 1911, in Käthe Kollwitz, *Tagebuchblätter und Briefe,* Herausg. Hans Kollwitz, Berlin 1948, S. 120. Von mehreren der anderen ordentlichen Mitglieder der Berliner Secession, die das Manifest unterschrieben, habe ich erhaltene Arbeiten nicht finden können. Nicht ganz so unbekannt waren Heinrich Linde-Walther, Mitglied seit 1902, und Jacob Alberts, ein Protegé Liebermanns, der sich in den späten 90er Jahren der Elf angeschlossen hatte. Alberts trat kurz nach der Vinnen-Episode aus der Secession aus. Am bekanntesten war, nach Trübner und Kollwitz, Martin Brandenburg, ein Gründungsmitglied und enger Freund von Hans Baluschek. Brandenburg malte stilisierte, mystische Landschaften und visionäre Parabeln wie das Bild *Menschen unter der Wolke,* das Männer und Frauen in verzweifelten oder niedergeschlagenen Stellungen unter einer flach hingestreckten Wolke zeigt, die schwer auf ihnen lastet. Es ist nicht bekannt, warum Brandenburg den »Protest« unterzeichnete, aber er blieb in der Secession bis zu seinem Lebensende.
63 *Nachträgliches zu »Rembrandt als Erzieher«: Die kranke deutsche Kunst,* Leipzig 1911, S. 32.
64 Thomas Alt, *Die Herabwertung der deutschen Kunst durch die Parteigänger des Impressionismus,* Mannheim 1911; eine Rezension in *Kunst für Alle,* Bd. 27 (1911–1912), S. 412, charakterisierte das Werk als eine wahrhaft deutsche Tat. Kurz nach dem Erscheinen seines Buches hielt Alt zwei Vorträge in Bremen, die Vinnen und andere, die mit dem Protest verbunden waren, arrangiert hatten und in denen er den Direktor der Bremer Kunsthalle, Gustav Pauli, die Berliner Secession und Paul Cassirer angriff. Pauli und Cassirer reagierten heftig, und ein Streit, der in der Presse und in öffentlichen Debatten als »Bremer Kunststreit« bekannt wurde, war die Folge.
65 *Deutsche und französische Kunst,* hrsg. von Alfred Walter Heymel, München 1911. Die erste kleine Ausgabe trug den Titel *Im Kampf um die Kunst; die Antwort auf den Protest deutscher Künstler.* Hey-

mel, ein Schriftsteller, Kunstförderer und Gründer des Insel-Verlags, war mit vielen Mitgliedern der Berliner Secession befreundet. Er wurde beim Sammeln der Beiträge von Franz Marc und Reinhard Piper unterstützt, dessen Verlag das Pamphlet herausgab. Siehe Piper, *Mein Leben als Verleger,* München 1964, S. 296–297.

Rudolf Grossmann, Zwei Männer im Park. Zeichnung. Abgebildet im Katalog der Vierundzwanzigsten Ausstellung der Berliner Secession, 1912

66 Arthur Moeller van den Bruck, Die Überschätzung der französischen Kunst in Deutschland, *Der Kunstwart,* Bd. 18, Heft 22 (1904–1905), S. 501. Siehe auch seine Broschüre *Nationalkunst in Deutschland,* Berlin 1909.

67 *Deutsche und französische Kunst,* S. 148–149, 152.

68 Ebd., S. 61.

69 Ebd., S. 33–36, 37, 85.

70 Der Autor war Fritz Erler, der zu der Münchner secessionistischen Gruppe Die Scholle gehörte. Peter Selz hält ihn für »das wahrscheinlich interessanteste Mitglied der Gruppe. Er verband die kräftigen und leuchtenden Farben des Impressionismus mit den linear-dekorativen Neigungen der Art Nouveau.« Selz, *German Expressionist Painting,* Berkeley und Los Angeles 1974, S. 40. Am 14. April 1911 berichtete der *Vorwärts,* daß ein Artilleriegeneral Manets Gemälde »aus militärischer Sicht« als unrealistisch kritisiert hätte. Der Preis, den das Museum zahlte, wird durch das Gebot von 225 000 Mark für Böcklins *Tritonenfamilie,* das die Nationalgalerie im Januar 1911 machte, in die rechte Relation gerückt.

71 *Deutsche und französische Kunst,* S. 36.

72 Siehe z.B. Ulrich Hübner, ebd., S. 40.

73 Ebd., S. 3–4, 8–9.

74 Ebd., S. 32, 42, 83.

75 Ebd., S. 154–155.

76 Ebd., S. 162–163, 165.

77 Ebd., S. 167.

78 Siehe Fritz Erler, *Protest Deutscher Künstler,* S. 33–34. Der Her-

ausgeber von *Kunst und Künstler,* Karl Scheffler, antwortete auf die Kritik, indem er Vinnens Manifest langweilig nannte; seine Anhänger schrieben Unsinn, Unklares und Falsches und vor allem seien sie mittelmäßige Künstler, deren sentimentale Heimatkünste niemand wolle. *Kunst und Künstler,* Bd. 9 (1910–1911), S. 557–558.

79 Wie schon erwähnt, wurde Vinnen in dieser Hinsicht in seiner eigenen Broschüre berichtigt. Auch Lichtwark bezog sich auf diesen Punkt. Niemals, schrieb er, hatte es Einwände gegen die Einfuhr schlechter ausländischer Kunst gegeben. »Ungeheure Summen guten deutschen Geldes gingen ins Ausland für wertlose Machwerke und waren für das Nationalvermögen und für die Befruchtung der deutschen Kunst verloren, zu einer Zeit, wo die Bilder der Leibl, Trübner, Liebermann in Deutschland unverkäuflich waren... Von einer Protestbewegung der Künstler hat man in den achtziger und neunziger Jahren nichts gehört. Sie setzte erst ein, als die Secession in Berlin und der Berliner Kunsthandel begann, statt der Italiener, Spanier, Franzosen und Engländer zweiter Hand die großen Meister der französischen Entwicklung einzuführen«; Der Sammler, *Kunst und Künstler,* Bd. 10 (1911–1912), S. 281. Siehe auch die Erinnerung von Emil Waldmann, der fragte, warum Einwände gegen Importe erst dann laut wurden, als französische Impressionisten und Neoimpressionisten eingeführt wurden; *Sammler und ihresgleichen,* Berlin 1920, S. 125–127.

Auf dem Wege zum Expressionismus

1 Siehe z. B. Liebermanns Rede zur Eröffnung der Jahresausstellung der Secession von 1909, neu gedruckt in *Die Phantasie in der Malerei,* Frankfurt am Main 1978, S. 177.

2 Lovis Corinth, *Das Leben Walter Leistikows,* Berlin 1910, S. 82. Zur Kritik an Beckmann siehe Karl Schefflers Rezension der Jahresausstellung 1908, Berliner Secession, *Kunst und Künstler,* Bd. 6 (1907–1908), besonders S. 370. Schefflers Artikel schließt: »Die bleibende Aufgabe der Secession ist es, dem echten neuen Talent den Weg zur Öffentlichkeit zu bahnen und zugleich die Tradition zu zeigen, worauf es sich bezieht.« (S. 376) Mit anderen Worten, Scheffler meint, daß eine annehmbare Erneuerung nicht aus der Ablehnung früherer Leistungen entstehen könne, sondern aus ihnen heraus erwachsen müsse.

3 Liebermann an Max Jordan, 3. Oktober 1913, in *Katalog 700* des Antiquariats Ackermann, München 1979, S. 31. Seinem Schüler und Biographen Erich Hancke zufolge schätzte Liebermann Cé-

zanne, aber er liebte ihn nicht; *Max Liebermann,* Berlin 1914, S. 483. Hans Purrmann beschreibt die kühle Aufnahme, welche die erste Berliner Ausstellung von Matisse-Gemälden in der Galerie Cassirer (ebenso wie der Künstler selbst) im Winter 1908 erfuhr; siehe *Leben und Meinungen des Malers Hans Purrmann,* hrsg. von Barbara und Erhard Göpel, Wiesbaden 1961, S. 103–104, 117–119.

4 Lovis Corinth, *Selbstbiographie,* Leipzig 1926, S. 151. Karl Scheffler, Berliner Secession, *Kunst und Künstler,* Bd. 5 (1906–1907), S. 339.

5 Oscar Bie, Berliner Secession, *Neue Deutsche Rundschau,* Bd. 20 (1909), S. 906; Bilder und Menschen, ebd., Bd. 21 (1910), S. 860–864. Siehe auch Max Osborns Bemerkung über die Secession: »Man schüttelt die revolutionären Allüren ab, entfernt sich von den herausfordernden Phrasen der künstlerischen Barrikadenzeit und rettet sich aus dem etwas brutalen Getöse von früher in die Gefilde des guten Geschmacks, ohne den Überzeugungen untreu zu werden.« Von der Berliner Secession, *Der Kunstwart,* Bd. 20, Heft 16 (1906–1907), S. 226–227.

6 Erich Hancke, Der Nachwuchs der Berliner Secession, *Kunst und Künstler,* Bd. 9 (1910–1911), S. 266. Corinth, *Selbstbiographie,* S. 150.

7 Corinth, *Selbstbiographie,* S. 152, 154. Max Liebermann, Rede zu Paul Cassirers 50. Geburtstag, erschienen in *Berliner Maler,* hrsg. von Irmgard Wirth, Berlin 1964, S. 182; Emil Nolde, *Jahre der Kämpfe,* 1902–1914, Flensburg 1965, S. 81.

8 Ferdinand Avenarius, Walter Leistikow, *Der Kunstwart,* Bd. 21, Heft 22 (1907–1908), S. 239–240; Oscar Bie, Leistikow, *Neue Deutsche Rundschau,* Bd. 20 (1909), S. 150.

9 Ernst Barlach, *Ein selbsterzähltes Leben,* Berlin 1928, S. 65; Barlach an Boris Pines, 26. Januar 1926, in Ernst Barlach, *Die Briefe,* München 1969, Bd. 2, S. 51.

10 Barlach an Reinhard Piper, 5. Juli 1910; ebd., Bd. 1. S. 346.

11 Barlach an Reinhard Piper, 28. Dezember 1911; ebd., Bd. 1, S. 394.

12 Karl Scheffler, Kunstausstellungen; und Berliner Secession, *Kunst und Künstler,* Bd. 6 (1907–1908), S. 256, 370; Berliner Secession, ebd., Bd. 8 (1909–1910), S. 439; Kunstausstellungen, ebd., Bd. 9 (1910–1911), S. 308, 364; Kunstausstellungen, ebd., Bd. 12 (1913–1914), S. 119; *Die fetten und die mageren Jahre,* München 1948, S. 69.

13 Julius Meier-Graefe, *Wohin treiben wir?,* Berlin 1913, S. 24, 30, 108.

14 Werner Doede, *Die Berliner Secession,* Berlin 1977, S. 37.

Philipp Franck, Badende. Zeichnung. Abgebildet im Katalog der Fünfundzwanzigsten Ausstellung der Berliner Secession, Zeichnende Künste, Winter 1911–1912

15 Scheffler, Kunstausstellungen, *Kunst und Künstler,* Bd. 9 (1910–1911), S. 152.

16 Nolde, *Jahre der Kämpfe,* S. 146, 163. Nolde äußerte sich in einem Brief an einen Freund über Vinnen, veröffentlicht ebd., S. 167–168; siehe auf S. 125 Noldes Kommentar zu den »erstaunlichen Preisen für französische Bilder«, die sein Blut in Wallung brachten.

17 Ebd., S. 200. Die Sätze, die dieser Erklärung folgten, sind unklar, lassen aber vermuten, daß Nolde den Kubismus anerkannt hätte, wenn er »jüdisch« gewesen wäre; er war dagegen, daß Juden im Stil anderer Rassen malten, und »so ihre selbsteigenen rassischen Eigenschaften verleugnen«.

18 Scheffler veröffentlichte Noldes Brief in leicht gekürzter Form zusammen mit seiner Erwiderung: *Kunst und Künstler,* Bd. 9 (1910–1911), S. 210–211. Zum vollständigen Text siehe Doede, *Die Berliner Secession,* S. 63–64. In seiner Erwiderung bestritt Scheffler, daß er jemals Nolde einen Artikel über seine Arbeit versprochen habe; im Gegenteil, Nolde habe uns »jahrelang in lästiger und eines Künstlers unwürdiger Weise seine Interessen aufzudrängen gesucht«. Siehe auch Scheffler, *Die fetten und die mageren Jahre,* S. 77–79.

19 Doede, *Die Berliner Secession,* S. 63.

20 In seiner Autobiographie zitiert Nolde die beleidigendsten Verunglimpfungen als Beschimpfungen, die ihm Cassirer zugerufen habe, tatsächlich aber stammen sie aus dem Antrag; siehe *Jahre der Kämpfe,* S. 148.

21 Liebermanns Brief an die Mitglieder ist veröffentlicht in Hancke, *Max Liebermann,* S. 483–486; zu Corinths Meinung sieh dessen *Selbstbiographie,* S. 153. Siehe auch Barlach an Nolde, 26. Dezember 1910, *Die Briefe,* Bd. 1, S. 354–355; Liebermann an Max Lehrs, 12. Oktober 1911, Bodenheimer Collection, Leo Baeck Institute, New York. Weitere Hinweise auf den »Nolde-Skandal« finden sich in Liebermanns Briefen an Lehrs, 21. Dezember 1910

und 19. März 1911, ebd., und in zwei Briefen von Lichtwark an Liebermann vom 17. Dezember 1910, in Alfred Lichtwark, *Briefe an Max Liebermann,* Hamburg 1947, S. 262–265.

22 Nolde, *Jahre der Kämpfe,* S. 204; siehe auch S. 196.

23 Noldes eigene Darstellung der Episode und ihres Hintergrundes, ebd., S. 145–153, geht in ihrer Einseitigkeit bis zu zahlreichen und offensichtlichen Entstellungen der Tatsachen. Charakteristisch ist auch seine Behandlung Cassirers, in dem Nolde den Drahtzieher der internationalen und materiellen Versuchung der deutschen Kunst sah. *Jahre der Kämpfe* berichtet von einem Secessionsbankett, bei dem ein »Finanzherr« Liebermanns »außergewöhnliche geschäftliche Tüchtigkeit« lobte, bis er von anderen zum Schweigen gebracht wurde, die befürchteten, daß zuviel enthüllt würde; bei dem Cassirer »stolz und vermessen rief: ›Diese Künstler sind alle meine Sklaven!‹; und Corinth wie ein Segelboot durch die tanzenden Reihen stolperte und von einer Frauenbrust zur anderen fiel« (S. 81–82). Das ist offensichtlich eine expressionistische Inszenierung statt einer zuverlässigen Erinnerung. Aber es überrascht doch, Nolde so vergeßlich zu finden, daß er einen Bericht über einen Streit mit Cassirer im Jahre 1908 mit den Worten beendet: »In meinem Atelier schaute ich um mich: ›Ich will hoffen, daß niemals eines meiner Bilder in seinem Salon hängen wird!‹« (S. 143–144), ohne sich anscheinend der Ausstellung seiner Werke zu erinnern, die vom 8. Januar bis 2. Februar 1908 in der Galerie Cassirer stattfand. Nach Cassirers Tod 1926 schrieb Nolde einem Freund den merkwürdig ambivalenten Kommentar: »Du wirst erfahren haben, daß Paul Cassirer nicht mehr lebt. Berlin ist ärmer geworden. Er war mein starker Feind und eine Persönlichkeit, explosiv und erregend. Als Händler war er im Kauf und Verkauf weit bestimmend, passiv fast ebenso wie aktiv.« Emil Nolde, *Briefe aus den Jahren 1894–1926,* Hamburg 1967, S. 177. Einem andern Freund schrieb er: »Ist es nicht merkwürdig, daß ich innerst immer etwas wie heimliche Verehrung für Paul Cassirer habe?« Werner Haftmann, *Emil Nolde; Ungemalte Bilder,* Köln 1963, S. 17.

24 Nolde, *Jahre der Kämpfe,* S. 126.

25 Noldes Rassephantasien tun seinen künstlerischen Leistungen keinen Abbruch, aber Erörterungen seines Werkes und Lebens können sie nicht übergehen. Werner Haftmanns mühsame Verteidigung Noldes gegen den »absurden« Vorwurf, ein Antisemit gewesen zu sein, ist ein Beispiel, wie solche Dinge nicht erörtert werden sollten; siehe Haftmann, *Emil Nolde: Ungemalte Bilder,* Köln 1963, S. 15–18. Haftmann schreibt: »Anfänglich stand Nolde dem Nationalsozialismus sehr positiv gegenüber«, vergißt aber zu erwähnen, daß Nolde Mitglied der Partei in Nord-Schles-

wig war; er weist auch nicht darauf hin, daß Nolde selbst nach seiner tiefen »Enttäuschung« über den Nationalsozialismus 1940 weiterhin versuchte, von Parteiführern wie Baldur von Schirach Unterstützung zu erhalten. Es versteht sich danach von selbst, daß Haftmann nicht fragt, ob Nolde »enttäuscht« über die nationalsozialistische Ideologie und Politik war oder deshalb, weil er Ausstellungsverbot hatte.

Max Pechstein, Frau und Katze. Zeichnung. Abgebildet im Katalog der Achtzehnten Ausstellung der Berliner Secession, 1909

Zur politischen Polarisierung der künstlerischen Avantgarde in den Jahren vor Ausbruch des Ersten Weltkriegs siehe Theda Shapiro, *Painters and Politics,* New York 1976, S. 114: »Die Brücke-Maler und, in einigen ihrer Überzeugungen, auch die italienischen Futuristen neigten zu den verschiedenen in jenen Jahren aufkommenden Blut-und-Boden-Philosophien, die dann in den 20er Jahren der extremen Rechten zur Rechtfertigung dienten... auch wenn der Schleswiger Bauer Emil Nolde mit seiner Rassenmythologie sogar unter den Expressionisten allein stand, teilten diese doch alle seine Liebe zur Scholle und sein Unbehagen am modernen Großstadtleben – was sie weder in ihren höchst modernen künstlerischen Bestrebungen noch in der Billigung anderer avantgardistischer Meinungen verunsicherte.«

26 Karl Scheffler, Berliner Secession, *Kunst und Künstler,* Bd. 10 (1911–1912), S. 437. Siehe auch Erich Vogeler, Berliner Secession 1911, *Der Kunstwart,* Bd. 24, Heft 20 (1910–1911), S. 105–108. Im *Vorwärts* hatte ein anonymer Kunstkritiker am 29. Januar 1911 unter der Überschrift »Präsidentenwechsel in der Secession« prophezeit, daß Corinth als Vorsitzender nicht so erfolgreich sein würde wie Liebermann.

27 Zu Liebermanns Ansprache und Corinths Antrittsrede, die die enge Verbindung mit der vorigen Führung betonte, siehe *Kunst und Künstler,* Bd. 9 (1910–1911), S. 302–304.

28 [Karl Scheffler], Kunstausstellungen – Berlin, ebd., Bd. 10 (1911–1912), S. 218

29 Auch diese Ausstellung verlief nicht ohne Streitigkeiten. Marc protestierte gegen Entscheidungen der Jury und plante eine Ausstellung von Künstlern, die der Sonderbund abgelehnt hatte; und

Meinungsverschiedenheiten im Sonderbund führten im folgenden Jahr zur Auflösung. Siehe Günter Aust, Die Ausstellung des Sonderbundes 1912 in Köln, *Wallraff-Richartz-Jahrbuch,* Bd. 22 (1961), S. 288, 290.

30 Doede, *Die Berliner Secession,* S. 47.

31 Julius Bab, Berliner Kunst- und Theater-Brief, *Karlsruher Zeitung,* 11. Dezember 1912.

32 Curt Glaser, Die Geschichte der Berliner Secession, abgedruckt in *Kunst und Künstler: Aus 32 Jahrgängen einer deutschen Kunstzeitschrift,* hrsg. Günter und Ursula Feist, Mainz und Ostberlin 1971, S. 288–289.

Ernst Ludwig Kirchner, Straße. Zeichnung. Abgebildet im Katalog der Neunzehnten Ausstellung der Berliner Secession, Zeichnende Künste, Winter 1909–1910

33 Paul Cassirer, Vorwort, *Katalog der sechsundzwanzigsten Ausstellung der Berliner Secession,* Berlin 1913; Curt Glaser, Die XXVI. Ausstellung der Berliner Secession, *Kunst für Alle,* Bd. 28 (1912–1913), S. 474, und Die Geschichte der Berliner Sezession, S. 288; Julius Bab, Berliner Kunst- und Theater-Brief, *Karlsruher Zeitung,* Mai 1913; Erich Vogeler, Berliner Secession, *Der Kunstwart,* Bd. 26, Heft 18 (1912–1913), S. 437–439.

34 Chronik, *Kunst und Künstler,* Bd. 9 (1910–1911), S. 161.

35 1910 war Liebermann für den Senat nominiert worden, unterlag aber nach vier Wahlgängen dem »Historienmaler« Konrad Kiesel mit 10 zu 15 Stimmen. Protokolle der Sitzung vom 7. Oktober 1910, Akademie der Künste, Senat Akten, Abt. 2, nr. 2, Bd. II. Abgesehen von Medaillen, die er bei Kunstausstellungen gewonnen hatte, war Liebermann von einer Reihe deutscher Staaten ausgezeichnet worden, doch erst gegen Ende des Weltkrieges folgte Preußen diesem Beispiel. In einem Brief an seinen Freund, den Kunsthistoriker und Museumsdirektor Max Lehrs, bemerkte Liebermann: »In der That ist der mir verliehene Orden (zumal da ich bisher gänzlich unbefleckt von preußischen Dekorationen war) symptomatisch: Von nun an gibt es auch in der Kunst für S. M. keine Parteien mehr.« 25. Dezember 1917, Bodenheimer collection, Leo Baeck Institute, 57 (847). Siehe auch Liebermann an Lehrs, 19. Januar 1918, ebd., 59 (847).

36 Karl Scheffler, Berlin, *Kunst und Künstler,* Bd. 10 (1911–1912),

S. 414; Theda Shapiro, *Painters and Politics,* S. 120, irrt, wenn sie behauptet, daß die Berliner Secession »die einzige Künstlerorganisation war, die nicht eingeladen wurde, an den Festlichkeiten teilzunehmen.«

37 Chronik, ebd., S. 472; zur Richtigstellung des Bürgermeisters s. ebd., S. 518. Siehe auch die Erörterung des Vorfalls durch Julius Bab, Berliner Bildersturm, *Pester Lloyd,* 26, Mai 1912, und Erich Vogeler, Berliner Secession 1912, *Der Kunstwart,* Bd. 25, Heft 19 (1911–1912), S. 33–35. Als der Bürgermeister in seiner Eigenschaft als Leiter der Städtischen Kunstdeputation die Secession besuchen wollte, um Bilder für die städtischen Sammlungen auszusuchen, gaben ihm Liebermann und Cassirer zu verstehen, daß seine Anwesenheit nicht erwünscht sei, welcher Affront zu weiteren Kontroversen führte und Liebermanns Austritt aus der Deputation zur Folge hatte. Siehe Liebermann, Mein Austritt aus der Kunstdeputation, *Berliner Tageblatt,* abgedruckt in *Die Phantasie in der Malerei,* S. 160–163.

38 Georg Malkowsky, *Die Kunst im Dienste der Staatsidee,* Berlin 1912, S. 11; siehe auch ähnliche Erklärungen auf S. 5, 10. Hans Rosenhagen, Neuerwerbungen der Nationalgalerie, *Der Tag,* 14. Oktober 1911. Paul Cassirer schrieb eine scharfe Erwiderung, die in *Pan,* Bd. 2 (November 1911), S. 95–96, erschien. Lichtwark an Liebermann, 2. April 1911, in Lichtwark, *Briefe an Max Liebermann,* S. 267–268.

39 Das Verzeichnis der Pan Presse Veröffentlichungen in Wolfgang von Löhneysen, Paul Cassirer – Beschreibung eines Phänomens, *Imprimatur,* Neue Folge, Bd. 7 (1972), ist unvollständig. Löhneysens Studie ist nichtsdestoweniger die erhellendste und umfassendste Darstellung von Cassirers Leben und Werk.

40 Jagow, der politisch zur extremen Rechten gehörte, versuchte sich an Cassirer zu rächen, indem er ihn und seine Frau im Ersten Weltkrieg als Verräter denunzierte. Während der Zabern-Affäre schickte er einen Brief an die *Kreuzzeitung,* worin er das Verhalten der preußischen Offiziere im Elsaß damit rechtfertigte, daß sie fast im Feindesland wären, eine Erklärung, die einen weiteren Sturm in der Presse nach sich zog. Siehe Hans-Ulrich Wehler, Der Fall Zabern von 1913/14 als eine Verfassungskrise des Wilhelminischen Kaiserreichs, in seinem *Krisenherde des Kaiserreichs 1871–1918,* Göttingen 1970, S. 71. Er nahm 1921 am Kapp-Putsch teil und wählte als seinen Verteidiger bei der Gerichtsverhandlung denselben jüdischen Rechtsanwalt, der *Pan* in dem Pornographieverfahren von 1911 vertreten hatte. Zur Jagow-Affäre siehe Kerr, Jagow, Flaubert, Pan, *Pan,* Bd. 1 (1911), S. 217–223; Max Slevogts Karikatur »Des Dichters Psyche« mit dem Text »Ick

bin preu'scher Beamter – Sie Schweinhund, verdammter!«, ebd., S. 224; Kerr, Vorletzter Brief an Jagow, ebd., S. 287–290; Paul Cassirer, Erklärung, ebd., S. 320; Kerr, Nachlese; und Die juristische Seite; ebd., S. 321–326, 353; Paul Cassirer, Erklärung (ohne Überschrift), ebd., S. 354; Kerr, Prozeß-Ballade, ebd., S. 583–585; Wilhelm Herzog, Die unzüchtige No. 7, ebd., S. 587–590. Die Pressekommentare reichten vom Großangriff auf Jagow im sozialistischen *Vorwärts* am 3. März 1911, der die Überschrift Die Affäre Jagow-Durieux trug und am 3. und 4. März von satirischen Gedichten begleitet wurde, bis zur Behauptung in der konservativen *Post* am 2. März 1911, daß der Vorfall ein Versuch wäre, Reklame für *Pan* zu machen. Kerrs Rolle wurde in der sozialistischen Zeitschrift *Die Aktion* untersucht, die seit dem Februar 1911 herausgegeben wurde; siehe die Hefte 10–14. Spätere Berichte finden sich bei Tilla Durieux, *Meine ersten neunzig Jahre,* Berlin 1971, S. 153–161 (allerdings mit einigen sachlichen Fehlern: so wurde die Anklage der Pornographie gegen Cassirer und *Pan* nicht abgewiesen), und in den Memoiren von Herzog, der anwesend war, als Jagows Beauftragter Cassirer aufsuchte; siehe *Menschen, denen ich begegnete,* Bern und München 1959, S. 467–472.

41 Erbärmlich! *Die Post,* 22. April 1913; Die Bilderstürmer, ebd., 23. April 1913. Unter dem Titel Kunst und Politik gab die *Vossische Zeitung* am 21. April 1913 einen Überblick über den Hintergrund des Falles. Siehe auch Wer war es? *Münchner Zeitung,* 23. April 1913; Der geopferte Anton von Werner, *Frankfurter Nachrichten,* 23. April 1913; Eine Erklärung Anton von Werners, *Kreuzzeitung,* 24. April 1913.

42 *Vorwärts,* 22. April 1913; Der Fall Anton von Werner, *Frankfurter Zeitung,* 23. April 1913. In einem kurzen Artikel mit der Überschrift »Anton v. Werner ›staatsgefährlich‹!« erklärte das liberale *Berliner Tageblatt,* »Kunst und Künstler müßten von allen Gegensätzen zwischen den Völkern ausgenommen sein.« Siehe auch Die große Kunstausstellung in Berlin. Eine Anton v. Werner-Affäre. *Die Zeit,* 22. April 1913; Anton von Werner als Märtyrer, *März,* Bd. 7 (1913), S. 179–180; und das Gedicht von T. Rottel [Trottel], das sich an »den gefährlichen Anton« wendet.

43 Ich konnte die *Norddeutsche Allgemeine Zeitung* nicht einsehen, aber der Text ihrer Erklärung wurde mehrfach abgedruckt; siehe z.B. *Vossische Zeitung,* 23. April 1913; *Deutsche Warte,* 24. April 1913. Auf ein kurzes Interview, das Werner einem Berliner Journalisten gab und in dem er die offizielle Erklärung berichtigte, folgte ein Brief mit weiteren Details; zuerst in der *Vossischen Zeitung* am 23. April 1913 veröffentlicht, danach in den *Berliner*

Neuesten Nachrichten vom 24. April 1913 und in anderen Blättern.

44 Der Nachlaß Anton von Werners enthält einen Zeitungsbericht über die Erklärung des Ministers, mit Werners handschriftlichen Korrekturen und Einwänden, ZStA Merseburg, Rep. 92, Nachlaß Anton von Werner, VId, S. 189. Verschiedene handschriftliche und maschinengeschriebene Versionen von Werners Memorandum »Thatsachen und Berichtigungen« mit der Erklärung seines Verwaltungsassistenten, den die Leitung des Salons darüber informiert hatte, daß das Auswärtige Amt die Ausstellung von Werners Bildern aus »politischen Gründen« beanstande, sowie andere diese Angelegenheit betreffende Dokumente, ebd., S. 164–203 verso.

Karl Schmidt Rottluff, Stilleben. Zeichnung. Abgebildet im Katalog der Neunzehnten Ausstellung der Berliner Secession, Zeichnende Künste, Winter 1909–1910

45 Werner an Eugen von Stieler, 25. April und 1. Mai, ebd., S. 173–175.

46 Julius Bab, Berliner Kunst- und Theater-Brief, *Karlsruher Zeitung,* Mai 1913; siehe auch sein Juryfrei?, *Pester Lloyd,* 3. Oktober 1913. Curt Glaser, Der Konflikt in der Berliner Secession, *Kunst für Alle,* Bd. 28 (1912–1913), S. 474. Der Streit führte zu mehreren Gerichtsverhandlungen. In einer davon klagten die dreizehn Cassirer an, er habe sie fälschlich beschuldigt, Liebermann beleidigt zu haben, aber das Gericht entschied für Cassirer. Siehe auch Corinth, *Selbstbiographie,* S. 154–156, und den objektiven Bericht von Erich Vogeler, Der Secessionskonflikt, *Der Kunstwart,* Bd. 26, Heft 17 (1912–1913), S. 358–359.

47 Zitiert in Rudolf Pfefferkorn, *Die Berliner Secession,* Berlin 1972, S. 52.

48 Glaser, Die Geschichte der Berliner Secession, S. 290–293.

49 Karl Scheffler, Die Ausstellung der Freien Secession, *Kunst und Künstler,* Bd. 16 (1917–1918), S. 420–422.

50 Max Liebermann, Erklärung, 8. Mai 1933, in *Die Phantasie in der Malerei,* S. 295.

Der Bildermann

1 Veröffentlicht in Corinths *Selbstbiographie,* Leipzig 1926, S. 125, 127, 129.

2 Karl Scheffler, Der Krieg, *Kunst und Künstler,* Bd. 13 (1914–1915), S. 2, 4; Emil Schäffer, Kriegsentschädigung in Kunstwerken, ebd., S. 35–43. Bodes Erwiderung erschien im *Berliner Lokal-Anzeiger,* einem Blatt, das enge Verbindungen zur Regierung hatte, und wurde im Auszug auch in *Kunst und Künstler,* Bd. 13 (1914–1915), S. 94, veröffentlicht.

3 Hans-Jürgen Imiela, *Max Slevogt,* Karlsruhe 1968. S. 195–197.

4 Siehe Wolfgang von Löhneysen, Paul Cassirer – Beschreibung eines Phänomens, *Imprimatur,* Neue Folge, Bd. 7 (1972), S. 167–168; Victor H. Miesel, Paul Cassirer's *Kriegszeit* and *Bildermann* and some German Expressionist Reactions to World War I, *Michigan Germanic Studies,* Bd. 2, Heft 2 (Herbst 1976), S. 149–168.

5 *Kriegszeit,* Heft 3 (16. September 1914); Heft 10 (28. Oktober 1914); Heft 6 (4. Oktober 1914); Heft 41 (27. Mai 1915). Siehe auch Miesel, Paul Cassirer's *Kriegszeit,* S. 151.

6 Barlach an Arthur Moeller van den Bruck, 3. März 1915, *Die Briefe,* Herausg. von Friedrich Dross, München 1968–1969, Bd. 1, S. 439.

7 Paul Cassirer und Leo Kestenberg, Zur Einführung! *Der Bildermann,* Heft 1 (5. April 1916). Zu Gründung und Inhalt von *Der Bildermann* siehe Kestenbergs Memoiren, *Bewegte Zeiten,* Wolfenbüttel und Zürich 1961, S. 35–36; Imiela, *Max Slevogt,* S. 197–199; und Miesel, Paul Cassirer's *Kriegszeit,* welches mehrere Fehler im Detail enthält – Liebermann steuerte zwei Lithographien bei und nicht eine und Kokoschka acht, nicht sieben. Daß Miesels Behauptung, daß die Zeitschrift »nicht nur der ›Schönheit‹ gleichgültig gegenüberstand, sondern auch der patriotischen Kriegsbegeisterung«, nicht zutrifft, zeigen mehrere Lithographien mit lyrischen oder idyllischen Themen und andere, die deutsche Erfolge feiern.

8 *Der Bildermann,* Heft 4 (20. Mai) und Heft 6 (20. Juni). Alle Ausgaben erschienen 1916.

9 Ebd., Heft 6 (20. Juni); Heft 3 (5. Mai); Heft 4 (20. Mai) und Heft 5 (5. Juni).

10 Ebd., Heft 8 (20. Juli) und Heft 16 (20. November); Heft 2 (20. April).

11 Ebd., Heft 11 (5. September) und Heft 17 (5. Dezember).

12 Ebd., Heft 11 (5. September) und Heft 17 (5. Dezember).

13 Ebd., Heft 1 (5. April); Heft 4 (20. Mai); Heft 11 (5. September); Heft 13 (5. Oktober) und Heft 14 (20. Oktober); Heft 18 (20. Dezember).

14 Max Slevogt, *Gesichter,* Berlin 1917.

Bibliographie

Manuskripte

Akademie der Künste, Berlin
Friedensklasse des Ordens Pour le mérite, Abt. 3, Nr. 7
Senat Akten, Abt. 2, Nr. 2, Bd. II
Leo Baeck Institute, New York
Bodenheimer Collection
Berthold Nothmann, »Meine Lebenserinnerungen«
Stanford Collection of German, Austrian and Swiss Culture
(GASC) Cassirer Collection
I Paul Cassirer Correspondence and Manuscripts
II Publications
V Miscellanaous Papers
Berliner Secession
Zentrales Staatsarchiv [ZStA], Dienststelle Merseburg
Königliches Geheimes Civil-Cabinett, Rep. 2.2.1
Nr. 19908
Nr. 20002, Bd. I
Nr. 20564
Kultusministerium, Rep. 76 Ve
Sekt. I, Abt. I, Teil I, Nr. 3
Sekt. I, Abt. IV, Teil IV, Nr. 9, III
Sekt. 4, Abt. IV, Teil IV, Nr. 2, I
Sekt.17, Abt. IV, Teil IV, Nr. 21, XIV
Nachlässe, Rep. 92
Anton von Werner, VId
Zentrales Staatsarchiv [ZStA], Potsdam
Auswärtiges Amt, Rep. 09.01
Bd. 1, Nr. 51 (500)
Bd. 2, Nr. 51 (501)
Bd. 3, Nr. 51 (502)
Bd. 4, Nr. 51 (503)
Bd. 5, Nr. 51 (504)
Bd. 6, Nr. 51 (505)
Bd. 14, Nr. 51 (513)

Gedruckte Dokumente, Kataloge und Führer

Ackermann Antiquariat, *Katalog 700,* München 1979

Bericht des Hauptvorstandes der Allgemeinen Deutschen Kunstgenossenschaft über die Betheiligung der Deutschen Künstlerschaft an der Weltausstellung in Paris 1900, Berlin 1901

Centre national Georges Pompidou, *Paris–Berlin: 1900–1933,* Paris 1978

Exhibition of Contemporary German Art. Chicago 1909

Great Britain. *Parliamentary Papers.* vol. I (*Reports,* 5. Februar–August 1904)

International Exposition St. Louis 1904: Official Catalogue of the Exhibition of the German Empire, Herausg. Theodor Lewald, Berlin 1904

Katalog der Deutschen Kunstausstellung der »Berliner Secession«. Berlin 1899

Katalog der Vierten Kunstausstellung der Berliner Secession, Berlin 1901

Katalog der Siebenten Kunstausstellung der Berliner Secession, Berlin 1903

Katalog der Zwölften Kunstausstellung der Berliner Secession, Zeichnende Künste, Berlin 1906

Katalog der Sechsundzwanzigsten Ausstellung der Berliner Secession, Berlin 1913

Katalog: *Grosse Berliner Kunst-Ausstellung,* Berlin 1897

Mitglieder-Verzeichnis der Berliner Secession, Berlin 1900, 1904, 1909

Mitteilungen betreffend die Weltausstellung in St. Louis 1904, Nr. 1 und 5. Berlin, 5. März und 2. April 1903

Richard Müller; Hans von Petersen und Max Schlichtung, *Bildende Kunst, Amtlicher Bericht über die Weltausstellung in St. Louis 1904, Erstattet vom Reichskommissar,* Bd. II. Berlin 1906

Official Catalogue of Exhibitors: Universal Exposition St. Louis. U.S.A. 1904; Department B Art, St. Louis 1904

Official Guide to the Louisiana Purchase Exposition, St. Louis 1904

Paul Cassirer Galerie. *X. Jahrgang: Ausstellung 1–10,* Berlin 1907–1908

Satzungen [der] Landes-Kunst-Ausstellungs-Gemeinschaft, [Berlin 1892]

Satzungen für die grossen Berliner Kunstausstellungen, [Berlin 1892]

Verein Berliner Künstler: Mitglieder Verzeichnis, Februar 1889, Berlin 1889

Verhandlungen des Preussischen Hauses der Abgeordneten: Stenographische Berichte, Bd. CCCCLXX, Berlin 1904

Verhandlungen des Reichstags: Stenographische Berichte, Bd. CVIIIC und CC. Berlin 1904

Verhandlungen des Reichstags: Stenographische Berichte. Bd. CCXXXI, Berlin 1908

World's Fair Bulletin, vol. IV, no. 3, St. Louis, Januar 1903

Tageszeitungen und Wochenzeitschriften

Berliner Lokal-Anzeiger, 1899
Berliner Neueste Nachrichten, 1913
Berliner Tageblatt, 1884, 1899, 1904, 1913
Chicago Record-Herald, 1904
Deutsche Warte, 1913
Düsseldorfer Anzeiger, 1903
Frankfurter Nachrichten, 1913
Frankfurter Zeitung, 1904, 1905, 1913
Freisinnige Zeitung, 1899
Jugend, 1904, 1913
Karlsruher Zeitung, 1912, 1913
Kölnische Zeitung, 1903
Kreuzzeitung, 1892, 1899, 1904, 1913
Kriegszeit, 1914, 1915, 1916
The Times, London 1904
Münchener Zeitung, 1913
Münchener Neueste Nachrichten, 1903, 1905
National-Zeitung, 1899, 1904
New York Times, 1904
Pester Lloyd, 1911, 1912
Die Post, 1904, 1911, 1913
Der Reichsbote, 1897, 1898, 1904
Rheinisch-Westfälische Zeitung, 1904
Simplicissimus, 1904
Der Tag, 1911
Vorwärts, 1904, 1911, 1913
Vossische Zeitung, 1892, 1899, 1903, 1904, 1913
Weser-Zeitung, 1903
Die Zeit, 1913

Bücher und Aufsätze

Almanach 1920 des Verlags Bruno Cassirer Berlin, Berlin 1919

Thomas Alt, *Die Herabwertung der deutschen Kunst durch die Parteigänger des Impressionismus,* Mannheim 1911

Günter Aust, »Die Ausstellung des Sonderbundes 1912 in Köln«, *Wallraf-Richartz-Jahrbuch,* 22 (1961)

Ferdinand Avenarius, »Kaiserliche Äußerungen«, *Der Kunstwart,* 20, Nr. 20 (1906–1907)

– »Walter Leistikow«. *Der Kunstwart,* 21, Nr. 22 (1907–1908)

– »Was dünket euch um Liebermann?« *Der Kunstwart,* 20, Nr. 20 (1906 –1907)

– »Worauf kommt's an?« *Der Kunstwart,* 19, Nr. 1 (1905–1906)
– »Zur Reichstagsverhandlung«. *Der Kunstwart,* 17, Nr. 11 (1903–1904)
Ernst Barlach, *Die Briefe,* Herausg. Friedrich Dross, 2 Bde., München 1968–1969
– *Ein selbsterzähltes Leben,* Berlin 1928
Benno Becker, »Die Secession«, *Pan,* 2 (1896)
Berliner Maler, Herausg. Irmgard Wirth, Berlin 1954
Oscar Bie, »Berliner Kunstausstellungen«, *Neue Deutsche Rundschau,* 14 (1903)
– »Berliner Secession«, *Neue Deutsche Rundschau,* 20 (1909)
– »Bilder und Menschen«, *Neue Deutsche Rundschau,* 21 (1910)
– »Leistikow«, *Neue Deutsche Rundschau,* 20 (1909)
Der Bildermann, Herausg. Paul Cassirer und Leo Kestenberg, Berlin 1916
Wilhelm [von] Bode, »Die Berliner Akademie«, *Pan,* 2 (1896)
– *Mein Leben,* 2 Bde. (in einem), Berlin 1930
Jean Bouret, *The Barbizon School,* London 1973
Lothar-Günther Buchheim, *Der Blaue Reiter,* Feldafing 1959
– *Otto Mueller,* Feldafing 1963
Bernhard von Bülow, *Denkwürdigkeiten,* Bd. II, Berlin 1931
Joachim von Bülow, *Künstler-Elend und -Proletariat,* Stettin 1911
Paul Cassirer, »Erklärung«, *Pan,* 1 (1911)
– *Fritz Reiner, der Maler,* Dresden und Leipzig 1894
– [Paul Cahrs], *Josef Geiger,* Paris und Leipzig 1894
– »Vorwort«, *Katalog der Sechsundzwanzigsten Ausstellung der Berliner Secession,* Berlin 1913
– »Kritiker?«, *Pan,* 1 (1911)
– *Das Märchen vom Ewigen Weh,* ohne Ort und Jahr
– »Nachtstück«, *Blätter für die Kunst,* 3 (August 1894)
Paul Cassirer und Leo Kestenberg, »Zur Einführung!«, *Der Bildermann,* 1, Nr. 1 (1916)
Lovis Corinth, *Das Leben Walter Leistikows,* Berlin 1910
– *Selbstbiographie,* Leipzig 1926
Max Creutz, »Die ›Fine Arts‹ auf der Weltausstellung in St. Louis«, *Kunst für Alle,* 19 (1903–1904)
Deutsche und französische Kunst, Herausg. Alfred Walter Heymel, München 1911
Arthur Dobsky, »Kunst und Sozialpolitik«, *Kunst für Alle,* 28 (1912–1913)
Werner Doede, *Die Berliner Secession,* Berlin 1977
Albert Dresdner, »Berliner Kunst«, *Der Kunstwart,* 16, Nr. 3 (1902–1903)
– »Berliner Kunst – Die Ausstellung der Berliner Secession«, *Der Kunstwart,* 16, Nr. 18 (1902–1903)

– »Berliner Kunst – Die Grosse Berliner Kunstausstellung«, *Der Kunstwart,* 16, Nr. 23 (1902–1903)
Paul Drey, *Die wirtschaftlichen Grundlagen der Malkunst,* Stuttgart und Berlin 1910
Tilla Durieux, *Meine ersten neunzig Jahre,* Herausg. Joachim Werner Preuss, Berlin 1971
Mathias Eberle, »Max Liebermann zwischen Tradition und Opposition«, in *Max Liebermann in seiner Zeit,* München 1979
Hermann Eichfeld, »Münchener Malerei«, *Süddeutsche Monatshefte,* 2 (1904)
Julius Elias, »Der Berliner Glaspalast«, *Kunst und Künstler,* 5 (1906–1907)
– »Chronik«, *Kunst und Künstler,* 6 (1907–1908)
– »Die Grosse Berliner Kunstausstellung 1910«, *Kunst und Künstler,* 8 (1909–1910)
– »Walter Leistikow«, *Kunst für Alle,* 18 (1902–1903)
– Nachruf auf Franz Skarbina, *Kunst und Künstler,* 9 (1910–1911)
Carl Fürstenberg, *Die Lebensgeschichte eines deutschen Bankiers,* Herausg. Hans Fürstenberg, Wiesbaden 1961
Peter Gay, *Freud, Jews and Other Germans,* New York 1978
Joachim Geissler, *Die Kunsttheorien von Adolf Hildebrandt, Wilhelm Trübner und Max Liebermann,* Berlin 1963
Curt Glaser, »August Gaul«, *Kunst für Alle,* 27 (1912–1913)
– *Edvard Munch,* Berlin 1922
– »Die Geschichte der Berliner Secession«, *Kunst und Künstler,* 26 (1927–1928)
– »Die XXVI. Ausstellung der Berliner Secession«, *Kunst für Alle,* 28 (1912–1913)
– »Der Konflikt in der Berliner Secession«, *Kunst für Alle,* 28 (1912–1913)
Richard Graul, »Die XI«, *Pan,* 2 (1896)
Stefan Grossmann, »Paul Cassirer«, *Das Tagebuch,* 7 (1926)
Werner Haftmann, *Emil Nolde: Ungemalte Bilder,* Köln 1963
Richard Hamann und Jost Hermand, *Stilkunst um 1900,* München 1973
Erich Hancke, »August Gaul«, *Kunst und Künstler,* 21 (1922–1923)
– *Max Liebermann,* Berlin 1914
– »Der Nachwuchs der Berliner Secession«, *Kunst und Künstler,* 9 (1910–1911)
Hauptvorstand des Allgemeinen Deutschen Künstlerbundes, *St. Louis und die deutschen Künstler,* Berlin 1904
P[aul] H[ennig], »Einfuhr von Kunstwerken in Amerika, *Kunst und Künstler,* 10 (1911–1912)
Wilhelm Herzog, *Menschen, denen ich begegnete,* Bern und München 1959

– »Die unzüchtige Nr. 7«, *Pan,* 1 (1911)
J. P. Hodin, *Edvard Munch,* New York 1972
Friedrich von Holstein, *Lebensbekenntnis,* Herausg. Helmuth Rogge, Berlin 1932
Hans Holtzbecher, *Die Grosse Berliner Kunstausstellung; Eine Flucht der Künstler in die Öffentlichkeit,* Berlin 1903
Walther Huder, *Theodor Fontane und die preußische Akademie der Künste,* Berlin 1971
Hans-Jürgen Imiela, *Max Slevogt,* Karlsruhe 1968
Max Jordan, *Koner,* Bielefeld und Leipzig 1901
Johannes Kalckreuth, *Wesen und Werk meines Vaters: Lebensbild des Malers Grafen Leopold von Kalckreuth,* Hamburg 1967
Alfred Kerr, »Jagow, Flaubert, Pan«, *Pan,* 1 (1911)
– »Die juristische Seite«, *Pan,* 1 (1911)
– »Nachlese«, *Pan,* 1 (1911)
– »Prozess-Ballade«, *Pan,* 1 (1911)
– »Vorletzter Brief an Jagow«, *Pan,* 1 (1911)
Harry Kessler, *Der Deutsche Künstlerbund,* Berlin 1904
Leo Kestenberg, *Bewegte Zeiten,* Wolfenbüttel und Zürich 1961
Fritz Klimsch, *Erinnerungen und Gedanken eines Bildhauers,* Stollhamm und Berlin 1952
Hermann Knauer, *St. Louis und seine Welt-Ausstellung,* Berlin 1904
Käthe Kollwitz, *Tagebuchblätter und Briefe,* Herausg. Hans Kollwitz, Berlin 1948
Hilton Kramer, *The Age of the Avant-Garde,* London 1974
Nachträgliches zu »Rembrandt als Erzieher«, Die kranke deutsche Kunst, Leipzig 1911
Kunst und Künstler: Aus 32 Jahrgängen einer deutschen Kunstzeitschrift, Herausg. Günter und Ursula Feist, Mainz und Berlin 1971
Künstlerbriefe aus dem neunzehnten Jahrhundert, Herausg. Else Cassirer, Berlin 1919
Ilse Kunz-Lack, *Die deutsch-amerikanischen Beziehungen, 1890–1914,* Stuttgart 1935
Annemarie Lange, *Das wilhelminische Berlin,* Berlin 1976
Konrad Lange, »Über Bilderpreise«, *Kunst für Alle,* 18 (1902–1903)
Carl Langhammer, »Zum Deutschen Künstlerstreit«, *Kunst für Alle,* 19 (1903–1904)
Walter Leistikow [Walter Selber], »Die Affaire Munch«, *Freie Bühne,* 3 (1892)
– »Über den Deutschen Künstlerbund und die Tage von Weimar«, *Kunst für Alle,* 19 (1903–1904)
Alfred Lichtwark, »Aus München«, *Pan,* 2 (1896)
– »Briefe an die Kommission für die Verwaltung der Kunsthalle«, *Kunst und Künstler,* 21 (1922–1923)

– *Briefe an die Kommission für die Verwaltung der Kunsthalle,* Herausg. Gustav Pauli, 2 Bde., Hamburg 1924
– *Briefe an Max Liebermann,* Herausg. Carl Schellenberg, Hamburg 1947
– »Der Sammler«, *Kunst und Künstler,* 10 (1911–1912)
Max Liebermann, *Die Phantasie in der Malerei,* Herausg. Günter Busch, Frankfurt am Main 1978
– *Siebzig Briefe,* Herausg. Franz Landsberger, Berlin 1937
Das Liebermann-Buch, Herausg. Hans Ostwald, Berlin 1930
Wolfgang von Löhneysen, »Paul Cassirer – Beschreibung eines Phänomens«, *Imprimatur,* neue Reihe, 7 (1972)
Louisiana and the Fair, Herausg. J. W. Buel, Bd. IV und VII. St. Louis 1904 und 1905
Reinhard Lüdicke, *Die Preussischen Kultusminister und ihre Beamten,* Stuttgart und Berlin 1918
Georg Malkowsky, *Die Kunst im Dienste der Staatsidee,* Berlin 1912
Golo Mann, *Deutsche Geschichte des neunzehnten und zwanzigsten Jahrhunderts,* Frankfurt am Main 1960
Lu Märten, *Die wirtschaftliche Lage der Künstler,* München 1914
Julius Meier-Graefe, *Die Doppelte Kurve,* Berlin 1924
– *Die Entwicklungsgeschichte der modernen Kunst: Ein Beitrag zur modernen Ästhetik,* 2 Bde., Stuttgart 1904
– *Der Fall Böcklin,* Stuttgart 1905
– »Was wird aus der Kunst?« *Neue Rundschau,* 44, Nr. 7 (1933)
– *Wohin treiben wir?* Berlin 1913
Victor H. Miesel, »Paul Cassirer's *Kriegszeit* and *Bildermann* and some German Expressionist Reactions to World War I«, *Michigan Germanic Studies,* 2, Nr. 2 (1976)
Arthur Moeller van den Bruck, *Nationalkunst für Deutschland,* Berlin 1909
– »Die Überschätzung der französischen Kunst in Deutschland«, *Der Kunstwart,* 18, Nr. 22 (1904–1905)
Kenworth Moffett, *Meier-Graefe as Art Critic,* München 1973
[Hans Müller], *Zur Jubelfeier 1696–1896,* Berlin 1896
Thomas Nipperdey, *Gesellschaft. Kultur. Theorie,* Göttingen 1976
Emil Nolde, *Briefe aus den Jahren 1894–1926,* Herausg. Martin Urban, Hamburg 1967
– *Jahre der Kämpfe,* Flensburg 1965
Julius Norden, *Berliner Künstler-Silhouetten,* Leipzig 1902
Max Osborn, »Von der Berliner Secession«, *Der Kunstwart,* 20, Nr. 16 (1906–1907)
Fritz von Ostini, *Uhde,* Bielefeld und Leipzig 1912
Sigrun Paas, *Kunst und Künstler,* Heidelberg 1976
Peter Paret, »Art and the National Image: The Conflict over Germany's

Participation in the St. Louis Exposition«, *Central European History,* 11 (1978)
– Rezension von *Kunst und Künstler,* Herausg. Günter und Ursula Feist, *American Historical Review,* 77 (1972)
Willy Pastor, »Zwei deutsche Kunstausstellungen«, *Der Kunstwart,* 19, Nr. 2 (1905–1906)
Adolf Paulus, »Zwanzig Jahre Münchener Secession 1893–1913«, *Kunst für Alle,* 28 (1912–1913)
Nikolaus Pevsner, *Academies of Art, Past and Present,* New York 1973
Rudolf Pfefferkorn, *Die Berliner Secession,* Berlin 1972
Reinhard Piper, *Mein Leben als Verleger,* München 1964
Renato Poggioli, *The Theory of the Avant-Garde,* Cambridge, Mass. 1968
Hans Purrmann, *Leben und Meinungen des Malers Hans Purrmann,* Herausg. Barbara und Erhard Göpel, Wiesbaden 1961
Rainer Maria Rilke, *Sämtliche Werke,* Bd. V, Frankfurt am Main 1965
J. C. G. Röhl, *Germany without Bismark,* Berkeley und Los Angeles, 1967
Adolf Rosenberg, »Die Ausstellung des Vereins der Elf in Berlin«, *Kunst für Alle,* 3 (1892–1893)
Alfred Rosenberg, *A. von Werner,* Bielefeld und Leipzig 1895
Hans Rosenhagen, *Albert von Keller,* Bielefeld und Leipzig 1912
– »Deutsche Kunstzustände«, *Kunst für Alle,* 19 (1903–1904)
– »Die Kunstausstellungen von 1902: Berlin«, *Jahrbuch der bildenden Kunst,* Berlin 1903
– »Von Ausstellungen und Sammlungen«, *Kunst für Alle,* 19, (1903–1904)
[Hans Rosenhagen?], »Nachrichten von Berlin«, *Kunst für Alle,* 18 (1902 bis 1903)
Karlheinz Rossbacher, *Heimatkunstbewegung und Heimatroman,* Stuttgart 1975
Heinz Sarkowski, »Bruno Cassirer: Ein deutscher Verlag 1898–1938«, *Imprimatur,* neue Reihe, 7 (1972)
Emil Schäffer, »Kriegsentschädigung in Kunstwerken«, *Kunst und Künstler,* 13 (1914–1915)
Karl Scheffler, »Die Ausstellung der Freien Secession«, *Kunst und Künstler,* 16 (1917–1918)
– »Berlin«, *Kunst und Künstler,* 10 (1911–1912)
– »Berliner Secession«, *Kunst und Künstler,* 5 (1906–1907)
– »Berliner Secession«, *Kunst und Künstler,* 6 (1907–1908)
– »Berliner Secession«, *Kunst und Künstler,* 8 (1909–1910)
– »Berliner Secession«, *Kunst und Künstler,* 10 (1911–1912)
– *Die fetten und die mageren Jahre,* München 1948
– »Der Krieg«, *Kunst und Künstler,* 13 (1914–1915)
– »Kunstausstellungen«, *Kunst und Künstler,* 6 (1907–1908)

– »Kunstausstellungen«, *Kunst und Künstler,* 9 (1910–1911)
– »Kunstausstellungen«, *Kunst und Künstler,* 10 (1911–1912)
– »Kunstausstellungen«, *Kunst und Künstler,* 12 (1913–1914)
– *Max Liebermann,* 3. Auflage, ohne Ort 1953
– »Notizen über die 23. Ausstellung der Berliner Secession«, *Kunst und Künstler,* 10 (1911–1912)
– »Ein Protest deutscher Künstler«, *Kunst und Künstler,* 9 (1910–1911)
– *Talente,* Berlin 1921
– »Werdandi«, *Kunst und Künstler,* 6 (1907–1908)
Max Schlichting, *Staat und Kunst,* Berlin 1904
Hans Schliepmann, »Die Ausstellung der XI«, *Neue Deutsche Rundschau,* 3 (1892)
Friedrich Schmidt-Ott, *Erlebtes und Erstrebtes, 1860–1950,* Wiesbaden 1952
Walter Schott, *Ein Künstlerleben und gesellschaftliche Erinnerungen aus kaiserlicher Zeit,* Dresden 1930
Werner Schuch, »Internationale Kunstausstellungen«, *Die Zukunft,* 21. November 1896
Georg Schwarz, *Almost Forgotten Germany,* London 1936
Peter Selz, *German Expressionist Painting,* Berkeley und Los Angeles 1974
Theda Shapiro, *Painters and Politics,* New York 1976
Johannes Sievers, »Die XXIII. Ausstellung der Berliner Secession ›Zeichnende Künste‹«, *Kunst für Alle,* 27 (1911–1912)
Max Slevogt, *Gesichter,* Berlin 1917
Hildegard von Spitzemberg, »Das Tagebuch der Baronin Spitzemberg«, Herausg. Rudolf Vierhaus, Göttingen 1960
Fritz Stahl, »August Gaul«, *Kunst und Künstler,* 2 (1903–1904)
Karl Storck, »Deutsche Kunst«, *Deutsche Welt,* 8, Nr. 2 (1905)
Ferdinand Stuttmann, *Max Liebermann,* Hannover 1961
Henry Thode, *Arnold Böcklin,* Heidelberg 1905
– *Böcklin und Thoma,* Heidelberg 1905
– »Deutsche Weltanschauung und Kunst«, *Süddeutsche Monatshefte,* 2, Nr. 10 (1905)
– *Schauen und Glauben,* Heidelberg 1905
– *Das Wesen der deutschen bildenden Kunst,* Leipzig 1918
Hugo von Tschudi, *Gesammelte Schriften zur neuen Kunst,* Herausg. E. Schwedeler-Meyer, München 1912
Hermann Uhde-Bernays, *Im Lichte der Freiheit,* Wiesbaden 1947, 2. überarbeitete Auflage, München 1963
W. R. Valentiner, »Die deutsche Ausstellung in New York«, *Kunst und Künstler,* 7 (1908–1909)
Rudolf von Valentini, *Kaiser und Kabinettschef,* Oldenburg 1931
Carl Vinnen, *Ein Protest deutscher Künstler,* Jena 1911

Erich Vogeler, »Die Berliner Sezession 1911«, *Der Kunstwart,* 24, Nr. 20 (1910–1911)
– »Berliner Sezession 1912«, *Der Kunstwart,* 25, Nr. 19 (1911–1912)
– »Berliner Sezession«, *Der Kunstwart,* 26, Nr. 17 (1912–1913)
– »Der Sezessionskonflikt«, *Der Kunstwart,* 26, Nr. 17 (1912–1913)
Dr. Volker, »Die Berliner Kunstausstellungen«, *Hochland,* 1 (1903)
Vom Beruf des Verlegers, Berlin 1932
Vorstand des Vereins Berliner Künstler, *Kunstgenossenschaft und Secession,* Berlin 1904
Emil Wächter, *Der Prestigegedanke in der deutschen Politik von 1890 bis 1914,* Aarau 1941
Emil Waldmann, *Sammler und ihrergleichen,* Berlin 1920
Hans-Ulrich Wehler, *Krisenherde des Kaiserreichs 1871–1918,* Göttingen 1970
Werner Weisbach, *Und alles ist zerstoben,* Wien 1937
Adolf Wermuth, *Ein Beamtenleben,* Berlin 1922
Anton von Werner, *Ansprachen und Reden an die Studierenden der kgl. akadem. Hochschule f. d. bild. Künste zu Berlin,* Berlin 1896
– *Erlebnisse und Eindrücke, 1870–1890,* Berlin 1913
– Die Kunstdebatte im Deutschen Reichstag am 16. Februar 1904, Berlin 1904
– *Rede bei der Preisverteilung in der Königlichen akademischen Hochschule für die bildenden Künste, 22. Juli 1905,* Berlin 1905
[Anton von Werner], »Die Weltausstellung in St. Louis und die deutsche Kunst«, *Weser-Zeitung,* 31. Dezember 1903
Wilhelm II., *Das persönliche Regiment,* Herausg. Wilhelm Schröder, München 1907
– *Die Reden Kaiser Wilhelms II.,* Herausg. Johannes Penzler, 3. Bd, Leipzig (1907)
Christopher With, »The Emperor, the National Gallery, and Max Slevogt«, *Zeitschrift des deutschen Vereins für Kunstwissenschaft,* 30 (1976)
Wilhelm Wygodzinski, »Die Kunst im preussischen Etat«, *Kunst für Alle,* 19 (1903–1904)
Überdies werden einige unsignierte und nicht näher bezeichnete Rezensionen, Meldungen und andere kurze Artikel, hauptsächlich aus den Zeitschriften *Kunst für Alle* und *Kunst und Künstler,* erwähnt.

Register

Siegesallee 152

Secessionstreit Berlin/München Jahr 1902: S. 154

CIP-Kurztitelaufnahme der Deutschen Bibliothek

Paret, Peter:
Die Berliner Secession, Moderne Kunst und ihre Feinde im Kaiserlichen Deutschland / Peter Paret. [Aus d. Amerikan. von D. Jacob]. – Berlin: Severin und Siedler, 1981.
Einheitssacht.: The Berlin Secession, Modernism and its enemies in imperial Germany ‹dt.›
ISBN 3-88680-008-3

Titel der Originalausgabe:
»The Berlin Secession. Modernism and its enemies in Imperial Germany«

Aus dem Amerikanischen von D. Jacob
Redaktion: Peter Hahlbrock

Ausstattung: Otl Aicher, Rotis
Satz: IBV Lichtsatz KG, Berlin
Druck und Buchbinder: May & Co, Darmstadt
Printed in Germany 1981
ISBN 3886800083